Georg D. Heidingsfelder
(1899-1967)

Gesammelte Schriften
Band 1

© 2017 Buchedition

Georg D. Heidingsfelder (1899-1967):
Gesammelte Schriften. Band 1.
Eine Quellenedition zum linkskatholischen
Nonkonformismus der Adenauer-Ära.
Bearbeitet von Peter Bürger.

Satz & Gestaltung:
www.friedensbilder.de
Herstellung & Verlag:
BoD – Books on Demand, Norderstedt
ISBN: 978-3-7431-3416-4

Georg D. Heidingsfelder (1899-1967)

Gesammelte Schriften
Band 1

Eine Quellenedition zum linkskatholischen
Nonkonformismus der Adenauer-Ära

Bearbeitet von
Peter Bürger

edition *leutekirche sauerland* 5

Danksagungen

Thomas G. Heidingsfelder, Margarethe Girard LaBossiere (geb. Heidingsfelder) und Georg Heidingsfelder haben durch ihr Einverständnis diese Edition der Schriften ihres Vaters ermöglicht.

Bodo Bischof hat mich als Freund ermutigt, die letzten Texterfassungen zu dieser Quellenedition nicht auf die lange Bank zu schieben. Seinem Zuspruch ist es zu verdanken, dass diese Ausgabe nun im Frühjahr 2017 endlich vorliegt.

Dr. Martin Stankoswki hat für die Einleitungen zu den Abteilungen „Katholische Freiheit" und „Umschau im Katholizismus" denkbar unkompliziert Abschnitte aus seiner Dissertation „Linkskatholizismus nach 1945" zur Verfügung gestellt.

Inhalt

VORWORT DES HERAUSGEBERS
ZU DEN „GESAMMELTEN SCHRIFTEN"
VON GEORG D. HEIDINGSFELDER (1899-1967)   17

1. „Biographische Stationen"   18
2. Zur Anlage dieser Ausgabe der „Gesammelten Schriften"   24

A. PUBLIZISTISCHE ARBEITEN UND MANUSKRIPTE
AUS VERSCHIEDENEN QUELLEN (1946-1959)   29

1. Vordergrund und Hintergrund.
   Aus einer Dokumentenmappe (ca. 1946)   29
2. Wir Männer der letzten Stunde (1946)   34
3. Überwindung des Preußengeistes (1947)   44
4. Reformierung des Manneslebens (1947)   51
5. Das Wehrmachtsgefängnis als Vorstufe des KZ (1947)   58
6. Das neue Mannsbild (1948)   62
7. Reichsmensch zwischen Ost und West.
   Besinnung in entscheidender Stunde (1948)   69
8. Die Stunde des Thomas More. Ein Nachwort (1950)   75
9. Der „Welteinheitskleinbürger" (1950)   79
10. Sieben Thesen zum Krieg (1950)   81
11. Bin ich denn der Hüter meines Bruders? (1952)   82
12. Man muß sich nichts vormachen (1953)   88
13. Die Schande des Jahrhunderts (1953)   90
14. Entwurf „Jugend des heiligen Franz" (1953)   92
15. Deutsche Kleinstadt in der Restauration.
    Wahrhaftiger Bericht über ein „Sühnekreuz" (1954)   96
16. Der katholische Widerstand nach 1945 (1954)   100
17. Thesen zum deutschen Problem (1954)   110
18. Das Wehrmachtsgefängnis (1954)   112
19. Notierungen aus dem katholischen Hinterland (1954)   117
20. Kommt der Faschismus wieder? (ca. 1954?)   120
21. Er ist der Retter nicht (1955)   125
22. Gedenken und Bedenken. Zum Jahrestag der
    Machtergreifung. 1933 – 30. Januar – 1959   128

B. BEITRÄGE FÜR DIE „WERK-HEFTE"
KATHOLISCHER LAIEN (1948-1957)   131

1. Differenzierung und Einheit. Betrachtungen
   zur Aussprachekonferenz für Männerseelsorge
   am 16./17. September 1947 in Fulda (1948)   131
2. Der katholische Publizist (1948)   137
3. Die soziale Verpflichtung des katholischen Akademikers
   heute (1948)   144
4. Erst denken, dann entscheiden (1950)   159
5. Ehrlich gesagt (1950)   165
6. Restauration des Bürgertums? (1950)   167
7. Reinhold Schneider bleibt unser Mann (1951)   174
8. Der christliche Dramatiker in dieser Zeit.
   Zu den Dramen Reinhold Schneiders (1952)   176
9. Nach zehn Jahren (1955)   180
10. Des Übels Grund: die unbeantworteten Kardinalsfragen (1957)   182

C. BEITRÄGE ZUR ZEITSCHRIFT „MICHAEL" (1950/1955)
UND EINEM PFADFINDERBLATT (1961)   186

1. Vor sechs Jahren: Truppenübungsplatz Groß-Born (1950)   186
2. Der Heimkehrer (1955)   188
3. Sankt Georg und der ergänzte Name (1961)   194

D. BEITRÄGE FÜR DIE ZEITUNG „STIMME DES FRIEDENS" (1951)   196

1. Die Gewissenspflicht eines Katholiken   196
2. Der Blutrausch von 1914   197
3. Unvollendetes Trauerspiel aus der Christenheit:
   „Atomtheologie"   199
4. Kann Amerika Europa retten?   203
5. Deutsche Gurkhas auf dem Glacis der Sühne.
   Stimmen zu der uns zugedachten militärischen Rolle   207
6. Ein Marschall kehrt heim.
   Zeitung „Fortschritt" offenbart ihre Marschrichtung   211
7. Wann ist Krieg „Notwehr?" Die Notwehrlüge des
   Grafen Bismarck – Handelt Amerika in Notwehr?   212
8. Ist der Christ „Neutralist"?   214
9. Büßervater oder Stiefvater   216

10. Eine Frage an die Menschen von heute.
    Zu dem Buch von Friedrich Heer: „Gespräche der Feinde"   218
11. Die Weltkriege und die Bürger   221
12. Die unsittliche Wehrpflicht   223

E. BEITRÄGE FÜR DIE „DEUTSCHE WOCHE" (1951-1952)   226

1. Der Fall Reinhold Schneider (1951)   226
2. Das Gespräch der Feinde (1951)   230
3. Reinhold Schneider: Rechenschaft.
   Worte zur Jahrhundertmitte (1951)   233
4. Christliches Arbeitertum unter Gewissensdruck (1952)   235
5. Reinhold Schneider (1952)   238
6. Christliche Arbeiter ohne Information (1952)   240
7. Österreichs Katholiken gegen Restauration (1952)   245
8. Der christliche Arbeiter braucht ganz Deutschland (1952)   248
9. Gedanken von Reinhold Schneider:
   Einheit und Friede sind Voraussetzung (1952)   254
10. Gespräch mit Helene Wessel (1952)   259
11. Fragen gegenüber der herrschenden Politik (1952)   263
12. Westdeutsche Bischöfe mahnen den DGB (1952)   265

F. BEITRÄGE FÜR DIE MONATSZEITSCHRIFT
„FRIEDENSRUNDSCHAU" (1951-1961)   268

1. Dummköpfe und Verräter
   [Brief an den US-Hochkommissar in Deutschland, 1951]   268
2. Die Spaltung der deutschen Seele (1953)   270
3. Die höchste Instanz (1956)   273
4. Das Gewissen – die Wurzel der Humanität (1956)   277
5. Der letzte Prüfstein Gottes (1957)   279
6. Ist Gewaltlosigkeit „indisches Gewächs"? (1957)   283
7. Die Atomdebatten von Loccum (1957)   286
8. Kampf mit „allen Mitteln"? (1958)   291
9. Im Angesicht der Wirklichkeit (1958)   293
10. Die „Psychologie der Verteidigung" (1958)   295
11. „There is not to reason why!" (1958)   298
12. Reinhold Schneider. Werke des Teufels (1958)   301
13. Der Ruf zum neuen Denken (1959)   303

14. Es gibt auch andere Christen (1959)	307
15. Die Bombe Satans (1961)	309

G. BEITRÄGE FÜR DIE „STIMME DER GEMEINDE" (1951-1961)   312

1. Die „andere Seite".
   Übersicht über katholische Friedensbestrebungen (1951)   312
2. Das diffamierte Gewissen. Reinhold Schneiders Schicksal
   als Denker des Friedens (1953)   316
3. Der letzte Ernst (1953)   320
4. Da steht der Verstand still (1959)   322
5. In letzter Stunde (1961)   325

H. BEITRÄGE FÜR DIE „KATHOLISCHE FREIHEIT" (1952-1953)   328

1. Einleitung von Martin Stankowski: „Katholische Freiheit
   1952-1953. Eine Monatszeitschrift für mündiges Christentum"   328
2. Wider die „Generallinie"   342
3. Der Aufstand der Söhne unabweisbar. Notwendigkeit
   der Aktion angesichts neuer Kriegsvorbereitungen der Väter   344
4. Was haben wir Christen in Westdeutschland heute
   für die Erhaltung des Friedens zu tun?   346
5. Weihnachtsfeste der Bürgerchristenheit   350
6. Amerikas „Sendungsbewußtsein"   353
7. Sieben Thesen über den „Katholizismus"   356
8. Die Botschaften des Thomas Morus   359
9. Werkzeuge satanischen Machtwillens   363
10. Christus mit Barabbas? Die Gestalt des Partisans
    im künftigen Kriegertum   371
11. Brief an Herrn Kardinal Frings   375
12. Wir leben in der Lüge   377
13. Vom unchristlichen Unsinn der „Einheitsfront"   380
14. Wieder die Drahtzieherei!   389
15. Letzte Stunde [Gedicht]   392

I. BEITRÄGE FÜR „DAS ANDERE DEUTSCHLAND" (1952/1954)   393

1. Was dem christlichen Arbeiter verschwiegen wird.
   „Verteidigung" der Bastion des Bürgers (1952)   393
2. Der Barras. XI (1954)   397

Vorschau auf den Inhalt von Band 2
(ISBN 978-3-7448-2123-0)

J. „WEHRMACHT UND KATHOLISCHE JUGEND" (BROSCHÜRE 1954)
1. Worum es geht
2. Das ganz große Nein
3. Der Protest einsichtiger Katholiken
4. Das Nein an Jesus Christus
5. Ein heiliger Pfarrer desertierte
6. Können Hitlergenerale Gehorsam fordern?
7. Was sie mit uns vorhaben
8. Beschluß
9. Nachwort

K. TEXTE ZUR „UMSCHAU IM KATHOLIZISMUS" (1954-1955)
1. Einleitung von Martin Stankowski: Die „Umschau im Katholizismus" unter der Herausgeberschaft G. Heidingsfelders vom Juli 1954 bis Oktober 1955
2. Die prinzliche „Summa" des Katholikentages
3. Schlußwort zu Fulda
4. Vorwort: Die Etappen in den Todeszirkel zurück
5. „Der Standort des Herrn Heidingsfelder" [Dokumentation]
6. Rundschreiben an die UMSCHAU-Leser, 14. Oktober 1955

L. BEITRÄGE FÜR DIE „GESAMTDEUTSCHE RUNDSCHAU" (1954-1956)
1. Der Machtpapst und sein Gegenspieler: Reinhold Schneiders „Innozenz und Franziskus". – „Der Dichter des Reiches" in Essen uraufgeführt. Ein Drama von Welt und Wahrheit (1954)
2. [Dokumentation] Kirche und gerechter Krieg. Eine aufschlussreiche Presse-Kontroverse unter Katholiken. – „Der Irrtum des Prof. Ermecke". Die Stellungnahme von Johannes Fleischer (1954)
3. Von Konstantin bis Adenauer. Zur Entwicklung des politischen Katholizismus (1954)
4. Katholizismus und Wehrpflicht (1956)
5. „Muß ich meinen Bruder umbringen?" (1956)

6. Erbe und Freiheit. Essays von Reinhold Schneider (1956)
7. Aufbruch aus der Erstarrung. Zur studentischen Erziehung im geteilten Deutschland (1956)
8. Sein erster und letzter Coup. Vor dem Ende der „Adenauer-Ära" (1956)
9. Blick auf das Kommende (1956)
10. Der „polytechnische Mensch". Ein „Nachwort" (1956)
11. Gewissen – ein Fremdwort hüben und drüben. Die Ethik des Dr. Jäger (1956)
12. Schlachtfeld Europa. – Der Aufmarsch der Mächte zum Endkampf des Erdballs (1956)
13. [Dokumentation] Ein Anwalt der Gewissenfreiheit – von der „christlichen" Fraktion niedergestimmt. Die Rede Peter Nellens vor dem Bundestag über den theologischen Gewissensbegriff (1956)
14. Die Hirten schweigen. Erinnerungen eines katholischen Nonkonformisten (1956)
15. Der Katechismus, die Wirklichkeit und das Gewissen. Wird es auch katholische Kriegsdienstverweigerer geben? (1956)
16. Der Irrtum von damals. Er darf sich unter Katholiken nicht wiederholen (1956)
17. Das Gewissen der Deutschen. Zur Verleihung des Friedenspreises an Reinhold Schneider (1956)
18. Umerziehung der Umerzogenen. Zwei Szenen (1956)
19. [Dokumentation] Ein Katholik im Widerstreit von Gewissen und Militärseelsorge (1956)
20. Gewissenerforschung. Katholische Geistliche zum Problem des Kommunismus (1956)

M. BEITRÄGE FÜR DEN „VORWÄRTS" (1954/1958)

1. Auch der 20. Juli ist vertan. Die Frage nach dem Gewissen (1954)
2. Katholik und Sozialdemokrat: Gegen den Mißbrauch des Wortes „christlich" durch die CDU/CSU – Für das Leitbild der Partei der Arbeitenden (1958)
3. Wehrpolitische Illusionen (1958)

N. Beiträge für die Züricher Zeitschrift „Neue Wege"
(1954-1961)

1. Die „endzeitliche" Gestalt der „sozialen Frage" (1954)
2. Der Todeszirkel der Christenheit. Die Verfälschung des Evangeliums im Dienste der Kriegstheologie (1954)
3. Die Partisanen der Barmherzigkeit (1960)
4. Die Deutschen und der Turm am Siloe (1961)

O. Beiträge für „Die Andere Zeitung" (1956)

1. Ist die „christliche Politik" christlich?
2. Theologische Kriegsdienst-Kritik.
   Zu einem Buch von Pfarrer Dignath
3. Die Christen und der Kriegsdienst.
   Zu einem Bericht von George H. C. Macgregor
4. Praxis der Militärseelsorge
5. Auf den Schlachtfeldern von Verdun
6. Muß ich meinen Bruder umbringen?
7. Worte Reinhold Schneiders
8. Volksbewußtsein in Unruhe
9. Sinnlose Wehrmacht
10. Lügenkulissen vor dem Abgrund. Der Mißbrauch des Christentums
11. Der Schulkamerad des Bundeskanzlers
12. Kurzschluß als christliches Übel. Ein ernstes Wort an die politische Christenheit
13. Offener Brief an einen General
14. Die ewige Wiederkehr der Schlachtenväter.
    Alte Kriegslieder nebst einem Schlußgesang
15. Die Vergangenheit hat schon begonnen
16. Die Wehrpflicht und die christlichen Lehrer
17. Vertiefung des Geschichtsbewußtseins. Reinhold Schneiders Europa-Essays: „Erbe und Freiheit"
18. Kriegsdienstverweigerung – Pflicht der Katholiken
19. Die Flüchtlingsfrau und ihre Mitbürger.
    Christliche Sozial-Politik im Spiegel der Gerechtigkeit
20. „Christliche" Botschaft im Hitlerkrieg
21. Ein Brief ohne Antwort [an Franz Lenze, MdB]

P. „DER KAMPF ZWISCHEN CHRISTENTUM UND KOMMUNISMUS"
(BUCH 1956)

Vorwort [Prof. Rudolf Genschel]
I. Was ist Christentum. was Kommunismus?
II. Die Anklage des Marxismus gegen das Christentum
   1. Die Schrift Gagarins
   2. Dr. Konrad Farners Anklagen
   3. Die Anklage der „Illoyalität"
   4. Die Anklagen des „Diamat"
III. Intermezzo: Die „Ideologisierung" des Christlichen
IV. Die Anklagen des Christentums wider den Marxismus
   1. Der Weltanschauungs-Staat
   2. Der „neue Mensch"
   3. Das Richtbild des „Bürgers"
V. Zusammenarbeit und Ko-Existenz
VI. Überwindung des Marxismus?

Anhang: Hinweis auf sechs Bücher

Sechs „Dokumentationstexte"
I: Gemeinsamkeiten in der Lehre
II: Die Freiheit der Kirche. Theologische Erklärung
der evang. Synode zu Berlin, im Juni 1956 (gekürzt)
III: Kirche – auf sich selbst gestellt. Erklärung der Studientagung
des österreichischen Katholikentages in Mariazell 1952
IV: „Die Methode"
V: Die Eigenständigkeit des Weltlichen
VI: Das Credo des Marxismus
VII: Die Wahrheiten des Kommunismus
VIII: Die Bekehrung Rußlands

    *

Versuch eines Schlußwortes (1957):
G. D. Heidingsfelders Beitrag für den Diskussionsband zu seiner
Schrift „Der Kampf zwischen Christentum und Kommunismus"

Q. BEITRÄGE FÜR DIE ZEITSCHRIFT „LABYRINTH" (1961-1962)

1. Vom „Selected Citizen" zum Fabrikarbeiter
2. Reinhold Schneider: Aus unveröffentlichten Briefen an Georg D. Heidingsfelder
3. Homunculus über uns
4. Feststellung

R. TEXTBEISPIELE AUS DEM FRÄNKISCHEN DIALEKTBÜCHLEIN „MIR SENN LAWENDI" (1963)

1. Es neia Dialekt-Bichla
2. Der Junggsell
3. Naa, mir derfms wergli nit vergässn!
4. Hindn dro und doch debei
5. Vierfache Mischung
6. A Bildungsgschbräch
7. Platen
8. Es Schlumbella
9. Viechereia

S. VERSTREUTE GEDICHTE UND EDITORISCHES ZU EINER „PLATEN-AUSWAHL" (1945-1966)

1. Kardinal Newmans Lebenslied (Übersetzung 1945)
2. „Klage ich an ..." (ohne Titel)
3. Sonett an Reinhold Schneider (1951)
4. Wir betrogenen Söhne (um 1952)
5. Später Anruf (1957)
6. „Gib MIR, mein Sohn, dein Herz!" (Weihnachten 1958)
7. Grauen und Tröstung (1960)
8. Herausgeber-Texte von Georg D. Heidingsfelder zum Auswahlband „Der unbekannte Platen" (1966)

T. ZWEI „SZENARIEN" – NACHLASSTEXTE

1. Freiheit für Barabbas! Ein Szenarium zum Karfreitag
2. Fragment eines weihnachtlichen „Szenariums" ohne Titel

Beigabe zur Digitalen Gesamtausgabe
www.sauerlandmundart.de

U. "DIE ZEIT ERWARTET UNSEREN WIDERSPRUCH":
BRIEFE VON REINHOLD SCHNEIDER AN
GEORG D. HEIDINGSFELDER 1950-1954.
DOKUMENTATION EINER DIFFAMIERUNG

1. Brief des Dichters 22.7.1950
2. Brief des Dichters 23.8.1950
   Dokument: Offener Brief R. Sch. an den ‚Christlichen Sonntag'
3. Brief des Dichters 30.8.1950
4. Brief des Dichters 25.9.1950
5. Brief des Dichters [ohne Datum]
6. Brief des Dichters 2.11.1950 [mit Beigaben]
7. Brief des Dichters 13.1.1951
8. Brief des Dichters 7.2.1951
9. Brief des Dichters 9.3.1951
10. Brief des Dichters 6.4.1951
11. Brief des Dichters 8.4.1951
12. Brief des Dichters 24.4.1951
13. Brief des Dichters 1.5.1951
14. Brief des Dichters 23.5.1951
15. Brief des Dichters 24.5.1951
16. Brief des Dichters 2..6.1951
    Eine Erklärung Reinhold Schneiders
    Reinhold Schneider schrieb an „Aufbau" Berlin
    An Johannes R. Becher
17. Brief des Dichters 4.6.1951
18. Zum 18. Brief des Dichters
19. Brief des Dichters 16.6.1951
20. Brief des Dichters 21.6.1951
21. Brief des Dichters 23.6.1951
22. Brief des Dichters 28.6.1951
23. Brief des Dichters 7.7.1951
    Brief R. Schneiders an Gertrud von le Fort, 27.6.1951
24. Brief des Dichters 11.7.1951
    R. Schneiders Erklärung in den „Werkheften"
25. Brief des Dichters 18.7.1951
26. Brief des Dichters 28.7.1951

27. Brief des Dichters 15.9.1951
28. Brief des Dichters 20.10.1951
29. Brief des Dichters 12.10.1951
30. Brief des Dichters 30.10.1951 [mit Beigaben]
31. Brief des Dichters 3.11.1951
32. Brief des Dichters 13.11.1951 [mit Beigabe]
33. Brief des Dichters 28.12.1951
34. Brief des Dichters 9.2.1952
35. Brief des Dichters 30.4.1952
36. Brief des Dichters, Pfingsten 1952
37. Brief des Dichters 30.7.1952
38. Brief des Dichters 10.11.1952
39. Brief des Dichters 7.12.1952
40. Brief des Dichters 19.12.1952
41. Brief des Dichters 23.1.1953
42. Brief des Dichters 4.3.1953
43. Brief des Dichters 14.3.1953
44. Brief des Dichters 21.4.1953
45. Brief des Dichters 2.5.1953
46. Brief des Dichters 26.6.1953
47. Brief des Dichters 22.7.1953
48. Brief des Dichters 25.4.1954

    Nachwort von Georg D. Heidingsfelder, August 1961

Georg D. Heidingsfelder (1899-1967)

Vorwort zu den „Gesammelten Schriften" von Georg D. Heidingsfelder (1899-1967)

Vor einem halben Jahrhundert starb im Sauerland der Publizist Georg D. Heidingsfelder, der sich während der Adenauer-Ära 1949-1963 selbst als „katholischer Nonkonformist" und „Linkskatholik" eingeordnet hat. Ein Adenauer-Artikel aus seiner Schreibwerkstatt, veröffentlicht Mitte Juni 1953, zog eine zweimalige „Vernehmung bei der Kripo wegen ‚Staatsgefährdung' und ‚Beleidigung des Bundeskanzlers'" nach sich (→A.13).

Engagierte kritische Katholiken der Nachkriegszeit, zumal jene mit Sympathien für die Sozialdemokratie, waren mit dem publizistischen Wirken Heidingsfelders vertraut.[1] Der Herausgeber dieser Ausgabe der „Gesammelten Schriften" ist ab 1980 von z.T. sehr betagten katholischen Pazifisten im Sauerland geprägt worden, für die der am Ort keineswegs geliebte Querdenker noch immer ein Vorbild war. Dr. Martin Stankowski, von G. D. Heidingsfelder während der Mescheder Schulzeit gefördert, hat ihn in der Dissertation „Linkskatholizismus nach 1945: Die Presse oppositioneller Katholiken in der Auseinandersetzung für eine demokratische und sozialistische Gesellschaft" (1974) gewürdigt. Zuletzt ist im Rahmen der „Reinhold-Schneider-Forschung" auf Heidingsfelder aufmerksam gemacht worden, leider unter einem irreführenden denunziatorischen Vorzeichen („Kollaboration mit Kommunisten").

Die grundlegenden Anfragen der katholischen Kritiker von remilitarisierter Politik und „Atombomben-Theologie" in den 1950er Jahren sind mitnichten erledigt. Der Einspruch gegen die militärische Heilslehre hat es wie eh und je schwer, in den Quantitätsmedien überhaupt zu Wort zu kommen. Herrschaftliche Geschichtsschreibung gibt es reichlich; die Spuren der antikriegerischen und antikapitalistischen Gegenseite verlieren sich meistens im Sand. Es gibt also Gründe genug, im Dienste einer kritischen Erinnerung Quelleneditionen wie die hier vorgelegte anzubieten.

---

[1] So z.B. die von mir 2014 befragten friedensbewegten ‚Linkskatholiken' Arno Klönne (1931-2015) und Heinz Missalla (Jg. 1926).

1. „Biographische Stationen"

Georg D. Heidingsfelder, geboren am 14. Oktober 1899 in Dinkelsbühl (Mittelfranken), war als lutherischer Christ zum römisch-katholischen Bekenntnis konvertiert. Der genaue Zeitpunkt des Übertritts ist bislang jedoch nicht bekannt. Über die biographische Entwicklung zwischen den beiden Weltkriegen wissen wir überhaupt kaum etwas. Informationen über einen weiteren Bildungs- oder Berufsabschluss nach der Schulentlassung liegen nicht vor. Die früheste publizistische Spur ist das Dialektbüchlein „*1000 Worte Ansbachisch*" von 1930 für den fränkischen Heimatort (Bd. 2 →R). 1933 hat Heidingsfelder – einem Selbstzeugnis zufolge – seine Tätigkeit als Zeitungsredakteur aufgeben müssen. Nach einer beruflichen Umorientierung trat er am 1. März 1938 bei einer Zweigstelle der Ländlichen Centralkasse eGmbH im sauerländischen Meschede eine Stellung an. (Die wichtigste Quelle für die nachfolgenden Lebensphasen sind autobiographische Texte, die in den zwei Bänden dieser Edition nachgelesen werden können.) Ab 1939 thematisierte Heidingsfelder am neuen Wohnort in Abendzirkeln mit älteren Schülern und Erwachsenen aus der katholischen Kirchengemeinde den „Gegensatz zwischen christlicher und nationalsozialistischer Weltanschauung".

Als diese kirchliche Bildungsarbeit nach außen hin vage bekannt wurde, drohte dem Vater von sechs (bis 1942 geborenen) Kindern ein Entzug der Vergünstigungen des „nationalen Sozialismus". Mit Datum vom 7.11.1941 teilte ihm das Finanzamt Meschede mit, der NSDAP-Kreisleiter habe „der weiteren Gewährung von Kinderbeihilfe auf die Dauer eines Jahres widersprochen". In einem Schriftsatz des Mescheder Ortspfarrers Josef Künsting von 1947 heißt es, Heidingsfelder sei als „scharfer Gegner der Nazis bei allen aufrechten Katholiken der Stadt bekannt" gewesen, habe sich dem Zugriff der Gestapo entziehen müssen und deshalb seine Zuflucht bei der Wehrmacht gesucht.

Heidingsfelder, der als 18-Jähriger schon im ersten Weltkrieg „gedient" hatte (→F.11), wurde im Januar 1942 als Unteroffizier in die Zahlmeisterei des Wehrmachtsgefängnisses Bruchsal abkommandiert. Der mehrjährigen Erfahrung an diesem Ort der permanenten Menschenverachtung verdankte er nach eigener Mitteilung die spätere „Erkenntnis, dass das militärische System im Wehrmachtsgefängnis die potenzierte Kaserne geschaffen hatte, die sich von den Nazis ohne Schwierigkeit zum KZ weiterentwickeln ließ. Der Kommiss also, nicht erst die NS-Weltanschauung, ist das Fundament der Konzentrationslager" (→A.5).

Im Sommer 1945 gelangte der Kriegsgefangene Georg D. Heidingsfelder zusammen mit rund 150 anderen deutschen „Intellektuellen" in ein US-amerikanisches „Sonderlager" ohne Stacheldraht in der Nähe von Cherbourg. Im

Verlauf eines knappen Vierteljahres kamen die US-Instrukteure mit den privilegierten Lagerbewohnern zu der Übereinkunft, „dass *kein Deutscher jemals wieder ein Gewehr tragen dürfe.* Diese kriegerische Nation müsse ‚for ever' entwaffnet bleiben und zu friedlicher Zivilisation umerzogen werden, durch Amerikaner und deutsche Antimilitaristen".

Georg D. Heidingsfelder erwies sich als äußerst gelehriger Schüler und erhielt nach bestandener Prüfung am 21. September 1945 eine Berufung zum „*Selected Citizen of Germany*", zum auserwählten Bürger Deutschlands. Hiermit verbunden war die Bereitschaft der Kursteilnehmer, „für den Einzug eines neuen, zivilen, friedlichen, demokratischen Geistes in Germany Sorge zu tragen". Im Rahmen einer großen Abschiedsfeier verkündete ihnen ein US-Colonel noch einmal, „dass das neue Deutschland das ‚andere Deutschland' werden müsse, das antiwilhelminische und antihitlerische Deutschland, das nicht auf ‚schimmernde Wehr' und nicht auf ‚Vau zwei' setze, sondern auf Recht, auf Humanität, auf Frieden, auf Demokratie. Der Stahlhelm werde nun für immer begraben, der Bürgerhut allein in Zukunft den deutschen Schädel bedecken." (Bd. 2→Q.1)

1945 hatte der US-amerikanische Leutnant in Cherbourg Heidingsfelder gefragt, ob er gegen die Nazis gewesen sei, und dieser hatte geantwortet: „Ein wenig, Herr Leutnant." Die auch für die Zeit bei der Wehrmacht belegte nonkonforme Haltung hatte den sehr konservativen Katholiken und Moralisten nie ins Zuchthaus oder gar in ein KZ gebracht. Deshalb wollte er sich nach Kriegsende auch nie als „Widerstandskämpfer" verstehen. Meine Nachfragen bei Zeitzeugen haben ergeben, dass Georg D. Heidingsfelder nach seiner Rückkehr ins Sauerland die Verbindung zu katholischen Männern suchte, die sich als NS-Gegner der eigenen Überlebens-Arrangements in den zurückliegenden Jahren sehr bewusst waren und nunmehr umso aktiver an einem Neuanfang mitarbeiten wollten. 1947 trat Heidingsfelder in der Kleinstadt Meschede als maßgeblicher Initiator eines „Sühnekreuzes" zur Erinnerung an die Ermordung von 80 russischen und polnischen Zwangsarbeitern in Erscheinung.[2] Mitchristen, die von den unbeschreiblichen „Endphase-Verbrechen" in der nahen Umgebung nichts hören wollten, traktierten unter Beifall weiter Bevölkerungskreise das Kreuz mit Feuer und Säge. Selbst kirchliche Würdenträger, die das Zeichen „eingesegnet" hatten, gingen später auf Distanz. Heidingsfelder geriet in den Ruf, ein unbelehrbarer Fanatiker zu sein.

---

[2] Vgl. jetzt auch: *Bürger*, Peter / *Hahnwald*, Jens / *Heidingsfelder*, Georg D.: Sühnekreuz Meschede. Die Massenmorde an sowjetischen und polnischen Zwangsarbeitern im Sauerland während der Endphase des 2. Weltkrieges und die Geschichte eines schwierigen Gedenkens. Norderstedt: BoD 2016. [ISBN: 978-3-7431-0267-5]

Im konfessionellen Selbstlobkollektiv des ‚schwarzen Sauerlandes' dachten nur wenige an eine ernsthafte Auseinandersetzung mit der jüngsten Vergangenheit; im ‚katholischen Gleichschritt' bewegte man sich vielmehr früh in Richtung „Restauration" und betrachtete jeden, der nicht mittat, als Angehörigen eines feindlichen Lagers (→A.15; A.19). Gleichwohl, die Bildungsarbeit des „Selected Citizen of Germany" wurde in den ersten Nachkriegsjahren allenthalben gelobt, und so kam es zu einer Anstellung als hauptamtlicher Funktionär bei der Katholischen Arbeiterbewegung (KAB).

Im November 1950 gab nun der CDU-Politiker Josef Gockeln als KAB-Verbandsvorsitzender bei einer Delegiertentagung in Oberhausen bekannt, dass sich die Katholische Arbeiterbewegung hinter die Wiederaufrüstungspläne der Adenauer-Regierung stelle und zur Rettung des „christlichen Abendlandes" eine „Geschlossenheit der gesamten Organisation" in dieser Frage gefordert sei (Bd. 2→Q.1). Schon am Folgetag erklärte G.D. Heidingsfelder, der dies zunächst für einen Scherz gehalten hatte, seinen Austritt aus der KAB – und verlor somit seine bezahlte Funktionärsstelle. (Zehn Jahre später vermerkte er zu diesem Kapitel, es seien „die katholischen Arbeiter nichts mehr als die Schwanzspitze der von der Großbourgeoisie geführten und dirigierten CDU" und würden es auch „in Ewigkeit bleiben".)

Am 15. Juli 1951 schrieb Georg D. Heidingsfelder hernach dem Hohen Kommissar der US-Militärregierung Mr. MacCloy, er müsse fast sechs Jahre nach seiner Ernennung zum „Selected Citizien" erleben, dass „das deutsche Volk von den [US-]Amerikanern, im Verein mit seiner eigenen ‚demokratischen' Regierung, wieder zu den Waffen gerufen wird". Da die USA „ihre richtige Einsicht von damals offiziell über Bord geworfen haben und die Deutschen in eine gefährlich-unberechenbare Remilitarisierung hineintreiben", sei das als Anlage zurückgeschickte „Zeugnis von Cherbourg" für ihn nunmehr wertlos geworden. Er bleibe aber allen US-Amerikanern verbunden, „die bei der richtigen Einsicht von 1945 beharren".

Als auch der Bund der Deutschen Katholischen Jugend (BDKJ) – z.T. unter Umgehung der innerverbandlichen Demokratie – die Wiederaufrüstungspolitik Adenauers mit gezielten Stellungnahmen unterstützte, beriet Heidingsfelder kritische junge Katholiken und legte später in zwei Auflagen eine Broschüre „Wehrmacht und katholische Jugend" (1954/55) vor (Bd. 2→J). Aus seiner Sicht waren Katholizismus und politischer CDU-Katholizismus zu diesem Zeitpunkt längst eine unheilige Symbiose geworden. Als „Drahtzieher" im Hintergrund fungierten parteipolitisierende Prälaten, denen die sogenannten Laien nur allzu bereitwillig folgten. Das Grundrecht auf Kriegsdienstverweigerung, von Kardinal Frings als „verwerfliche Sentimentalität" bezeichnet, hatte man gegen die Gutachten der Jesuiten Gustav Gundlach und Johannes Hirschmann verteidigen müssen. Hoher Klerus und Verbandskatholizismus machten die Wiederbewaffnungspolitik des Bundeskanzlers gleichsam zur kirchlichen Chefsache. Schließlich würden sich deutsch-katholische Moraltheologen – im Einzelfall unter dem blasphemischen Konstrukt eines Weltuntergangs um der ‚Gottesgerechtigkeit' willen – sogar als Gutachter zugunsten von Bombe und Adenauers Atomwaffen-Begierde betätigen ... (→F.14; G.4).

In seinem kompromisslosen Widerstand gegen diese Entwicklung sah Heidingsfelder sich in Einklang mit einem Ausspruch von Reinhold Schneider: *„Die Zeit fordert unseren Widerspruch und nicht unser Mitmachen!"* Er verehrte diesen konservativen katholischen Dichter als sein großes Vorbild und war ihm ‚zu Diensten' wie kein anderer, als die katholische Welt Deutschlands den einstmals gefeierten Meister wegen seiner Ablehnung der Wiederaufrüstung fallen ließ. Heidingsfelder publizierte – wie Reinhold Schneider und von diesem dazu gar ermutigt – in „kryptokommunistischen" Zusammenhängen, auch weil es so gut wie keine anderen Publikationsmöglichkeiten mehr gab. Nun galten die beiden trotz ihrer erwiesenen weltanschaulichen Gegnerschaft zum doktrinären, autoritären Marxismus der östlichen Staatssysteme als „Kommunisten".[3] Doch selbst die Gegner mussten eingestehen, dass die diffamierten Nonkonformisten in ihren skandalisierten Veröffentlichungen nichts vom christlichen Standort preisgegeben hatten.

Der Briefwechsel Schneider-Heidingsfelder (1950-1954) dokumentiert am eindrucksvollsten die enorme Bedeutung der zeitweiligen, auf beiden Seiten loyalen Zusammenarbeit und enthält zugleich Schneiders schärfste Kritik jener naturrechtlich angelegten – atomwaffenfreundlichen – Moraltheologie, in der die Botschaft Jesu gar nicht mehr vorkommt (Bd. 2→Q.2).[4]

Das Ende dieser Geschichte fällt traurig aus: Der große Meister Reinhold Schneider mäßigt den Ton seiner Kritik, meidet ‚anrüchige' (‚kryptokommunistische') Foren und findet alsbald wieder Gnade in den Augen der katholischen Welt. Sein eifriger Mitstreiter Georg D. Heidingsfelder lehnt hingegen jede Kompromisslinie bezogen auf die Wiederbewaffnung (und die „Atombombe als satanisches Instrument des Massenmords") ab und wartet ab einem

---

[3] Die DDR versuchte, u.a. über verdeckte Finanzierungen Einfluss auf die nonkonformistische Publizistik in der Bundesrepublik auszuüben. Auf der Gegenseite war der einschlägige Dienst der USA z.B. darauf bedacht, über verdeckte Stiftungsförderungen die Bewegung „Congress for Cultural Freedom" (1950-1969) und deren vielfach als „linksliberal" eingestufte Mitglieder zu beeinflussen.

[4] Die Digitale Ausgabe (daunlots nr. 87: www.sauerlandmundart.de) enthält auf S. 803-871 eine ungleich größere Auswahl der Schneider-Briefe. In einer geplanten biographischen Arbeit zu Heidingsfelder sollen auch dessen Schreiben an R. Schneider, soweit erschlossen, herangezogen werden.

bestimmten Zeitpunkt offenbar vergebens auf eine Briefantwort des großen Vorbildes.[5]

Auch Georg D. Heidingsfelder stellt Mitte der 1950er Jahre jegliche honorierte Publizistik ein, die unter Verdacht steht, „ostfinanziert" zu sein, und veröffentlicht dann gar 1956 eine Schrift „*Der Kampf zwischen Christentum und Kommunismus*" (Bd. 2→P). Er ist nach eigenem Zeugnis in der Nachkriegszeit zum „Bürger des Niemandslandes" geworden. Seine Familie muss den kostspieligen Antimilitarismus und ‚Nonkonformismus' freilich mittragen, wenn der Ernährer – nicht zuletzt auch aufgrund von Angriffen in nächster Umgebung des ‚schwarzen Sauerlandes' – seelisch zermürbt ist oder wieder einmal kein Brot auf den Tisch kommt ... In einem Rückblick von 1961 heißt es: „Ein paar Freunden verdanke ich es, daß ich die Jahre des Elends überlebt habe. Doch war ich keinen Augenblick gesonnen, den Kampf aufzugeben, führte ihn vielmehr mit zunehmender, oft zu großer Schärfe. Ich fühlte gegenüber der ‚Politik der Stärke' wie Reinhold Schneiders Gestalt des ‚Dichters' im Drama ‚Innozenz und Franziskus': ‚Was ihr erdenkt und tut, ist mir verhaßt'."[6]

Schon 1952 gehörte G.D. Heidingsfelder zu den Gründern einer Mescheder Aktionsgruppe der „Notgemeinschaft für den Frieden Europas" (→E.10). Danach betätigte er sich politisch und publizistisch als katholischer Kriegsgegner in „Gustav Heinemanns" Gesamtdeutscher Partei (GVP), für die er bei den Wahlen 1953 auch als Bundestagskandidat antrat.[7] Die GVP konnte jedoch keine Breitenwirkung erzielen und wurde 1957 endgültig aufgelöst (Heinemann und viele seiner Weggefährten traten der damals noch antikapitalistisch positionierten SPD bei; diesen Schritt vollzog Heidingsfelder wohl erst 1958: →M.2). Nonkonformistische Blätter gingen ein oder konnten keine Honorare mehr bezahlen: „Alle Bemühungen von Freunden und Bekannten, mir eine ‚sogenannte Stelle' ([Heinrich] Böll) zu verschaffen, scheiterten. Ich war ja mittlerweile fünfundfünfzig Jahre alt geworden, gehörte also in die Kategorie der ‚älteren Angestellten', die auch im ‚christlichen Staat' zum gesellschafts-

---

[5] Ekkehard Blattmann ist sehr dafür zu danken, dass er im Rahmen seiner staatlich geförderten „Schneider-Studien" diesen Zusammenhang kritisch aufgedeckt und hierbei auch erstmalig eine sehr umfangreiche, von mir eifrig genutzte Heidingsfelder-Bibliographie erstellt hat. Als christlicher Pazifist teile ich selbstredend nicht Blattmanns Wertung des Widerspruchs von Reinhold Schneider und anderen „katholischen Nonkonformisten" der Adenauer-Ära, deren Entfaltung zuletzt mit einer z.T. peinlich wirkenden ‚Enttarnung roter Netze' einhergeht und den Anliegen sowie Bedrückungen der katholischen Adenauer-Opponenten selten gerecht wird. Heidingsfelder wird von diesem Autor allerdings sehr ‚fair' gewürdigt.
[6] Zit. www.sauerlandmundart.de: daunlots nr. 87, S. 821.
[7] *Müller*, Josef: Die Gesamtdeutsche Volkspartei. Entstehung und Politik unter dem Primat nationaler Wiedervereinigung. Düsseldorf: Droste 1990, S. 131, 137, 158, 390.

politischen Schrott zählen – zum ‚Auswurf' aber, wo sie auch noch ‚professionelle Nonkonformisten und Gewissensschausteller' sind, wie die ‚christlich-demokratische' Studentenzeitung ‚Civis' im Januar 1961 zu schreiben sich nicht schämte." (Bd. 2→Q.1)

Schließlich sah sich Heidingsfelder ab 1960 gezwungen, fern vom Wohnort als Hilfsarbeiter in verschiedenen Fabriken sein Geld zu verdienen. Seine eigenen Berichte darüber zeigen einmal mehr, dass dieser Kritiker eines „verbürgerlichten Christentums" ohne Zukunft ein Anwalt der Arbeiter war, gleichzeitig aber auch ein entschiedener „Antimoderner" und Gegner des Konsumismus (Bd. 2→Q.1; Q.4).

Am 17. Januar 1961 hatte US-Präsident Dwight D. Eisenhower in einer berühmten Abschiedsrede die Menschen seines Landes und der sogenannten freien Welt davor gewarnt, dass ein schon sehr weit ausgebildeter militärisch-industrieller Komplex sich anschicke, demokratische Prozesse durch „unberechtigte Ansprüche" zu untergraben. Derweil galten in der Bundesrepublik Remilitarisierung, Allgemeine Wehrpflicht, Atomwaffenstationierung und transatlantische Vasallentreue zum imperialen US-Kriegsapparat längst als vorherbestimmte und alternativlose Notwendigkeiten.

Mit Blick auf diese Militärdogmen der westdeutschen Politik erinnerte Georg D. Heidingsfelder im Juni 1962 in der u.a. von Heinrich Böll mit herausgegebenen Zeitschrift *„labyrinth"* daran, „dass unsere führenden Politiker noch bis zum Jahre 1950 [...] die richtigen Einsichten in den von unserem schwer heimgesuchten Volk einzuschlagenden Weg hatten" (Bd. 2→Q.5).

Der Publizist und nachmalige Fabrikarbeiter Georg D. Heidingsfelder hätte im Juli 1960 offenbar noch Gelegenheit gehabt, sich vom brotlosen Nonkonformismus loszusagen. Zu diesem Zeitpunkt bot ihm der „Chefredakteur eines bürgerlichen Blattes" eine Schriftleiterstelle an. Er lehnte ab mit der Begründung, er wünsche zu jenen gezählt zu werden, „die sich in dieser Wunderwelt der Prosperität als Pilger und Fremdlinge fühlen und lieber in Armut zugrunde gehen wollen als nur ein Jota ihrer Überzeugung preiszugeben, dass dieses ‚Christliche Abendland' eine Welt der Lüge ist" (Bd. 2→Q.1).

Heidingsfelder blieb übrigens bis zu seinem Tod am 26.2.1967 ein überaus „strenger" und kirchentreuer Katholik, den manche in religiöser Hinsicht heute vielleicht unter Fundamentalismus-Verdacht stellen würden. Er verweigerte sich jedoch – wie andere, weitaus berühmtere Konvertiten – der im konfessionellen Milieu weit verbreiteten Identifizierung von Kirche und Amtsträgern; die lutherische „Freiheit eines Christenmenschen" wollte dieser unbequeme Mann durchaus nicht hinter sich lassen. Als „Lüge vom christlichen Abendland" bzw. als Verrat an der Kirche betrachtete er den Kriegskatholizismus 1914-1918, die während des 3. Reiches in Uniformen mit Hakenkreuz betriebene „katholische" Militärseelsorge und schließlich den gleichgeschalteten „Nato- und Atomkatholizismus" der repressiven und extrem klerikalen Adenauer-Ära. Das Schweigen von staatlich dotierten Kirchenobrigkeiten (und Universitätstheologen) zur rasanten Remilitarisierung der Politik in unseren Tagen würde ihn wohl kaum verwundern, ebenso wenig wie die Ankündigung eines Militärgottesdienstes auf dem evangelischen Kirchentag 2017 mit dem deutschen protestantischen Militärbischof als Liturgen und der deutschen Militärministerin als Predigerin.

2. Zur Anlage dieser Ausgabe der „Gesammelten Schriften"

Die vorliegende Quellenedition ist nach einfachen Prinzipien aufgebaut. Ermittelte Beiträge G.D. Heidingsfelders für ein einzelnes Periodikum (chronologische Folge), selbständige Publikationen oder nach ‚formalen Gesichtspunkten' zusammengestellte Quellensegmente wie die „Zerstreuten Gedichte" (Bd. 2 →S) bilden jeweils eine eigene Abteilung. Eine Ausnahme hiervon bildet die erste Abteilung (→A.1-A.22), die „Publizistische Arbeiten und Manuskripte" der Jahre 1946 bis 1959 aus ganz verschiedenen Quellen zusammenführt. Einige in die Abteilung L. aufgenommene Dokumente, die zum Verständnis des zeitgeschichtlichen Kontextes beitragen, aber nicht aus Heidingsfelders Feder stammen, sind vorab als solche gekennzeichnet. Bei allen Einzeltexten bzw. den größeren selbständigen Arbeiten ist jeweils am Schluss – mit vorangestelltem „T:" – die benutzte Textquelle angegeben.

Der Herausgeber hat es im Rahmen des (nicht mit öffentlichen Mitteln oder Stiftungsgeldern geförderten) Editionsprojektes angestrebt, über die Darbietung aller greifbaren Texte einen mehr als nur repräsentativen Ausschnitt der Schriften Heidingsfelders zu erschließen. Die Grenzen des Unternehmens seien hier nur stichwortartig benannt: Der maßgebliche Splitter- bzw. Teilnachlass (Friedrich Ebert-Stiftung, Bonn) ist *verstreut* in einer größeren Sammlung enthalten, die noch nicht nach Einzeltiteln verzeichnet ist, zur Ansicht also „auf gut Glück" in Teilordnern angefordert werden muss und deren Inhalte nicht (unabhängig von kostenpflichtigen Kopie-Bestellungen) vom Benutzer selbst digital erfasst werden können.[8] Es gibt also kein „Heidingsfelder-Archiv" mit dem gesamten, gar nach Veröffentlichungsorten geordneten

---

[8] Vielleicht enthält diese Sammlung auch das unveröffentlichte Heidingsfelder-Manuskript *„Metanoetik – Die Wissenschaft vom neuen Denken"* (1957), obwohl ich es im Rahmen meiner zeitlich (ökonomisch) begrenzten Recherchemöglichkeiten nicht auffinden konnte.

Schrifttum des Autors. Es sind auch durchaus nicht alle Periodika, in denen Heidingsfelder publiziert hat, vollständig greifbar. Über Fernleihen konnten ohnehin lediglich solche Arbeiten erschlossen werden, die bereits *zuverlässig* bibliographiert sind.[9] Nur in einigen Fällen war mir ein Durcharbeiten eingebundener oder verfilmter Zeitungsjahrgänge in der Düsseldorfer Universitätsbibliothek und im FES-Archiv möglich ... Immerhin, trotz aller Begrenzungen enthält die nunmehr abgeschlossene Edition zumindest die bislang bibliographisch verzeichneten Publikationen[10] (mit wenigen Ausnahmen), weitere Zeitungsfunde und auch einige unbekannte Nachlass-Manuskripte.

Für einen geplanten Band zur Biographie sind als weitere Beigaben vorgesehen: ein möglichst vollständiges Werkverzeichnis sowie eine Zusammenstellung der Sekundärliteratur über den Autor und die Periodika[11], in denen er veröffentlicht hat. Renundanzen waren bei der Anlage dieser Quellenedition nicht zu vermeiden. Wenn das Echo zum Vorgelegten ermutigend ausfällt, könnte später ein schmales Heidingsfelder-Lesebuch den Blick auf besonders gelungene oder aussagekräftige Arbeiten lenken.

In qualitativer und formaler Hinsicht fallen die Schriften höchst unterschiedlich aus. Die besonders pathetischen und missionarischen Texte gehören gewiss nicht zu den stärksten. Auf diesem Feld findet man zahlreiche Berufungen auf geistige oder geistliche Autoritäten, Vorbilder etc. und immer wie-

---

[9] Die Grenzen werden z.B. deutlich an folgender Textdarbietung in dieser Edition, die lediglich den Abschluss einer elfteiligen Serie darstellt: *Heidingsfelder*, Georg D.: Der Barras. [Ein Überblick über die Weltpest des Militarismus, XI]. In: Das Andere Deutschland, 1954, Nr. 5, S. 3. (→I.2)

[10] Schier unersetzlich für die Aufnahme meiner Editionsarbeit war die folgende, wohl nach Gesamtdurchsicht der Bonner „Stankowski Sammlung" (Friedrich Ebert-Stiftung) erstellte Bibliographie in: *Blattmann*, Ekkehard: Reinhold Schneider – Militarisierung oder Passion. Ein Beitrag zum „Fall Reinhold Schneider". [= Christliche Autoren des 20. Jahrhunderts. Band 1]. Frankfurt a.M.: Peter Lang 1992, S. 236-241.

[11] Vgl. zu den beiden Periodika „Katholische Freiheit" und „Umschau im Katholizismus": *Stankowski*, Martin: Linkskatholizismus nach 1945. Die Presse oppositioneller Katholiken in der Auseinandersetzung für eine demokratische und sozialistische Gesellschaft [= Dissertation Berlin 1974]. Köln: Pahl Rugenstein 1976, S. 261-271 und S. 253-254, 344 (nachlesbar in dieser zweibändigen Ausgabe); ebd., S. 137-229 zu den „Werkheften" katholischer Laien. – Knappe Darstellungen zu „nonkonformistischen" (sogenannten sowie vermeintlich „kryptokommunistischen") Zeitungen, in denen auch Heidingsfelder veröffentlicht hat, bietet: *Blattmann*, Ekkehard: Reinhold Schneider im Roten Netz. Teil 1 und 2. Frankfurt a.M.: Peter Land 2001. – Zur „Deutschen Volkszeitung": *Mellies*, Dirk: Trojanische Pferde der DDR? Das neutralistisch-pazifistische Netzwerk der frühen Bundesrepublik und die Deutsche Volkszeitung, 1953-1973. Frankfurt a.M.: Peter Lang 2007. [Nur quantitativ genannt: 5 Beiträge von GDH.] – Zur Zeitschrift „labyrinth": *Schwiedrzik*, Wolfgang Matthias: Konservativ und rebellisch. Die Zeitschrift „labyrinth". Gespräche mit Heinrich Böll und Walter Warnach. Neckargemünd: Edition Mnemosyne 2000.

der die gleichen Lieblingszitate des Autors. Daneben stehen „Referate" oder Zusammenstellungen (Dokumentationen ohne eine Entfaltung der eigenen Anschauungen), die vor allem der Vermittlung von Lektürefrüchten an eine breitere Leserschaft dienen, aber auch treffliche Essays des Schriftstellers und kurze Skizzen, Polemiken oder Satiren. Einen besonderen Vorzug verdienen aus Sicht des Herausgebers die autobiographischen Texte.

Die vorliegende Edition der Schriften ermöglicht es, Entwicklungen im Denken Heidingsfelders nachzuvollziehen. Nach dem Krieg zeigt sich der Publizist zunächst noch stark bewegt vom Ideal einer berufsständisch geordneten Gesellschaft (→B.1) und von der unseligen „Reichstheologie"[12] (→A.7), von der er sich dann wohl später verabschiedet hat als sein Vorbild Reinhold Schneider. Wir dürfen mit einiger Wahrscheinlichkeit annehmen, dass Heidingsfelder ursprünglich von einem äußerst konservativen katholischen Denken herkommt. Es wäre allerdings abwegig, sein – z.T. durchaus noch geschichtstheologisch gefärbtes – Votum für den Friedensauftrag eines *geeinten* Deutschlands jenseits von Ost- oder Westanbindung irgendwie als Nationalismus zu deuten!

Bei der scharfen Kritik am politischen Katholizismus, dessen historische Verdienste Heidingsfelder übrigens kaum würdigt, könnte man einwenden: Das kennen wir ja alles schon als Argumentation der zentrumsfeindlichen Rechtskatholiken[13] im frühen 20. Jahrhundert. Dergleichen wäre jedoch ebenfalls irreführend. Heidingsfelders Kritik an klerikaler „Drahtzieherei", katholischer „Einheitsfront" und verbürgerlichter Kirche ist im politischen Kontext der Adenauer-Ära nicht rechtskatholisch, sondern ausdrücklich *linkskatholisch* motiviert. Deshalb gibt es gegen Ende der Adenauer-Ära eine Verbindung z.B. zu Heinrich Böll.

Wie befremdend auch immer vieles in den frühen Nachkriegsschriften Heidingsfelders heute anmutet, der von US-Amerikanern politisch geschulte „Selected Citizen" meldet sich ab 1946 kontinuierlich zu Wort gegen Militarismus, Obrigkeitsdenken, Nationalismus und Geschichtsverdrängung sowie für eine gänzlich neue – starke – Stellung der Arbeiter in der Gesellschaft. Seine Kernthemen sind von Anfang an die „Soziale Frage", die Auseinander-

---

[12] Vgl. zu dieser: *Breuning, Klaus*: Die Vision des Reiches. Deutscher Katholizismus zwischen Demokratie und Diktatur (1929-1934). München: Max Huber Verlag 1969.
[13] Vgl. *Hübner, Christoph*: Die Rechtskatholiken, die Zentrumspartei und die katholische Kirche in Deutschland bis zum Reichskonkordat von 1933. Ein Beitrag zur Geschichte des Scheiterns der Weimarer Republik. Berlin: Lit Verlag 2014. – Heidingsfelder hat 1945 erklärt: „Nein, [ich war] nicht Zentrumsmann. Meine Gegnerschaft gegen die Nazis war keine politische, sondern eine weltanschaulich-religiöse." (Bd. 2→Q.1)

setzung mit dem deutschen Faschismus und der Frieden. – Der Diskurs über Geschlechterrollen, den er u.a. unter der Überschrift „*Das neue Mannsbild*" (→A.6) vorgelegt hat, wirkt heute in beträchtlichen Teilen reaktionär, war aber 1948 gewiss ein fortschrittlicher Impuls für das Nachsinnen über eine Neuorientierung im gesellschaftlichen Gefüge.

In den 1940er Jahren schaut Heidingsfelder wohl noch ehrfürchtiger auf die priesterlichen „Väter" in der Kirche als gegen Ende der Adenauer-Ära, doch die von ihm geforderte „Mündigkeit der Laien" kommt als Anliegen schon in den frühesten bekannten Beiträgen zum Ausdruck, und *politische* Irrlehren von Oberhirten (z.B. die Aufforderung 1933, jetzt „nicht beiseite zu stehen") werden durchaus selbstbewußt entlarvt. Der fromme Schriftsteller, der seine geistigen Horizonte wohl weitgehend ‚autodidaktisch' errungen hat, ist kein Theologe, doch in der Auseinandersetzung vor allem mit den Schriften Reinhold Schneiders findet er in manchen Texten zu einer erstaunlichen theologischen Tiefe. In den besten Arbeiten kommt ein Christ zum Vorschein, der als Moralist lernt, dass das Christentum mehr und anderes ist als eine „richtige Moral". Mit Schneider war ein bürgerliches Christentum zu entlarven, das Abgrund und Tragik selbstgefällig zu umgehen gedachte. Es fehlten freilich kraftvolle Weisungen hin zu Möglichkeit und Attraktivität eines *anderen* Lebens im ‚Raum der Gnade'. Die Gewaltfreiheit wird jedoch keineswegs nur als Leidensweg verstanden, sondern auch als überlegene Weisheit, deren Verständnis dem Weltgefüge der Macht allerdings verschlossen bleibt.

Als kirchentreuer Katholik ist Heidingsfelder natürlich Gegner des doktrinären – atheistischen – Marxismus, dem er jedoch selbst in den schärfsten Kritiken nie mit jenem ideologischen, gar kriegsbereiten Antikommunismus (Antibolschewismus) begegnet, der auf der Gegenseite Adenauers treue „Transatlantiker", durchaus „antiamerikanisch" orientierte katholische Abendland-Aktionisten und „alte Kämpfer" der Jahre 1933-1945 vereint. Vielmehr deutet er den Kommunismus vorzugsweise als Folge einer Christenwelt, die auch auf dem Gebiet der sozialen Gerechtigkeit kläglich versagt hat.

Den neuen imperialen Kurs der Vereinigten Staaten in der zweiten Hälfte der 1940er Jahre bewertet Heidingsfelder als Preisgabe dessen, was er selbst 1945 in einem Reeducation-Projekt von US-amerikanischen Instrukteuren gelernt hat. Nicht das demokratische und friedensfördernde Erziehungsprogramm der ehemaligen Besatzungsmacht lehnt er ab, sondern einen Verrat an dessen Inhalten! Seine Kritik am US-System geht einher mit einer Kritik an Kapitalismus, „Komfortismus" (zur Zähmung der Arbeiter, d.h. Fordismus), militärischem Heilsglauben und Atombombensystem.

Man sollte Dramatik und Endzeitstimmung in vielen Wortmeldungen nicht voreilig als „Überspanntheit" abtun. Georg D. Heidingsfelder warnte während der Adenauer-Ära vor der Gefahr neuer faschistoider Entwicklungen (→A.20).

Heute wissen wir weitaus mehr als er über rechtsklerikale Abendland-Kämpfer und bewaffnete, staatlich sanktionierte Untergrundstrukturen – mit antikommunistischen „Partisanen" – im westlichen Nachkriegseuropa. In seiner April-Ausgabe 2017 bringt das Magazin „Der Spiegel" dieser Tage eine Titelgeschichte „*Die Geheimakte Konrad Adenauer*", mit deren Hilfe ein breiteres Publikum die Bedrückungen und Befürchtungen der ‚Nonkonformisten' in der Adenauer-Ära (→A.16; F.14; G.1; Bd. 2: L.14) heute vielleicht besser nachvollziehen kann als in den letzten Jahrzehnten.

Die Zündung der ersten Atombombe hat für die gesamte menschliche Zivilisation unwiderruflich ein neues Zeitalter herbeigeführt, auch wenn dies im Bewusstsein der meisten Menschen nicht mehr verankert ist. 1996 erklärte US-General Lee Butler öffentlich: „Wir wissen, daß Nuklearwaffen, obwohl sie seit Hiroshima und Nagasaki nie mehr angewendet worden sind, eine deutliche und präsente Gefährdung der Menschheit in ihrer nackten Existenz darstellen. Ein immenses Risiko eines Supermacht-Holocaustes gab es während des Kalten Krieges. Zumindest einmal stand die Zivilisation am Rand einer katastrophalen Tragödie. Diese Bedrohung ist jetzt gewichen, jedoch nicht für alle Zeiten – außer, die Nuklearwaffen werden abgeschafft."[14] Die Anbetung der Atombombe ging jedoch mehr als nur einmal mit einem regelrechten Roulettespiel einher. Die Bombe ist in den Jahrzehnten des Kalten Krieges mitnichten ein „Geschenk für den Frieden" gewesen, wie aberwitzige Geister noch immer vortragen. Jahrzehnte sind ohnehin – gerade im beschleunigten atomaren Zeitalter – nur ein winziger Augenblick der menschlichen Zivilisationsgeschichte. Derzeit läuft die Produktion von neuartigen Nuklearwaffen für „begrenzte" atomare Angriffe auf Hochtouren. Die Modernisierung des globalen Atombombensystems wird Billionen verschlingen. Die ökologischen Überlebensfragen auf dem Planeten bleiben derweil – unter großer Gleichgültigkeit gegenüber kommenden Generationen – ungelöst ...

In *solcher* Perspektive sind Heidingsfelders drängende Beiträge wider die „Bombe Satans" nicht Ausdruck von – widerlegter – Panikmache, sondern realistisch und aktueller denn je.

Düsseldorf, im Mai 2017   Peter Bürger

---

[14] *Bürger*, Peter: Hiroshima, der Krieg und die Christen. Düsseldorf: fififtyfifty 2005, S. 57. [Internetausgabe: http://www.friedensbilder.de/christenkrieg/Hiroshima-Christen-Krieg.pdf]

A. Publizistische Arbeiten und Manuskripte aus verschiedenen Quellen (1946-1959)

[A.1]
Vordergrund und Hintergrund
Aus einer Dokumentenmappe
(ca. 1946)

Materialsammlung: Georg Heidingsfelder

Die folgenden Dokumente zeigen die zwei Seiten des Hitler-Regimes mit einer erschreckenden Deutlichkeit. Im VORDERGRUND steht der gedunsene, phrasenreiche Pseudo-Idealismus, der zuweilen – auch das wollen wir nicht verkennen – aus gläubigem Herzen, aber leider zugleich kenntnislosen, unklaren Hirnen kam. Der HINTERGRUND zeigt das eigentliche Element des Faschismus: die Bestialität. Beiden, Vordergrund wie Hintergrund, *gemeinsam* war die grauenvolle, der übrigen Welt unbegreifliche *Wirklichkeit* des „Dritten Reichs". Mögen die Dokumente zu weiterer Erkenntnis und innerer Klärung unserer Situation und damit zu einer wirklichen Erneuerung unseres Volks beitragen!

VORDERGRUND

Der Führer ist mir der Inbegriff aller Tugenden, die das deutsche Volk besitzt. Er ist mir das Vorbild schlechthin; er ist mein Vater, der mich erlöst hat von dem Druck und der Schlacke, die auf meiner Seele lasteten, der mich gelehrt hat, über den Daseinszweck meines Lebens nachzudenken und der meinem Leben neuen, wertvollen Inhalt gegeben hat.
Fritz K., Berlin-Charlottenburg, zum 50. Geburtstag des „Führers"

HINTERGRUND

Aus einem Bericht geht hervor, daß in Plötzensee, in einer Nacht 186 Personen hingerichtet wurden, während der Befehl nur für 180 Personen galt. Ein anderer Bericht beschreibt, wie die Familie eines Opfers

versehentlich zwei Urnen mit Asche erhielt. Lagerinsassen wurden gezwungen, sich gegenseitig hinzurichten. Im Jahre 1942 erhielten sie 5 Mark je Hinrichtung, aber am 27. Juni 1942 wies SS-Brigadeführer und General der Waffen-SS Glücks die Lagerkommandanten an, dieses Honorar auf 3 Zigaretten herabzusetzen.
Aus der großen Rede des amerikanischen Hauptanklägers Jackson im Nürnberger Prozeß

VORDERGRUND
Er war arm wie der ärmste Deutsche an irdischem Besitz, an Titeln und Würden und staatlichen Prüfungen, er hatte nichts als seine unbändige Liebe zum Volk und seinen unerschütterlichen Glauben an seine Sendung, und er überwand damit das Kapital der ganzen Welt, die Lüge, die Heuchelei einer entarteten Gesellschaft, und er setzte an deren Stelle die Großmacht seines reinen Herzens.
Werner Jansen zum 50. Geburtstag des „Führers"
(Auflageartikel für die deutsche Presse)

HINTERGRUND
Ich entschloß mich, nunmehr die totale Vernichtung des jüdischen Wohnbezirks durch Abbrennen sämtlicher Wohnblocks vorzunehmen ...

Dieses Unternehmen vernichtete nachgewiesenermaßen 56.065 Personen. Dieser Zahl hinzuzusetzen sind noch die Juden, die durch Sprengung, Brände usw. ums Leben gekommen sind, aber zahlenmäßig nicht erfaßt werden konnten.
Bericht des Polizeigenerals Stroop über
ein Unternehmen gegen Warschau

VORDERGRUND
Der Führer hat mich erst zu einem Menschen gemacht, er hat mich denken gelehrt, er hat mich gelehrt, was eigentlich die richtige Vaterlandsliebe überhaupt ist. Ich liebe meinen Führer mehr als mein Leben. Ich habe den einzigen Wunsch, einmal etwas Großes für ihn tun zu dürfen.
Wilhelm P., Landau

Ich möchte hier einmal sagen, daß die hohe Lehre des Führers für mich Religion ist. Die deutsche Religion! Und ich kann mir keine schönere denken.
Frau Ilse G., Hamburg (Aus „Schwarzes Korps")

HINTERGRUND
Ich sehe noch die Männer des 20. Juli ihren letzten Weg gehen, in Sträflingskleidern und mit Holzpantinen, einige übel zerschlagen und geschunden, umgeben von Männern des Volksgerichts und Gestapoleuten, die sich keine Phase dieses seltenen Schauspiels entgehen lassen wollten und mit ihrer Filmkamera jeden Augenblick festhielten, bis zu den letzten Zuckungen ihrer Opfer. Hier wurde verweigert, was selbst einem schlimmen Lustmörder nicht versagt blieb; durch ein besonderes Verbot Hitlers war der seelsorgliche Zuspruch vor dem Tod versagt worden ...
Pfarrer Buchholz, in einer Rundfunkansprache

VORDERGRUND
Wenn ich gegenüber den Großen unserer deutschen Geschichte ein Gefühl der Ehrfurcht habe, so ist dies unserem Führer gegenüber ein ganz anderes Gefühl; ich glaube es am besten mit Liebe bezeichnen zu können.
　　Er ist einer der Unseren, mitten aus dem Volke, der das unendlich Große schaffte und dabei der gleiche blieb vom ersten Tage, als ich ihn sah, bis auf den heutigen. Ich bin diesem Manne so verfallen, daß ich [ihn?] verteidigen würde, auch wenn er Unrecht hätte, aber er kann ja gar nicht Unrecht haben, denn er ist die Wahrheit und die Gerechtigkeit selbst.
Gr. F., München – zum 50. Geburtstag des „Führers" (Aus: „Schwarzes Korps")

HINTERGRUND
Am 20. Mai 1942 ermächtigte Generalfeldmarschall Milch den SS-Obergruppenführer Wolff, im Lager Dachau mit sogenannten Kälteversuchen zu beginnen ... Aus den Berichten des leitenden Arztes von Dachau geht hervor, daß die Opfer in kaltes Wasser getaucht wurden, bis ihre Körpertemperatur auf 28 Grad Celsius sank, woraufhin sie alle augenblicklich starben ... Im Februar 1943 konnte der Arzt berichten, daß 30 Personen auf 27 bis 29 Grad abgekühlt worden waren, wobei ihre Hände und Füße weiß froren, und daß ihre Körper dann durch ein heißes Bad wieder völlig aufgewärmt worden waren. Der Triumph der Naziwissenschaft waren jedoch Erwärmungsversuche durch animalische Wärme. Um das Opfer, das beinahe erfroren war, wurden Körper lebender Frauen gelegt, bis es wieder zu sich kam und auf seine Umgebung mit Geschlechtsverkehr reagierte.
Bericht von Dr. Rascher (Dokument Nr. 1616 im Nürnberger Prozeß)

VORDERGRUND
In Ermangelung jeglicher Unmutsäußerungen von seiten der Karpfensetzlinge urteilte das Gericht nach eigenem menschlichem Gefühle und erklärte, daß es für einen Karpfen eine Qual sei, zwei Meter weit geschleugert [*sic*] zu werden und dann, wenn auch nur aus geringer Höhe, auf die Erde zu fallen. Um dem Angeklagten diese Untugend abzugewöhnen und auch andere Leute, die mit Fischen in dieser Weise umzugehen beliebten, zu warnen, verurteilte ihn das Gericht zu einer Geldstrafe von 20 Mark bzw. vier Tagen Gefängnis.

Es ist, wie das Gericht sagte, eine neue Zeit angebrochen, auch für die Tiere.
(Prozeßbericht des „Fränkischen Kurier")

HINTERGRUND
Eine deutsche Mutter hatte ihrem Sohn ins Feld geschrieben, er solle nicht mutlos werden und sich vom Heimweh übermannen lassen, es dauere ohnehin nicht mehr lange, dann höre das Morden auf. Für dieses Wort besorgter Mütterlichkeit wurde sie zum Tode verurteilt. Der heimkehrende Sohn wird nicht einmal mehr das Grab seiner Mutter finden.

Frau Hildegard Coppi, die mit ihrem Mann und vielen anderen im Harnack-Prozeß zum Tode verurteilt worden war, schenkte in der Todeszelle einem Kinde das Leben, und nun hofften alle mit ihr: jetzt ist sie gerettet. Aber der Richter schickte auch sie zum Schafott.
Pfarrer Buchholz (nach der Zeitschrift „Die Lücke")

VORDERGRUND
Wenn die Kinderhände sich Abend um Abend falten: „Lieber Gott, beschütze unseren Führer!", dann durchflutet mich ein grenzenloser Dank an das Schicksal, das uns diesen Mann gab. Aus der Qual, Mutter zu sein, Kinder in ein Leben stellen zu sollen, das einem selbst sinnlos erschien, machte Adolf Hitler eine beglückende heilige Lebensaufgabe. Der Führer gab meinem Leben Richtung und Ziel!

Es gibt ja nur einen einzigen Dank, den ich jemals abstatten könnte: auch dann, wenn ich einmal die Begründung der Entschlüsse des Führers nicht erkenne oder gar verkennen sollte, gerade dann ihm blindlings zu vertrauen. Erst wenn ich dazu bereit bin, habe ich die Berechtigung zu sagen: „Mein Führer."
Frau Erna W., Berlin (Aus Schwarzes Korps")

HINTERGRUND
Ende April 1945 waren im KZ Neuengamme 20 unschuldige Kinder zwischen 5 und 12 Jahren umgebracht worden. Nachdem die Kinder, an denen vorher Experimente mit Tuberkulosebazillen vorgenommen wurden, mit Morphiumspritzen eingeschläfert worden waren, hat ein SS-Mann sie in einem Keller erhängt.
Der Angeklagte, SS-Standortarzt Dr. Trzebinski, erzählte leise den Vorgang. Abschließend sagte er: „Ich habe in meiner ganzen KZ-Laufbahn unendlich viel menschliches Leid gesehen und war wohl abgestumpft, aber Kinder erhängen hatte ich noch nicht gesehen. Mir wurde übel, ich ging aus dem Gebäude heraus, ein paarmal um den Block. Nach einer halben Stunde ging ich zu den Kindern zurück. Einige fehlten, einige schliefen noch immer nicht und fragten mich: ,Werden wir auch noch gebadet?' Ich ging jetzt in den Raum, in dem die erste Erhängung stattgefunden hatte, und sah an einem Haken ein Mädchen hängen. In einem Verschlag daneben lagen die Leichen von drei Kindern. Nach einiger Zeit ging ich wieder zu den Kindern, um zu verhindern, daß sie bei Bewußtsein erhängt wurden. Einige schliefen noch nicht. Ich gab ihnen eine zweite Morphiuminjektion, diese wirkte schnell. Später betrat ich das Zimmer, in dem die Erhängung stattgefunden hatte. Alle 20 Kinder lagen nebeneinander, alle hatten Erhängungsmerkmale".
Prozeßbericht aus Neuengamme (nach „Westfälische Rundschau")

* * *

„Wie hat das deutsche Volk auf das Unrecht reagiert? Als Volk überhaupt nicht. Das ist eine bittere Wahrheit, aber es ist die Wahrheit."
Eugen Kogon: „Der SS-Staat"

T: *Heidingsfelder*, Georg (Materialsammlung): Vordergrund und Hintergrund. Aus einer Dokumentenmappe. [Texterfassung nach Druckseiten „S. 148-150" ohne Quellenangabe aus dem Depositum „Martin Stankowski / Splitternachlaß G. Heidingsfelder" im AdsD / Friedrich Ebert Stiftung Bonn; da der letzte Hintergrundtext auf den Prozess gegen den KZ-Arzt Alfred Trzebinski hinweist und dem Beitrag am Schluss ein Zitat aus Eugen Kogons Buch „Der SS-Staat" folgt, kann er nicht vor 1946 erschienen sein.]

[A.2]
Wir Männer der letzten Stunde
(1946)

Von Georg Heidingsfelder

(Ein Vortrag, welcher im Jahre 1946 in mehreren
Bildungswerken gehalten wurde)

„Als er um die elfte Stunde ausging, fand er wieder andere dastehen. Er fragte sie: Was steht ihr hier den ganzen Tag müßig? Sie antworteten ihm: Es hat uns niemand gedungen. Er erwiderte: Geht auch ihr in meinen Weinberg." (Matth. 20, 6-7)

I.

Als im Jahre 1918 das erste Erdbeben über Europa hinweggezogen war, das immerhin einige Millionen Tote gefordert hatte, waren die Deutschen der Meinung, daß das amerikanische Material im Verein mit dem „Dolchstoß" für den unglückseligen Ausgang des Krieges verantwortlich zu machen sei. Mit dieser Anschauung drückten sie sich um jede Einkehr und Umkehr, die der wahre Gewinn aus der Katastrophe hätte sein können und müssen, herum. Im übrigen waren sie am Kriege unschuldig (obgleich sie jahrelang mit dem Säbel gerasselt hatten), und überdies hatten sie ja einen „gerechten Krieg" geführt (freilich mit Verletzung neutraler Staaten und unter Verwendung von Gift und Gas). So bestand also keine Notwendigkeit, in unsere Selbstgerechtigkeit irgend einen Zweifel zu setzen. „Die anderen", die Sieger, hatten uns dazu den Versailller Vertrag auferlegt, so daß nun kein Mensch mehr daran zweifeln konnte: dieses arme, unschuldige Volk war *nur* das Opfer neidischer Feinde geworden. Diese Stimmung wurde vom Nationalismus nach dem ersten Weltkrieg viele Jahre hindurch im deutschen Volk wach gehalten; und weil auch die Christenheit nationalistisch war, so war auch sie der Meinung: daß zur Buße, d.h. zur Umkehr der Gesinnung kein Anlaß vorhanden sei. Man lebte also so weiter wie vor dem Weltkrieg, als Sonntagschrist und Werktagsheide, als Privatchrist und Staatsheide, und „betätigte sich politisch" in einem halben Hundert Parteien, in einem halben Hundert Interessenhaufen

Es kam der notwendige Pendelausschlag nach der anderen Seite im Jahre 1933: Deutschlands auseinandergefallenes Volk wurde geeinigt, von einem Kerl, der sehr genau wußte, womit man den Deutschen imponieren konnte: mit nationalistischem Militarismus. Hinter diese Fahne vermochte Hitler sehr rasch die Deutschen zu versammeln. Sie hatten ja nichts gelernt aus dem Erdbeben von 1914-18, und so wiederholten und verstärkten sie die erste Katastrophe und führten das zweite Erdbeben über Europa herauf, das größte Verbrechen, das je begangen ward. Denn es ist wahrhaftig so gekommen, wie *Theodor Haecker* warnend gesagt hatte: daß „eine Erneuerung des Abendlandes durch den auf pure Gewalt gebauten Prinzipat einer einzelnen Nation das größte humane und christliche Verbrechen wäre."

Der Nationalsozialismus ist dieses größte humane und christliche Verbrechen an Europa gewesen

Und es ist sehr wohl nicht aus dem Auge zu lassen, vielmehr fest ins Auge zu fassen die Tatsache: daß die Deutschen nicht mehr in der Lage gewesen sind, sich aus der Fesselung durch den Hitler-Polypen zu befreien; sie mußten durch ausländische Mächte befreit werden! Daraus folgt: der Hitlerismus ist nicht durch die innere Kraft des deutschen Volkes überwunden worden. Diese Feststellung bewahrt uns vor der Einbildung, daß wir nach Ausscheidung der Kriegsverbrecher ein gereinigtes und erneuertes Volk vor uns hätten, das weiter keiner Umkehr bedarf, sondern nur wieder, wie nach dem ersten Weltkrieg, „Protestkundgebungen" zu veranstalten habe gegen die Ungerechtigkeit anderer.

Lassen Sie uns die Augen ja nicht verschließen, sondern ganz klar unsere Situation erkennen! Wir haben uns zuerst unter die *Selbstanklage* zu stellen, die die große Dichterin Gertrud von le Fort in einem ihrer Werke so ausdrückt: „Wenn man zu einem Verbrechen schweigt, willigt man in dasselbe ein – und jeder einzelne von uns hat das getan. Wir haben geschwiegen, daß es zum Himmel schrie. Wir haben gegessen und getrunken, als ob nichts gewesen wäre! Wir haben uns geschmückt und geschminkt, wir haben gescherzt und getanzt, wir haben sogar geschlafen. Wir haben gut geschlafen, obwohl man hätte meinen sollen, daß kein Mensch mehr hätte schlafen können; allein wir haben es vermocht –, warum auch hätten wir nicht schlafen sollen! Es gab keinen Richter, der uns hätte erwecken können – die Richter schliefen auch –, sie mußten ja schlafen, man befahl es ihnen doch."

Wir haben uns zweitens zu fragen, was gegenwärtig in unserem Volk vor sich geht. Da ist zunächst die traurige Tatsache festzustellen, daß eine große Anzahl Deutscher *auch aus der Katastrophe der letzten zwölf Jahre nichts gelernt* hat. Ich will gar nicht reden von den unbelehrbaren Nazis und Militaristen, deren Evangelium die Gewalttat ist und bleibt, die, von der Art des General-Tropfs Keitel, sich „niemals Gedanken darüber gemacht" haben, „ob ein Krieg gerecht war oder nicht", die also jeder sittlichen Bindung bar sind; ich will gar nicht reden von dem oberflächlichen Haufen, der sich um gar nichts „Gedanken macht" als nur um seinen Bauch. Ich will hier jene Christen und Katholiken ins Auge fassen, aus deren Mund ich gehört habe, daß das Evangelium unserer Tage heiße: Jeder ist sich selbst der Nächste! Ich will jene reaktionären Bürger-Christen ins Auge fassen, die nun wieder zu ihren alten Praktiken und Gewohnheiten zurückgekehrt sind, mit denen sie den wahren Christengeist aus den Gemeinden ausgetrieben und statt dessen die Feigheit und die Sicherheit, die Rechenhaftigkeit und den Moralismus eingeführt haben. Ich will die zahllosen katholischen Leute ins Auge fassen, die in dem Wahne leben: wenn erst die Wirtschaft wieder in Ordnung käme, wäre alles in bester Ordnung –, Leute, die den Charakter der letzten Jahre als eines furchtbaren *Gottesgerichtes* nicht wahrhaben und demgemäß an Symptomen herumkurieren wollen. Ist es zuviel gesagt, daß alle diese aus dem zweiten Erdbeben nicht das geringste gelernt haben? Sie haben noch *keine Zeit* gefunden, sich zu besinnen; sie haben noch nicht den *Willen zur Aufrichtigkeit* aufgebracht; sie haben noch nicht den Mut gefunden, *in ihre Herzen hineinzuschauen*.

Wir haben drittens uns einzugestehen, daß wir selber wie schlaftrunken und gelähmt, ohne inneren Auftrieb, ohne Erneuerungsernst und ohne wahre Hoffnung dahin leben. Wir sind als einzelne nicht wach, und wir sind als Männergemeinde schläfrig. Der Rest des Glaubens in der Männerwelt scheint der Wunsch zu sein, in der Kirche zu sterben. Einst war das ganze Meer des göttlichen Lebens den Männern zur Befahrung übergeben; Christentum, das war Männersache. Heute sind die Männer wie leere, ausgebrannte Gefäße. Nun ja, es gibt ja nicht einmal mehr christliche Schützenbrudergemeinschaften, die den Heiland mit der Kleinkaliberbüchse verteidigen könnten, und darum ist es nun ganz aus mit uns; was sollten wir denn auch machen, wir Männer? Wenn wir Sonntag die Messe besuchen und christlich-demokratisch wählen, dann haben wir doch unsere „Christenpflicht" erfüllt! Das ist der Geist des Schlafes und der Lähmung, der über uns gekommen ist, der Geist, der nicht begreift, daß der Herr mit dem, was uns widerfuhr, „seine Familie prüfen" und, „weil die uns von Gott überlieferte Lehre gelitten hatte, den gesunkenen und fast hätte ich gesagt schlafenden Glauben durch das himmlische Strafgericht wieder aufrichten wollte" (Sankt Cyprian von Karthago). Ja, der Geist des Lebens und der Heiligkeit ist wie schlafend unter uns. Auch das haben wir uns einzugestehen.

Wir haben viertens uns in der Welt umzusehen und uns Rechenschaft darüber zu geben: *Wie spät ist es in der Nacht?* Wohin geht die Fahrt? Welche Kräfte und Mächte sind mobilisiert zum Kampf um die Seelen? Drei Auffassungen, drei Weltanschauungen sind im wesentlichen zum Endkampf aufmarschiert; sie unterscheiden sich am markantesten in ihrer Auffassung vom Menschen: nach der einen ist der Mensch nichts als das Werkzeug des Staates, Ameise im Haufen; nach der anderen ist der Mensch freies Individuum, das sich im Kampf ums Dasein zu behaupten und womöglich zur Persönlichkeit zu gestalten hat; nach der dritten ist der Mensch Bild und Gleichnis Gottes. Es ist leicht zu erkennen, daß die erste Auffassung gottlos zu leben trachten wird, daß die zweite nur einen Gott erträgt, der „nicht in die Weltgeschichte hineinregiert", und daß allein die dritte die christliche ist. Die Hauptmasse der Menschen hängt der ersten und zweiten Auffassung an, und selbst in der Christenheit gibt es nicht wenige, die zu diesen Auffassungen hinneigen und sie vertreten, wie wir bei der „Generalprobe 1933/1945" in Deutschland gesehen haben (wo Millionen Christen der „Verameisung" Deutschlands zustimmten), und wie wir heute noch oft genug sehen können (heute, wo das Pendel wieder zum liberalistischen Individualismus zurückzuschlagen scheint).

Wenn wir alles dies bedacht und erwogen, erkannt und durchlitten haben, dann laßt uns die Frage stellen, die Frage auf Leben und Tod: wer kann es wenden? Und demnächst die andere: *Was können wir tun, um solcher Not zu steuern?*

Obgleich wir uns als gläubige Christen bekennen, sind wir doch nur Kleingläubige, die erstens Gottes Souveränität nicht gegenwärtig haben und die zweitens nichts wissen vom Wesen der menschlichen Freiheit. Gottes Souveränität! Auf dieses große Geheimnis laßt uns den gläubigen Blick zuerst richten: Er ist ganz frei und bei ihm ist kein Ding unmöglich. Wie uns Seine Hand über dem Abgrund des Nichts hält, in jeder Sekunde unseres Daseins, so hält Er auch die Welt in Seiner Hand und alles, alles muß Seinen Heilsplänen dienen. Er hat uns in die Knechtschaft geführt. Er kann uns wieder herausführen. Und wir haben Seine wunderbaren und trostreichen Verheißungen, daß Er uns herausführen wird auch aus der politischen Knechtschaft, wenn wir Seinen heiligen Willen erfüllen. „Ich werde reines Wasser über euch ausgießen, ihr sollt rein werden von all euren Befleckungen und Ich werde euch reinigen von eurer Götzendienerei. Ein neues Herz werde Ich euch geben und einen neuen Geist in euer Inneres legen; das Herz von Stein werde ich aus eurem Leibe nehmen und euch ein Herz aus Fleisch geben. Ich werde Meinen Geist in euer Inneres legen und bewirken, daß ihr nach Meinen Geboten wandelt und Meine Rechte beachtet und übt. Dann sollt ihr in dem Lande wohnen, das Ich euren Vätern gegeben habe und ihr sollt Mein Volk sein und Ich werde euer Gott sein," – so spricht der Herr, der Allmächtige, durch seinen Propheten Ezechiel, und Sein Wort ist wahr und es gilt noch hier und heute. Noch immer steht der Herr vor der Tür und wartet, in unbegreiflicher Geduld.

An uns ist es, und dazu sind wir frei: Ihm die Tür zu öffnen, die Tür zu unserem Herzen. Wir haben *„drei Wege der Freiheit"*:
Erstens: Wir können Seinem Lockruf folgen: Gib Mir, Mein Sohn, dein Herz (Sprüche 23/26);

Zweitens: Wir können unser Leben selbst in die Hand nehmen und „autonom" walten und gestalten;

Drittens: Wir können dem „Affen Gottes" und seinen dämonischen Geistern Raum geben.

Dabei ist nicht außer Acht zu lassen, daß der zweite Weg stets unmerklich in den dritten übergeht, denn das *Menschenherz* ist nicht so beschaffen, daß es sich selbst besitzen könnte; es ist das *„Organ der Hingabe"*, der Hingabe an Gott oder den Teufel.

Es kann also diese Zeit und dieses Volk nicht geheilt werden mit den vordergründigen Mitteln der Politik, der Wirtschaft, der Technik, sondern allein durch Hingabe des Lebensmittelpunktes, des Herzens, an den Herrscher Himmels und der Erde. Nun ist aber das Wort Hingabe ein Wort für Frauen, und deshalb ist vielleicht die Religion im Grunde doch „Weibersache". Auch hierzu hat uns die große Dichterin und Seherin ihr gewichtiges Wort gesagt: „Das eigentlich Schöpferische kann nur empfangen werden. Auch der Mann empfängt den Schöpfergeist im Zeichen Mariens, in Demut und Hingebung, oder er empfängt ihn überhaupt nicht, sondern er empfängt alsdann immer nur wieder den Geist, den er begreift, und der im Grunde nichts zu begreifen vermag ... Das Pfingstgeheimnis zeigt den Mann in weiblich-empfangender Haltung." (Gertrud von le Fort.) Wir Deutschen haben als Militaristen und Nietzscheaner, die ja alles können in Kraft oder mit Gewalt, mehr als alle anderen vergessen, daß das Männliche nur die Hälfte des Menschen ist, obgleich sogar noch der philosophus borussicus gelehrt hat: Mann und Frau zusammen machen erst den Menschen aus. Und wir haben es uns daher erst wieder von der großen Dichterin ins Gedächtnis rufen lassen müssen, daß das Religiöse im Zeichen der Frau steht, von ihr symbolisiert wird, also auch vom Mann nur in diesem Zeichen empfangen werden kann: *in hingebender Demut.* „Wollen wir daher, meine Brüder, den Gipfel der vollkommenen Demut erreichen und rasch zu der Erhöhung im Himmel gelangen, zu der man durch die Demut in diesem Leben emporsteigt, so müssen wir durch unseren aufwärts strebenden Wandel jene Leiter errichten, die Jakob im Traum schauen durfte. An ihr sah er die Engel auf- und niedersteigen. In diesem Auf- und Niedersteigen dürfen wir nämlich nichts anderes sehen, als das Hinabsteigen durch Selbsterhebung und das Hinaufsteigen durch Demut. Die aufgerichtete Leiter ist unser Leben auf Erden. Gott richtet sie bis zum Himmel empor, wenn *das Herz demütig geworden ist.*" (Sankt Benedikt in der Regel.)

Nach diesem ersten und größten Gebot: der Hingabe des Herzens an Gott, laßt uns das andere ihm zugeordnete betrachten: die *Verbundenheit des Herzens mit dem der Brüder.* Wenn man bedenkt, daß die Ungläubigen einst beim Anblick der Christen ausgerufen haben: „Seht, wie sie einander lieben!" –, dann müssen wir uns schämen ob unserer Haltung und Gesinnung untereinander. Wie weit sind wir davon entfernt! Dies aber ist unsere große Aufgabe: Brüder zu werden, auch wo und wenn wir in irdischen Belangen verschiedener Auffassung sind. Wenn wir diesen Geist der Bruderschaft nicht herbeiziehen können, dann ist unsere Arbeit vergeblich; wenn wir diesen Geist der Bruderschaft nicht zu unserem Anliegen machen, dann wird alle unsere Bemühung um Gemeinschaft keine Frucht bringen. Der Hauptfeind des Geistes der Bruderschaft ist der *Pharisäergeist*, der da meint herausstreichen zu müssen bei jeder Gelegenheit: daß er ja nicht Pg war, die anderen aber „alle Hitlerschurken" gewesen sind; daß er ja alteingesessener, besitzender Bürger ist, die anderen alle aber hergelaufene Habenichtse; daß er ja seine Bildung und seine Titel habe, *die andern* aber alle nur Proleten sind; daß Gott ihn ja am Leben gelassen habe, während Millionen umgekommen sind. Man muß diesen Geistern vor Augen führen: erstens, daß die Zorneshand Gottes noch immer ausgestreckt ist, wie Wirtschaftskatastrophen und Hungersnot zeigen; zweitens: daß die Worte Christi (Lukas 13) auch für unsere Zeit und ihre Menschen gelten: „Es waren aber zu der Zeit etliche dabei, die berichteten Jesum von den Galiläern, deren Blut Pilatus vergossen hatte. Und Jesus antwortete und sprach zu ihnen: Meint ihr, daß diese Galiläer vor allen Galiläern Sünder gewesen sind, dieweil sie das erlitten haben? Ich sage: Nein, sondern *so ihr euch nicht bessert, werdet ihr alle auch umkommen*! Oder meint ihr, daß die achtzehn, auf welche der Turm in Siloa fiel und sie erschlug, seien schuldig gewesen vor allen Menschen, die in Jerusalem wohnen? Ich sage: nein, sondern so ihr euch nicht bessert, werdet ihr alle auch umkommen."

„Machet aus den Menschen eine Familie von Brüdern –", diese Aufforderung des hl. Franz von Assisi soll lebendiger Imperativ werden für uns. – Als erste Stufe muß jedenfalls das alttestamentliche Minimum realisiert werden: „Du sollst nicht Rache suchen, noch des Unrechts gedenken, das deine Mitbürger dir zugefügt haben." (3. Moses 19).

Nach dieser Voraussetzung jeder ernst zu nehmenden christlichen Männerarbeit: der Hingabe an Gott und der Gemeinschaft im Brudergeist ist die Aufgabe aber: der *Dienst an der Welt, die Heimholung der Welt*. Demnach kann es sich bei künftiger Männerarbeit nicht handeln um Todesangstbruderschaften oder sonstige abseitige Zirkel oder bloß verwaltendes Kirchenvorstandschristentum: nein, nein, wir müssen endlich den mündigen Laien bilden. Wir müssen mündige Vollchristen werden. Was heißt das aber?

Erstens: Nichts geringeres als daß wir als Getaufte uns unserer wahren Priesterwürde bewußt werden.

Zweitens: Nichts geringeres, als daß wir mitverantwortlich sind in der Kirche, daß wir zur Mitwirkung berufen sind am gesamten Leben der Kirche, im Hause Gottes also und in der Welt, da die Sorge ums Gottesvolk und ums deutsche Volk nicht nur Sache der Priester ist.

Drittens: Nichts geringeres als „daß die Kirche der Welt wieder glaubwürdig werde in ihren Gliedern, die, die Kraft der Kirche im Blut, wirkend sich einsetzen in die Kampfzonen des öffentlichen Lebens: als Zentren der Gemeinschaftsbildung, als Urzellen neuer lebendiger Ordnung der Zukunft – aber auch als kritisches Gewissen." (Ernst Michel).

Der mündige Laie aber wird gebildet *im Gewissen* als seinem innersten Kern, in dem er Gott begegnet. Inmitten des scheinbaren Ausgelöschtseins aller personhaften Werte und ihrer freien Einflußnahme auf den Gang der Geschichte gilt es, diesen Angelpunkt des menschlichen Gewissens als den archimedischen Punkt zu finden und zu beleben, von dem aus die Welt aus den Angeln gehoben wird. Nichts anderes ist das *Anliegen der katholischen Aktion*, der nach einem Briefe des großen Papstes Pius XI. an den Kardinal Segura die Aufgabe obliegt: „In gemeinsamer Arbeit die Gewissen der Christen so stark christlich zu formen, daß sie jeder Zeit und in jeder Situation des privaten und des öffentlichen Lebens imstande sind, die christliche Lösung der vielen sich darbietenden Probleme zu finden." Die actio catholica, diese wahre Laienbewegung in der Kirche und mit der Kirche, die in Deutschland noch in keiner Weise wirksam geworden ist, ist also *nicht* eine „Dachorganisation" über hundert wiedererweckten katholischen Vereinen, sondern die Herzbewegung des Einzelnen in der Gemeinschaft. Weil sie das ist, deshalb wird und muß unsere Männerarbeit stehen im Lebensstrom der katholischen Aktion und darf sich keinesfalls zersplittern in partikularistischer Aufbauerei. Über die Bildung des Gewissens im einzelnen mich zu verbreiten, muß ich mir versagen. Ich verweise in diesem Zusammenhang auf die große Gestalt, in der mustergültig verwirklicht ist das informierte Gewissen, das der Papst fördert: auf *Sankt Thomas Morus*, den Martyrer des Gewissens. An ihr ist abzulesen, was das heißt, ein Mann des christlichen Gewissens zu sein. Uns mag es hier genügen, den Wahlspruch dieses Mannes zu kennen, der über jedes reife Christenleben unserer Zeit geschrieben sein muß: *„Ich habe nie daran gedacht, einer Sache zuzustimmen, die gegen mein Gewissen gewesen wäre."*

Gesandte in die Welt sind wir christlichen Männer. An seiner Stelle in der Welt hat jeder darzulegen das an Christus und seiner Lehrautorität gebildete Gewissen. Manche von uns werden berufen sein, sich politisch zu betätigen, sei es in der Staats-, sei es in der Gemeindepolitik; andere werden in der Gewerkschaft sich einspannen müssen und dritte als Betriebsvertreter in der Wirtschaft wirken. Überall aber ist erforderlich als Voraussetzung guter Wirksamkeit: *Sachkenntnis* des zugewiesenen Weltbereichs. Nichts ist verderblicher, als wenn etwa bloße Gefühlsmenschen in der Politik herumstolpern oder Ignoranten ins Wirtschaftsleben eingreifen. Freilich, über bloßes Fachwissen hinaus muß ein Mann des öffentlichen Lebens klare Grundsätze haben und ein Mann von Treu und Glauben sein. Auch die Bereiche der Politik, Wirtschaft und Technik unterstehen der Herrschaft Christi, auch sie und ihre Verwalter müssen vor Ihm bestehen können. Es ist ja gerade das große Unheil daraus gekommen, daß diese Bereiche sich der Herrschaft Christi entwunden haben, erst autonom und dann satanisch geworden sind. Diese Bereiche sind heimzuholen von uns christlichen Laien, die wir in ihnen tätig sind und in ihnen als das „Salz der Erde" unsere Heiligkeit zu wirken haben. Dies ist und bleibt ja doch das letzte und schönste Ziel zu allen Zeiten: *heilig zu werden*. Keine andere Forderung ist zuletzt an uns gestellt als die, zu den Heiligen Gottes gezählt zu werden, und es gibt darum, nach Léon Bloy, zuletzt auch gar „keine andere Traurigkeit als die, kein Heiliger zu sein".

Dahin, zu dieser Vollendung, ist der Weg für uns garnicht so weit, denn wir sind sicherlich, so oder so, „Männer der letzten Stunde". Ob Gott der Herr diesem Europa noch eine Chance gibt, wissen wir nicht; wir wissen aber, daß er *uns* eine gegeben hat und *nur darum* leben wir noch. Er wartet auf uns in Seiner unendlichen Geduld. Nützen wir diese letzte Stunde! Sei es, daß wir uns bereiten, die neue Prüfung, die bedrückend in unserer Nähe steht, besser zu bestehen, als wir die „Generalprobe 1933/45" bestanden haben (indem wir den Geist des Urchristentums beizeiten realisieren), sei es, daß wir uns bereiten in hingebender Demut auf eine Erneuerung des Abendlandes aus göttlichem Schöpfergeist. Darum also handelt es sich für uns „Männer der letzten Stunde": uns in jeder Hinsicht zu bereiten, indem wir erstens: dem, was ist, mutig ins Auge schauen in Selbstprüfung und Umschau in der gegenwärtigen Welt; zweitens: das, was möglich und wahrscheinlich ist, nüchtern erwägen; und endlich drittens: das Eine, das not tut, täglich mit Ernst üben und so den besten Teil erwählen.

Denn es ist zuletzt die Scheidung der Menschen in *zwei Lager*, die zur endzeitlichen Situation führt: „alle Menschen, die die Selbsterhebung lieben und die zeitliche Gewalthabe (amantes superbiam et temporalem dominationem), und alle Geister, die mit solchem Gelüst ihre Ehre im Dienstbarmachen der Menschen suchen, sind in eine Gemeinschaft gebunden. Und wieder gehören alle Menschen und alle Geister, die untergiebig (humiliter) nicht ihre, sondern Gottes Ehre suchen und Ihn verehrend die Seinen sind, zu einer Gemeinschaft." (St. Augustinus).

Zu dieser zweiten Gemeinschaft, Männer, laßt uns formieren durch empfängliche Bereithaltung für den Willen Gottes, im gegenseitigen Bruderdienst!

II.
Wenn das Leben der Kirche und das Leben der Welt nicht zwei getrennte Provinzen sein sollen, so müssen sie durch einen Blutkreislauf verbunden sein, der durch das Herz des katholischen Laien in Tätigkeit gehalten wird. Die

Gemeinschaft dieser Männer ist also das transformierende Herz und Gewissen zwischen Kirche und Welt.

Diese Welt ist schön und gewaltig und birgt große Werte in sich, denn sie ist die Welt des Schöpfer-Gottes, der nichts Verächtliches gemacht hat. Sie ist es wert, in den Glanz der Heiligung durch Christus gestellt, nicht dem Satan überlassen zu werden. Die abgefallene Welt mit der Tendenz, sich immer mehr von ihrem Schöpfer und Herrn zu entfernen, indem sie sich selber als der durch Menschenkraft zum Paradies zu gestaltende Kosmos erklärt, muß vom christlichen Laien in den Lebensstrom seines vom Blut Christi genährten Herzens einbezogen und so geheiligt werden. „Wenn die äußere Tätigkeit nicht bewußt und ständig aus dieser lebendigen Quelle genährt wird, muß sie langsam unfruchtbar werden, versanden und schließlich im Leerlauf enden." (Christmann). Darum ist die erste Aufgabe des Laien in der Welt also: stetige Erneuerung in sakramentaler Praxis und Vertiefung des Gebetslebens.

Dies bedeutet nicht, daß die Kommunionstatistik der Pfarrgemeinde erhöht werden müßte durch vermehrte Männerkommunionen; es bedeutet vielmehr, daß die mangelhafte sakramentale Praxis gereinigt wird durch stärkeren Anschluß an die Liturgie und erneuert wird durch Überwindung von Staub und Verknöcherung alter Gewohnheit. „Es ist in der Tat durchaus notwendig, daß die Gläubigen nicht wie stumme Zuschauer, sondern von der Schönheit der Liturgie ganz ergriffen, so an der heiligen Feier teilnehmen, daß sie in lautem Gebet mit dem Priester sich abwechseln." (Pius XI.) Dies erfordert auch eine Vertiefung der Gebetspraxis überhaupt, die sich vielfach müde und lässig, in alten Gleisen jahraus, jahrein dahinschleppt. Der männliche Christ unserer Tage hat so gut wie gar kein Verhältnis zur mystischen Theologie. Er schwimmt im flachen Gewässer des Rationalismus dahin, und obgleich er im Herzen das Ungenügende seines Christenlebens spürt, weiß er nicht den öden Pfad zu verlassen, weil niemand ihm fruchtbare Wege zeigt. Abstreifung der harten Schalen der Gewohnheit, Weitung des Herzens in der gesunden Luft liturgischer Frömmigkeit, das schafft die Voraussetzung für die Mündigkeit des Christen in der Kirche.

Und nicht eine „Schulung in Kasuistik" ist es, die der Heilige Vater meint mit der Formung des Gewissens, sondern die Erweckung und Stärkung des „christlichen Instinkts", des katholischen Herzens und des kirchlichen Geistes (Sentire cum ecclesia). Man mißverstehe unsere Formulierungen aber nicht, als gälte es eine Schwerpunktverlagerung vom Verstand ins Gefühl. Nicht Gefühlschristentum steht im christlichen Laien gegen rationale Theologie, sondern im Mittelpunkt des Christenlebens stehe eine Frömmigkeit des *ganzen* Menschen, Leibes und Geistes, beide in eins gefaßt im wunderbaren Begriff und Symbol des Herzens. So ein *„Herzmensch"* soll der katholische Mann sein; und nicht soll er bleiben das verkümmerte Masculinum, das sich von seinem Wesensmittelpunkt, dem Herzen, glaubt absperren zu müssen und so weder der Tränen noch des Jubels fähig ist, sondern ein trockener, nüchterner Kirchgänger bleibt, der zu keinem Augenblick seines Christenlebens erlöst aussieht.

Den dritten Programmpunkt christlicher Realisierung laßt uns noch ins Auge fassen: die Erwerbung von *Sachkenntnis* der zugewiesenen Weltbereiche. Auch hier darf das Mißverständnis nicht Platz greifen, als handle es sich um fachwissenschaftliche Schulung in Politik und Wirtschaft, sodaß einer, der diese christliche Schule hinter sich hat, getrost zum Dr. rer. pol. promoviert werden kann. Es handelt sich weder um eine oberflächliche journalistische Kenntnisnahme, noch um schwierige Einzelforschung, sondern um Einlebung in die qualitätseigene Struktur dieser Gebiete, in ihre „Eigengesetzlichkeit", um ihre Wirklichkeit und Möglichkeit. Nur auf Grund solcher Kenntnis, die auch „nicht allein im Verstand liegenbleiben" darf, ist sachgemäßes Handeln möglich.

Wir haben die Kirche einmal mit dem Bilde eines Ozeandampfers verglichen, der, durch die Jahrtausende stark havariert, ans selige Ziel zu gelangen trachtet. In der *Bürgerzeit* war die Mehrzahl der Mitfahrenden dieses Schiffes, Passagiere, die sich's in ihren komfortablen Kabinen wohl sein und Kapitän und Mannschaft arbeiten ließen. Stürme waren zu jener Zeit selten und Torpedierungsversuche wurden durch geschulte Apologetik-Offiziere abgewiesen. So konnte man schlafen und spielen und tanzen nach Herzenslust, und war doch in der Kirche.

Heute ist die Kirche nur mit einem *Schiff* zu vergleichen, auf dem es müßige Passagiere nicht mehr geben darf. Jeder ist Seemann, jeder daher vertraut mit der See, und mit der ihm zugewiesenen Arbeit. Jeder ist geschult für seine Aufgaben und weiß auch in der Einsamkeit höchster Seenot die richtigen Handgriffe zu tun. Und alle sind verbunden in freudigem Stolz ihrer Berufung und schöpfen daraus immer wieder die Kraft für ihre Sendung.

Die „Mannschaft der letzten Stunde" weiß ihr Fahrzeug geborgen in der Verheißung; sie weiß, daß ein unsichtbarer Gast an Bord ist, der es bewahrt vor dem Untergang. Aber es ist ihr dennoch nicht erlassen, zu kämpfen mit den Gewalten. Und Kapitän und Mannschaft, die sich in immer neuen Sturmfluten in diesen letzten Zeiten aufarbeiten müssen, sehen doch auch immer wieder durch alles geballte Gewölk leuchten den Richtstern, bei dessen Anblick das Herz wüstenwandernder Weiser vor Jahrtausenden schon von überaus großer Freude erbebte (Matth. 2, 10). So sind sie getroste Seefahrer, von unerschütterlichem Glauben, die ausharren bis ans Ende, um, nach mühevollem Kampf, unzerstörbaren Glückes im neuen Land teilhaftig zu werden. Denn: „nicht, *daß*, sie dem Sterne folgten", sagt Johannes Hatzfeld, „war das Entscheidende, sondern daß sie ihm *gläubig bis zum Ende* folgten."

So laßt uns hingehen und um Gnade bitten, dem Stern bis zum Ende, zum bitteren aber seligen Ende zu folgen!

T: *Heidingsfelder*, Georg D.: Wir Männer der letzten Stunde, 1946. [Texterfassung nach Druckseiten ohne Quellenangabe aus dem Depositum „Martin Stankowski / Splitternachlaß G. Heidingsfelder" im AdsD / Friedrich Ebert Stiftung Bonn; die handschriftlichen Korrekturen auf den Blättern sind hier stillschweigend eingearbeitet.]

[A.3]
Überwindung des Preußengeistes
(1947)

Von Georg Heidingsfelder]

1.
Friedrich Wilhelm *Foerster* hat vor kurzem in einem Zeitungsartikel die „Entpreußung Deutschlands" als die Aufgabe bezeichnet, die nicht nur nicht vernachlässigt werden darf, sondern scharf vorangetrieben werden muß. Es ist ihm darin beizustimmen, unter der Voraussetzung, daß das Problem allseitig und tief genug gesehen wird, als geistige, ja religiöse Aufgabe mehr denn als bloß politische oder gar nur preußisch-gewaltpolitische. Die folgenden Darlegungen sollen die dreifache Gestalt des Problems und demgemäß die dreifache Überwindung des Preußengeistes aufzeigen.

Preußentum, das ist sowohl ein geschichtlich-politisches als auch ein geistig-weltanschauliches und endlich theologisch-religiöses Phänomen. Geschichtlich ist das Dasein Preußens ein einziger Beweis der Reichsfeindschaft dieses Staates. Gegen Kaiser und Reich, das ist der Leitstern preußischer Politik seit je gewesen. Es kann im Rahmen eines Aufsatzes diese Politik nicht aufgezeigt werden, die Historiker sollten es aber als ihre wesentlichste Aufgabe betrachten, nun, da die Lügenherrschaft der kleindeutsch-preußischen Geschichtsschreibung gebrochen ist, die Wahrheit ans Licht zu bringen. Die Wahrheit nämlich, daß vom sogenannten großen Kurfürsten an über Friedrich II. bis zu Wilhelm II. wie ein roter Faden die abgründige Reichsfeindschaft, ja der Reichsverrat sich durch Preußens Politik zieht, getreu dem Leitsatz der „Kreuzzeitung": Borussia necesse est, Germania non necesse. Die neuen Geschichtsbücher sollten der deutschen Jugend erzählen von den „Staatsverträgen Kurbrandenburgs", diesen schmählichen Dokumenten des Reichsverrats und der Bestechlichkeit, und von den reichsfeindlichen „Testamenten" des Fridericus Rex, die auf ein Gutachten Rankes hin nicht in die akademische Gesamtausgabe der Werke Friedrichs des Großen aufgenommen wurden, weil man eine allzu bedenkliche Wirkung auf die Welt befürchtete. Selbst ein so unverdächtiger Zeuge wie der Universitätsprofessor Johannes Haller, der zu den Geschichtsauslegern des „Dritten Reichs" gehörte, mußte feststellen: „Man hat Friedrich den Großen den Zerstörer des Reiches genannt, und es ist nicht zu leugnen: der Zustand, den sein rücksichtslos-geniales (!) Vorgehen geschaffen hatte, mußte früher oder später zum Sturz der Kaisermacht und zur Auflösung des Reiches führen." Es ist heute erwiesen, daß Preußen nichts war als der Krebs im Reichskörper, der ihn fast vernichtet hat. Noch in jüngster Zeit hat der alte Reichstagsabgeordnete *Oldenburg-Januschau* in seinen Lebenserinnerungen der Überzeugung und dem Willen der Borussen aller Zeiten Ausdruck gegeben mit dem Satz: „Wir sahen im Deutschen Reich von 1871 nicht den Zusammenschluß aller deutschen Stämme, sondern nur ein vergrößertes Preußen." Der gleiche Januschauer macht auch kein Hehl aus den weltfresserischen Tendenzen des Preußentums: „Wenn man dieses gewaltige Völkerringen – gemeint ist der erste Weltkrieg – miterlebt hat, muß man doch sagen: das ist der Kampf um die Weltherrschaft." Auch *Bismarck* hat bekannt, „daß der preußische Partikularismus nur entstanden ist in Auflehnung gegen das gesamtdeutsche Gemeinwesen, gegen Kaiser und Reich." Es ist das Wesen des Krebses gegen die Tendenz des Gesamtorganismus zu rebellieren und ihn so zugrunde zu richten. Das aber ist die geschichtliche „Mission" Preußens gewesen, die wohl schon *Prinz Eugen*, der edle Ritter, vorausgeahnt hat. Denn er war es, der da sagte, als Kaiser Leopold dem Kurfürsten von Brandenburg die Anerkennung eines „Königs in Preußen" gegeben hatte: „Die Minister, die dem Kaiser zu diesem Entgegenkommen geraten haben, sind des Henkens wert."

2.
Als mein Abteilungskommandeur im Jahre 1944 einen Landser wegen schlechter Ehrenbezeigung glaubte zurechtweisen zu müssen, tat er das mit den Worten: „Das Ding (damit meinte der gestrenge Herr die menschliche Hand) – muß elektrisch an die Birne sausen." Die „Birne" war natürlich für den Berliner Militaristen der Kopf des Landsers, den er hinzuhalten hatte, wenn es um Preußens Gloria ging. In dieser „preußischen Sprache", die da die elektrische Reaktion des Roboters vom Menschen fordert, in dieser gottverlassenen „Befehlssprache" ausgestorbener Gemüter, offenbart sich der preußische Geist in *der* Vollendung, auf die ihn das sogenannte Dritte Reich geführt hatte. Vorgebildet war der preußische Roboter, der im Hitlerreich vollendet in Erscheinung trat, freilich längst im preußischen Parademarsch, von dem ein Bo-

russen-Schriftsteller (Wilhelm Ihde) in einem Vortrag des Jahres 1941 behauptet hat, er sei „das Perpendikel der deutschen Seele". Wirklich scheint er so etwas gewesen zu sein, denn ob er in Berlin oder in München, in Königsberg oder in Köln „gekloppt" wurde, es geriet das verpreußte Volk beim Tschingbum und Trara des Parademarsches allemal in einen Rauschzustand, als ob der preußische Satan in es hineingefahren wäre. Nichts Herrlicheres in der Welt als so eine Kompanie, ein Bataillon, ein Regiment „im ehernen Schlag steifer Beine" daherkommen zu sehen! Theodor Haecker, der unvergeßliche Hasser deutschen Abergeistes, hatte freilich schon mitten im ersten Weltkrieg unvergeßliche Worte über den Parademarsch geschrieben, aber welcher Deutsche hätte nicht das beste Buch beiseite gelegt, wenn der Parademarsch an sein Ohr dröhnte! Nun ist's mit dem Dröhnen vorbei und manch einer hat Muse zu lesen, wozu ihm ehedem die Muse fehlte; darum seien Haeckers Worte hierhergesetzt:

„Gott hat eine Geißel gemacht aus dem Geistlosesten, Seelenleersten, aber Härtesten, was Europa hatte. Das war, um es in einem Symbol zu sagen: der preußische Parademarsch. Wer den einmal gesehen hat und dann noch immer an der Erbsünde zweifelt, der ist unser Antipode. Wie erfüllt von dunklem, im dumpfen Gefühl eines unausfüllbaren Mangels verwurzelten Haß gegen die freie Schöpfung Gottes, gegen die Schönheit der freien Bewegung muß doch eine Stockseele sein, da sie ja ihre Freude, nein, dieses Wort ist zu heilig, ihr Vergnügen, nein auch für dieses Wort ist es zu schade, sagen wir lieber ihr Amüsemang an diesem Natur und Menschen und Geist beleidigendem Rausche des Mangels haben. Hier haben Menschen aus einer Not ein Laster gemacht. Gott hat aber daraus eine Geißel gemacht, zu züchtigen das ,christliche' Europa und auch noch jene Menschenkinder, die er anfänglich nicht dazu erschaffen hatte, vor Menschenersatz die Hände stramm an die Hosen zu legen. Die Geißel aber, und das macht die Tragödie zur tragischen Farce, meint selber Geist und Gott und Weltenrichter zu sein. Aber sie wird zerbrochen werden."

Sie ist zerbrochen worden, aber nicht überwunden. Es waren nach 1918 nicht die Kräfte aufgeboten worden, die eine Überwindung hätten vollbringen können. Nicht das Inland und nicht das Ausland ließen es sich angelegen sein, diese Kräfte zu mobilisieren, und so feierte der alte Preußengeist im Jahre des Unheils 1933 fröhliche Urständ, willkommengeheißen von allen Stockseelen und Parademärschlern. Man muß etwa nachlesen, mit welchem Enthusiasmus der letzte kaiserliche Oberhofprediger, Johannes Keßler, den „Tag von Potsdam" (21.3.1933) beschreibt: „Es war ein Bekenntnis zum Geist von Potsdam. Dieser echte deutsche Geist soll den deutschen Volkskörper bauen! Ein alter General umarmte mich auf offener Straße. Ein früherer Feldwebel sagte mit feuchten Augen: Herr Hofprediger, daß wir das erleben durften!"

3.
Die Erniedrigung des Menschen unter sein wahres Maß, das ist Preußengeist. Eine willkürliche Konstruktion wird an Stelle des wahren Menschenbildes gesetzt. Theologie und Philosophie sind in den Dienst des Preußengeistes gestellt worden, um diese Leistung zu vollbringen. *Karl Thieme* hat überzeugend nachgewiesen, wie durch ein säkularisiertes, kalvinistisches Element die objektive Seinswahrheit aus dem Preußentum ausgetrieben und an ihre Stelle die willkürliche Konstruktion gesetzt wurde. „Läßt sich", sagt Karl Thieme, in seiner Bildungsgeschichte des Abendlandes, „die eigentlich kalvinistische Haltung auf die Formel bringen: Wer von Gott zum Heil erwählt ist, weiß Gott allein, wir können uns nur bemühen für die äußere Durchsetzung der von der Bibel vorgeschriebenen Ordnungen zu sorgen, so heißt es bei Kant: Es ist nichts zu denken möglich, was ohne Einschränkung für gut könnte gehalten werden als allein ein guter Wille. Das bedeutet aber: Was es, von uns armen Menschen abgesehen, Gutes gibt, wissen wir nicht; wir können uns nur bemühen für die äußere Durchsetzung einer Ordnung zu sorgen, die sich nicht durch offenbaren Selbstwiderspruch aufhebt. Man ist versucht für diese Haltung die paradoxe Bezeichnung zu brauchen, daß den Menschen hier nahegelegt wird, nicht gemeinwahr zu leben, sondern gemein unwahr zu töten, d.h. durch gemeinsam organisierte Beseitigung aller aus der Wirklichkeit hervorgehenden Widersprüche gegen das Dasein wenigstens dessen nackte Tatsächlichkeit durchzusetzen."

In den Spuren dieses säkularisierten Calvinismus wandelt die Borussenphilosophie der *Kant, Fichte, Hegel*. Wilhelm *Stapel* sagt von ihnen: „Kant schuf den preußischen Imperativ, Hegel schuf die Lehre vom totalen Staat (man beachte, wie hier der Schöpfungsbegriff für rein willkürliche Konstruktionen usurpiert wird!). Friedrich Wilhelm stabilisierte den Staat wie einen gewaltigen rocher de bronce mit dem gewaltigen Satz: Die ewige Seligkeit ist vor Gott, alles andere muß vor mir sein! Hegel aber machte darüber hinaus den Staat zu etwas Göttlichem." Und nach dieser Feststellung schließt der Verteidiger des Preußengeistes, Stapel, mit der Unterscheidungslehre: „Das ist es, was die Preußen von anderen Menschen unterscheidet: Die anderen Menschen stehen nur unter der Allgegenwart Gottes, die Preußen auch unter der Allgegenwart des Königs. Rational ausgedrückt: all ihr Tun und Lassen ist auf den Staat bezogen."

Es gibt also keine privaten Bereiche, es gibt keine persönliche Sphäre, es gibt nur die Totalität des omnipotenten Staates, dem die Person ausgeliefert ist, daß er mit ihr mache, was seinen Konstruktionen beliebt. Es ist kein Wunder, daß der Humanist *Lessing* auf- und davonlief mit den Worten: „Was hätte ich auf der verzweifelten Galeere zu tun?" Und es ist begreiflich, daß der Humanist *Winckelmann* ausrief: „Besser ein beschnittener Türke als ein Preuße!"

4.
Wo der Verstand so verblendet, der Wille so pervertiert war, da mußte das unerleuchtete Herz und Gewissen ersterben. Die preußische Gehorsams-Sophistik leistete auch dies. Hatte Moltke schon gesagt: „Autorität von oben, Gehorsam von unten, mit einem Wort Disziplin, das ist die ganze Seele der Armee", und damit die magere Totalität der preußischen Seele charakterisiert, so sagte es *Wilhelm II.* noch einfacher, zackiger: „Was ist Disziplin? Der einheitliche Gehorsam." Hitler, der Boruß aus Österreich, fügte noch das Wörtchen „bedingungslos" hinzu und forderte diesen „bedingungslosen Gehorsam" für alle wie immer gearteten Befehle. Und er wurde geleistet nicht nur vom armen Schützen A., sondern auch von Generalen und Feldmarschällen. Denn alle waren sie ja belehrt von der gleichen Gehorsamssophistik, die ein gewisser Wilhelm Ehmer in einer Kriegsschrift des zweiten Weltkrieges, betitelt „Die Kraft der Seele", also darlegte:

„Dem Wehrmann als Soldaten ist die persönliche Verantwortung für seine Handlungsweise abgenommen. Er untersteht der Forderung auf Gehorsam. Selbst dort, wo er selber Befehle erteilen muß, steht in der soldatischen Rangordnung stets einer über ihm, dem er seinerseits Gehorsam schuldet. Immer ist er nur ein Rädchen im großen Räderwerk ... Dem Gehorsam wohnt jedoch nicht nur die Kraft inne, dem einzelnen die persönliche Verantwortung abzunehmen, er stellt den einzelnen gleichzeitig auf einen Standort, jenseits von Gut und Böse, jenseits von Wahr und Falsch. Was in Friedenszeiten seiner eigenen, oft so schweren Entscheidung überlassen war, wobei ihm nur (!) Gesetz und Sitte als Richtschnur dienen, das wird ihm als Soldat im Kriege von den Schultern genommen. Ihm wird eine neue Freiheit gegeben, die Freiheit zu gehorchen. Er muß dies nur ganz tun, ehrlich und unbedingt, dann können ihn keine Skrupel mehr plagen und nichts vermag seinen Standpunkt zu erschüttern." Mit dieser Sophistik, jenseits von Gut und Böse, jenseits von Wahr und Falsch, war den Rädchen der großen Maschine das Gewissen glücklich exstirpiert und sie konnten ohne Skrupel darauflos morden, wenn's der Gehorsam verlangte. Auf diesen Bahnen kamen die verbrecherischen Befehle zustande und wurden ausgeführt, die alle Welterschrecken ließen. Es sei aber nicht versäumt die Anmerkung: Nicht die SS-Schergen haben diese borussische Weltanschauung und Gehorsams-Sophistik erzeugt, sondern die borussische Gehorsams-Sophistik hat die SS-Mörder gezeugt! Am Anfang war nämlich auch hier nicht, wie ein schwachsinniger Faust meint, die Tat, sondern am Ende, am furchtbaren Ende. Am Anfang steht die die Wirklichkeit vergewaltigende Borussenphilosophie und die das persönliche Gewissen totschlagende Gehorsams-Sophistik, wie sie von preußischen Professoren und preußischen Hofpredigern gelehrt wurden.

5.
Es ist mit Recht darauf hingewiesen worden, daß die Preußen ein antikes Vorbild hatten: Sparta. Auch die antiken Borussen hatten einen obersten Götzen, den Staat. Lykurg, der Gesetzgeber dieses Staates, wollte ein ewiges Reich schaffen wie die Borussen unserer letzten Tage. Friedrich Schiller hat dieses Staatswesen des Altertums mit harten Worten kritisiert:

„Der Staat selbst ist niemals Zweck, er ist nur wichtig als eine Bedingung, unter welcher der Zweck der Menschheit erfüllt werden kann und dieser Zweck der Menschheit ist kein anderer als Ausbildung aller Kräfte des Menschen, Fortschreitung. Hindert eine Staatsverfassung, daß alle Kräfte, die im Menschen liegen, sich entwickeln, hindert sie die Fortschreitung des Geistes, so ist sie verwerflich und schädlich. Sie mag übrigens noch so durchdacht und noch so vollkommen sein. Ihre Dauerhaftigkeit selbst gereicht ihr alsdann vielmehr zum Vorwurf als zum Ruhme. Für die Spartaner gab es nur eine oberste Tugend: Patriotismus. Diesem künstlichen Triebe wurden die natürlichsten der menschlichen Gefühle zum Opfer gebracht ... Auf eine noch empörendere Art wurde das allgemeine menschliche Gefühl in Sparta getötet und die Seele aller Pflichten, die Achtung gegen die Gattung ging unwiderbringlich verloren. Ein Staatsgesetz machte den Spartanern die Unmenschlichkeit gegen ihre Sklaven zur Pflicht; in diesen unglücklichen Schlachtopfern wurde die Menschheit beschimpft und mißhandelt. Nicht genug, daß Lykurgus seinen Staat auf den Ruinen der Sittlichkeit gründete, er arbeitete auf eine andere Art gegen den höchsten Zweck der Menschheit, indem er durch sein fein durchdachtes Staatssystem den Geist der Spartaner auf derjenigen Stufe festhielt, worauf er ihn fand. ... in einer ewigen Einförmigkeit, in einem traurigen Egoismus sollte sich der spartanische Staat ewig nur um sich selbst bewegen."

Frage: Wer hat in der Schule etwas von dieser Schillerschen Kritik am spartanisch-preußischen Staatswesen gehört? Sie war vom Preußentum aus Selbsterhaltungstrieb unterdrückt worden. Von der *Humanitas*, deren Vertreter unser Schiller war, durfte in Preußen nicht geredet werden. Weil die wahre Menschlichkeit in Preußen keine Heimat hatte, deshalb konnte es sich ereignen, daß Jahrtausende nach Sparta im Herzen Europas die antike Schmach wiederholt wurde. Werden sich die Deutschen nicht humanisieren, so wird die preußische Schmach andauern. Werden sie nicht anerkennen eine objektive Seinsordnung, in der die Eigenständigkeit der Person gewährleistet ist, so wird man sie als permanente Menschheitsgefahr aus der Völkerfamilie ausschließen.

6.
Es reicht aber Humanismus allein nicht aus zur Überwindung des Preußengeistes; denn die humane Existenz ist um eine Dimension tiefer als bloße Humani-

tas. Und in diese Dimension hinein reicht alles geschichtliche Leben. Der Preußengeist aber ist der spezielle Verbündete der „unteren" Kräfte und Mächte jener Dimension. Ein großer Geist des vorigen Jahrhunderts hat dies erkannt und ausgesprochen, der Spanier Donoso Cortes. Er schrieb 1852 an einen deutschen Diplomaten: „Ich bin weder ein Freund von Preußen noch von seiner Politik noch von seiner Vergrößerung, nicht einmal von seiner Existenz; ich glaube, daß es von seiner Geburt an dem Dämon geweiht war und bleibe überzeugt, daß es ihm durch ein Geheimnis seiner Geschichte für immer geweiht sein wird."

Ob man dieses „Geheimnis seiner Geschichte" in der Ehe zwischen jener Luise von Coligny, Tochter des Hugenottenführers, und dem Wilhelm von Oranien zu sehen hat, aus der die Stammutter der preußischen Könige entsproß, bleibe dahingestellt. Fest steht, daß beide, die Coligny wie der Oranier, von Katholiken wie von Protestanten gleicherweise verachtet wurden als allzu „freie Geister", die den christlichen Geist zerstörten. Wer immer gegen das Christentum Stellung bezieht, der steht nicht nur gegen den abendländischen Geist, sondern im besonderen gegen das [„]Reich, dessen Name vom Himmel herabgestiegen" ist, wie Gertrud von le Fort uns sagt. Der Reichsfeind aber ist von Natur im Banne des „Widersachers", der nicht nur der Feind des Himmelreichs, sondern auch seines irdisch-geschichtlichen Abglanzes ist. Das sind nicht geschichtstheologische Konstruktionen, sondern geistliche Realitäten, die der stumpfe Sinn unserer aufgeklärten Zeitgenossen freilich nicht mehr zu sehen vermocht hatte. Nun aber müßten die apokalyptischen Katastrophen unserer Jahrzehnte die Augen für die letzte Dimension geschichtlichen Lebens geöffnet und uns das Verständnis für das Wort Donoso Cortes beigebracht haben. Wer auch heute noch nicht die Wirksamkeit der Dämonen in der Geschichte des preußisch-hitlerischen Widerreichs zu sehen vermag, sondern, wie ein Heidelberger Philosoph, doziert: „Dämonen gibt es nicht", – der verhindert die Entpreußung Deutschlands, weil er die letzte Dimension vernebelt und dadurch den Einsatz der Gegenkräfte verhindert, die jene Dämonie überwinden können: der christlichen.

7.
Geschichtlich-politisch steht an der Wiege Preußens der Reichsverrat; geistig-weltanschaulich ist preußische Art die Menschenfeindschaft, die ihr Symbol im Parademarsch hat; und theologisch-religiös ist borussisches Wesen Dämonie, Abfall vom „Reich" der Gnade, Verhärtung des Herzens und Tod des Gewissens.

Die Mittel zur Überwindung preußischen Geistes sind demgemäß dreifach:
Erstens darf kein politisches Gebilde „Preußen" mehr aufkommen, das mehr wäre als föderativer Bundesstaat. Jede Reichsgestaltung hat aus der Ver-

antwortung vor der Jahrtausende alten deutschen Geschichte zu geschehen, nicht aus einem borussischen „Willen zur Macht". Die politische Lebensform des deutschen Volkes kann nicht calvinistisch-idealistische Konstruktion mit dem Zentrum: Staatsomnipotenz sein, sondern lebendige Bildung an der Schöpfungswirklichkeit, in der Verpflichtung gegen die Völkerfamilie Europas.

Zweitens ist die Pflege edler Humanitas, der Geist der Ehrfurcht vor den objektiven Personrechten, insbesondere in der deutschen Jugend zu verankern. Erziehung habe hierbei nicht die subjektiv-willkürliche Bedeutung einer vergangenen „deutschen Pädagogik", sondern heiße: Bewährung an der unerschütterlichen Wirklichkeit gegebener Werte. Der inhumane Charakter, den die Motivkraft der Humanitas nicht beeindruckt, werde zwangsweise eliminiert.

Drittens ist die Hinwendung zum Geiste Christi die letztlich siegreiche Kraft zur Überwindung eingebrochener Dämonie.

T: *Heidingsfelder*, Georg: Überwindung des Preußengeistes. Die Lücke [Monatsschrift für Bildung, Wissen, Lebensführung. Waibstadt bei Heidelberg: Kemper], Jg. 1947, Heft 1/2, S. 17-19. [Texterfassung nach Druckseiten mit maschinenschriftlich hinzugefügter Quellenangabe aus dem Depositum „Martin Stankowski / Splitternachlaß G. Heidingsfelder" im AdsD / Friedrich Ebert Stiftung Bonn]

[A.4]
Reformierung des Manneslebens
(1947)

Von Georg Heidingsfelder

1.
Der absolute Tiefpunkt im Leben des deutschen Mannes ist unter dem Regime Hitlers erreicht worden. Es war nicht nur maskuline Einseitigkeit auf den Gipfel geführt, sondern die Geschlechtsdifferenz in ihrem humanen Bereich völlig ausgelöscht worden. Übriggeblieben war ein nivelliertes Raubtierwesen Spenglerscher Artung, das sich nur im zoologischen Bereich geschlechtlich unterschied. Hitler hatte von Schirach gefordert eine Jugend, „in deren Blick das Funkeln des wilden Tieres zu sehen ist", und die andere Seite dieses Raubtiers war dann „die junge Dame aus dem Arbeitsdienst, die im D-Zug-Gespräch auf die Frage nach dem Wohin erklärte, sie fahre nach der Ordens-

burg Sonthofen zur Begattung". (Mitteilung von Felix Messerschmidt in der Schrift: „Alte Wahrheit und neue Ordnung". Deutsche Verlagsanstalt.) Damit ist auch die Würde der Frau auf dem absoluten Nullpunkt angelangt, und es kann nicht wundernehmen, daß den reißenden Wölfen der SS ebenbürtige KZ-Hyänen weiblichen Geschlechts zugeordnet waren: Weiber, die ohne Erbarmen ihre Mitschwestern und deren Kinder ermordeten. Es erleuchtet den grauenhaften Abgrund, in dem Mann und Weib versanken, daß gleichzeitig aus dem Meyerschen von den Nazis gesteuerten Konversations-Lexikon das Stichwort „Liebe" ausradiert war, als schädlicher Begriff des Humanitätsdusels.

Man fasse die in diesen wenigen Zeilen komprimierten Tatsachen ins Auge und ermesse daran die Tiefe der Zerstörung menschlichen Wesens und die Schwierigkeit neuen Anfangs. Wer erschüttert ist von dem Nihilismus, der sich unter uns breitgemacht hat, der ist gefeit gegen den Wahn, daß hier mit bloß politischen, wirtschaftlichen oder kulturellen Mitteln eine Änderung herbeigeführt werden könnte.

2.
Hitler war nicht so sehr Führer dieses Nihilismus als „Zu-Ende-Führer" dessen, was lange vor ihm begonnen hatte: des Abfalls vom wahren Leben. „Die Gottlosigkeit ist ja nicht aus den Wolken gefallen" (Iljin). Bevor das Maskulinum zum wölfischen SS-Wesen entarten und so als Repräsentant des Mannestums gelten konnte, war es bereits aus dem Gleichgewicht durch einseitige Übersteigerung seiner Männlichkeit. Als am Beginn der Neuzeit der „Garant der Vollendung der Geschlechtstotalität", der Schöpfer des Mannes und des Weibes verlassen war, mußten die Polaritäten in Extremismus notwendig auseinanderfallen; denn nicht „die Natur" und ihre „Gesetze" verbürgen die Bindung in die Ordnung, sondern allein das höchste Geistwesen, der „Gegenstand" der Religion. Als „trübe Gäste" führten von nun an Mann und Weib ihr Dasein auf der dunklen Erde, denn nicht mehr wußten sie sich verpflichtet dem Drang zu „höherer Begattung", dem der große Goethe in seinem Gedicht „Selige Sehnsucht" so tiefen Ausdruck gegeben hatte. Durch Ibsen-Konflikte und Strindberg-Wirrungen führte schließlich das ankerlose Geschlechterverhältnis, bis ihm die Bürger-Endzeit im baren Materialismus das Fundament gab, auf dem es sich „zur Anarchie vollenden" konnte.

Der Schöpfer hat den Menschen „als Mann und Weib" erschaffen (1 Mose 1, 27). In dieser geschaffenen Differenzierung ist gleichwohl die Einheit Mensch gegenwärtig, wie Sie ja auch von völkischen und rassischen Differenzierungen transzendiert wird: „Mann und Frau zusammen machen erst den Menschen aus", sagt *Kant*. Die grundsätzliche Ebenbürtigkeit beider „Pole" ist dabei vorausgesetzt; nicht ist der Mann höherwertig als die Frau, noch ist sie minderwertig durch schwächere Leibeskonstitution. In der individuellen Inkarnation freilich ist der einzelne weder totaler Mann noch vollendetes Weib; er ist das eine oder andere prävalent, das heißt: ein gewisser Anteil am weiblichen Wesen macht den Mann erst „empfänglich" für weibliche Werte, und umgekehrt Ein „hundertprozentiger Mann", das ist ein erstarrtes Abstraktum, nicht lebendes Wesen mehr, und ein „absolutes Weib" gibt es nur in der Phantasie. Das ist ja der Charakter des Human-Lebendigen, daß da die „Ströme der Blutsverwandtschaft" kreisen durch die Wesen, die alle von dem einen Vater im Himmel „abstammen", so sehr sie auch differenziert sind. Da ist im starken Manne die zarte Ader der Barmherzigkeit angelegt, damit sie ihn bewahre vor der Entartung zum Roboter; da lebt im schwachen Weibe der heldische Mut, damit es nicht entarte in willenloser Passivität. Und diese „Beimischung vom anderen Geschlecht" ist geradezu die Voraussetzung für jedes fruchtbare Erkennen und Einswerden leiblicher und geistiger Art zwischen Mann und Weib. In diese Betrachtung herein klinge ein Zeugnis aus weiter Ferne an unser Ohr, des deutschen Kaisers *Heinrich* I. (919-936) Wort an seine Gattin: „Wir danken Christo, daß du länger am Leben bleibst als wir, denn niemand verband sich je einem Weibe von festerer Treue und bewährt in jeglichem Guten. Habe also Dank, daß du unsern Zorn unermüdlich beschwichtigt, uns in allen Dingen nützlichen Rat gegeben, uns auch sehr oft von der Ungerechtigkeit zur Gerechtigkeit gerufen, und fleißig ermahnt hast, den mit Gewalt Unterdrückten Barmherzigkeit widerfahren zu lassen."

Das ist ein Zeugnis aus deutscher Hoch-Zeit, da die Frau ebenbürtige Mitträgerin der Herrschaft und der Verantwortung war, ein Zeugnis fruchtbarer Ergänzung zwischen Mann und Weib im Bereich des Herrscherlichen.

Wo sind wir seitdem hingeraten? In welche Tiefen sind wir abgesunken! Das weibliche Element ward aus den Bereichen der Macht ausgestoßen, es herrschte maskuline Einseitigkeit, denn das Lehen war ja nichts als Kampf, Krieg, Freund-Feind-Zerfleischung. Das biblische Wort: „Es ist nicht gut, daß der Mann allein sei" (1 Mose 2. 18), wurde gewandelt in die Perversion: „Es ist sehr gut, daß der Mann allein sei", denn so kann er frei von den Belastungen der Barmherzigkeit, des Mitleids, der Gerechtigkeit und der Liebe nach seinem Herrensinn gestalten.

3.
Der erste Weltkrieg offenbarte den Mann bereits in seiner Verkommenheit: es war kaum eine Spur von *Ritterlichkeit*, dieses hohen, heiligen Inbegriffs wahren Mannestums, geblieben. *Theodor Haecker*, der Rufer in der Wüste, hatte damals festgestellt: „Man sagt, die Ritter seien durch die Erfindung des Schießpulvers unmöglich geworden; ich aber sage: nicht weil das Schießpulver erfunden wurde, haben die Ritter aufgehört, sondern das Schießpulver wurde

angewendet, weil die Ritter aufgehört hatten. Es gab zu Zeiten der Ritter auch U-Boote, giftige Gase und Fliegerbomben, nämlich vergiftete Pfeile und Speere, aber sie anzuwenden galt eben als Infamie. Doch der Fortschritt seitdem, der Fortschritt!"

Es ist kein Zeugnis bekannt geworden, daß während des Weltkrieges Kaiserinnen oder Königinnen ihren Gatten in den Arm gefallen wären mit einem: „Halt ein, Barbar!" – o nein, der Fortschritt war so weit gediehen, daß die Königinnen nicht dreinzureden wagten, und Könige sich jedes Dreinreden energisch verbeten hätten.

Versunken und vergessen war das große Richtbild der Deutschen: der Ritter *Parzifal*, in dessen Nachfolge einst deutsche Recken zu hohem Mannestum gereift waren: zu wahren Rittern. In den Gesetzen ihrer Regel steht das Wort: „Dem Gotteshaus unserer Ritterschaft würden Zier und Wehr fehlen, wäre es ohne das Gold der Liebe. Die Liebe ist die Grundfeste des geistlichen Lebens, ist Kraft und Trost allen denen, die sich mühen. Frucht und Lohn allen, die ausharren. Ohne die Liebe sind weder Orden noch Werk heilig, sondern nur Schein der Heiligkeit. Die Liebe ist ein Schatz, mit dem der arme Mann, der ihn hat, reich ist, und der reiche arm ist, der ihn nicht hat." Aus dieser Ritterart, die sich der Siechen in den Spitälern erbarmte und ihnen in Demut mit eigener Hand Dienst leistete, ward nachmals die säkularisierte bloße Wohltätigkeit einer konventionellen Armenpflege. Und aus diesen Rittern wurden später preußische Soldaten, gedrillte Kreaturen, Knechte allgemeiner Wehrpflicht und endlich Roboter des blinden Gehorsams. Und sie galten als die vollendeten Männer, denn Höheres gab es für einen Mann nicht, als auf Befehl hin sich aufzuführen wie ein Raubtier. Obgleich auf den Koppelschlössern noch immer stand: „Mit Gott!", war Gott, wie Nietzsche hinausgeschrien hatte, längst tot und hatte mit diesen „Rittern vom Gelbkreuz" so wenig gemein wie mit ihren rechtmäßigen Nachfolgern, den „Rittern vom Hakenkreuz", die beide auf dem Wege waren zum Jüngerschen „Arbeiter", dem hundertprozentigen Maskulinum.

Damit aber nicht einer wähne, daß unsere abwertende Kennzeichnung nur dem kriegerischen Maskulinum gelte, sei ein Wort *Theodor Haeckers* aus jenen Zeiten des ersten Weltkrieges hierhergesetzt: „Es war dies die Zeit, in der die Sehnsucht nach einem Mann so groß war, daß sie ihr Genügen schon in einem blutleeren, baren Nominalismus fand. Wie anders könnte ich es sonst mir erklären, daß die Naumann, Stresemann, Zimmermann, Bassermann, Wassermann, Kellermann, Mannesmann (die Potenz!, ich fürchte manchmal sogar, die Deutschen sterben lieber für Mann und Mannesmann als für Kind und Kindeskind!) und Mann schlechthin (die Wurzel!) – berühmte Männer geworden sind."

Es könnte nun noch ein Ahnungsloser fragen: was hat Thomas Mann mit einem Mann wie Ludendorff zu tun; sind sie nicht durch Welten getrennt? Darauf müßte ich antworten: getrennt oder nicht getrennt, sie sind beide genau gleich weit von Parzifal entfernt.

4.

Zu einer Reformierung des Mannestums unserer Tage gehört mehr als eine „Rückkehr zu Parzifal", nämlich eine Rückkehr zu den Quellen des Lebens überhaupt, zu den „Anfangsgründen". Mit einem Satz läßt sich die heilige Aufgabe heutigen Mannestums formulieren: „Der Mann, versklavt an den Geist der Gewalt, muß auf dem Wege über die Demut sein Herz wiederfinden."

An den Geist der Gewalt versklavt ist aber nicht nur das militante Maskulinum, sondern auch das technisch-wissenschaftliche, das in gewissenloses Forschertum entartete, und das industriell-wirtschaftliche, das in verantwortungsloser Kapitalisten- und Händlergesinnung jeden Geist der Brüderlichkeit mit Füßen trat. Sie alle haben die Natur geschändet, die im Muttertum das hehre Bild der Gesittung an den Anfang stellte. „Dasjenige Verhältnis", sagt der große Forscher *J. J. Bachofen*, „an welchem die Menschheit zuerst zur Gesittung emporwächst, das der Entwicklung jeder Tugend, der Ausbildung jeder edleren Seite des Daseins zum Ausgangspunkt dient, ist der Zauber des Muttertums, der inmitten eines gewalterfüllten Lebens als das göttliche Prinzip der Liebe, der Einigung und des Friedens wirksam wird."

An diesem „Gleichnis" der Natur schwinge der männliche Geist sich hinauf zum Muttertum höchster Art, um in ihm sein wahres Manneswesen zu vollenden und zu heiligen: zur Mutter der Übernatur. Ist der Mann nicht katholisch, so sind seine Beziehungen zur Madonna, wenn's hochkommt, ästhetische; ist er katholisch, so sind sie in der Regel gewohnheitsmäßige, die seine Existenz keineswegs durchformen. Sonst könnten nicht zahllose katholische Männer so erbärmlich unpoetische Borussennaturen sein, wie sie es sind; und könnten nicht zahllose andere ein so dürftig bürgerliches Verhältnis zur Frau überhaupt haben, wie sie es leider haben. Die meisten aber sind „geteilt": Sonntags gehen sie, dem Brauch oder dem Gefühl folgend, zur Madonna, aber werktags verschmähen sie auch die „babylonische Hure" nicht.

5.

Den Geist der Gewalt in der letzten Tiefe zu überwinden, ward der Tochter eines preußischen Obersten gegeben: *Gertrud von le Fort*. Sie, die Konvertitin, ist's, die die Wege zeigt aus dem mann-weiblichen Chaos unserer Tage. Die Natur des Muttertums siegt in der Meisternovelle „Das Gericht des Meeres" über den Geist der Gewalttat, des Hasses und der Rache und durchbricht den Ring des Böses fortgebärenden Unheils. Hier wird gültig wieder aufgerichtet das Bild des von Bachofen gerühmten Muttertums, das begraben war unter dem Schutt der heroischen Totalschlachten, die verkommenes „Nacht- und Nebel-Mannestums" *aller* Völker sich lieferten. Die philosophisch-theologische Bedeutung der Frau für eine Reformierung des Manneslebens wird von der großen Dichterin gegeben in ihrem Werk „Die ewige Frau". Theodorich Kampmann sagte schon 1935, daß in diesem Werk alles darauf hinausläuft, einer Zeit, die durch den Überfluß ihrer männlichen Kraft gefährdet ist, den unsichtbaren Pfeiler der Geschichte wieder ins Gedächtnis zu rufen, denn, so steht in dem Werk der Dichterin, „der Selbsterlösungsglaube als Schöpferglaube ist der eigentlich männliche Wahn unserer säkularisierten Zeit und zugleich die Erklärung aller ihrer Mißerfolge. Die Kreatur ist nirgends Erlöserin, aber sie soll Miterlöserin sein. Das eigentlich Schöpferische kann nur empfangen werden. Auch der Mann empfängt den Schöpfergeist im Zeichen Mariens, in Demut und Hingebung, oder er empfängt ihn überhaupt nicht, sondern er empfängt alsdann immer wieder nur den Geist, ‚den er begreift', und der im Grunde nichts zu begreifen vermag."

Der gescheiterte Selbsterlöser und Weltbeglücker dieser apokalyptischen Tage, der nichts als das Chaos zu schaffen vermochte, vernehme Worte wie diese: „Zu seiner Erlösung hat der Mensch Gott gegenüber nichts einzusetzen als die Bereitschaft der unbedingten Hingebung. Das Passiv-Empfangende des Weiblichen, in dem die antike Philosophie das rein Negative sah, erscheint in der christlichen Gnadenordnung als das Positiv-Entscheidende: das marianische Dogma bedeutet, auf eine kurze Formel gebracht, die Lehre von der Mitwirkung bei der Erlösung. Indem es zugleich – eben als Hingebung – das Offenbarwerden des Eigentlich-Weiblichen ist, wird dieses zum Offenbar-Werden des Religiösen im Menschen überhaupt. Das Pfingstgeheimnis zeigt den Mann in weiblich empfangender Haltung." Diese Haltung ist dem Künstlermenschen niemals fremd gewesen; sie ist immer gewesen die des wahren religiösen Geistes. Aber der herrschbegierige Boruß, der die Natur vergewaltigende Techniker und der den Menschen ausbeutende raffgierige Kapitalist wissen von solcher Haltung nichts mehr. Sie verkündigen als den wahrhaft männlichen Geist den der Gewalt. Härte, auf alle Lebensgebiete übertragen, das sei Mannesart; Disziplin, auch auf die Bereiche der Freiheit ausgedehnt, das sei Männlichkeit; Gehorsam, auch dem verbrecherischen Befehl, das sei Mannesdienst. Das aber ist der Geist des Extremismus, der das Chaos heraufführt. Er wird, darauf hat *Theodor Haecker* hingewiesen, nach den Zeiten fanatischen Amoklaufs, ins andere Extrem eines lethargischen Sichgehenlassens umschlagen, welchen Pendelausschlag wir eben jetzt in Deutschland erleben als Folge eines Fatalismus, der nichts ist als verkappter Nihilismus. Der rechte, schmale Weg des Heils aber wird noch immer nicht erkannt: der Weg der demütigen Hingabe des Manneswesens an den Schöpfer und Erlöser der Welt. Dieses Goethesche „Stirb und Werde!", dieses biblische Metanoeite zu vollziehen, ist männlichem Wesen aufgegeben. Ohne dies gibt es nichts als die Fortsetzung der cyclischen Kriege.

6.
Zur echten Friedensstiftung offenbar unfähig, irrt männlicher Wahn so lang er strebt. Er hat nicht den Glauben an die Sendung der Frau und Mutter in der Zeit, und er hat nicht die Liebe zur Ewigen Frau, der Königin des Friedens. So lebt er an seines Herzens Herz vorbei, und wird in diesem Elend zugrunde gehen.

Es könnte aber sein, daß da und dort ein Mann sich auf den neuen Weg gerufen findet: den alten Weg einer Weltgestaltung aus dem Mysterium der Liebe. Es könnte sein, daß da und dort einer ergriffen wird von den Worten: „Das ist es doch, was die heilige Religion Tag und Nacht verkündigt in jeder ihrer Messen, mit jeder ihrer ausgesetzten Monstranzen, mit jedem ihrer Kreuzeszeichen: Christus siegt nur im Mysterium seiner Liebe! Das ist doch ihr geheimnisvoller Gegenwurf gegen alle Mächte der Zerreißung und Empörung, ihr Triumph über dieselben – der einzige, den die Braut Christi jemals haben kann, und wenn sie jahrhundertelang auf diesen Triumph warten müßte! Und wenn die Welt ihr unterdessen noch die letzte Macht entrisse – auch über die Welt kann doch die heilige Religion nicht anders triumphieren als im Mysterium der Liebe – und diese Liebe triumphiert ja gerade, wenn sie unterliegt! In demselben Augenblick, wo die Welt sie besiegt, stößt ja die Welt in jenen Raum hinein, wo ihre Siege nicht mehr gelten, sondern wo sie selbst von all ihren Siegen erlöst wird ..." (Gertrud von le Fort, Die Magdeburgische Hochzeit.) Es könnte sein, daß sich da und dort ein Mann findet, der sich gerufen weiß von diesen Worten und nun sich aufmacht, den andern zu suchen, der ihn begleitet auf seinem Opferweg, den auch heute noch weist jenes „Mandatum Novum" (Joh 13, 34), von dem die Dichterin in ihren Worten kündet. Darin könnten diese beiden mit *François Mauriac* sagen: „Wir haben unsere Wahl getroffen, wir setzen gegen Machiavelli. Wir gehören zu denen, die glauben, daß der Mensch dem Gesetz des gegenseitigen Vernichtens entrinnt und nicht nur entrinnt, sondern daß seine ganze Würde in dem Widerstand liegt, den sein Herz und sein Geist diesem Gesetz entgegenwerfen ... Hand in Hand schreiten wir voran gegen die Gelüste, gegen die Leidenschaften der großen Zahl, ein Gegenstrom ..."

T: *Heidingsfelder*, Georg: Reformierung des Manneslebens. In: Die Lücke [Monatsschrift für Bildung, Wissen, Lebensführung. Waibstadt bei Heidelberg: Kemper], Jg. 1947, Heft 1/2, S. 27-29.

[A.5]
Das Wehrmachtsgefängnis als Vorstufe des KZ
(1947)

Georg Heidingsfelder

Der Verfasser der nachstehenden Glosse war mehrere Kriegsjahre hindurch als Unteroffizier in die Zahlmeisterei des Wehrmachtsgefängnisses Bruchsal abkommandiert, schildert also Tatsachen aus eigener Anschauung. Bekanntlich hat niemand und am wenigsten die deutschen Generäle von dem Regime der Konzentrationslager etwas gewußt, wenn man sie heute hört. Die folgenden Ausführungen zeigen die Zustände in den offiziellen Wehrmachtsgefängnissen, die nicht weit entfernt von denen der KZ's sind. Haben vielleicht die Herren Offiziere und Generäle auch von ihren eigenen Wehrmachtsgefängnissen nichts gewußt?

Zunächst sei festgestellt, daß im Wehrmachtsgefängnis (WG) sich die durch „Kriegsgerichtsurteil" zu Gefängnisstrafen verurteilten deutschen Soldaten befanden. Den weitaus größten Prozentsatz stellten die wegen „unerlaubter Entfernung" und wegen „Zersetzung der Wehrkraft" Verurteilten, darunter hochachtbare Männer, die sich Kritik am Militarismus oder an der Partei oder Zweifel am Endsieg hatten zuschulden kommen lassen.

Zu diesen Männern gesellten sich die wegen Plünderung, Diebstahls und anderer krimineller Delikte Verurteilten, von denen ein hoher Prozentsatz „daheim" wohl auch nicht straffällig geworden wäre, die aber durch das verlumpte System des „Organisierens" auf die schiefe Ebene geraten waren. Der größte Teil also bestand aus Männern, die dem borussischen Zwang sich widersetzten und die deshalb einer potenzierten preußischen Zucht bedurften, die ihnen im WG zuteil wurde.

Es versteht sich demgemäß, daß als Offiziere in den WGs die widerlichsten Kasernendresseure funktionierten. Kommißköpfe, vor denen jede normal entwickelte Persönlichkeit ein Grauen empfand. Unter den Unteroffizieren waren die Sadisten und „Radfahrer" vor allen anderen bevorzugt. Wer etwa aus den KZ-Büchern von Wiechert oder Kogon die Folter- und Henkersknechte der SS kennengelernt hat, dem geht es wie ein Licht auf, daß diese Kreaturen unter Offizieren und Unteroffizieren der WGs, also in der preußischen Schule, ihre legitimen Vorläufer hatten, die nur infolge äußerer Hemmung sich nicht voll entwickeln konnten. Es gab im WG Bruchsal Korporale, die sich zu Hinrichtungen mit Vergnügen freiwillig meldeten, und es gab Stabsärzte, die besser zu Stallknechten als zu Heilern getaugt hätten.

Selbstverständlich war der WG-Insasse völlig entrechtet. Auch das „Kapo-System" war im WG eingeführt, und wer es verstand, der konnte sich auch dort einen guten Tag machen. Das WG gehörte wie Kaserne und KZ zur Sphäre des Untermenschlichen, Nichtswürdigen, Abscheulichen.

Durchs Kriegsgericht also kam man ins WG, wie man durchs Volksgericht ins KZ kam. Kriegsgericht wie Volksgericht waren Instrumente in der Hand der totalen Staatsräson, die den Andersdenkenden oder Widerstrebenden der Freiheit und des Lebens beraubte.

Wir entsinnen uns zahlreicher Verhandlungen, die alle den gleichen widerwärtigen Eindruck hinterließen: daß hier nicht Recht gesucht, sondern Macht demonstriert wurde. Geradezu grotesk wirkte aber die „Hinzuziehung eines Sachverständigen" in Fällen, wo es um den Kopf ging. Da trat dann der Stabsarzt auf und legte in zwei Minuten dar, daß der Mann „zum Erschießen tauglich" sei. Es seien hier nur zwei Fälle geschildert von Rechtsprechung durch Kriegsgerichte:

Fall 1: Der Soldat A. wird wegen Fahnenflucht zum Tode verurteilt. Morgens um 3 Uhr wird dem A. eröffnet, daß er um 6 Uhr erschossen werde. Der Pfarrer, der zum Delinquenten gerufen wird, bemerkt sogleich, daß A geistesschwach ist. Er setzt alle Hebel in Bewegung, die Vollstreckung aufzuschieben. Es gelingt ihm. Zivilärztliche Untersuchung stellt völlige Unzurechnungsfähigkeit des Verurteilten fest; der Kranke muß aus dem Heeresdienst entlassen werden.

Fall 2: Der Soldat B. wird, wegen unerlaubter Entfernung im Rückfall, vom Gericht erster Instanz zu vier Jahren Gefängnis, von dem zweiter Instanz zu acht Jahren Zuchthaus verurteilt. Schließlich wird er, da die Generalität als Gerichtsherr beide Urteile nicht bestätigt, standrechtlich erschossen.

Diese Urteile, wie tausend andere, sind reine Willkür. Es waren ja die Militärrichter wie die Militärärzte niemals Richter und Ärzte im ethischen Sinne der Berufe, sondern willfährige Beamte des Leviathans „Staat", der bestimmte, was Recht und was Tauglichkeit ist. Im WG Bruchsal waren z.B. Dutzende von Fällen zu verzeichnen, daß straffällige preußische Grenadiere wegen Schwachsinns, ja sogar wegen Infantilismus in den zivilen Strafvollzug übergeführt werden mußten, nachdem sie jahrelang als Soldaten geschunden worden waren.

Am 1. Mai 1944, dem Nationalfeiertag des deutschen Nazismus, ließ der Kommandeur des WG, Baumholder, die gefangenen deutschen Soldaten vor die Pflüge spannen und sie als Pferdeersatz antreiben. Die Willkür hatte ihm diesen echten Nazigedanken eingegeben, und als Major sah er ihn ganz in der Linie preußischer Zucht gelegen, weshalb er denn auch keine Bedenken trug, ihn zu realisieren. Wer hätte sich denn auch beschweren sollen? Und wo? Die traurigen „Kameraden" des Majors, ein Dutzend Hauptleute, hüteten sich natürlich zu widersprechen, und die Unteroffiziere, die am 1. Mai Dienst hatten, schwiegen auch in echt preußischer Disziplin. Es war fast wie im KZ. Was immer der oberste Halbgott auszubrüten geruhte, das wurde realisiert („Jawoll, Herr Major!"). Und der letzte Korporal des WG war in seinem Bereich ein souveräner Herr, der nach Willkür schalten konnte. Wenn es etwa dem Herrn Hauptfeldwebel einfiel, „seine Leute" nachts um 1 Uhr exerzieren zu lassen, so war ihm das unbenommen. Und geschah den Kerlen, die da eingesperrt waren, denn nicht recht? „Sie sind nicht eingesperrt", belehrte eines Tages ein Hauptfeldwebel die Gefangenen, „weil Sie gestohlen haben; Sie sind eingesperrt, weil Sie sich haben erwischen lassen." Militärischer Zynismus? Ja, aber auch Zeugnis für die Moralität des ganzen Systems!

Die Unterbringung der Wehrmachtsgefangenen war, wie ihre Verpflegung, stark dem KZ angenähert: überfüllte Baracken, kargste Kost. Dazu ein Arbeitstag von früh um 6 bis abends um 6, und eine degradierende Lumpenuniform. Der Ausmarsch am Morgen und der Einmarsch am Abend erfolgten im „Achtungs-Marsch", der typisch preußischen Hampelmanns-Gangart, die zwar unter aller Menschenwürde, aber nichtsdestoweniger die Wonne aller Militaristen ist.

Es sei gestattet, noch einige typische Bilder aus dem Betrieb eines WG nachzuzeichnen:

Bisweilen war es nicht zu vermeiden, daß auch der eine und andere „Kommißkopf" ins WG geriet, weil seine Schandtaten zu offenkundig waren. Aber diese Herren verließen nicht nur das WG sehr rasch wieder, sondern erreichten sogar ihren alten Rang. Da war ein ehemaliger Feldwebel, der hatte einen französischen Zivilisten aus Mutwillen totgeschlagen und einen zweiten totzuschlagen versucht. Weil er aber als Kommißkopf hochqualifiziert war, kam er nach einem halben Jahr Strafzeit frei. Da war ein anderer, der hatte die Kompaniekasse geplündert, um seiner Frau einen Pelzmantel zu kaufen. Er bekam Bewährung, wurde Schreiber des Gefängniskommandanten und – nach kurzer Zeit – Hauptfeldwebel, der sämtlichen altgedienten WG-Unteroffizieren vorgesetzt wurde.

Im Juni 1944 trugen in glühender Hitze vier Gefangene einen fünften, dem ein Magengeschwür durchgebrochen war, an den vier Zipfeln einer Wolldecke ins Krankenhaus, weil „kein Auto zur Verfügung" stand. 100 Meter vom Ausgang der Baracke stand der PKW, mit dem der Kommandant zum Mittagschläfchen fuhr.

Der Fußboden des Arbeitszimmers des Kommandeurs wurde von einem halben Dutzend Gefangener mittels Glasscherben in tagelanger Arbeit schneeweiß geschabt. Im Krankenrevier lagen zahlreiche Gefangene, die an schwerer Bronchitis litten. Der Arzt hatte angeordnet, die Männer sollten täglich eine halbe Stunde in der Sonne sitzen, die Kur wurde verboten, da „wir hier kein Sanatorium haben". Und der Arzt schwieg dazu.

Eine hochschwangere junge Frau, in Köln total ausgebombt, wollte ihren im WG einsitzenden Mann sprechen, der wegen geringfügiger Sache sechs Monate zu verbüßen hatte. Sie stand vor der Tür der Schreibstube und wurde dem Hauptfeldwebel durch einen mitleidigen Mann des Personals gemeldet. Als der Melder darauf aufmerksam machte, daß die hochschwangere Frau nicht längere Zeit auf dem eiskalten Flur stehen könne, geriet der Feldwebel in einen Tobsuchtsanfall und brüllte: „Was geht das uns an! Wäre sie daheim geblieben! Nur keine Barmherzigkeit, nur keine Barmherzigkeit!"

Sind das nicht Bilder, die schon den Geist des KZ beschwören? Und sie stammen doch aus der Sphäre des Militärs! Wie sagt ein Merkblatt des OKW: „Geistig betreut und erzieherisch ausgerichtet" werden die Wehrmachtgefangenen, und „das Ehrgefühl wird geweckt und gestärkt".

Die „Herren vom Militär" werden sagen, daß sie „vom WG kaum etwas gewußt" hätten. Sie werden sich wiederum ins brave Soldatentum retirieren wollen. Aber man muß solchen „Retiraden" einmal energisch Halt gebieten und erwidern: Wer militärischer Führer sein will, der hat sich bekannt zu machen mit den Einrichtungen, durch die Menschen beim Kommiß erzogen werden. Von dem Bestehen aber der WGs keine Kenntnis gehabt zu haben, ist nichts als eine Ausflucht, denn Tausende und aber Tausende kamen nach Gefängnisstrafen zu ihren militärischen Führern zurück. Überdies haben Tausende von Truppenführern Tausende ihrer Landser ins Gefängnis gebracht. Dies alles aber ist nicht so wesentlich wie die Erkenntnis, daß das militärische System im WG die potenzierte Kaserne geschaffen hatte, die sich von den Nazis ohne Schwierigkeit zum KZ weiterentwickeln ließ. Der Kommiß also, nicht erst die NS-Weltanschauung, ist das Fundament der Konzentrationslager.

T: *Heidingsfelder*, Georg: Das Wehrmachtsgefängnis als Vorstufe des KZ. In: Aufbau – Kulturpolitische Monatsschrift. [Herausgegeben vom Kulturbund zur demokratischen Erneuerung Deutschlands.] 2. Jahrgang (1947), Heft 2, S. 170-172.

[A.6]
Das neue Mannsbild
Zur Grundlegung neuer Gesellschaft
(1948)

Georg Heidingsfelder

I. Der Schlußakt

Am 1. Mai 1945, dem „großen Nationalfeiertag", wurden in Cherbourg Tausende von Deutschen in die Gefangenschaft abgeführt: Sechzehnjährige „Werwölfe"; und deren Väter, die schon einen Weltkrieg verloren hatten; und sogar deren Großväter, die als „Volksstürmer" in den Kampf geworfen worden waren. Das ganze deutsche Mannsvolk (das Herrenvolk!) wurde nun von amerikanischen Negertruppen befehligt. Das war das schmähliche Ende eines mit großen Verheißungen begonnen Reichsbaus.

II. Der Führer zum Abgrund

Der umjubelte Führer zum Abgrund war ein hergelaufener Bursche gewesen, der im Leben gescheitert war: In der Jugend war er ein „Muttersohn" gewesen (wie Nietzsche); danach lebte er als unbehauster Asylmensch; dann fand er Unterkunft in der Herberge aller Nichtskönner und Faulpelze, beim preußischen Kommiß; und endete als Haupt einer Verbrecherbande im Selbstmord, nachdem er noch die heilige Institution der Ehe geschändet hatte. *Das* war das verkommene Mannsbild, auf das die Entwicklung seit wenigstens einem Jahrhundert hinsteuerte; so *mußte* der letzte Führer der Deutschen beschaffen sein, nach dem die Sehnsucht ging; in diesem Führer vermag deutsches Mannestum sich erschreckend zu erkennen als gerichtet auf den Untergang des Menschenwesens überhaupt. „Unsere Auseinandersetzung mit Hitler ist nicht zu Ende und kann nicht zu Ende sein; in gewisser Weise sind wir vor der Ewigkeit mit ihm verbunden" (Reinhold Schneider).

III. Der Verrat an Vatertum und Ritterlichkeit

Was diesen Führer zum Abgrund so schauerlich kennzeichnet, ist der doppelte Verrat an der Substanz des Menschlich-Männlichen: dem Vatertum, und dem „Reichsgemäß" Männlichen: dem Rittertum.

1. Nichts war dieser Mensch weniger als *Vater*; darum auch war nichts verlogener als die Fotos, die diesen Kerl die Kinder liebkosend zeigten. Er zerstörte demgemäß alles väterliche Element im deutschen Volk, machte alle unbehaust, verwandelte das Volk in einen großen Landsknechthaufen, suchte alle in sein Verbrechertum hineinzuziehen. Mit ihm hatte die Gegenfigur des „Landesvaters", der schurkische Widervater, die Herrschaft angetreten. Der Fliegerangriff auf Freiburg am 10. Mai 1940 ist von deutschen Fliegern *auf Befehl Hitlers* ausgeführt worden; dabei fanden zwanzig Kinder und viele Mütter den Tod (Frkf. Hefte 3. Jhrgg. S. 102). Wo noch eine Spur von Vatertum lebendig ist, ist solch ein Verbrechen unmöglich.
2. Nichts auch war der „Führer der Deutschen" weniger als *Ritter*; er war der vollendet unritterliche Mensch: Unterdrücker der Schwachen und Hilfsbedürftigen; Mörder der Kranken und Fremdlinge; Schänder der Frauenehre (man lese Himmlers „Hurenbefehl"!); Heimtücke und Niedertracht verschmähte er ebensowenig als Waffen wie Verrat und Meuchelmord an den Kampfgenossen. Für das „Reichsvolk" der Deutschen ist diese vollendete Unritterlichkeit" seines Führers eine ebenso große Schmach wie der Verrat am Natürlich-Väterlichen. Das Rittertum (im weitesten Sinn) ist ein konstitutiver Bestandteil wahren deutschen Wesens; ohne es gibt es kein deutsches Volk, das einen geschichtlichen Sendungsauftrag hätte. So mußte mit der „Abschaffung des Ritterlichen" das deutsche Mannswesen entarten zu brutalem Henkertum, zu niedriger Schlächtergesinnung.

IV. Der „Zu-Ende-Führer"

Bei alledem ist Hitler nicht ohne „Vorarbeiter der Entartung" denkbar. Er führte zu Ende, was von langer Hand sich vorbereitet hatte: Die Bilder des Vaters und des *Ritters*, das menschliche und das aufs „Reich" bezogene *Ur-Bild*, waren, verloren gegangen. Das Ende war „die total verkommene Gestalt Hitlers. Die „Mannschaft" Deutschlands ist insgesamt beteiligt an diesem Vorgang; es handelt sich um eine *Verantwortung aller an diesem Abweg*; alles Mannsvolk ist daher zur Umkehr gerufen: hin zum Bild des *Vaters* und des

Ritters. Wenn diese Bilder nicht wieder Kraft gewinnen durch lebendige Verkörperung, sind wir verloren.

V. DER VATER, DIE GRUNDFESTE DES LEBENS

1. Gott ist Vater vor allem andern. Bevor Er Schöpfer ward, IST Er Vater von Ewigkeit her; Vater Jesu Christi, Seines Sohnes, durch Den alles geschaffen wurde. Wir lieben Ihn, weil Er Vater Unser ist. Es ist Sein schönster, innigster, größter Name: Vater. Die Herrscher (und Väter) dieser Welt sind insoweit wahre Herrscher (und Väter) als sie Gottes Vatertum widerspiegeln. Daraus folgt, daß der unväterliche Herrscher Gegenspieler, Affe Gottes ist; Stiefvater seines Volks, Herrscher „von Satans Gnaden"; denn nichts ist der Teufel weniger als Vater (weshalb auch der Antichrist niemals Vater sein wird). Was immer unväterliche Menschen aufbauen an „Reichen" oder sozialen Gebilden, es wird zusammenstürzen, denn es stimmt nicht mit den ewigen Vatergedanken Gottes überein.

Was sie vereinen, wird sich wieder spalten,
Was sie erneuern über Nacht veralten,
Und was sie stiften, Not und Unheil bringen.
(Reinhold Schneider.)

2. *Jeder Mann hat sein Zielbild im Vater*; er muß zum Vater reifen. Das kann er nur im Gehorsam gegen Gott, den ewigen Vater. Wo der Ewige Vater „tot" ist, wie der Muttersohn Nietzsche verkündete, da entarten die Söhne in Ungehorsam zu Zerstörern der Menschheits*familie*. Der Muttersohn Goethe schon hatte im „Faust" die Unheilsgestalt eines „unbehausten Flüchtlings", eines unväterlichen Menschen, konzipiert und mit ihm die Deutschen, die „faustischen Menschen", in die Irre geführt. Ihr geschichtlicher Weg endete im Mord an Philemon und Baucis (Faust II, 5).

3. *Unsere Geistlichen* heißen leider nicht Väter, sondern nur „Herr" (der Herr Pfarrer). So wird nicht einmal die herrscherliche Seite ihres Priestertums rein repräsentiert, denn der heutige geistliche Herrentitel ist nur *der bürgerliche*. Hier spiegelt sich eine verderbliche Entwickelung auch im geistlichen Bereich der Deutschen: bürgerliche Geltung ward wichtiger als Vatertum. So mußte sich der „geistliche Herr" notwendig zum Beamten entwickeln. Auch hier liegt also ein „Verlassen der väterlichen Linie" des Mannestums vor.

VI. DIE ENTWICKLUNG ZUM CLAN-MENSCHENTUM

Der Antipode des Vaters und des Ritters ist der „Clan-Mensch". Dieser Mensch betont einseitig das *Männliche*; wichtiger als natürliche Verwandtschaft ist die Clan-Verwandtschaft, das heißt der Zusammenschluß in einen (zweckhaften) Männerbund. Die Familie als die natürliche Erzieherin des Menschen wird ausgeschaltet; alles macht der Clan, der Männerbund. Das Weib, die Mutter wird auf diese Weise degradiert zum Geschlechtswesen; es ist ohne jeden öffentlichen Einfluß, formt nicht das Leben zum harmonischen. Gott erscheint nicht mehr als der *Vater*, sondern nur noch als der Weltbaumeister oder als der oberste Häuptling, der absolute Herr, der große Zauberer.

a) *Im Absolutismus* schon wird dies Clan-Menschentum politisch praktiziert. Die Königin erscheint nicht mehr wie in den Hochzeiten deutschen Kaisertums als Mit-Regentin (Consors Regni), sie steht nun im Schatten des Königs. Gott ist der absolute Herr, der den König „von Gottes Gnaden" zum ebenso absoluten Herren auf Erden macht. „Nur die ewige Seligkeit ist vor Gott; alles andere muß vor mir sein", sagt Friedrich Wilhelm I. von Preußen, der seine Familie exerzieren läßt. Statt des Vaters und Ritters erscheint der königlich-preußische Feldwebel auf der Bildfläche. Mit ihm stimmt durchaus überein die schmähliche Maitressenwirtschaft der absolutistischen Höfe wie auch die homosexuelle Entartung eines Friedericus Rex.

b) *Die Bürgerzeit* ist die Sterbezeit des Vatergottes. Der Handel, die Wirtschaft, die Wissenschaft sehen den Mann am Werk, die Frau ist ins Haus gebannt. Es gilt zu erobern, zu gründen, zu herrschen. Der ungläubige und halbgläubige Bürger hatte „die Bibel samt Gott dem Herrn zu den kleinen Schulknaben abgeschoben, damit Gott, der Herr, die Knaben den Vater ehren lehre, der sein Gebot von sich abgeschoben hatte. Die Väter waren, heimlich und verschämt, ohne Gott und sein Gebot. Und die Söhne sind jetzt dazu gekommen und sagen es frei heraus vor aller Welt. Und so sind wir, Väter und Söhne, dahingekommen, wo wir uns heute miteinander befinden. Wir haben Gott ausgetrieben aus der Welt und halten uns jetzt selbst dafür oder für so etwas ähnliches. Die väterlichen Abgötter werfen sich auf zu Gesetzgebern über die Söhne, und die Abgötter von Söhnen werfen sich auf über die Väter. Und so ist über der Abgötterei und Herrschsucht der beiden Gottes Tafel mit dem vierten Gebot mitten entzwei gebrochen und ein jeder schleudert seine Hälfte im Aufruhr gegen das Haupt des andern. Der Krieg zwischen Vätern und Söhnen hat heute die Erde in Brand gesteckt." (Paul Schütz.)

c) *Im Preußentum* wird maskuline Einseitigkeit vollendet. Gott ist nun tot. Auf den Koppelschlössern der Armee wird er zwar noch mitgetragen („Gott mit uns!"), aber er ist nur der Oberhäuptling, der magische Führer (die „Vorsehung"!), der, wo er nicht zum Erfolg führt, abgedankt wird. (Die Luftwaffe hatte diesen Koppelschloßgott bereits verlassen; sie verließ sich lieber auf ihre Bomben). Das Preußentum bildet den absoluten Staat aus, in dem die Religion nur noch Funktionswert hat. „Im absoluten Staat erreicht die rein männliche Komponente der Gemeinschaft ihren höchsten Gipfel." (W. Moock.) Schon im ersten Weltkrieg werden sichtbar die „Ritter vom Grünkreuz" (Theodor Haecker), die U-Menschen und niederträchtigen unritterlichen Bombenschmeißer auf Hilflose! Abschluß dieser Entwickelung war der Nazismus, der den absoluten Clan-Menschen, den Gegen-Ritter, den düstern „Nacht-und-Nebel-Mann" als Führer erkor. Und nicht nur die Clan-Männer, auch die entwerteten Frauen jubelten diesen völlig verkommenen Burschen zu. (Sie wußten nicht, was sie taten.)

VII. Die Vermassung als Endstadium

Wo der Vater tot ist, stirbt notwendig die Familie, die Urzelle des Menschentums. Und am Ende steht das Kollektiv, die ungegliederte, aufgelöste „Masse Mensch". Der heilige Vater Pius XI. sagte schon in seiner Enzyklika „über den atheistischen Kommunismus": „Man unterfängt sich, eine neue Epoche, eine neue Zivilisation heraufzuführen, die Frucht einer blinden Entwicklung: Eine Menschheit ohne Gott." Väter und Ritter sind tot, die Welt rast dem Abgrund zu.

VIII. Die Wege zum Neuen Mannsbild:

a) *Die Heimkehr zum Vater*. Es gibt keinen andern Weg der Umkehr als die Heimkehr zum Vatergott. Neue Väter können nur erwachsen aus verlorenen Söhnen, die umgekehrt sind vom Irrweg. Wir Väter haben versagt. Die Söhne spotten unserer Befehle, denn wir haben der Befehle des ewigen Vaters gespottet. Kardinal Schuster-Mailand sagt geradezu: „In dieser Stunde der äußersten Gefahr gedenken wir der unschuldigen Jugend, auf daß sich Gott ihrer erbarmen möchte, da er uns selbst für unwürdig halten wird." Wir sind nicht wahre Väter gewesen, sondern Bürger (materialistische Bourgeois oder Hauspaschas und Genießer) und „Feldwebel" (preußische „Untertanen" oder sozialistische Kollektivisten). Der wahre Vater ist Opferer, ja er macht sich selbst zum Opfer. Er ist der treue Mann. Er ist das Abbild des treuen Gottes.
b. *Die Hinkehr zur Ewigen Frau*. Ritter werden geformt im Dienst der Ewigen Frau. Als die Deutschen begannen, Gott-Vater zu verlassen, da verließen sie auch die Gottes-Mutter. So verfiel ihr Rittertum, so wurden sie erst bürgerliche Cavaliere (auf ihre Kaste „beschränkt"), dann „Minus-Cavaliere" des Nazis-

mus, als welche sie heute in jedem Eisenbahnwagen massenhaft in Erscheinung treten. In solchen Zeiten der Unritterlichkeit ist die Frau entwertet; sie hat ihre Würde verloren, weil auch sie, in der Anbetung des Gewalttäters, ihr wahres Wesen verleugnete. Das Idol der deutschen Frauen war aber schon in der (vorhitlerischen) Bürgerzeit der traurige „Ritter vom Grünkreuz", der amoralische, unritterliche Militarist. Besessen waren diese Männer vom Selbsterlösungsglauben, von dem die Dichterin (Gertrud von le Fort) sagt, daß er „der eigentliche männliche Wahn unserer säkularisierten Zeit ist; denn „das eigentlich Schöpferische kann nur empfangen werden. Auch der Mann empfängt den Schöpfergeist im Zeichen Mariens, in Demut und Hingabe."

IX. PRAKTISCHE VERWIRKLICHUNGEN:

Väter und Ritter sind „Männer mit Herz". Das Mannsbild heute bedarf der Wegbahnung zum eigenen Herzen. Dies sei die größte, mutigste Entdeckungsfahrt für moderne Männer: die Fahrt in die Bezirke des Herzens, in denen Gott wohnt, in denen die Liebe wurzelt. Ein Geistlicher hat es so formuliert: „Der Mann, versklavt an den Geist der Gewalt, muß, auf dem Wege über die Demut, sein Herz wieder finden." Wir brauchen nichts nötiger als eine *Philosophie und Theologie des Herzens*, wie sie etwa der große Pascal angebahnt hatte; eine Theologie, die auch Männern das „süße Herz Jesu" akzeptabel macht. Aus diesem tiefsten Bereich männlicher Innerlichkeit wachse das neue Mannsbild auf,

1. *in Gehorsam gegenüber Gottes Vaterwillen*, wie er uns in Christus, dem „Vater der Zukunft" sichtbar geworden ist. In reuiger Erkenntnis, in mutigem Bekenntnis seiner Verlorenheit wird der Weg der Wahrheit vom verlorenen Sohne wiedergefunden. „Ob wir in Protest oder Trotz verharren und uns und alle Welt noch mehr ins Unglück bringen, oder ob wir von unserem schon so alten Siechtum endlich genesen" – wie Pfarrer Alfons Beil (Frkf. Hefte, 1948, 2) sagt, „das ist die Frage".
2. *in Ehrfurcht vor den Frauen als dem Abbild der Ewigen Frau*. Katholische Männer müssen Cavaliere sein, wahre Ritter, Freunde und Helfer der Armen, Benachteiligten, Unterdrückten, Ausgebeuteten (sie stehen deshalb an der Seite des Proletariers!). Wahrhaftig, „der veredelnde Einfluß des marianischen Gedankens ist garnicht hoch genug anzuschlagen." (Heinrich Jansen Cron.)
3. *in Opferwillen in Erfüllung ihrer Aufgabe.* „Eine gekreuzigte Liebe hätte unser Volk vor der Katastrophe bewahren können, und sie kann es, soweit

das von uns abhängt, aus Dunkel, Schmach und Tod zum Lichte, zu neuer Würde und neuem Leben führen" (Alfons Beil).
4. *in lebendiger Brüderlichkeit zwischen Geistlichen und Laien*, die beide zu Vätern berufen sind. Der Bischof von Innsbruck hat im Fastenhirtenbrief 1948 die Anrede gewählt: „Brüder in Christo!" Das ist der neue Ton, den die „Exzellenzen" ihren „Diözesanen" gegenüber überall finden sollten. Dann wird auch die unterstellte Geistlichkeit aus der bürgerlich-beamteten Erstarrung aufblühen zu neuer Vaterschaft und Brüderlichkeit.
5. *in politischem Willen zum Familienwahlrecht*, das dem Vater ein Vielfaches an Stimmen einräumt vor dem Unverheirateten. Wo die Väterstimmen solches Gewicht haben, können die Clan-Menschen nicht zur Herrschaft gelangen.

X. VORBILDER NEUEN MANNESTUMS:

Der heilige Vater Pius XI. und der heilige Vater Pius XII. haben uns Vorbilder des Vatertums und Rittertums vorgestellt: Sankt *Klaus von Flüe* (heiliggesprochen 1947) und Sankt *Thomas More* (heiliggesprochen 1935). Dies waren Väter und Ritter nach dem Gefallen Gottes. Sie seien die Wegbegleiter und Fürbitter bei der Erneuerung unseres Mannestums. Laßt uns sie kennenlernen und zu unseren Freunden machen!

T: *Heidingsfelder*, Georg: Das neue Mannsbild. Zur Grundlegung neuer Gesellschaft. Wanne-Eickel: M.C. Wolf K.-G. 1948. [Texterfassung nach Druckexemplar im Depositum „Martin Stankowski / Splitternachlaß G. Heidingsfelder" im AdsD / Friedrich Ebert Stiftung Bonn; die Jahresangabe „1948" dort handschriftlich.]

[A.7]
Reichsmensch zwischen Ost und West
Besinnung in entscheidender Stunde
(1948)

Georg Heidingsfelder

I. DIE LEICHENBAHRE

Die dunkle Wolke der Ost/West-Spannung hängt drohend über der Welt. Ost und West sind Symbole für die beiden Mächte Rußland und Amerika, die sich auf dem Boden des deutschen Reiches getroffen haben. In der Presse ist deshalb Deutschland bezeichnet worden als „die Leichenbahre zwischen Ost und West", und als das Niemandsland, das als „atom-absorber" (Atombombenmagnet) wirken wird.

II. WARUM AUF DEUTSCHEM BODEN?

Daß die beiden Großmächte sich auf deutschem Boden treffen, ist kein Zufall; es gibt kein deutsches Reich mehr, sondern nur ein in Zonen zerfetztes Gelände, auf dem ausgehungerte Menschenmassen hausen. Wie konnte Deutschland so machtlos werden? Der tiefste und letzte Grund ist der, daß das deutsche Volk seinen göttlichen Sendungsauftrag nicht erfüllt hat und an diesem Versagen zerbrochen ist. Man muß die Frage des Propheten Jeremia stellen: „Ich hatte dich gepflanzt zu einem süßen Weinstock, wie bist du mir denn zu einem bitteren, wilden Weinstock geworden?"

a) *Welches ist die Sendung der Deutschen?* Sie sollten sein das „Herzvolk des Erdteils" (Gertrud von le Fort), das „Michaelsvolk" (Hengstenberg), das „heilig Herz der Völker" (Hölderlin). Sie sollten sein das Volk eines Reiches, welches ist:
1. „Die großherzige Herrschaft, die staatlich-politisch Stämmen und Völkern die äußerste Freiheit und Selbstbestimmung gewährte" (Theodor Haecker).
2. Die Wahrerin der Ordnung, Schützerin des Rechtes, Stifterin des Friedens. „Nicht auf Eroberungen ausgehend, vielmehr Frieden stiftend und alle Länder in den Frieden des Reiches aufnehmen, war das internationale Amt des Kaisertums" (Constantin Frantz).

3. Ein heiliges Reich, das heißt: „Irdisches Abbild einer göttlichen Wirklichkeit" (Gertrud Bäumer); eine „Theokratie des Neuen Bundes" (Przywara), die ihre Herrschaft vor dem Weltenkönig verantwortet.
„Die ganze Weltgeschichte hat keine politische Konzeption aufzuweisen, die sich an Tiefe und Großartigkeit, an Würde und Schönheit mit dem Reich vergleichen ließe" (Constantin Frantz).

b) *Was haben wir aus dieser Sendung gemacht?* Wir haben ein ausgesprochenes Wider-Reich heraufgeführt, das die Stämme und Völker vergewaltigte, ein Reich des himmelschreienden Unrechts, ein widergöttliches, widerchristliches Reich, eine wahre Satanokratie. Dieses entartete Reich ist zusammengebrochen und hat das deutsche Volk in den Abgrund hinuntergestürzt. Wir waren, statt unserer erhabenen Reichsidee zu folgen, schließlich sogar einer „hergelaufenen Lumpenidee" (Theodor Plivier) nachgefolgt und haben für diesen „Reichsverrat" den gebührenden Lohn des Weltenrichters erhalten. (Bei alledem ist zu beachten, daß Hitler nur der „Zu-Ende-Führer" unseres geschichtlichen Versagens war, dessen Wurzeln weit zurückreichen; demgemäß sind durchaus nicht etwa die „Parteigenossen" die „Alleinschuldigen"!)

Weil also wir, das Reichsvolk, versagt haben, deshalb stehen die Mächte des Ostens und des Westens sich auf unserem Boden gegenüber. „Heilen hättest du sollen, deutsches Volk, und bist zum Verderben geworden. Dem Volke gleich, das seinen König gekreuzigt, hast du dich selber verleugnet, dich selber verdorben, aber zum Unheil der Welt. Deine Schuld rief die Welt wider dich auf, und die Welt schlug über dir zusammen." (Reinhold Schneider.)

III. WEST- ODER OST-ORIENTIERUNG?

Liegt unsere Zukunft beim Westen oder Osten? Wohin müssen wir uns orientieren? Diese Fragestellung ist grundfalsch, nicht „reichsgemäß". Wir dürfen uns bis an unser Ende immer nur an unserer unwiderruflichen Sendung orientieren; sie ist unser Kern und Stern, wenn wir in die Irre gegangen sind. Wir sind das „Volk unter dem Kreuz", wie der große Görres gesagt hat; wir stehen unter dem Kreuzbalken des Ostens und Westens nicht nur, sondern auch des Nordens und Südens (der evangelischen und katholischen Staaten). Dies ist unsere zugewiesene Orientierung, aus der sich die Orientierung der untergeordneten wirtschaftlichen, politischen, geistigen Bereiche ergibt. „Alle Versuche konstruktiver Art, anstatt des Heiligen Römischen Reiches neue Reiche aufzubauen, die andere ideale Voraussetzungen hatten, mußten an der Kraft jenes Gesetzes scheitern, das die europäische Seele verkörperte. In Europa konnte nur der christliche Reichsgedanke Heimatrecht haben, und alle andern

Bestrebungen verstießen gegen die psychischen und dynamischen Wachstumsmöglichkeiten unseres Kulturkreises." (Albert Hegeler.)

IV. DER GEGENSATZ ZWISCHEN OST UND WEST

Wir Deutschen sind verpflichtet, den Gegensatz zwischen Ost und West nicht nur tief zu ergründen, sondern auch zu überwinden. Wir müssen das größte Verständnis für die Entstehung und die Grundlagen des Konfliktes aufbringen, um so mehr, als wir die Hauptschuldigen an der furchtbaren Konstellation sind. Wir haben nicht die geringste Ursache, uns als Pharisäer aufzuspielen.

a) *Der Osten:* Die Vormacht ist Rußland, mit 200 Millionen Menschen, der asiatische Koloß, der sich reckt, um in die Endgeschichte des Erdballes einzugreifen. In diesem bolschewistischen Rußland stecken nicht nur die Kräfte des Pan-Slavismus, sondern auch die des „dritten Rom"; es ist tiefer Sendungsglaube (ohne Gott), der Rußland beseelt; ein Glaube, der opferbereit die *Gleichheit* unter den Menschen herzustellen sucht (durch Sozialismus und Technokratie). Im Zeichen des Proletariers, des Ausgebeuteten, wird die Forderung auf Gleichheit heute von Rußland vorangetragen. Nicht zu leugnen ist bei uns, wie der rheinische Minister Süsterhenn sagt, „eine auf vielen Gebieten ins Ungeheure gesteigerte Ungleichheit, die ein Hohn ist auf jede Gerechtigkeit", sodaß wir schon aus diesem Grund unser Ohr der Ausgleichsforderung nicht verschließen sollten. Zudem ist unerläßlich, daß wir Deutschen die Worte Josef Bernharts bejahen: „Die Russen präsentieren uns in Reinschrift, was sie in *unserer* Schule, das heißt: von unserer gelehrten Gottlosigkeit, gelernt haben." *Pius XI.* hat den Kommunismus charakterisiert als „von unglaublicher, scheußlicher Grausamkeit und Unmenschlichkeit." Kein Katholik kann mit einer solchen atheistischen Welt „sympathisieren", wohl aber muß er um die Seelen bekümmert sein, die jener Welt Opfer wurden, vielfach durch Schuld satter, bürgerlicher „Christen".

b) *Der Westen:* Die Vormacht Amerika umfaßt nur 1/7 der Menschheit, aber 50% der Weltproduktion. Die kapitalistische Großmacht sucht die Menschen durch „Komfortismus" zu beglücken und will sie freimachen von Furcht. Auf Amerikas Fahne steht das große Wort: „*Freiheit"*, eine Freiheit, die aufs Individuum gegründet ist. Im Zeichen dieser Freiheit hat zwar das bürgerliche Individuum sich aus mancherlei Bindungen befreien, aber nicht „die soziale Frage" lösen können. Es sind jetzt genau 100 Jahre, daß die Lösung von *Marx* wie von *Bischof Ketteler* gefordert worden ist, aber sie ist nicht erreicht worden. Amerika, die fortschrittsgläubige Weltmacht, glaubt, daß in den „unbegrenzten Möglichkeiten" der Entwicklung zur Freiheit das Glück der Menschheit verborgen ist. Im amerikanischen Menschen ist der Erfolg mit der

Tugend verbunden; im Erfolg zeigt sich der Segen Gottes. Das ist ein unkatholisches Prinzip. *Jakob Burkhardt* glaubte feststellen zu müssen: Amerikanismus – das ist „die Idee des Fortschritts, das heißt, des unbedingten Geldverdienens und Comforts, mit Gewissensbeschwichtigung durch Philanthropie".

Die östliche Gleichheit ist nicht die wahre, denn es gibt in ihr keine Freiheit; alle werden gleicherweise zu Sklaven. Die westliche Freiheit ist nicht die wahre, denn in ihr fehlt die Gleichheit: in Amerika besitzen 13 Prozent der Bevölkerung 87 Prozent des Nationalvermögens! Die wahre Freiheit und die wahre Gleichheit müssen zusammen verwirklicht werden; das ist nur möglich im Geist der *Brüderlichkeit*; freilich nicht der der französischen Revolution, sondern der christlichen, die im Herzen des Gottmenschen gründet. „Das Christentum wird von neuem die einzige und letzte Zuflucht des Menschen werden. Nach der inneren Reinigung und Verwandlung des historischen Christentums wird es offenbar werden, daß das Christentum auf der Seite des Menschen und der Menschlichkeit steht, auf der Seite der sozialen Gerechtigkeit, der Verbrüderung der Menschen und Völker" (Nicolai Berdjajeff).

V. Die Aufgabe der Deutschen

Die Deutschen haben nicht zuerst die Aufrichtung eines politischen Reiches anzustreben; sie haben sich auch keineswegs rückwärts zu orientieren nach einem versunkenen Reich hin, sondern sie haben nüchtern zu erkennen ihre wahre Lage und aus dieser nüchternen Erkenntnis die Folgerungen zu ziehen.

a) *Die nüchterne Erkenntnis* läßt uns klar sehen:
1. daß wir kein Heil zu erwarten haben als „lachende Dritte", wenn es zum Kriege kommt zwischen Ost und West. In solchem Falle sind wir nichts als „Leichenbahre";
2. daß wir nicht das Heil finden können als Vorspann einer der Großmächte Ost oder West; Vorspanndienste sind gleichbedeutend mit vernichtendem Reichsbürgerkrieg; die „Reisläuferei" unserer neuen Landsknechte, die den Reichs-Geist verloren haben, steht als schwere Bedrohung am Horizont: Der Osten setzt Deutsche als „Polizisten" ein; der Westen hat Deutsche (einstweilen) als Fremdenlegionäre in seinen Diensten. Werden sie als Gegner aufeinanderprallen? Festzustellen ist eine sehr eigenartige Anziehung zwischen deutschen Militärs und Bolschewisten. Schon Generaloberst Seeckt arbeitete mit Tuchatchewsky zusammen. Feldmarschall Blomberg schrieb im Gefängnis zu Nürnberg in sein Tagebuch, daß nur der Bolschewismus die Rettung der Deutschen sein kann! Auf der andern

Seite ruft heute der „Rheinische Merkur" nach Waffen für Westdeutschland. Beide Seiten arbeiten so am völligen Untergang des Reiches – durch die Deutschen selber!
3. Daß also unsere Position nur in der Mitte liegen kann; nicht einer Mitte desinteressierter Neutralität, sondern einer Mitte angestrengtesten Wirkens im Dienste der Überwindung des Kriegsgeistes.

b) *Die Folgerungen aus der nüchternen Erkenntnis.* Wir können glücklicherweise nichts „tun". Aber schon Meister Eckhart sagt: „Die Menschen sollen nicht soviel darüber nachdenken, was sie tun sollen; sie sollen darüber nachdenken, was sie sein sollen." So ist unsere Aufgabe jetzt vor allem anderen: *Seinsbereitung* zu „Reichs-Menschen".

1. Ein Reichs-Mensch sein, heißt: zuerst nach dem Reiche Gottes trachten. „Das Reich kann nur erneuert werden aus dem Glauben an das Heilige" (Reinhold Schneider). Wir brauchen erst gar keinen Mauerstein in die Hand zu nehmen, wenn wir dies erste Trachten versäumen.
2. Der Reichs-Mensch ist der Mensch des Friedens; er nährt weder Rachegefühle, noch läßt er sich provozieren, Der Reichsmensch ist der Mann der Liebe; er überwindet den Haß, der die dialektischen Gegensätze zu vernichtenden machen will, durch opferbereiten Einsatz. Er wird gerne ein Bündnis eingehen mit Menschen der Liebe aus allen Völkern getreu den Worten des Heiligen Vaters: „Wenn in dem titanenhaften Ringen der zwei entgegengesetzten Geister, die sich die Welt streitig machen, der Haß genügt, daß um den Geist des Bösen sich Menschen scharen, denen es nur darum zu tun ist, die einen von den anderen zu trennen, was vermöchte dann nicht die *Liebe*, um in einem weltweiten Bund alle jene zu einen, um die die Erhabenheit des Denkens, der Adel der Gesinnung, die Gemeinsamkeit der Leiden Bande geflochten haben, stärker und inniger als die abweichenden und auseinandergehenden Meinungen, die sie trennen können? An die Millionen zu diesem Weltbund bereiten Menschen, einem Bund, dessen Bundgesetz die Botschaft von Bethlehem, dessen Haupt der in der Krippe erschienene Friedenskönig ist, richten wir in dieser Stunde unsere Ermahnung" (Pius XII. Weihnachtsansprache 1947).
3. Der Reichs-Mensch ist der Mensch des Kreuzes. „In der Erkenntnis unserer Schuld allein werden wir uns selber finden, und vor dem Kreuz allein können wir einig werden. Das Kreuz will uns anders als wir sind. Dieser Aufbruch zum Kreuz muß ganz von innen her geschehen und sichtbar werden in Taten der Buße, der Wandlung im Mut zum Leide, das uns beschert ist. Wir müssen unserem Herzen ein neues Leben abringen vor dem Kreuz" (Reinhold Schneider). Die furchtbare Drohung endgültigen Unter-

gangs steht in dieser Stunde, da das Reich Beute der Mächte von Ost und West geworden ist, vor unserem deutschen Volk, so es sich nicht entscheidet für das Kreuz. „Du, deutsches Volk, bist es, dem der Ruf vom Kreuze gilt. Deine Schmerzen nimmt niemand dir ab denn der Herr; vorm Kreuze vermagst du sie zu tragen. Gleich dem Schächer, dem Hände und Füße durchbohrt sind, kannst du nichts vollbringen als eine Wendung des Hauptes zum Herrn. Über dieser Wendung steht die Verheißung, steht das Reich" (Reinhold Schneider).
4. Der Reichsmensch ist der Mensch der sozialen Gerechtigkeit, der den egoistischen Bürger in sich und um sich überwindet und an der Seite der Proletarier und der Flüchtlinge der himmelschreienden Ungerechtigkeit ein Ende zu setzen bemüht ist. Der Reichsmensch weiß: „Für das kommunistische Problem kann nicht einmal der Anfang einer Lösung gefunden werden, solange nicht tatsächlich wirksame wirtschaftliche Maßnahmen ergriffen werden." (P. Dubois-Dumée.)

VI. RITTER OHNE FURCHT

Kein Reich kann bestehen, kein Reich neu begründet werden ohne Ritterschaft. Das hohe deutsche Rittertum, das im Parzifal seinen ersten Gipfel hatte, ist verkommen in der Knechtseligkeit eines bedingungslosen, verbrecherischen Gehorsams. Christliches Mannestum muß, im Rachen der Ost/West-Spannung, neue Ritterschaft aus sich gebären, eine „Bruderschaft des Geistes und des Glaubens", die durch Teilnahme am Opfer Christi, durch werktätige Liebe gegenüber jeder Menschennot, durch anhaltendes Gebet geformt wird. „Dieses Geschlecht braucht Menschen, die für seine Schuld vor Gott stehen", schrieb Alfred Delp SJ kurz vor seiner Hinrichtung und gab damit einem neuen deutschen Rittertum die Fahne. In der Liebe überwinden solche Ritter jede Furcht vor Ost und West und setzten sich ein auch unter Todesgefahr für den Frieden, denn sie wissen sich geborgen im Herzen des Ritters aller Ritter: Christi.

Sollte es aber sein, daß in dieser Stunde die Stürme nur schweigen, weil sie umso verheerender losbrechen wollen, so wären wir, auch wenn wir die Gewißheit hätten vom Untergang des Reiches als Leichenbahre zwischen Ost und West, berufen zum christlichen Ritterdienst bis zu unserer letzten Stunde. Des Reichsmenschen Aufgabe in Zeiten wie diesen ist ausgesprochen im Wort des Donoso Cortes: „Man halte mir nicht entgegen, der Kampf (um den Frieden) sei nutzlos, wenn die Niederlage vorauszusehen ist. Danken wir Gott, daß er uns den Kampf aufgezwungen hat. Verlangen wir zu dieser Gnade hinzu nicht auch noch die Gnade des Sieges von dem, dessen unendliche Güte denen, die für seine Sache (den Frieden) edelmütig kämpfen, einen viel größeren und kostbareren Lohn vorbehalten hat als den Sieg hinieden."

T: *Heidingsfelder*, Georg: Reichsmensch zwischen Ost und West. Besinnung in entscheidender Stunde. Gedruckt als Manuskript. Wanne-Eickel: M.C. Wolf K.-G. Vortrag 1948. [Texterfassung nach Druckexemplar im Depositum „Martin Stankowski / Splitternachlaß G. Heidingsfelder" im AdsD / Friedrich Ebert Stiftung Bonn; der Zusatz „Vortrag 1948" dort handschriftlich.]

[A.8]
Die Stunde des Thomas More
Ein Nachwort
(1950)

Georg D. Heidingsfelder

1.
Die vortreffliche Formulierung von Karlheinz Schmidthüs, daß Thomas More „für die Unterscheidung dessen gestorben sei, was des Kaisers ist und was des Kaisers nicht ist", bezeichnet genau das Problem auf Leben und Tod, vor das der Mensch am Ende der „Neuzeit" sich abermals gestellt sieht. Der Kaiser freilich hat sich mittlerweile gewandelt in die Macht des Kollektivs, des Ungeheuers, das sich auch des Staates bedient, um die Person auszutilgen. Die einzige Position der Freiheit in solchen Zeiten ist das Gewissen. Und der providentielle Held, der als „Märtyrer des Gewissens" mit der Krone der Heiligkeit in einer der finstersten Perioden abendländischer Politik, *1935*, aufleuchtet, ist eben Thomas More.

Es ist nicht notwendig, darzulegen, wie das Gewissen durch die Überbetonung des Bewußtseins im modernen Menschen erstarb; es ist auch nicht möglich, hier darzustellen die Ausklammerung des Gewissens durch eine neuzeitliche Staatsraison. Es genügt die Feststellung der Tatsache, daß der Leviathan des Kollektivs nur möglich geworden ist durch die Ertötung des Gewissens. Und daß seine Überwindung allein möglich ist durch ein erneuertes Gewissen. „Wird uns nun die Geschichte nicht zur furchtbaren Erweckerin des Gewissens – und zwar eines Gewissens von einer Schärfe, dessengleichen wir bisher nicht kannten, so wird sie zum Gericht, das uns verdammt und verdirbt" (Reinhold Schneider).

Wir stehen abermals im „Zwischen" zweier Katastrophen –, es ist Zeit der Bereitung. Der Christ wird härterer Probe noch unterworfen werden als während der faschistischen Jahre. Wahrscheinlich wird er dabei zeitweilig allein auf sein Gewissen gestellt sein. Darum forderte der große Papst schon vor dem zweiten Weltkrieg, „in gemeinsamer Arbeit die Gewissen so stark zu formen, daß sie jederzeit und in jeder Situation des privaten und öffentlichen Lebens imstande sind, die christliche Lösung der vielen sich darbietenden Probleme zu finden" (Pius XI. an Kardinal Segura, *1929*). Davon war fast nichts verwirklicht, als die faschistische Dämonie einbrach. Auch in dieser unserer Stunde hat es nicht den Anschein als ob sich die Christenheit um diese, ihre zentrale Aufgabe bemühte, geführt vom Geist des Heiligen dieser Stunde: Thomas More. So werden wir im Ganzen unrühmlich genug vor der künftigen Erprobung bestehen. Aber vielleicht werden gerade dann jene Einzelnen rettend, die in der Stunde der Bereitung sich dieses Vorbildes More erinnerten und auf seinem Weg den Kampf bestanden mit dem „Kaiser" unserer Tage, auf dem Weg des erneuerten Gewissens. More sagte einmal: „Ich danke Gott, daß die Klarheit meines Gewissens mein Herz vor Freude springen ließ." In diesem Satz liegt die Erweckung und der Sieg der Person.

2.
Als der Jesuit Alfred Delp im Jahre *1945* vor dem Fallbeil sich besann auf den Sinn des abgründigen Geschehens, ward ihm die Erkenntnis geschenkt, daß „aus dem Feuer des Gerichts und der einströmenden Glut des Geistes ein neuer Mensch werden muß, wach, lebendig, in Verantwortung gebunden." Dieser neue Mensch „singt in seiner Seele das Lied der unermüdlichen Wanderschaft, sein Geist hat die Fahne der Freiheit gefunden und sich ihr verschworen."

In diesem Bild ist die Überwindung des Leitbildes heutiger Gesellschaft geschaut: des *Bürgers* in beiderlei Gestalt; des Bürgers des „Westens", der als faschistisch-restaurativer Bourgeois sich darbietet, und des Bürgers des „Ostens", der als „Planmensch" bereits eine der apokalyptischen Gestalten des Bürgers ist. Im Zeichen des Wanderers wird der Bürger innerlich überwunden, wie schon Berdjajeff sah; im Zeichen einer neuen Freiheit wird die bourgeoise Bindungslosigkeit des Liberalismus zu neuer Gesellschaft umgestaltet.

Der Bürger Thomas More zeigt exemplarisch, was vierhundert Jahre später allgemein offenbar wird: nur in der Geburt eines neuen Menschen hat Europa eine Zukunft. Der Lordkanzler einer sich zum Imperialismus hinneigenden Macht war der freie Bürger, der sich auf die Wanderschaft (zu Gott hin) begab, als ihn die Macht des Cäsaropapismus zu fesseln suchte. Der abendländische Bürger unserer Tage bringt sich als Trabant der (bourgeoisen) Mächte von Ost und West notwendig selbst um. Denn seine Freiheit kann er nur gewinnen in der Nachfolge Mores, niemals als „Atomstreiter des Westens". Und seine

Person kann er nur retten als Nachfahre Mores, es sei denn, er wünschte als Knecht eines Weltameisenstaates zu überleben. So markiert Thomas More die Position des Europäers heute als die arteigene zwischen Ost und West: Es ist der zur Geburt drängende neue Mensch, den Alfred Delp gesichtet hat, der allein die Erde zur einer würdigen Wohnstatt des Menschen gestalten kann. Dieser Mensch erscheint als die neue abendländische Gestalt: *als der moresche Mensch der Freiheit und der Wanderschaft*. Das heißt aber: er ist nicht mehr das autonome Personwesen, das sich als das Maß aller Dinge an der Pforte der Neuzeit freigemauert hatte und heute als Restaurator oder als Nihilist ans Ende gelangt ist, sondern der verlorene Sohn, der, in neuer Freiheit, sich aufgemacht hat zur Wanderschaft an Gottes väterliches Herz, das ihm aufgeleuchtet ist im Herzen des brüderlichen Gottmenschen, für den er in geschichtlicher Stunde Zeugnis abzulegen bereit ist. Dieses Zeugnis für Christus ist es, um das es in der nächsten Stunde der Geschichte abermals geht. Dieses Zeugnis allein ist die Glorie des Christen in dieser Welt. Der Lordkanzler von England Thomas More legte dieses Zeugnis in göttlich-schöner Weise ab; darum ist er der neue Bürger.

3.
Ist er nicht ein Engländer? Ist er nicht ein Höfling? –, so fragen Patrioten und Demokraten. Ist Shakespeare nicht ein Engländer? Ist Sankt Bonifatius nicht ein Engländer? –, so laßt uns weiter fragen, um die Absurdität der ersten Frage einsichtig zu machen. Wann endlich werden wir die europäische Universalität wieder herstellen, in der hohe Werte, letzte Werte, allgemeine Gültigkeit haben? Wann endlich werden wir einen wahren Menschen schätzen und lieben, welcher Rasse, welchem Volk er immer angehören mag? Wann endlich werden wir wieder Goethes reine Empfindung teilen: „Wenn man wieder einmal so einen ganz wahren Menschen sieht, meint man, man käme erst auf die Welt"?

Und ein Höfling war Thomas More? Wären unsere europäischen Demokraten alle „Höflinge" von der Art Thomas Mores, wir hätten bald eine Demokratie, die der Vollendung nicht sehr ferne wäre. Sir Thomas war ein treuer Diener seines Königs, er war ein ergebener Diener der politischen Autorität seiner Zeit; aber er war auch der Mann, der dieser Autorität die Grenzen zog. Und das ist das Problem der Demokratie: Autorität und Freiheit zu vereinigen in lebendiger Synthese. Von Goethe, dem Weltweisen, stammt die Strophe:

> Komm, wir wollen dir versprechen,
> Rettung aus dem tiefsten Schmerz,
> Pfeiler, Säulen kann man brechen,
> Aber nicht ein freies Herz;

Denn es lebt ein ewig Leben,
Es ist selbst der ganze Mann,
In ihm wirken Lust und Streben,
Die man nicht zermalmen kann.

Thomas More hat dieses freie Menschenherz gehabt, das von keiner Macht gebrochen werden kann. Er hat es bezeugt auf dem Schafott noch. Er hat aber auch gebetet für seinen König, und hat ihm Gehorsam geleistet bis zum äußersten, bis dahin, wo Gott mehr Gehorsam fordert als man Menschen leisten darf. Solche Demokraten sollten wir haben, die, wie Thomas More bereit sind, der Staatsgewalt zu dienen in treuester Hingabe, aber um keines Preises willen bereit, *die* Freiheit hinzugeben, die Gott der einzelnen Person im natürlichen und geoffenbarten Recht verbürgt hat.

4.
Der wahre Held dieser Stunde des Abendlandes kann nur der Heilige sein. Jeder andere Held steht im Zwielicht oder ist ein „Held der Finsternis". Heroismus ohne Heiligkeit erweist sich nicht mehr als rettend in dieser Stunde, da Glauben und Unglauben widereinander streiten. Es ist die Stunde des Entweder-Oder. Der Held stehe auf Christi Seite. Wer nicht für Ihn ist, der ist wider Ihn. Es gibt keine dritte Position in diesem Kampf.

Thomas More ist der abendländische Held im Vollsinne; er ist heilig. Sein Leben war im ganzen ein „Prozeß der Heiligung". Sein Kämpfen und Sterben machte offenbar, wie sehr er sich geheiligt hatte.

T: *Heidingsfelder*, Georg (Bearb.): Thomas More. Leben und Werk. = Görres-Bibliothek Band 9. Nürnberg: Glock und Lutz 1950. [128 Seiten; Widmung im Druck: „Für Albert Stankowski"]

[A.9]
Der „Welteinheitskleinbürger"
(1950)

Georg Heidingsfelder

Die Welt ist auf dem Wege, sich zur Einheit zu gestalten. Es gibt nur noch zwei Weltmächte, die indessen beide die Richtung zur Alleinherrschaft hin haben. Beide lassen auch gar keinen Zweifel darüber, daß eine von ihnen „klein beigeben" muß. Ob sich das nun kriegerisch vollziehen wird oder auf andere Weise, soll uns hier nicht beschäftigen. Gewiß ist, daß sich noch in diesem Jahrhundert die Welt in einer Hand befinden wird –, falls sie nicht bei dem Zweikampf der Giganten überhaupt untergeht. Wir werden vermuten dürfen, daß diese eine Hand die amerikanische sein wird.

Wie wird aber die Bevölkerung dieser Einheitswelt aussehen? Welcher Typ wird der herrschende sein? Welche soziologische Schicht wird die breite Grundlage des Welteinheitsbundesstaates bilden? Darüber hat vor kurzem *Hans Zehrer* (im Hamburger „Sonntagsblatt") Betrachtungen angestellt, die so aussehen:

„Die oberen Stände und Klassen sind in Europa eingeebnet worden, die unteren sind aufgestiegen, und auf einer mittel- und kleinbürgerlichen Ebene hat sich eine neue Schicht mit einem neuen Lebensstandard gebildet ... Es scheint als steuere die Weltentwicklung auf diese Schicht zu und als repräsentiere sie eigentlich die tragende Einheitsschicht unserer Zivilisation. Die Einebnung des westlichen Bürgertums findet in ihr ihre Grenzen, wie der Aufstieg der östlichen Bauern und Arbeiter sein Ziel findet. In ihr bildet sich ein einheitlicher Lebensstandard, der in der Mitte zwischen dem heutigen amerikanischen und heutigen russischen Lebensstandard liegen dürfte."

Das wäre also der „Welteinheitskleinbürger" als der Träger der Gesellschaft der neuen Welt. Gesetzt den Fall, dies wäre ein *wahres* Gesicht, so ist natürlich die wichtige Frage: *wes Geistes Kind wird diese Schicht sein?* Von wem wird sie geführt werden? Welche Elite wird sie anzuerkennen bereit sein? Nach welchen *Idealbildern* wird sie sich ausrichten? Da stehen ja im wesentlichen zwei Möglichkeiten offen: Diese Schicht wird christlich oder – humanitär sein, das heißt jenseitig oder diesseitig orientiert; sie wird entweder in Christus ihr Urbild erkennen oder – einen Menschen vergöttern.

Der Kleinbürger Europas hat bis heute sein Christentum besser bewahrt als der besitzende und gebildete Großbürger und der Proletarier. Nebst den Bauern haben die Kleinbürger weithin zu ihrer Kirche gehalten; sie stellen in den Städten heute noch immer das Gros der Kirchentreuen. Jedoch ist ihre Religion fast nur noch *Brauchtumsreligion*, nicht Religion der *Entscheidung*. Es wird deshalb von größter Bedeutung sein, ob das Christentum des kleinen Bürgers von einem Hauch neuen Frühlings wiederbelebt wird. Nicht geringe Hoffnung setzen wir in dieser Hinsicht auf ein vom Bolschewismus befreites russisches Volk, das noch immer christliche Substanz genug hat, um mit ihrer neuen Aktivierung Europa zu befruchten. Der Welteinheitskleinbürger ungläubiger Prägung wird im „Westen" seine Heimat haben, wo er die humanitären Fetzen des gebildeten Großbürgers auftragen wird. Ihm wird in Europa hoffentlich ein Mensch entgegenstehen, der seine neue Prägung aus der uralten christlichen Substanz dieser Mutter der Völker empfangen hat.

Die führende Schicht eines breiten christlichen Kleinbürgertums wird keinesfalls (wie heute) der Großbürger (Bourgeois) sein können. Nach seinem Bilde wird der *Unglauben* sich ausrichten. Der Bourgeois wird deshalb die antichristlich-apokalyptische Gestalt werden. Das Leitbild christlicher Kleinbürger kann nur sein ein „Arbeitsbürger" (Zehrer), der die Züge eines *freien Arbeitsmenschen* trägt. Eines Arbeitsmenschen, der die Technik aus den gierigen Tatzen des Kapitalismus wie der Staatsomnipotenz zu reißen und sie so zur dienenden Kraft zu machen vermag. Dieser entscheidende Griff ist indessen nur möglich einem Menschen, der sich jenem Dämonen überlegen weiß. Das ist allein der christlich-asketische Mensch einer *neuen Freiheit*. Er muß zum Elitemenschen einer Welt der Einheitskleinbürger werden, so sie menschenwürdig sein soll.

T: *Heidingsfelder*, Georg: Der „Welteinheitskleinbürger". In: Der Volksbote, 50. Jg., Nr. 24, Innsbruck, 18.06.1950, S. 1. [Texterfassung nach einem Zeitschriftenausschnitt mit handschriftlichem Quellenvermerk im Depositum „Martin Stankowski / Splitternachlaß G. Heidingsfelder" im AdsD / Friedrich Ebert Stiftung Bonn; bibliographische Angaben ergänzt nach *Blattmann*, Ekkehard: Reinhold Schneider – Militarisierung oder Passion. Ein Beitrag zum „Fall Reinhold Schneider". Frankfurt a.M. 1992.]

[A.10]
Sieben Thesen zum Krieg
(1950)

Georg Heidingsfelder

1. Es mag sein, daß es gerechte Kriege gegeben hat. Von den beiden des 20. Jahrhunderts war keiner gerecht. Der heutige, totale Krieg vermag die Forderungen des gerechten Krieges wesensmäßig nicht mehr zu erfüllen; darum kann der Christ an ihm nicht teilhaben.
2. Bomben, Atombomben sind satanische Kriegsmittel, deren sich der Christ nicht bedienen darf. Weil sie aber (und manches andere noch) im modernen Krieg zum Einsatz gelangen, kann der Christ an ihm nicht teilnehmen.
3. Die westliche, amerikanisch bestimmte Welt ist, wie die östliche, ideologisch getarnter Machtwille, der keine existentielle Beziehung zu Christus hat, obwohl er sich gerne „Kreuzzug" nennt. Die westliche und die östliche Welt belügen sich selbst und ihre Anhänger über ihre wesentlichen Beweggründe; der Christ ist darum von beiden gleich weit entfernt. Er ist das „dritte Geschlecht" zwischen den Imperialismen.
4. Die Deutschen, die zweimal im Kriege das Heil suchten (ohne daß sie allein kriegsschuldig waren), sind von Gott belehrt worden, daß ihnen dieser Weg nur zum Verderben gereicht, weil er „nicht reichsgemäß" ist. Ergreifen sie trotzdem abermals die Waffen, so wird ihr Volk im Bruderkrieg zugrunde gehen.
5. Das oberste Gebot für den Christen ist die Nachfolge Christi, nicht die Befolgung naturrechtlicher oder moraltheologischer Grundsätze. Im Konfliktsfalle ist alles Naturrecht, ja alle Theologie, den Forderungen der Nachfolge nachzuordnen. Wo aber, wie es geschieht, der Einsatz der Wasserstoffbombe moraltheologisch gerechtfertigt wird (siehe „Catholic Herald", London, 4.8.1950!), ist dem Christen über jeden Zweifel klar, daß diese Argumentation in schmachvollem Gegensatz zu der Nachfolge Christi steht, für die er sich hier zu entscheiden hat.
6. Die Instanz, die den Konflikt über die Haltung der Christen zum Krieg auszutragen hat, ist das Gewissen. Nicht also gilt es, kurzschlüssig und totalitär, Befehlen zu gehorchen und Lehren zu folgen, von wem immer sie kommen, sondern es gilt, sich selbst zu entscheiden, im Angesichte Gottes.
7. Die Christen haben sich in zwei Weltkriegen leider nicht unterschieden von den Machiavellisten und Militaristen der jeweiligen Vaterländer. Die Stunde ist für die Deutschen, die sich Christen nennen, ganz sicher ge-

kommen, sich nun im opferreichen Liebesdienst an einer irrsinnigen Welt zu bewähren, in der Nachfolge des Kreuzes Christi. Das allein würde sie als neues, wahres „Reichsvolk" erweisen.

29. September 1950
Am Feste St. Michaelis

T: *Heidingsfelder*, Georg: Sieben Thesen zum Krieg. – Text in einem Brief an Reinhold Schneider vom 29.09.1950. Veröffentlicht in: *Blattmann*, Ekkehard: Reinhold Schneider – Militarisierung oder Passion. Ein Beitrag zum „Fall Reinhold Schneider". [= Christliche Autoren des 20. Jahrhunderts. Band 1]. Frankfurt a.M.: Peter Lang 1992, S. 175-177.

[A.11]
Bin ich denn der Hüter meines Bruders?
(1952)

Von Georg Heidingsfelder

I. DIE HERKUNFT DIESER FRAGE
Wir lesen im biblischen Buche Genesis, im vierten Kapitel:
    Kain sprach einmal mit Abel, seinem Bruder, der Hirt war, und als sie dann auf dem Felde waren, erhob sich Kain wider Abel und tötete ihn. Da sprach Gott zu Kain: ‚Wo ist Abel, dein Bruder?' Er antwortete: ‚Ich weiß es nicht. *Bin ich der Hüter meines Bruders?*'
Die Frage ist also die Trotzfrage eines Mörders gegen Gott. Dieser Kain wird ein paar Verse später als Stadtgründer bezeichnet; es ist der sich in sein Ich verkrampfende Mensch, der eine Berechtigung Gottes, ihn nach seinem Bruder zu fragen, nicht anerkennt.

II. BILDER ZUR ILLUSTRATION UNSERER FRAGE
1. *Hauptmann Scott*. Am 18. Januar 1912 erreichten der Hauptmann Scott und seine vier Gefährten den Südpol. Auf dem Rückwege erkrankte der Unteroffizier Evans und wurde zu einer Last für die Gesellschaft. Also mußte der Hauptmann Scott eine Entscheidung treffen. Entweder schleppte er den Kranken mit, verlangsamte den Marsch und setzte so das Leben

aller aufs Spiel; oder er ließ Evans in der Wildnis sterben und versuchte die übrigen zu retten. Scott entschied sich für das erstere. Sie schleppten Evans mit, bis er starb. Sechs Monate später fand man die erfrorenen Leichname der vier Männer nur einen Tagesmarsch vom nächsten Depot entfernt, das sie nicht mehr hatten erreichen können. Hätten sie Evans aufgeopfert, wären sie wahrscheinlich gerettet worden. Hauptmann Scott hatte brüderlich gehandelt; er sah in dem Unteroffizier den Bruder, den es zu retten galt. Die Tat der Männer, die den Kranken mühselig übers Eis mit sich schleppten und dabei selbst den Tod fanden, ist eines der schönsten Heldenlieder edlen Menschentums.

2. *Das bayerische Bübchen.* Pater Lippert erzählte in einem Vortrag: Ein kleiner Bub schleppt einen andern fast gleich großen auf seinem Rücken daher. Ein Fremder sagt: „Ja, was schleppst du denn da für eine Last daher?" Die Antwort des Bübleins: „Dös is fei koa Last net, dös is mei Bruada!"

3. *Milo Dors Partisanenbuchbericht.* Der jugoslawische Partisan Milo Dor berichtet, daß in seinem Volk in der Zeit der Deutschen Besetzung zwei Millionen Menschen massakriert wurden. Es kämpften alle gegen alle. „Die Deutschen hatten das Feuerchen unter den Kessel angezündet, in dem sich Serben und Kroaten, Faschisten, Ustaschi, Kommunisten und Tschetniks gegenseitig umbrachten. Es war ein brüderliches Blutvergießen."

III. JUGOSLAWIEN ALS „MODELLFALL"
Die Entwicklung in den Völkern scheint darauf hinzusteuern, daß sich die blutigen Bruderkriege einzelner Volksgruppen (Klassen) untereinander verderblichst auswirken. Die eine Gruppe denkt von der andern wie Kain: Bin ich der Hüter meines „Bruders"? Sie setzt den Bruder sogar in Anführungszeichen, weil sie [ihn?] einfach in seiner Brudereigenschaft nicht mehr anzuerkennen bereit ist. Die Beziehungen zwischen den Völkern scheinen auch (wieder) ins kainitische Fahrwasser einzulenken, denn die Menschheit fällt auseinander in „Ost"- und „Westmenschen", die einander in mörderischer Klassenkämpfergesinnung gegenüberstehen.

IV. DAS MENSCHENBILD HEUTIGER BRUDERKRIEGE
Wir leben in der letzten Phase der Selbstzerfleischung des mit der französischen Revolution an die politische Macht gekommenen Menschenbildes des *Bürgers*, das heißt: des gottentfremdeten Bourgeois.

1. *Der liberale Bourgeois,* der im 19. Jahrhundert die „Freiheit" in der Gesellschaft durchexerzierte, wobei die Arbeiter unter die Räder der Proleta-

risierung kamen, steht als der Bourgeois des Westens für die „Verteidigung" der liberalistischen Errungenschaften: der Freiheit „für Besitz und Bildung".
2. *Der kommunistische Bourgeois*, der im 20. Jahrhundert die „Gleichheit" in der Gesellschaft durchsetzen will, wobei die Klassengegner „liquidiert" werden sollen, steht als der Bourgeois des Ostens zur „Verteidigung" der Errungenschaften der Revolution bereit.

Die Brüderlichkeit wird zwischen diesen Kolossen der Freiheit und der Gleichheit zermalmt werden. Die Revolutionsparolen von 1789 haben sich in ihr Gegenteil verkehrt: Ungleichheit! Sklaverei! Kaingesinnung des Brudermords beherrschen die Welt. Träger dieser zerrütteten menschlichen Gesellschaft ist aber (immer noch) der Bürger. Das heißt: der ins Diesseits verkrallte Mensch, der in Gottesferne das Paradies auf Erden errichten will. Homo homini lupus, das heißt, der Mensch ist dem Menschen ein Wolf geworden. Dieses wölfische Gesetz beherrscht die bourgeoise Welt der Endzeit.

V. KAINGESINNUNG AUßEN UND INNEN
Steht über der äußeren (politischen) Welt hier und heute in blutigen Lettern die mörderische Kainfrage: ‚Bin ich der Hüter meines Bruders?', so darf doch keinesfalls vergessen werden, daß die gleiche Empörerfrage in jedem einzelnen Herzen auf dem Sprunge liegt. Auch in den privaten Bereichen (der Familie) wie in denen der Berufs- und Standeswelt, der Nachbarschaft gehen die Wölfe um, die die Sorge um den Bruder, die Liebe zum Bruder nicht mehr kennen wollen. Dabei wird der Trick angewendet, dem Bruder das Gesicht zu nehmen, das heißt ihn so zu benennen, daß der Brudername ausgelöscht wird. So spricht man heute (sogar auf christlicher Seite) von „Menschenmaterial", von „Schülermaterial", „Krankenmaterial", oder bezeichnet die Arbeitsunfähigen (Kranken, Alten und Kinder) als „Sozialgepäck". Man bezeichnet die Glieder der anderen Klasse als „Elemente", falls man sie nicht gleich „verteufelt" oder mindestens als „verbrecherisch" deklariert. So wird die Brudergesinnung systematisch ertötet. Das Ende kann nur sein der Kampf aller gegen all[e]. Der dritte Weltkrieg würde die wölfisch-kainitische Bürgerbestie zu grausigsten nihilistischen Taten entfesseln. Die Krankheit des übersteigerten Ich würde Formen annehmen, wie sie etwa in Dostojewskys „Raskolnikow" geschildert sind: „Alle und alles ging zugrunde."

VI. DAS RETTENDE AUS DIESER SITUATION
Es ist leicht gesagt: die Brüderlichkeit realisieren! Aber wie kann das geschehen?

1. *Die rettenden Bilder sich vor die Seele stellen.* Helden wie Scott können Leitbilder werden. Man muß aber noch tiefer graben, zu den Urbildern hinunter. Das Bild des Hirten sichten! Erkennen: ich bin ein Hirt. Das heißt: mir ist eine Herde anvertraut, die ich ans Ziel bringen muß, die ich vor wölfischer Entartung zu retten habe. Vielleicht besteht die „Herde" nur aus einem Menschen, vielleicht nur aus deinem leiblichen Bruder, vielleicht aus vielen deiner Berufsgenossen. Das Endgericht (Gottes) wird dich fragen: Hirt, wo hast du deine Herde?
2. *Große Brudergedanken in der Seele bewegen!* Jeden Morgen sich sagen: „Du bist für andere da mit deinem Leben und Sterben." Tu heute die Augen auf, daß du erkennst, wer dir als Bruder in den Weg gestellt oder gelegt ist! Laß deinen „Bruder Evans" nicht liegen! Erkenne ihn auch unter dem Namen des „Sozialgepäcks"!
3. *Den Wölfen furchtlos begegnen.* Bruder Franz von Assisi hat einem Wolf gepredigt und ihn durch sein Wort gezähmt. Er war ein ganz furchtloser Mensch voll Vertrauen auf Gottes Hilfe. Sein Herz war erfüllt vom Frieden; so besiegte er selbst grimmigste Haudegen. Seine Liebe erreichte auch die Feinde; denn er hatte vor ihnen keine Angst.
4. *Dem größten Bruder nachfolgen.* Der „Bruder aller Brüder" ist Christus. In seiner Kraft kann jeder Kampf gegen Kain bestanden werden. Es ist fraglich, ob ohne Christus heute gegen die Wölfe standgehalten werden kann; denn die Wölfe sind „dämonisiert", das heißt: sie kämpfen mit Hilfe übermenschlicher, satanischer Kräfte. Diesem Einsatz ist kein bloßer Mensch mehr gewachsen; es bedarf der Hilfe des brüderlichen Gottmenschen. F. W. Foerster meint: „Der natürliche Mensch kann nicht wirklich Bruder sein. Nur wem klar wurde, durch wieviel Tod ein jeder hindurchgehen muß, der wirklich Bruder werden will – nur der hat die tiefste Bedingung menschlicher Gemeinschaft und damit auch die ewige Beziehung des Kreuzes zur sozialen Frage erfaßt."

VII. DER NEUE, BRÜDERLICHE MENSCH

Als der Pater Alfred Delp vor dem hitlerischen Fallbeil stand (1945), da schaute er in letzter Hellsicht, die der nahe Tod verleiht, den neuen Menschen. Er beschrieb ihn mit dem Wort: „Aus der Glut und dem Feuer muß ein neuer wacher Mensch werden, der die Fahne der (wahren) Freiheit ergriffen hat und der in seinem Herzen das Lied der unermüdlichen Wanderschaft singt." Das ist der Überwinder des Bürgers: der Wanderer, der besitzt „als besäße er nicht"; der Wanderer, der sich „unterwegs" weiß als der Pilger zu höheren Reichen. Und dieser Pilgerwanderer ist der Hirt, der seinen Bruder auf dem Rücken trägt – in die Arme Gottes!

Im Zeichen dieses Menschen nur kann die schwere Bedrohung der nächsten Weltstunde überwunden werden. Dieser Mensch ist der Bruder, der die Frage: Bin ich der Hüter meines Bruders? an sein Gewissen stellt und sie aus ganzem Herzen bejaht.

DIE KAIN- UND DIE ABEL-LINIE

Es ist in Zeiten tiefer Verwirrung wie der unsrigen gut, an die Wurzeln zurückzugehen –, zu den Ur-Bildern, aus denen allein wieder so etwas wie „Bildung" erwachsen kann. Was heute als „Bildung" einhergeht, ist ja nichts als das Zerrbild einer Bildung. *Wissen* ist ja nicht Bildung; *Bildung* hat es mit den Bildern zu tun, die aus den tiefen Gründen letzter Weisheit heraufkommen.

In den beiden Ur-Brüdern *Kain* und *Abel* erkennen wir solche Ur-Bilder der Menschheit. Von diesen Brüdern her sind zwei Linien der menschheitlichen Entwickelung feststellbar, die bis heute fortbestehen, die Abel-Linie des Friedens und die Kain-Linie des Mordes. Aus den Bildern der feindlichen Urbrüder erwuchsen weitere wesentliche Bilder, die sich etwa so gegenübertreten:

Die Abel-Linie: *Die Kain-Linie*:
Der Hirt   Der Ackerbauer
Der Wanderer   Der Stadtgründer
Der Pilger   Der Bourgeois

Es ist natürlich nicht so, daß jeder Stadtbewohner ein Kain wäre! Es ist auch nicht so, daß mit der Stadtgründung schon das kainitische Element gegeben sei (obwohl Kain in der hl. Schrift als der erste Stadtgründer bezeichnet wird!). Es ist vielmehr so: die *göttliche* Linie ist die *Abels*; wer diese Linie verläßt (in seinem Seelenhaushalt, wo die Urbilder beheimatet sein müssen!), der wird ins Kainitische geraten, zwangsläufig. Man muß also einen Acker haben oder eine Stadt „als ob man sie nicht hätte"! Anders wird man zum Kain, der sich ins Diesseits verkrallt und so notwendig zum Mörder seiner „Konkurrenten" wird.

Der Mensch ist wesentlich *Wanderer*, der hier keine bleibende Stadt haben darf. Er ist Pilger zu einer himmlischen Stadt. Wer eine irdische Stadt (hieße sie Berlin oder Moskau oder New York) für die himmlische ausgibt, der eben ist mörderischer Bourgeois. Das wird heute deutlich genug.

Der Mensch ist wesentlich auch *Hirt*, das heißt: seiner Sorge sind immer andere anvertraut, die er hüten muß. Nur der Ackerbauer kümmert sich vor allem um sein erdhaftes Eigentum, grenzt es ab und sucht's zu vermehren. Wie verkrallt sind ihrer viele, die etwas haben! Der Hirt aber zieht unbekümmert von Weideplatz zu Weideplatz, wissend, daß er in jeder Stunde in der Hand der göttlichen Fürsorge ist.

Man muß heute solche Ursachverhalte an Hand der Urbilder durchbetrachten, damit man mit den Wurzeln wieder in die Bereiche der Weisheit hinunterkommt. Wir plätschern ja alle nur in den Pfützen rationalistischen („vernünftlerischen") Wissens herum!

Es ist ebenso bedeutsam wie sinnvoll, daß die Jugend *wandert*; so wird sie immer wieder zum Zeichen der notwendigen Überwindung der Stadt wie der bourgeoisen Väter. Der Aufbruch der Bürgerjugend vor dem ersten Weltkrieg stand im Zeichen des *„Wandervogels"*. Herrlich war das, dies Erwachen des Abel-Geistes. Aber er drang nicht durch, es fehlte etwas: das Element des Pilgers, die klare Sichtung der himmlischen Stadt. Der „Wanderer zwischen zwei Welten" war ebenso wie der „Rembrandtdeutsche" *unausgegoren*, beide nicht die demütigen und sanftmütigen „Bußbrüder", die das bürgerliche Zeitalter hätten überwinden können; sie trugen es selbst noch mit sich, ohne daß sie es wußten, wie tief dies Erbe in ihnen saß.

Es ist ebenso bedeutsam wie göttlich, daß Jesus Christus seine kleinbürgerliche Existenz hinter sich warf, als der entscheidende Abschnitt seines Lebens begann. Er wurde *Wanderer*. Und er stellte sich selber vor als der „gute Hirt". Seine geistlichen Diener müssen daher Hirten sein, wenn sie in der „Abel-Linie" seiner Nachfolge stehen wollen. Sind sie aber nicht manchmal zu Bürgern geworden, die in den Weltkriegen in der „Kain-Linie" standen? Ihr Meister war von verhärteten Bourgeois, von Pharisäern und Schriftgelehrten, in der Stadt (Jerusalem) ermordet worden. Welches Schicksal würde IHM heute zuteil?

Es ist ebenso bedeutsam wie zukunftweisend, daß unsere auf die Wanderschaft geschickten *„Flüchtlinge"* in die „Abel-Linie" gewiesen sind. O, daß sie es doch erkennten! Die große Dichterin (Gertrud von le Fort) hat es ihnen mit wundervollem Tiefblick gesagt, daß sie die Auserwählten Gottes sind; aber der tief eingefressene Bürgerwille trübt auch hier die Erkenntnis der „Mission".

Man sieht, es geht hier und jetzt um die letzten Bilder des Daseins, aus denen heraus entweder Bruderschaft verwirklicht wird oder – kainitische Vernichtung im Dienst weltgieriger Bourgeois des „Ostens" und des „Westens".

T: *Heidingsfelder*, Georg: Bin ich denn der Hüter meines Bruders? In: Jugend begegnet sich. Stimmen zur Gemeinschaftsarbeit deutscher Jugend (Arnsberger) Folge 2, 3/1952 (Sommer/Herbst), S. 4-7. [Herausgeber: Arbeitskreis für Begegnung und Gemeinschaft deutsche Jugend (Arnsberg, Gartenstr. 9) im Auftrage von Willi Hammelrath, Oberhausen]

[A.12]
Man muß sich nichts vormachen
(1953)

G[eorg] H[eidingsfelder]

I.

Der *Illusionismus* scheint der weitest verbreitete ISMUS zu sein, die barmherzige Lüge, die die unbarmherzige Wirklichkeit zudeckt.

Zum Illusionismus gehört, daß sich die in ihn Verstrickten als Realisten sehen; Illusionisten sind immer nur „die anderen".

Durch seine nahe Verwandtschaft zum *Fanatismus*, in den er jederzeit umschlagen kann, wird der Illusionismus als echte Geistes-Krankheit erkennbar.

Alle Geistes-Krankheiten wurzeln in einem Fundament nicht überwundener *Schuld*, sei es persönliche oder Erbschuld; der Geistes-Kranke wird von der Schuld in die Krankheit getrieben.

II.

Der bodenlose Illusionismus westdeutscher Politik (daß aus der Einschmelzung der Trümmer Deutschlands in militärische Machtblöcke sich die deutsche Einheit ergäbe!) ist echte Geistes-Krankheit, ist purer Wahn.

Dieser Wahn fanatisiert sich mehr und mehr. Hält die Illusionierung in Westdeutschland an, ist der *Faschismus* (die Geisteskrankheit der Sozietät) ihr Ergebnis. Faschismus ist Fanatismus; geistige Vorbereitung des volklichen Amoklaufes.

Der westdeutsche Illusionismus wurzelt in der nicht aufgearbeiteten geschichtlichen (und heilsgeschichtlichen) Schuld. Sie ist das Grundgift; Illusionismus und Faschismus sind Symptome.

III.

Schauerliche Zeichen künden den Zustand der Verhärtung (Verstockung in der Schuld) an. Dadurch steigert sich der Illusionismus zur totalen Verblendung.

Man höre etwa das Wort des Ministers *Seebohm* zum Israel-Wiedergutmachungs-Vertrag: „Solange den Deutschen nicht ihr Recht wird, hat die Deutsche Partei kein Interesse daran, daß den anderen Recht geschieht." Und selbst das ihnen rechtmäßig Zukommende billigt er andern nur zu, wenn *er* zuvor *sein* (angebliches) Recht gefunden hat.

Daß solche Sätze des Frevels mit dem „Großen Zapfenstreich" („Ich bete an die Macht der Liebe!") eingerahmt werden, gehört zur Phänomenologie dieser Geistes-Krankheit.

Der SS-General *Hauser* rechtfertigt neuerdings die Waffen-SS in einem dicken Buch: sie war die erste Trägerin des europäischen Gedankens! Hitler-General *Guderian* stimmt (im Vorwort) zu. Diese entsetzlichen Formationen, deren Existenz eben das Zeichen der Verkommenheit der Mitte Europas war, versuchen, sich „soldatisch" zu legitimieren (außerdem bekennen sie sich neuerdings zur „Demokratie").

Fortschreitende Illusionierung der westdeutschen Politik wird diese grauenhaften Totenkopf-Roboter immer akzeptabler finden zur Verteidigung des christlichen Abendlandes. Hausers Buch bringt ja sogar eine „Feldmesse" (ukrainischer) SS im Bilde!

IV.

Man muß sich nichts vormachen. Diese Erscheinungen (Symptome) des Illusionismus bezeugen die anhaltende schwere Erkrankung des Volkskörpers. Es ließen sich weitere Zeichen genug aufführen; insbesondere: daß die (restaurative) Christenheit weithin von dieser Krankheit ergriffen ist. „Unbußfertigkeit" treibt in diesem Bereich das Unheil voran.

Das Symptom-Kurieren bringt Erleichterung, verscheucht oft den nahen Tod; aber es *heilt nicht*. Es ist keine Radikal-(Wurzel-)Kur. Vielleicht wäre es gut, wenn Deutschland noch einmal in den Glutofen des Leids geworfen würde. So könnte sein Schuld-Fundament wieder in den Blick treten. Leid verzehrt illusionistische Lügen. Es kann freilich auch unrettbar verhärten. Aber es ist das *letzte* Heilmittel.

V.

Zuständig für Fragen der Schuld ist *das Christentum*. Es ist im Wesen die Botschaft von der Schuld (und ihrer Vergebung).

Aber unselige geschichtliche Verstrickung ins bloß Kulturelle hat den Blick vieler Christen (auch Geistlicher) getrübt für die Mission der „frohen Botschaft" an dieses Volk hier und heute. Sie wähnen, mit „christlicher Politik" das Schicksal dieses Volkes wenden zu können. Das aber ist *Illusion*, und zwar die allerverderblichste. Denn sie geblert den „christlichen" Faschismus, welcher die härteste aller Gottesgeißeln ist. Machen wir uns nichts vor: Wir stehen vor dieser Möglichkeit in Europa.

T: H[eidingsfelder]., G[eorg]: Man muß sich nichts vormachen. In: Deutsche Volkszeitung, 07.06.1953. [Texterfassung nach einem Zeitschriftenausschnitt mit handschriftlichem Quellenvermerk im Depositum „Martin Stankowski / Splitternachlaß G. Heidingsfelder" im AdsD / Friedrich Ebert Stiftung Bonn.] [Zwei in unserer Ausgabe der „Gesammelten Schriften" nicht berücksichtigte Beiträge Heidingsfelders aus diesem Periodikum: *„Der Dichter des Reiches"*. In: Deutsche Volkszeitung, 2. Jg., Nr. 8 vom 27.2.1954, S. 4; *Große Dichtung um das „Reich"*. In: Deutsche Volkszeitung, 2. Jg., Nr. 9 vom 6.3.1954, S. 12.]

[A.13]
Die Schande des Jahrhunderts
(Mitte Juni 1953)

Georg Heidingsfelder – Meschede/Westf.

Nachstehender Artikel stammt von dem bekannten Publizisten und Schriftsteller, der in katholischen Kreisen Westdeutschlands großes Ansehen genießt. Der Abdruck des Artikels bedeutet nicht, dass die darin getroffenen Feststellungen unbedingt in jedem Falle die offizielle Meinung des Bundesvorstandes des „Bundes der Deutschen" darstellen.

Nach dem Zusammenbruch von 1945 sind zwei verhängnisvolle Männer an den Brennpunkten des Weltgeschehens politisch tätig geworden: zwei altersstarre, eigensinnige Bürgersmänner – Syngman Rhee und *Konrad Adenauer*. Geistig tief verwandt, haben beide den Ehrgeiz, als „Besieger des Bolschewismus" in die Geschichte einzugehen. Beide wähnen, die geistige Bewegung des Bolschewismus mit Waffengewalt „erledigen" zu können, haben also Hitlers Rezept zu dem ihrigen gemacht. Schon in dieser „faschistischen Konzeption" zeigt sich eine fast bemitleidenswerte Dummheit; sie offenbart, dass die beiden alten Männer wirklich keine Vorstellungskraft haben, die über die eines Bürgers von 1914 hinausreicht. Danach macht die beste Politik immer der schlaueste Fuchs mit den stärksten Bataillonen. Da möchte man wahrlich mit der großen Dichterin (Gertrud von Le Fort) ausrufen: „Ich weine, weil du nicht begreifst, dass alles, was man mit List oder Gewalt erringt, schon von vornherein verloren ist." Aber was nützte dieser Ausruf unseren starren Greisen! Obwohl sie vor Augen haben, wie heute alle mit List oder Gewalt bewirkten europäischen Errungenschaften in der Welt unrettbar verloren gehen, bleiben sie bei ihrem Wahn: dass der „Befreiung vom Bolschewismus" durch listige Manöver und endlich auch mit Atombomben eine Gasse gebahnt werden muss.

Die gefährlichen, altersstarren Männer müssten von ihren Völkern entmachtet werden, wenn sie nicht in den Greueln eines dritten Weltkrieges untergehen wollen. Sie müssten durch andere Staatsmänner, mit einer anderen politischen Vorstellungswelt ersetzt werden, durch neue Männer, die sich etwas Besseres einfallen lassen als die Greise von Korea und Bonnabendlandien. Es muss aber geradezu als die Schande des (demokratischen) Jahrhunderts bezeichnet werden, dass in Zeiten wie diesen, da es aus den ausgefahrenen Todeszirkeln herauszukommen gilt, die Völker zwei „Denkmäler der Bürgerzeit" als Lenker ihrer Schicksale dulden, ja sogar tragen. Solche Völker bezeugen damit, dass sie selber ins Greisenalter eingetreten sind, dass sich also das Abendland in ein stockfinsteres Nachtland zu verwandeln beginnt. Georges Bernanos, der große französische Moralist, sprach es sogleich nach dem zweiten Weltkrieg aus: Deutschland würde aus der Nacht nicht mehr herausfinden; die Krankheit sei zu weit fortgeschritten. Mit Führern wie Adenauer ist nichts anderes zu erwarten als dass Bernanos Recht behält. Aber es ist zu bedenken: Die Völker haben immer die Führer, die sie verdienen! Es ist ein schweres (schuldhaftes) Versagen der Völker, wenn sie erstarrte Greise als Führer dulden in einer Stunde, da es darum handelt, neue Bahnen zu finden und einzuschlagen.

Die *letzte* Stunde sich eines verhängnisvollen Greises zu entledigen, ist für das deutsche Volk der Wahltag *1953*. Wenn erst Adenauer seine „schimmernde Wehr" hat wie der Kollege Syngman Rhee, ist es zu spät, das Unheil abzuwenden. Er wird dann wirksamer aufzutrumpfen wissen als der eigensinnige Asiat, dem es auf einen dritten Weltkrieg nicht anzukommen scheint. Erkennen die Deutschen nicht, was die Stunde fordert, so wird sie dieses Versagen einen furchtbaren Preis kosten: den Ruin ihres Landes und Volkes. Der alte Bürger Adenauer ist auf das Konzept eines sturen „Anti-Kommunismus" festgelegt; er kennt nichts anderes als diese völlig unzulängliche Kategorie des Schwarz-weiß und wird daher notwendig auf die Bahn getrieben werden, in der ein starres „Anti" immer endet: auf die des Krieges. Die Vorbereitungen dazu sind in vollem Gange.

Der englische Staatsmann Churchill und die englische Publizistik sehen diese Entwicklung kommen und suchen sie abzuwenden. Es könnte nun ein deutscher Idiotismus versucht sein, gerade darin den Anreiz zu sehen, Widerstand zu leisten auf der Adenauerlinie. Das würde von großer Verblendung in der richtigen Einschätzung der Möglichkeiten einer Entspannung zeugen. Aber: was ist von den lieben Deutschen *nicht* zu erwarten? Wenn das deutsche Volk noch nicht zu sehen vermag, wohin es mit *seinem* „Syngman" kommen muss, wenn er nicht gestoppt wird, dann ist es in kurzer Zeit verloren.

T: *Heidingsfelder, Georg*: Die Schande des Jahrhunderts. Aus einem nicht näher bestimmten Organ des „Bundes der Deutschen", Mitte Juni 1953. [Texterfassung nach zwei maschinenschriftlichen Seiten im Depositum „Martin Stankowski / Splitternachlaß G. Heidingsfelder" im AdsD / Friedrich Ebert Stiftung Bonn; mit den handschriftlichen Vermerken: „Mitte Juni 1953" und „Darauf 2 mal Vernehmung bei der Kripo wegen ‚Staatsgefährdung' und ‚Beleidigung des Bundeskanzlers'. G.H.".]

[A.14]
„Jugend des heiligen Franz"
(1953)

[Von Georg Heidingsfelder]

[Es handelt sich bei diesem Entwurf vermutlich um einen Vortragstext oder eine Art Aufruf für eine – ggfs. noch zu gründende – katholische, franziskanisch ausgerichtete Jugendgruppierung.]

Denkt Euch einen jungen Mann, der den Zigaretten verfallen ist; man hat ihn als Christen ins Gefängnis geworfen. Da werden ihm bei der Vernehmung Zigaretten angeboten – und siehe da: er „fällt um", verrät seine Freunde, verleugnet das Heilige. Ein anderer soll Bombenwerfer werden, der Staat befiehlt es; er will nicht, aber die Angst vor der Strafe – der Todesstrafe! – überwältigt ihn – und er handelt gegen sein Gewissen.

Wir leben in den Zeiten solcher Entscheidungen, in denen jeder einzelne aufgefordert wird, das Letzte zu wagen oder – zu verweigern. Jeder hat seine Stunde, da er aufgerufen wird, sich zu entscheiden, in großen und in kleinen Dingen. Darauf muss er vorbereitet sein, durch Vor-Entscheidungen, in denen er sich geübt hat täglich, jede Woche, viele Jahre hindurch.

Der Christ wird insbesondere in naher Zukunft vor schwerwiegende Entscheidungen gestellt werden, denn der „brüllende Löwe", wie der hl. Petrus den Satan nennt, geht in der Welt umher, um Christen zu verschlingen. Dagegen hilft keine „Verteidigung des Abendlandes" mit Granaten und Bomben. Da muss man Kräfte des Herzens und des Geistes mobilisieren, um bestehen zu können.

Darum geht es uns hier und jetzt: um die „Mobilisierung" dieser Kräfte.

*

Vor unsern Augen versinkt eine Welt, die sogenannte „Bürger"-Welt der Sicherheit, der Sattheit, des Gewohnheitschristentums. Die faschistischen und bolschewistischen Welten des *Totalismus* lösen die Bürgerwelt ab, im Osten wie im Westen. Es sind die Systeme des Staatszwangs, der Gewalt, der Unfreiheit, vor denen wir bestehen müssen, mögen sie gottlos sein wie das russische oder „katholisch" wie das spanische.

Diese Systeme werden Gehorsam von Christen fordern in Dingen, in denen er ihn aus Gewissensgründen verweigern muss. Da bedarf's großer Tapferkeit und Standfestigkeit, damit man nicht als Feigling oder Schwächling versagt.

Man muss vorbereitet sein auf diese Stunden der schweren Entscheidung, da es um Heil oder Unheil geht, also um „alles".

*

Die Bürgerchristen meinen, sie könnten mit militärischer Gewalt die Drohungen der Zukunft abwehren. Das ist eine große Täuschung. Denn diese Drohungen sind im Grunde geistiger Art und sie kommen ebenso wohl von innen wie von außen. Das christliche Versagen der Bürgerwelt in der Beantwortung der „sozialen Frage" hat die Drohungen des Totalismus so gigantisch heranwachsen lassen. Die wahre Brüderlichkeit ist nicht geübt worden, so kommt jetzt eine falsche Brüderlichkeit und fordert Gehorsam. Es ist die „Brüderlichkeit" der Gewaltmenschen, die keinen „erstgeborenen", barmherzigen Bruder haben, den Sohn des lebendigen Gottes. Darum können sie die Menschheit nur „kainitisch" zerstören.

Wir Christen müssen uns als wahre Brüder der Menschen – aller Menschen – erweisen; sonst ist alles verloren.

*

In dieser bedrohlichen Stunde letzter Bewährung schauen wir nach mächtigen Geistern aus, die uns als Vor-Bilder hilfreich sein können. Die *radikalen* Nachfolger Jesu Christi nur können in dieser Stunde noch retten. Der größte unter ihnen war *der heilige Franziskus von Assisi*. Ihn muss die katholische Jugend verehren lernen; ihm muss sie es nachtun wollen: sein Lebensgesetz muss sie erneuern, seine Wege aufs neue gehen.

Es sind wahrscheinlich drei Kernwirklichkeiten, aus denen und in denen Sankt Franz lebte und wirkte:

1. Christusliebe, 2. Opfermut, 3. Friedenswillen.

Diese drei lasst und [uns] kurz betrachten:

Christusliebe. Sankt Franz wusste, das[s] Christus allein „der Weg, die Wahrheit und das Leben" ist. IHM allein wollte er ähnlich werden als gehorsamer Nachfolger. SEINE Armut, SEINE Demut, SEINE Liebe und SEIN Leiden wollte er nach-leben. Und sein geheiligter Wille vollbrachte dieses große Werk durch liebende Hingabe an seinen Herrn und Meister.

Opfermut. Sankt Franz schreckte vor keinem Opfer zurück, wenn es ihn in der Nachfolge Christi fördern konnte: er gab Elternhaus und Reichtum hin und alle seine Lebenspläne, um Büßer zu werden. Büßer werden, das heißt nicht weniger als: Umkehren auf dem bisherigen Weg und sich selber aufopfern für eigene und für fremde Sünden. Es heißt auch: in Fasten und Abtötung Herr werden über sich selbst und über den „brüllenden Löwen".

Friedenswillen. Der Frieden, den Sankt Franz erstrebte, war der Frieden Christi, der „höher ist als alle Vernunft". Er war dieses Friedens teilhaftig und trug ihn in die Welt hinaus, um, wie er sagte, „aus den Menschen eine Familie von Brüdern" zu machen. Er fürchtete sich nicht, als Lamm mitten unter die Wölfe zu gehen, wie SEIN Herr es forderte, ohne alle Waffen. Er forderte auch seine Freunde auf, keine Waffen zu führen, sondern allein auf die Hilfe Gottes zu vertrauen. Niemand in seinem dritten Orden durfte Waffen bei sich tragen.

*

Um Sankt Franzens Geist wieder zu erwecken und wirksam zu machen in der Welt, bedarf es der *hochherzigen, tapferen* Jugend, die es *wagt*, ein solches grandioses Unternehmen zu erneuern.

Eine solche Jugend bedürfte gewisser Grundsätze als Fundament ihrer Existenz und gewisser Weisungen für die Einübung im Geiste Sankt Franzens. Man nennt solche Grundsätze und Weisungen „Regeln". Eine Regel für die „JUGEND DES HEILIGEN FRANZ" müsste wohl so aussehen:

1. *Wir beten täglich* wie der heilige Franz gebetet hat: „Herr, mache mich zu einem Instrument Deines Friedens! Da, wo Hass ist, lass mich Liebe säen, wo Beleidigung, Verzeihung; wo Zweifel, Glauben; wo Verzweiflung, Hoffnung; wo Finsternis, Licht; wo Traurigkeit, Freude!" Und wir setzen hinzu: O Jesus Christus, wir können das große Werk des heiligen Franz nur fortsetzen, wenn Du uns den Heiligen Geist gibst. Wir bitten also: Sende uns in Deiner Liebe zu uns Menschen deinen heiligen Geist, in dessen Kraft wir alles vermögen!

2. *Wir enthalten uns allen Alkohols und Nikotins*, zweier Genussgifte, die so viele Menschen und Familien unglücklich machen und die Gemeinschaft der Menschen vergiften.

3. *Wir lernen wieder das Fasten.* Es ist heilsam und gottgefällig und besiegt auch die hartnäckigsten Teufel, wie der Heiland selbst gesagt hat. Wir wollen jeden Freitag fasten, von morgens 9 Uhr bis abends 6 Uhr, indem wir uns aller Speise und jeden Tranks enthalten. Das ist nicht so schwer wie es aussieht; aber wir sollten energisch herangehen und nicht bloß auf Fleisch verzichten (und statt dessen 5 Eier in die Pfanne schlagen!).

4. *Wir geben Almosen.* Wenn wir selbst an materiellen Werten nichts haben (die meisten haben aber ihr Taschengeld und noch manches andere), dann geben wir das Almosen des Gebets (für die Armen Seelen, für die gefangenen Menschen, für die Versuchten und Verzweifelten) oder das Almosen unserer „Kleinen Dienste" (an Alten und Kranken, und Hilfsdienste, die im Geiste Christi ausgeführt werden können, auch bei Vater und Mutter!). Es darf keine Woche ohne Almosen vergehen!

5. *Wir wollen keinen Menschen töten.* Das kann zunächst nur ein Vorsatz sein, der aber fest in der Gewohnheit verankert werden muss, durch Besiegung des jähen Zorns, der Versuchung zur Gewalt! Wir müssen so weit kommen, dass wir jede Tötung von Menschen ablehnen können, auch die vom Staat befohlene und die der „Notwehr". Das ist möglich, wenn wir in jedem Menschen unsern Bruder erkennen, auch in unsern Feinden. Das ist nicht leicht, denn der Mensch ist ein Totschläger; aber mit Christi Hilfe kann es vollbracht werden. Und es *muss* in dieser Gewalt- und Kriegswelt von ernsthaften Nachfolgern Sankt Franzens vollbracht werden.

6. *Jeden Sontag gehen wir zum heiligen Opfermahl.* Der Sonntag ist unser Königstag, der die Woche krönt und der uns krönt in der Liebe Christi. Aber auch an Wochentagen besuchen wir unsern Herrn und Meister so oft wir können, und seien es nur ein paar Minuten, in denen wir ihm sagen: Dass wir wachen wollen in jeder Stunde, dass der Satan abgewiesen wird, wo immer er sich zeigt.

*

Mit diesen paar Regeln könnten wir es bewenden lassen. Wer sie recht und treu befolgte, der könnte wohl damit heilig werden.
Wir müssen wirklich heilig werden!
Schrecken wir nicht davor zurück! Machen wir darüber keine dummen Witze wie die traurigen Bürger, die gar nicht Heilige werden wollen.
Unter uns „JUGEND DES HEILIGEN FRANZ" wollen wir eine mustergültige brüderliche Liebe üben, sodass die Menschen wieder sagen müssen wie einst von unsern altchristlichen Brüdern: Seht, wie sie einander lieben.

Meschede, am 12. Juli 1953.

T: *Heidingsfelder*, Georg: Entwurf „Jugend des heiligen Franz" – Meschede, am 12. Juli 1953. [maschinenschriftlich, 4 Blätter; Originalmanuskript im Archiv P. Bürger aus der Heidingsfelder-Sammlung von Irmgard Rode, Meschede]

[A.15]
Deutsche Kleinstadt in der Restauration
Wahrhaftiger Bericht über ein „Sühnekreuz"
(1954)

Arnold Prant [Georg D. Heidingsfelder]

Die Stadt X. [Meschede/Sauerland] ist mit ihren Bürgern und Geistlichen nicht besser, aber auch nicht schlechter als tausend andere. Der Streit um das Sühnekreuz" beleuchtet aber blitzartig den Sieg des bürgerlich-nationalistischen Christentums über die Gesinnungsrevolution der durch den Hitlerkrieg Belehrten. Ein Volk, ein Abendland, das das „Sühnekreuz" nicht mehr verstehen und annehmen will, ja seine Schändung duldet und billigt: welch furchtbares Ende wird das nehmen? (D.R.)

März 1947: Kleinstadt X. Vor den Toren wurde ein Massengrab ausländischer Arbeiter entdeckt. 80 Arbeitssklaven fremdländischer Herkunft waren hier verscharrt worden. Der amtsärztliche Befund ergab Kopfschüsse und schwere Schädelverletzungen. Uniformierung und Funde bewiesen, daß es sich um östliche (russische) Zwangsarbeiter handelte.

Und die Reaktion der Kleinstadt? Der Großteil der fast ausschließlich katholischen Bevölkerung machte sich wegen der eigenen Sorgen und Nöte wenig aus der Sache, andere waren zutiefst erschüttert. Zu den letzteren gehörten die Männer des Arbeitsausschusses der katholischen Männergemeinschaft. Sie sahen durch die Entdeckung dem in Not abstumpfenden Volk erneut den Berg von ungesühnter Schuld vor die Seele gerückt, die tiefste Ursache seiner katastrophalen Lage.

Die Stadtverwaltung selbst bereitete den Toten am ... April eine würdige Ruhestätte auf dem „Franzosenfriedhof" und rief zur Teilnahme am Begräbnis auf. Etwa 150 Personen nahmen teil. Die Geistlichkeit beider Konfessionen waltete ihres Amtes; der evangelische Geistliche sowie der Bürgermeister gedachten in Reden der Opfer des Hitlerreiches.

Die katholische Männergemeinschaft wußte sich jedoch in der Schuldgemeinschaft aller Deutschen. Diese Männer sahen sich aufgefordert, hier und jetzt, angesichts des Massengrabes damit zu beginnen, den Berg der Schuld abzutragen und so den Zorn Gottes zu besänftigen, und zwar im Zeichen des Kreuzes. Am Kreuz ist ja Der gestorben, dessen Dienst die Männer sich verschrieben hatten; für die Schuld Seines [christlichen] und allen Volkes wollten sie am Karfreitag ein Sühnekreuz hinauftragen und in die geweihte Erde pflanzen!

Es ergab sich sehr bald, daß ihr Vorhaben nicht verstanden wurde: der Pfarrer der Stadt ließ sie anläßlich einer ersten Aussprache wissen, er sehe nicht ein, was dieses Sühnekreuz mit dem Karfreitag zu tun habe; er sei deshalb strikte gegen dessen Aufrichtung am Karfreitag. Er erblicke in der ganzen Angelegenheit das Anliegen einiger Außenseiter, mit dem der größte Teil des christlichen Volkes sich nicht identifiziere, weshalb er es für das Beste hielte, die Sache fallen zu lassen.

Nach längerem Hin und Her kam es zu einer zweiten Unterredung mit dem Pfarrer, der auch diesmal erklärte, die größte Mehrheit des Christenvolkes lehne das Unternehmen ab. Daraufhin legten die Männer dar, daß auf dem deutschen Volke ein Berg von Schuld liege, den niemand abtragen wolle; sie sähen sich durch die Entdeckung des Verbrechens in der Nähe der Stadt angerufen, mit der Abtragung zu beginnen. Schließlich wurde eine dritte Konferenz vereinbart, wo die „Probleme" endgültig geklärt werden sollten. Der Karfreitag verging so ohne Kreuzaufrichtung. Die Männer bemühten sich, auch den Standpunkt des Pfarrers zu verstehen; sie sahen ein, daß er selbst im Dilemma war: entweder mit den Kreuzaufrichtern gegen die Mehrzahl der Gemeinde oder mit der Mehrzahl seiner Gemeinde gegen das Sühnekreuz zu stehen. Schließlich entschied er sich für die Majorität, die freilich auch soziologisch die gewichtige Majorität war, weil sie vorwiegend aus dem eingesessenen und besitzenden Bürgertum der Stadt bestand. An der letzten Besprechung nahm auch der Kaplan teil; er meinte, dieses Sühnekreuz wäre „etwas ganz Absonderliches". Schließlich wurde mit dem Pfarrer vereinbart: das Sühnekreuz solle aufgerichtet und durch einen Geistlichen geweiht werden; jedoch sei dies keine Veranstaltung der Gemeinde, sondern eines Kreises von Männern, wobei die Teilnahme jedermann freigestellt sei.

Am ... fand die Kreuzaufrichtung statt. In der Einladung war eindeutig zum Ausdruck gebracht worden, daß in ihr keine Anerkennung der „Kollektivschuld" liege, sondern der Wille, „eine tiefernste Sühneleistung für die begangene Unrat zu vollbringen". Es nahmen etwa 200 Personen teil, fast ausschließlich Männer. Die Geistlichkeit war durch den Landvikar und Ordensleute und die beiden evangelischen Pfarrer vertreten. Der Pfarrer und Kaplan der Stadt nahmen nicht teil. Das Kreuz trug die Inschrift: „Errichtet zur Sühne für die Ermordung von 80 Fremdarbeitern".

Alsbald erhob sich aber eine heftige Gegnerschaft. Mit mancherlei Argumenten ging „man" gegen das Kreuz an; Väter und Mütter, die einen Sohn, Frauen, die den Mann verloren oder in russischer Gefangenschaft hatten, glaubten, das für die „Russen" aufgerichtete Kreuz ablehnen zu müssen; Militaristen ließen hören, es wären anstelle der achtzig besser achtzigtausend Russen umgebracht worden! Patrioten wogen die Schuld der Siegermächte gegen die deutsche ab und fanden, daß die Waage mindestens gleich stand und daher ein Sühnekreuz überflüssig wäre!!

So kam es am Fest des Heiligen Geistes, Pfingsten 1947, zur Schändung des kirchlich geweihten Kreuzes. Bubenhände hatten sich bemüht, es aus der Erde zu reißen und, als dies nicht gelang, es abzusägen und zu verbrennen. Angekohlt, von Beilhieben beschädigt, so stand das Sühnekreuz nun vor den Toren der Stadt – zum Ärgernis geworden für Christen des Jahres 1947!

Trotz einer Kanzelverlesung, 14 Tage nach der ersten Schändung, hörten die Attacken gegen das Kreuz nicht auf. Ja, die „Männer von der Kreuzaufrichtung" wollten angesichts der Situation einen letzten Versuch zur „Aufklärung und Verständigung" machen, weil sie nicht glauben wollten, daß sich die Mehrheit der Stadt gegen das Kreuz der Sühne stelle oder gar die Kreuzschändung gutheiße. Sie beriefen einen öffentlichen „Vortrags- und Aussprache-abend" ein, in der Meinung, daß es möglich sein müsse, durch vernünftige Aussprache die Mißverständnisse zu beseitigen. Der Abend fand statt. Vor den überfüllten, brodelnden Saal trat der Bürgermeister der Stadt, um das Anliegen der Kreuzaufrichter in feierlicher Rede zu Gehör zu bringen. Er erinnerte zunächst an die Zahl und den Umfang der unerhörten Verbrechen der Nazis und wurde dabei bereits durch Gemurmel des Unwillens gestört. Als er die Frage wiederholte: „Christen, dürfen wir vergessen, daß ..." erhob sich lautes Scharren.

Die Gegner sahen nun ihre Stunde gekommen. Ein Kreistagsmitglied trat auf und besprach verschiedene Einwände gegen das Kreuz. Zum Ort des Kreuzes glaubte er sagen zu müssen, daß „echte Heimatliebe" sich dagegen auflehne, „weil der gute Ruf der Stadt Schaden leiden möchte". Ein Intellektueller (Professor) trat auf und brachte den richtigen Ton. Zur Kreuzschändung nahm er, unter tosendem Beifall, mit folgenden Worten Stellung: „Ich freue mich, daß in unserer Jugend noch Nationalwußtsein sitzt!" Im übrigen beantragte er Entfernung des Kreuzes und Aufstellung auf dem Franzosenfriedhof. Ein anderer Bürger (Kaufmann), der lärmende Hauptredner des Abends, meinte, man hätte sich bei den achtzig Fremdarbeitern mit dem christlichen Begräbnis begnügen können, und fuhr dann fort: „Die Entweihung des Kreuzes ist dadurch gekommen, daß man es aufgestellt hat!" Rauschender Beifall! Als er gar noch hinzufügte, daß die Entweiher „in ihren berechtigten Vaterlandsgefühlen" beleidigt gewesen sein dürften (wir zitieren nach dem Stenogramm), da wähnte man sich in die Zeiten kurz vor der „Machtergreifung" zurückversetzt, in denen solche Töne Orkane des Beifalls auslösten – und schließlich zum Untergang Deutschlands geführt haben! Daran dachte jetzt aber niemand. Das war versunken und vergessen! „Entfernung des Kreuzes!" – „Ausmeißelung der Inschrift!", das waren die Hauptforderungen! Die Kreuzaufrichter seien überhaupt nicht im Volk verwurzelt! ... Schließlich sprach auch der Pfarrer einige Worte. Er erklärte, daß er keine Stellung zum Sühnekreuz nehme, legte aber doch, von Zwischenrufen unterbrochen, einige Buß- und Sühnegedanken allgemeiner Art dar. Kreuzschändung habe zu allen Zeiten Gottes Strafe nach sich gezogen. Angesichts der Ablehnung durch die Mehrzahl der Gemeinde plädiere er für die Entfernung des Kreuzes und Aufstellung an einem anderen Orte – ohne Inschrift.

Nach allerlei Zwischenrufen sprach ein evangelischer Geistlicher mit großem Ernst. Es handle sich um eine Sache, die weit über die örtliche Bedeutung hinausreiche. Er wies auf das von Nazismus falsch geleitete Nationalgefühl hin und forderte „Umdenken von Grund auf". Die „billigen Triumphe, die mit nationalen Phrasen und mit der Ironisierung der Demokratie leicht zu erringen seien, müßten von verantwortungsbewußten Menschen abgelehnt werden". – Es zeigte sich jedoch bald, daß die Versammlung diese Botschaft weder verstehen noch annehmen wollte. Ein weiterer Redner betonte erregt, daß das Kreuz selbstverständlich wieder geschändet würde, wenn es nicht „weggesetzt" werde, was mit lautem Bravo quittiert wurde! Schließlich schlug der Pfarrer vor, man solle das Kreuz entfernen und es den Geistlichen überlassen, wo es wieder aufgestellt werde „zur Erinnerung an aller und zur Sühne für unsere Schuld."

Das Kreuz ist bis heute (Ende 1953) nicht wieder aufgestellt worden!

T: Arnold Prant [*Heidingsfelder*, Georg D ?]: Deutsche Kleinstadt in der Restauration. Wahrhaftiger Bericht über ein „Sühnekreuz". In: Christ in der Welt. Heft 2 (März/April) 1954, S. 47-50. [Kopie aus der Heidingsfelder-Sammlung von Irmgard und Alfons Rode Meschede; Verfasserzuordnung zum Pseudonym: P.B.]

[Vgl. Heidingsfelders vollständige Dokumentation zum „Mescheder Sühnekreuz" in: *Bürger*, Peter / *Hahnwald*, Jens / *Heidingsfelder*, Georg D.: Sühnekreuz Meschede. Die Massenmorde an sowjetischen und polnischen Zwangsarbeitern im Sauerland während der Endphase des 2. Weltkrieges und die Geschichte eines schwierigen Gedenkens. Norderstedt: BoD 2016, S. 185-220. ISBN: 978-3-7431-0267-5]

[A.16]
Der katholische Widerstand nach 1945
(1954)

Georg Heidingsfelder

„Dem großen Geschick gegenüber lebe ich in tiefster Resignation. Der Anblick der Jugend schmerzt mich sehr, auch das zu vermutende Geschick der Schöpfung und der Kreatur. Der Kontrast zwischen der Schrecklichkeit unserer Lage und der Banalität der sie beherrschenden politischen Phrasen kann nicht härter sein. Wir sind wohl geboren, die gänzliche Unheilbarkeit der Welt und den Mut zur wirklich überweltlichen Hoffnung zu bezeugen."
(Reinhold Schneider in einem Brief
vom 25. April 1954 an den Verfasser)

I

Jedes Volk, das sich zu bewaffneter Auseinandersetzung rüstet (mit anderen, heute beliebteren Worten, eine „Politik der Stärke" betreibt), steuert mit unentrinnbarer Notwendigkeit dem Totalitarismus zu, weil bewaffnete Auseinandersetzung heute im Zeichen des „totalen" Einsatzes steht. Auftakt des Abfalls hierzu war die Einführung des allgemeinen Wehrzwangs (1793); das schmähliche Ende ist die totale Militarisierung der Menschheit zu mörderischen (und selbstmörderischen) Welt-Bruder-Kriegen. An dieser Erkenntnis müßte sich das christliche Gewissen entzünden, wenn Christen noch das „Salz der Erde, das Licht der Welt" (Math. 5, 13-14) sein wollen.

Es ist ein großes „Zeichen", daß an der Schwelle der unheilvollen Entwickelung ein christlicher „Deserteur" steht, der zu den großen Heiligen der neueren Zeit zählt: *der Pfarrer von Ars*, Johannes Maria Vianey (gest. 1859). Als dieser Mann noch nicht zum Priester geweiht war, entzog er sich dem Wehrzwang durch Flucht; er verbarg sich jahrelang unter falschem Namen, folgte also dem „Ruf des Vaterlandes" nicht, sondern dem seines Gewissens, das klar erkannt hatte, daß mit dem allgemeinen Wehrzwang der Staat in die Personsphäre der Vorbehaltenheit eingebrochen war. Der heilige Pfarrer, der später auch kleinste Vergehen seiner Vergangenheit öffentlich bekannte und bereute, hat sich nie dazu verstanden, seine „Desertion" zu bereuen –, da sie ihm von seinem Gewissen diktiert war.

Die Christenheit erkannte indessen dies „Zeichen", das im Pfarrer von Ars sichtbar geworden war, nicht. Die Gegnerschaft gegen den allgemeinen Wehrzwang wurde daher nie ein Anliegen des Christenvolkes als des Salzes, das einer auf die Fäulnis des Totalitarismus zusteuernden Menschheit Rettung hätte bringen können.

Der erste Weltkrieg, der „Krieg der Bärte und der Bäuche", machte vielmehr erschreckend offenbar, daß die Christenheit Europas im „ehrlosen Gemetzel" (Papst Benedikt XV.) die ihr gemäße staatsbürgerliche Betätigung fand. Schulter an Schulter mit dem Geist gieriger Bürger-Eroberer führte die Christenheit den Gaskrieg, den U-Krieg, den Bombenkrieg.

Erst der zweite Weltkrieg, der „Krieg der rabiaten Kleinbürger", sah das langsame Erwachen des christlichen Gewissens aus langem Dauerschlaf; nun tauchte der Begriff aus der Vergessenheit heraus, um den sich neue Kraft zu sammeln begann: der Begriff des *Widerstandes*, der *résistance*. Weder von der Macht der Verführung noch von der Angst verblendete Christen erkannten, daß es eine Grenze des Gehorsams gegenüber dem Staate gab: im göttlichen Gebot des Sittengesetzes wie im geoffenbarten Evangelium waren dem Gewissen Normen gegeben, denen unbedingt zu gehorchen war, mochten der Kaiser und der „Führer" was auch immer dagegensetzen. An dieser Erkenntnis entzündete sich der erste, echte, christliche Widerstand schon vor dem Beginn des Krieges. Überschauen wir heute die Reihen der Opfer dieses Widerstandes, die verehrungswürdigen „Zeugen", die in Zuchthäusern und Konzentrationslagern, am Galgen und unterm Fallbeil endeten, so erfüllt uns mit der Trauer die frohe Zuversicht, daß nun die Bahn der christlichen Sendung in der Welt aufs neue gebrochen ist: in der Christenheit ist der Wille zum Widerstand wieder erwacht.

II

„Wenn der erste Staatsanwalt Hitlers, Freisler, Pfarrer Metzger gegenüber vor dem Volksgerichtshof erklärt: ‚Die Una Sancta, die eine, alleinseligmachende Christenheit, die Kirche, das sind wir', dann stellt er sich in die erlauchte Ahnenfolge jener deutschen ‚Imperialisten', die von den Kaisern des Mittelalters über Luther zu den preußischen Königen des 18. Jahrhunderts und bis zu Hitler führt. All das war nur möglich, weil die Christenheit seit vielen, vielen Geschlechtern geflissentlich vergessen hat, daß sie in der Geschichte, in der Zeit, *wesentlich und wesenhaft* résistance ist und sein muß, die einzige echte résistance-Bewegung, die es gibt. Ich weiß, es ist heute unmodern und überholt, von résistance zu sprechen, selbst Frankreich, das im literarischen Raum eine so echte Widerstandsbewegung erlebte, spricht nicht mehr gerne davon, so groß sind die Sünden der résistance-Menschen gegen den Geist wahrer résistance, der wesentlich beinhaltet: die Verteidigung des Menschen gegen Ungeist, Gewalt, Terror des Widermenschen in allen Bereichen des Lebens. Die

Männer der résistance schlafen vielfach den Schlaf der Kollaborateure, der stillschweigenden Zusammenarbeit mit dem Feinde, mit dem Herrn dieser Welt hier und heute, mit den herrschenden Mächten des Tages. Dies enthebt uns jedoch nicht von der Pflicht christlicher resistance und ihrer Erweckung zu sprechen ..."

Diese Worte finden sich in dem schönen Buch des Wiener Historikers *Friedrich Heer*: „Gespräch der Feinde" (Europa-Verlag, Wien und Zürich). Sie ermuntern uns, noch ein wenig von der Pflicht christlichen Widerstandes zu sprechen, der sich nicht erschöpft gegenüber den Übergriffen des Staates, der vielmehr, wie Friedrich Heer richtig sagt, *„in allen Bereichen des Lebens"* geübt werden muß dann, wenn das Gewissen es befiehlt.

In einem „Nachwort" zu dem Buch „Gewissen und Geschichte" (Verlag Velhagen und Klasing) schreibt der Geschichtstheolog[e] *Reinhold Schneider*:

„Der Auf- und Abstieg der Mächte, der Wechsel der Lebensformen, Wandlungen des religiösen und geistigen Lebens verlangen vom Menschen, daß er sich ihnen gegenüber entscheide; er wird von den Ereignissen, den Gefahren und Möglichkeiten seiner Zeit aufgefordert, eine Haltung zu finden, mitzuwirken oder zu widerstreiten. Sein Gewissen allein kann ihm sagen, was er zu tun hat ... Wir wissen, daß wir die Freiheit haben, Ja oder Nein zu sagen. Wie könnte uns sonst unser Gewissen verklagen? Diese innere Freiheit kann eine unsägliche Not bereiten. Denken wir an das Zeitalter der Glaubensspaltungen, an die Kämpfe gegen die Ketzer-, und Hexengerichte, an die Befreiung der von den Europäern versklavten Neger und Indios, an das Ringen um eine gerechte, soziale Ordnung! Welche Forderungen stellten solche Nöte an die Sprecher des Gewissens! Das Gewissen kommt in Not; es steht im Widerspruch zu geistlichen und weltlichen Autoritäten, die es verehren möchte; es wird sehr einsam; es ist in der Einsamkeit in Gefahr, sich zu verirren, sich allein auf sich selbst zu verlassen. In dieser Not kann das Wissen von Recht und Unrecht, von der Gemeinschaft aller Menschen, von unserer Verantwortung für alles, was Gott geschaffen hat und das der Mensch nach seinem Vermögen verwalten soll, ihm beistehen. Aber ein solches Wissen reicht nicht immer aus. Oft scheinen zwei Rechte, zwei Verpflichtungen einander zu widerstreiten, scheinen wir nicht handeln zu können, ohne an einer dieser Verpflichtungen schuldig zu werden. Diese Not ist das Härteste, was dem Menschen auferlegt werden kann; sie gehört zum Wesen der Geschichte und wird sich im Ablauf der Zeiten auf eine immer andere Weise herstellen, weil Macht und Interessen, aber auch Gewohnheit und Erstarrung mit der Freiheit des Menschen, mit seinem Königrechte immer wieder zusammenstoßen werden; diese Not ist die Probe auf uns, auf unser Streben nach menschlichem Wert, nach Bewährung. In ihr kann nur ein einziger helfen: Jesus Christus, der mehr ist als ein Gesetz; denn Er soll sein das Leben der Wahrheit in uns. Was hätte

Er getan? Könnte das, was ich tun will, bestehen in seinen Augen? Das ist die einzige Frage, die ins Klare führt."

III

Nun ist wohl hinreichend Klarheit geschaffen über das Wesen christlicher, katholischer résistance. Sie ist der Widerstand gegen „herrschende Mächte", soweit sie der Freiheit des Menschen Verpflichtungen auferlegen, die seiner an Recht und Wahrheit, letztlich aber an Christus selbst orientierten Gewissensverantwortung widerstreiten. Es ist einleuchtend, daß diese herrschenden Mächte sowohl weltlich-staatliche wie geistlich-kirchliche sein können. Der Widerstand ist die Haltung des Ungehorsams gegenüber ungerechten Verpflichtungen. *Man muß Gott mehr gehorchen als den Menschen*, das ist die echte Grundhaltung wahrer résistance.

Die Menschen der résistance werden notwendig in die Bereiche der *Tragik* und des *Kreuzes* geführt werden; dies sind die hohen Gebiete menschlicher Bewährung, in denen die letzten Entscheidungen fallen, nicht nur über den résistance-Menschen selbst, sondern auch über die Geschlechter seiner Zeit. Doch gibt es Vorstufen dieses letzten „tödlichen" Widerstandes; immer aber wird Tapferkeit und Opferwille von einem jeden wahren résistance-Streiter gefordert werden. Man kann wohl nicht echter Widerstandskämpfer sein, ohne daß das Gewissen „engagiert" wäre; Satiriker und Ironiker etwa (die ihren Wert haben), sind nicht Widerstands-Menschen im eigentlichen Sinne.

Die ganze Wucht der Tragik trifft ja erst den Widerstands-Menschen, der nicht einer verbrecherischen Tyrannis, sondern einer echten Autorität gegenübersteht, also den Christen, der gegen echte politische Amtsträger oder gar gegen die kirchliche Autorität steht. Dies aber ist die Situation der katholischen résistance seit 1945. Es handelt sich bei diesen Resistenten vielfach um Menschen, die schon unter der Tyrannis zum Widerstand zählten, woraus gewisse Kreise glaubten schließen zu dürfen, daß es sich um einen psychologischen „Komplex des Widerstandes" handle, der sich gegen jede Autorität zu wenden bereit sei, die gewissen Vorstellungen und Wünschen nicht entspreche. Das ist gewiß eine tragische Verkennung des Willens derer, die nicht glauben gehorchen zu dürfen etwa bei einer Verpflichtung zur Wiederbewaffnung, die nicht glauben gehorchen zu dürfen einer Politik, die sie nicht nur nicht als „christliche" zu akzeptieren vermögen, sondern in der sie eine schreckliche Verirrung glauben sehen zu müssen. Die meisten der Widerstandsleute könnten wahrlich ein bequemeres Leben haben als es ihnen ihr Widerstand gestattet; vielen von ihnen waren Tür und Tor zu hohen Positionen geöffnet; wenn sie trotzdem Nein sagten, so taten sie es, weil sie einem „höheren Befehl" zu gehorchen hatten. Manche von ihnen haben, wie Friedrich Heer sagt, ihren Frieden gemacht mit den Herrn der Welt oder mit den kirchlichen

Autoritäten, sei es aus welchen Gründen immer; aber da sind immer noch Beharrliche, die wahrlich nicht aus Eigensinn und Trotz auf dem alten Pfade des Widerstandes bleiben, sondern allein aus innerer Verpflichtung. Ihnen ist der christliche Widerstand in seiner schwersten Form aufgetragen in dieser Stunde: als das von den *Glaubensgenossen* auferlegte Kreuz.

IV

Das großartigste Beispiel des Widerstandes eines ganzen Volks ist aus der jüdischen Geschichte überliefert. Flavius Josephus berichtet darüber: „Der römische Statthalter in Jerusalem hatte von Rom eine scharf gehaltene Anweisung erhalten, keine weitere Rücksicht zu nehmen auf die ständig wiederkehrenden Proteste, die das jüdische Volk mit Berufung auf sein geheiligtes Gesetz gegen die Aufstellung von Büsten des Cäsars in den Straßen von Jerusalem und gegen die göttliche Verehrung, die für diese Kaiserbilder gefordert wurde. Als nun der Statthalter angekündigt hatte, daß er dieses Gebot des römischen Cäsars am nächsten Tag öffentlich verkünden würde, strömte von weither die Landbevölkerung in die Stadt und der Statthalter sah am Tage der Verkündigung eine gewaltige Volksmenge vor sich, die seinen Befehl mit leidenschaftlichem Wehklagen und lautem Widerstande entgegennahm. Als der Statthalter auf der Ausführung des Befehls bestand, warf die ganze Volksmenge sich zu Boden und blieb fünf Tage und fünf Nächte mit dem Gesicht nach unten gekehrt unter ununterbrochenen Gebeten auf dem Platze liegen. Nach fünf Tagen erschien der Statthalter von neuem vor dem Volk, wiederholte sein Verlangen und befahl den Legionen, mit gezückten Schwertern gegen die Volksmasse vorzurücken. ‚Tötet uns alle!', rief das Volk, ‚tötet auch unsere Kinder und Frauen, wir wollen lieber sterben als uns gegen das Gesetz unseres Gottes versündigen!' Dieser unerwartete und in der Weltgeschichte unerhörte Widerstand im Namen einer unsichtbaren Welt, erschütterte den Römer derart, daß er seinen Befehl zurückzog und die Bilder des römischen Cäsar wieder entfernen ließ." (Nach F. W. Foerster: „Christus und das menschliche Leben")

Der Widerstand gegen das „Dritte Reich" aber blieb, was den Öffentlichkeitscharakter betrifft, auf wenige Köpfe beschränkt. Die Mehrzahl der Christen und der führenden Kreise hatte versagt.

V

Damit haben wir den katholischen Widerstand nach 1945 erreicht, der ein Widerstand ist gegen eine sogenannte christliche Politik, insbesondere deren außenpolitische Konzeption und ihre Konsequenzen.

Nach dem Zusammenbruch von 1945 hätte ein Wort oberste Richtschnur der Katholiken sein müssen, dem ein einsichtiger und mutiger Mann noch 1950 glaubte Gehör verschaffen zu können; wir meinen das vom Prälaten Grosche auf dem Passauer Katholikentag gesprochene Wort: „Der deutsche Katholizismus ist aufgerufen, Buße zu tun, sich auf das Eine Notwendige zu besinnen: zuerst das Reich Gottes zu suchen und alles andere Gott zu überlassen."

Es ist zur Besinnung und Buße aber nicht gekommen. Die Gesinnung war, wie nach dem ersten Weltkrieg, darauf gerichtet, möglichst rasch „wieder hoch- und davonzukommen" (Rilke). So hielten die Christen vor allem nach politischem Machtgewinn Ausschau und nach politischen Wegen, um die Katastrophe zu überwinden.

Die Gründung der CDU, die die politische Zusammenarbeit von Katholiken und Protestanten brachte, konnte zunächst darüber hinwegtäuschen, daß der Kurs in alte Bahnen einlenken würde. Man hielt die Kräfte, die der gemeinsame Widerstand gegen die braune Tyrannis geweckt hatte, für stark genug, um einer neuen Politik den Weg zu bahnen. Aber bald wurde sichtbar, daß, aus tiefen theologischen Gründen, die Kreisbahn des Unheils zwanghaft wieder beschritten werden mußte. Eine Erweckung des Gewissens und damit eine Aufarbeitung der „Schuldfrage" waren nicht geleistet worden; so war die Bahn der Restauration der einzige Weg in die Zukunft. Auf dieser Bahn mußte dann notwendig alles wiederkehren, was zum Unheil in der Vergangenheit geführt hatte: vor allem ein Denken, das Gewissensfragen durch Gewaltlösungen zu beantworten versucht. Gegen diesen Weg des politischen Katholizismus wandte sich der neue katholische Widerstand. Schon die Gründung des *neuen Zentrums* nach 1945 war mehr als der Wille einiger zu kurz gekommener Politiker, sich Machtpositionen zu schaffen; die Führer des Zentrums erkannten früh die hinter der CDU stehenden Kräfte des Besitz- und Bildungs-Bürgertums und eines „Klerikalismus", der schon im alten Zentrum eine ungute Rolle gespielt hatte; so suchten sie andere Kräfte ins Spiel zu bringen und eine „Gleichschaltung" auf die „Generallinie" der bürgerlichen Restauration zu verhindern. Man weiß, das insbesondere der Klerus (und unter ihm vor allem die Präsiden der großen Verbände) die Parole der „Einheitsfront" lancierten und damit die katholischen Gemüter zu beeinflussen wußten, obgleich diese Parole ein widergeschichtlicher Unsinn war, ja sich als Quelle des Unheils durch die ganze .Kirchengeschichte erwiesen hatte (siehe hierzu den Aufsatz von Gregor Sauerländer in der „Katholischen Freiheit" vom Juli 1953, Seeverlag Kastenseeon über München). Die beharrliche Arbeit gewisser klerikaler Kräfte hat schließlich das Zentrum 1953 zu liquidieren vermocht: ein kleiner Teil lieferte sich der CDU aus, der beste Teil (mit der langjährigen Führerin

Helene Wessel) ging zur Gründung des Dr. Dr. Heinemann über, und der größte Teil resignierte angesichts des Bankerotts.

Im Süden hatte die Zeitschrift „*Die Besinnung*" (Nürnberg) früh versucht, zur „Besinnung" zu rufen; jedoch auch sie mußte mehr und mehr erkennen, wie sich das Gewicht träger Beharrung verstärkte und ihre Arbeit paralysierte. Der Herausgeber ließ nichtsdestoweniger, unter großen Opfern, immer wieder die „Avantgarde" zu Wort kommen, sei es in der „Besinnung", sei es in seinen Buchveröffentlichungen. Noch im Jahre 1954 hat er dem großen alten Erzieher Friedrich Wilhelm Foerster den Weg in dieses Volk gebahnt, eine Tat ebenso des Mutes wie des Erneuerungswillens.

Die „*Frankfurter Hefte*" von Eugen Kogon und Walter Dirks, die sich auf die Kreise der von Walter Rest geführten „*Deutschen Volkschaft*" stützten, sahen sich, nach mutigem Auftakt, mehr und mehr zu vorsichtigem Taktieren gezwungen, angesichts des Machtwillens des „katholischen Lagers", jedes „Abweichen von der Generallinie" zu rächen; die „Deutsche Volkschaft" selbst vermochte die gesammelten Kräfte nicht zur Wirksamkeit zu entbinden; sie ward schließlich zu einer abseitigen Gruppe, die vorzugsweise Familienfragen und solche der Erziehung auf jährlichen Wochentreffen erörterte; sie ist heute ohne religiöse oder politische Kraft.

Auch der Gruppe der „*Katholischen Jungen Mannschaft*", die ursprünglich *Franz Steber* geführt hatte, wurde „der Schneid abgekauft"; ihr Organ, der „*Michael*" (Düsseldorf), ist heute, nach entsprechenden redaktionellen Umbesetzungen, zurückhaltend, und nur die „Werkhefte für katholische Laienarbeit", unter den mutigen Dr. *Emil Martin* und *Jupp Stemmrich* begehren bisweilen gegen den von oben erzwungenen Kurs auf.

Damit wäre die Aufzählung des publizistischen Widerstandes fast erschöpft, wenn nicht die Zeitschrift Ludwig Zimmerers (Düsseldorf), des geistigen Hauptes der katholischen Jugend, die sich gegen die Remilitarisierung auflehnte, „im Kommen" wäre. Die klaren Analysen, die Ludwig Zimmerer, der der „Gesamtdeutschen Volkspartei" Dr. Heinemanns nahesteht, zu geben weiß, haben einen Kreis entschlossener Oppositioneller zu sammeln gewußt, und die Impulse, die von der Arbeit dieses Kreises ausgehen, scheinen in der katholischen Jugend trotz fanatischer Gegenwirkung der „Divisionspfarrer" und ihrer Gesinnungsgenossen, mehr und mehr wirksam zu werden. Zimmerers Zeitschrift „*Vernunft und Glaube*" kann jedenfalls als beachtliches Sprachrohr des Widerstandes gelten.

Im Zimmerer-Kreis arbeitet neuerdings auch *Georg Heidingsfelder* mit, der eine kurze Zeit die „Katholische Freiheit" herausgab; dieser entschiedene „Linkskatholik", der nach 1945 glaubte, sich bei der KAB (Katholischen Arbeiterbewegung) engagieren zu sollen, erwachte hauptsächlich am „*Reinhold*

Schneider-Konflikt" zum Widerstand gegen die Realitäten des katholisch-bourgeoisen Restaurationswillens.

Dieser Konflikt ist und bleibt die Schande derer, die in kurzschlüssigem Machtwillen schließlich auch in die Re-Militarisierung gerieten, sie propagierten und „christlich" rechtfertigten. *Reinhold Schneider* ist der unzweifelhaft größte katholische Laie dieser Stunde in Deutschland, weil ihm die Berufung wurde, im dichterischen Wort wie in der geschichtstheologischen Schau die letzten Schicksalstiefen des „Reiches" zu entschleiern. Erich Przywara SJ (einer der Hauptautoren von Glock und Lutz), der große Deuter, hat die besten und profundesten Hinweise auf die Bedeutung Reinhold Schneiders gegeben; aber die Subalternität der Restauration glaubte auch davon keine Kenntnis nehmen zu müssen. Weder die Sonette dieses großen Geistes (soeben bei Hegner erschienen) noch das dramatische Werk (vom Insel-Verlag betreut) sind bisher im katholischen Raum auch nur einigermaßen hinreichend gewürdigt worden. Hingegen haben sich die offizielle und die offiziöse Publizistik des Katholizismus angestrengt bemüht, diesen Mann zu schmähen und ihn herabzusetzen. So konnte auch der größte Rufer nach 1945 nicht wirksam werden; ihm wurde Prophetenschicksal bereitet.

Sein Los teilte der alte, verehrungswürdige „Lotse" von Velbert, Dr. *Nikolaus Ehlen,* der wie Reinhold Schneider, unter die malmenden Diffamierungsräder des „Mannes in der Zeit" geworfen wurde.

Hier ist auch der tapferen und begabten Frau des Widerstandes zu gedenken, Prof. Dr. *Klara Maria Faßbinder,* dieser liebenswürdigen Seele, die von Natur durch ihren Humor geadelt ist und von der Gnade gewürdigt wurde, zu leiden für ihren Einsatz im Dienste der Versöhnung. Der gesamte katholische Widerstand sieht in Verehrung zu ihr auf wie zu der Mutter, die selbstvergessen nichts als den Einsatz für ihre Kinder, die geratenen und die ungeratenen, kennt.

Josef Rüthers in Brilon, dessen geistige Frische seinen Scharfsinn und seinen Tiefsinn lebendig hält; *Johannes Fleischer* in Donaueschingen; seines tapferen Bruders, *Josef Fleischers,* des Juristen, der die „Staatseide" ihres Nimbus entkleidete und unter Hitler schon dafür vor dem Staatsgerichtshof gestanden hat; des *Nikolaus Koch,* der in seiner „Friedenslehre" dem Gewissenskampf des Widerstandes das großartige, geistig-praktische Fundament gegeben hat; *Erich Mühlans,* der seinen „Weggefährten" manche gute Botschaft zukommen ließ; *Hans Dahmens,* dessen „Briefe aus der Ferne" zu den schönsten Zeugnissen des Widerstandes zählen; *Karl Bernhart Wohlerts,* der in Berlin in stetiger Bereitschaft eines mutigen Streiters seinen Mann stellt; des Chemikers Dr. *Ferber* in Mannheim, der unermüdlich der großen Sache des Friedens dient; Dr. *Hans Wirtz'* in Freiburg, dessen gläubiges Wort uns immer wieder ins Herz trifft; und, last not least, Dr. *Hans Fröhlichs*, des Arztes in Frankfurt, der uns durch männliche Frömmigkeit erbaut – all dieser einsamen Kämpfer ist hier zu gedenken, als der opfermutigen „Zeugen" für eine deutsche und katholische Sache, die außer dem Lohn eines guten Gewissens nichts einbringt. Möge ihnen allen ihr Gewissen ein Zeugnis geben wie dem heiligen Thomas More, dessen Herz, wie er seiner Tochter aus dem Gefängnis schrieb, „vor Freude sprang", ob der Klarheit seines Gewissens!

An dieser Stelle müssen auch die wenigen *Geistlichen* genannt werden, – die zum Widerstand zu zählen sind. Wir blicken in Verehrung auf zum Jubilarpriester *Josef Hofmann* in Hilpertshausen, zu Pfarrer *Felix Seufert* in Thundorf, zu Pfarrer *Josef Griesbauer* in Großaltfalterbach und zu Dechant *Josef Emonds* in Kirchheim über Euskirchen. Ist uns gleich jeder Priester durch sein Amt geheiligt, so sind diese es vor allem, da ihnen unser Herz gehört –, weil sie uns „nicht allein gelassen haben" in der entscheidenden Frage: der Stellung des Christen zu den tödlichen Waffen. *Diese* Frage ist es ja, die im Zentrum des Widerstandes steht, hier und heute. An ihr scheiden sich, wie *Reinhold Schneider* sagte, „die Geister und die Zeitalter". An ihr wird die Glaubwürdigkeit der Christen erprobt in dieser Stunde furchtbarster Weltgewalten: Sind sie das „dritte Geschlecht", das zwischen den ideologischen Fronten der Gewaltwilligen ausharrt in unbeirrbarer Gewaltlosigkeit? Die Männer und Frauen des Widerstandes haben ihre Entscheidung getroffen: sie werden die Waffen dieser Welt nicht ergreifen, um „das Abendland" oder „die Freiheit" oder „die gottgewollte Ordnung" oder gar „die Kirche" und „das Christentum" zu „verteidigen". So danken die Laien nachdrücklich ihren hochwürdigen Brüdern, daß sie nicht geschwiegen, sondern sie durch ihr Wort gestärkt haben.

Die oppositionellen Katholiken, die sich Dr. Dr. Heinemanns „Notgemeinschaft" und späterhin seiner Partei anschlossen (*Helene Wessel* und *Thea Arnold*, *Hans Bodensteiner* und mancher andere) haben zwar die Wahlschlacht vom 6. September 1953 verloren. Sie wissen jedoch, daß man die große geistige Schlacht des Widerstandes niemals verlieren kann. Das Kreuz nämlich wird diese Schlacht entscheiden; *dies* ist das Zeichen, in dem Schlachten letztgültig entschieden werden.

Durchaus verständlich und zu billigen ist es, wenn katholische Publizisten, denen jede Möglichkeit, die Wahrheit zu sagen, abgeschnitten wurde, auch da das Wort ergreifen, wo man sie in den Verdacht der unerlaubten „Kollaboration" bringt. Wenn *Christa Thomas, Hans Textor, Hermann Etzel, Georg Heidingsfelder, Klara Faßbinder* und andere Katholiken diesen Weg beschritten haben, so sollten jene ganz zuletzt berechtigt sein, Steine zu werfen, welche schwere Schuld dadurch auf sich luden, daß sie jede Opposition gegen den Bonner Kurs seit Jahr und Tag mit allen Mitteln unterdrücken.

In die Reihe der Gewissens-Zeugen, der Widerstandskämpfer gehören schließlich Ministerialrat Prof. *Josef Antz*, Fabrikdirektor *Johannes Scherer, Dominik Rappich* und Dr. *Willi Hammelrath*. Möge mir niemand grollen, den ich zu nennen vergessen haben sollte!

VI
Die furchtbare Drohung des Untergangs ist längst hinter den Fassaden des „Wirtschaftswunders" sichtbar geworden; die Träger des Widerstandes haben alle Kraft aufgewandt, diese schreckliche Drohung zu bannen, die dann unentrinnbar wird, wenn die Re-Militarisierung, das heißt die Wiederkehr des alten Geistes der Gewalt, Gestalt gewinnt, in einer neuen Armee, sei sie eine der EVG oder einer „Koalition". Die Persönlichkeiten des Widerstandes haben keine Verheißung, daß sie siegen werden; sie bedürfen solcher Verheißung auch nicht. Ihnen leuchtet voran das Wort des Donoso Cortes:

„Man halte mir nicht entgegen, der Kampf sei nutzlos, wenn die Niederlage vorauszusehen ist. Danken wir Gott, daß er uns den Kampf aufgezwungen hat. Verlangen wir zu dieser Gnade hinzu nicht auch noch die Gnade des Sieges von dem, dessen unendliche Güte denen, die für seine Sache edelmütig kämpfen, einen viel größeren und kostbareren Lohn vorbehalten hat als den Sieg hienieden."

T: *Heidingsfelder*, Georg D.: Der katholische Widerstand nach 1945. In: Die Besinnung. Eine Monatsschrift. [Nürnberg: Glock & Lutz], 9. Jg. (1954), Heft 4-5 (Juli/Oktober), S. 247-255. [Die Besinnung. kritische *Zeitschrift* für Kultur- und Geistesleben. *Nürnberg:* Glock & Lutz 1946-1985.]

[A.17]
Thesen zum deutschen Problem
(1954)

Georg Heidingsfelder

(Das Deutsche Pfarrerblatt pflegt keine Politik zu treiben. Aber den nachfolgenden Thesen soll trotzdem ein Raum gewährt werden. Der Grund dafür liegt in der 9. These. In ihr wird eine grundlegende Wahrheit ausgesprochen, die jenseits der Politik liegt und die im allgemeinen in den Gesprächen und in all den Rezepten für die deutsche Wiedervereinigung nicht beachtet wird. Der Verfasser der Thesen ist übrigens ein katholischer Publizist, der bei aller Treue zu seiner Kirche den politischen Wegen und Konzeptionen, wie sie von den führenden Männern des deutschen Katholizismus vertreten werden, sehr kritisch gegenübersteht.)

1. Unser größtes Übel ist die Teilung Deutschlands. In ihr tritt als Ausdruck der inneren Zerrissenheit die Schizophrenie des deutschen Volkes politisch in Erscheinung.
2. Wird die Teilung nicht beseitigt, ist der Untergang Deutschlands (in selbstmörderischer Verzweiflung) gewiß.
3. Die Zeichen mehren sich, daß die Teilung Deutschlands nicht beseitigt wird, da es den Anschein hat, daß
a) die Welt-Machtblöcke die Teile als Beutestücke in ihrem Machtkampf zu benutzen gedenken;
b) die Deutschen sie nicht zu beseitigen vermögen, wegen a) und wegen ihrer Schizophrenie;
c) die Deutschen die Beseitigung der Teilung auch nicht genügend betreiben, weil sie ihnen entweder gleichgültig ist oder sie bei den Machtblöcken „integriert" hat.
4. Überwunden geglaubte, verderblichste Dämonien kommen (infolge der Zerreißung) wieder herauf: Nationalismus, Nazismus und Militarismus erheben ihr Haupt (Matth. 12, 43ff.)
5. Die Verhärtung der Teilungsfronten wird die Dämonen immer mehr stärken und der schizophrene Wahn wird sich ihrer bedienen, „um die Einheit herzustellen".
6. Wenn die Weltmächte glauben, sich der deutschen Schizophrenie im Machtkampf bedienen zu können, werden sie innewerden, daß der Wahn-

sinn sie selbst ergreifen wird. Die ganze Welt wird dann im Wahnsinn (des 3. Weltkrieges) versinken.
7. Die politische Wiedervereinigung Deutschlands wäre nicht identisch mit Heilung. Man kann Dämonen auch nicht politisch bannen. Aber die politische Wiedervereinigung (und Neutralisierung) wäre die unumgängliche Voraussetzung einer Lösung des Problems.
8. Das große Heilmittel gegen Spaltungswahnsinn und Dämonie ist das Christentum. Aber es ist schon lange ohne Kraft, fades (Bürger-)Salz und schales (Brauchtums-)Wasser.
9. Jeder, der sein eignes zerrissenes Herz heilt, wird das soziale Übel der Teilung Deutschlands an der Wurzel aufheben helfen. Andere (auf bloß äußere Anwendungen oder Gewaltkuren abgestellte) Rezepte werden nicht (mehr) helfen.

T: *Heidingsfelder*, Georg: Thesen zum deutschen Problem. In: Deutsches Pfarrerblatt, 15.10.1954.
[Texterfassung nach einem Zeitschriftenausschnitt mit handschriftlichem Quellenvermerk im Depositum „Martin Stankowski / Splitternachlaß G. Heidingsfelder" im AdsD / Friedrich Ebert Stiftung Bonn.]

[A.18]
Das Wehrmachtsgefängnis
(1954)

Georg Heidingsfelder

Manches im Leben offenbart sein tiefstes Wesen erst im Grenzfall. Der Wert des Menschen selbst wird ja meist erst dann erkennbar, wenn er in eine außerordentliche Lage – an Grenzen seines Alltags – gerät. So ist es auch mit dem Soldatentum. Nicht nur wird der Wert des einzelnen Soldaten erst im Ernstfall (des Krieges) erprobt, sodaß dann mancher schmeidige Kasernenhofschreier als Scheißkerl entlarvt wird, es wird auch das, was man Barras nennt, in seinem ganzen Wesen und seinem Unwert offenbar, wenn man es an seiner Grenze aufsucht. Die Grenze des Kommisses aber ist das Wehrmachtsgefängnis. Es liegt an der Grenze zwischen Kaserne und Konzentrationslager.

Der Hitlerkrieg hat mich in ein Wehrmachtsgefängnis kommandiert, wo ich drei Jahre lang Dienst tun mußte. Dort zeigte sich, was man unter einem „guten Soldaten" zu verstehen hatte: den absolut funktionierenden Roboter.

Es könnte der Einwand erhoben werden, das Wehrmachtsgefängnis sei doch nicht das „normale Soldatenleben". Das ist es gewiß nicht, aber ohne Konzentrationslager versteht man auch von der Wirklichkeit und Wahrheit des Hitlerismus nichts; im Gegenteil, er erscheint als eine im Ganzen garnicht so üble Sache; die Konzentrationslager allerdings enthüllen sein Wesen. So wenig in ihnen „lauter Landesverräter und Lumpenhunde" saßen, sondern zum größten Teil mutige und gewissenhafte Leute, so waren auch die Wehrmachtsgefängnisse durchaus in ihrer Mehrzahl nicht bevölkert von „kriminellen Elementen", sondern von Männern, die als Zivilisten niemals in ein Gefängnis geraten wären. Der Widerspruch zum Soldatenleben hatte sie dorthin gebracht, und hier hatten sie Bekanntschaft zu machen mit dem letzten Hintergrund des Soldatentums, das sich auf die „Allgemeine Wehrpflicht" gründet.

Um Mißverständnisse auszuschließen: Meine Darlegungen haben weder die Absicht noch den Sinn, dem Soldatischen jeden Wert abzusprechen. Der „gute Glaube" ist ja sogar vor Gott immer gerechtfertigt, so wird er es also auch vor mir zu sein haben, der ich mich als Christ bemühe. Niemandem, der seine Soldatenehre bewahrt hat, soll sie von mir genommen werden. Aber die Frage ist: Konnte sie denn objektiv bewahrt werden unter den obwaltenden Verhältnissen und Bedingungen? Gerade für den Christen ist keine Grundforderung wichtiger als die der Nüchternheit, das heißt der Desillusionierung für die Wirklichkeit und die Wahrheit. Es gibt leider auch eine soldatische „Ideologie", die sich wie ein Krebsgeschwür eingefressen hat; sie zu beseitigen, scheint mir die Erkenntnis des Wehrmachtsgefängnisses sehr geeignet zu sein.

Was ist das für eine Welt, die Welt der Wehrmachtsgefängnisse? Ein guter alter Offizierskamerad aus jenen Tagen, die ich dort mit ihm zusammen zubringen mußte, schrieb mir, als er sich wieder an den Tag seines Eintritts in diese Welt erinnerte, folgenden Brief (12. Februar 1954): „Als ich 1941 in das Wehrmachtsgefängnis G. zur Einarbeitung kommandiert wurde und die Gefängnispforte durchschritten hatte, stand ich im Gefängnishof. Mein erster Anblick war, wie eine Gefangenenabteilung von Unteroffizieren geschliffen wurde: ‚Hinlegen! Sprung – auf – marsch – marsch! Hinlegen! Kriechen! Sprung über die Müllkästen! Hinaufklettern an den Gefängnismauern!' (Wo zwei Mann Stütze zu bilden hatten.) ‚Zurück – marsch – marsch!' Undsoweiter. Im Keller waren die zum Tode verurteilten Gefangenen in vergitterten Käfigen, an Händen und Füßen angekettet, auf dem nackten Steinboden liegend, wie wilde Tiere untergebracht. Etwas Menschenunwürdigeres habe ich in meiner späteren Zeit nie wieder zu sehen bekommen ..."

Da sind wir also mitten in der Welt des Wehrmachtsgefängnisses. Es ist die Welt der Menschenentwürdigung. Jeder, den man einlieferte, wurde degradiert, da gab es keine Ausnahme, und das war Wirklichkeit und Symbol in einem. Er wurde nicht nur seines soldatischen Ranges entkleidet, sondern auch seines menschlichen Ranges als Person. Ja, er wurde sogar als Glied der Gemeinschaft degradiert, indem mit der soldatischen Degradation der Verlust des Einkommens für die Angehörigen verbunden war: Sippenhaft, soziale und wirtschaftliche Degradation von Frau und Kindern waren mit der Einlieferung ins Wehrmachtsgefängnis verbunden. Diese dreifache Degradation war der Untergrund des Soldatischen im Hitlerreich, – eine entsetzliche Alternative zum soldatischen Gehorsam, der jedem Knecht der „Allgemeinen Wehrpflicht" als höchstes Gesetz auferlegt war, von Gesetzgebern, die Gott und den Menschen in gleicher Weise verachteten: Gott, indem sie dem Gewissen keinerlei Recht einräumten; den Menschen, indem sie ihm das kleinste Vergehen als großes Verbrechen am Götzen Militarismus anrechneten.

Der also Degradierte war nun seiner Freiheit verlustig gegangen: er saß im Gefängnis, bei schmalster Kost, in erbärmlicher Unterkunft – in überbelegten, engsten Räumen –, in schäbigster Kleidung, geschorenen Haares, bei strengem Arbeitsdienst – beginnend um vier Uhr morgens bis in die Nacht –, ein trauriger Sträfling, dem hier beigebracht wurde, was das für ein Ehrendienst ist: die Allgemeine Wehrpflicht.

Das Beschwerderecht stand auf dem Papier; der den Unteroffizieren verkündete Grundsatz des Kommandanten war: „Der Unteroffizier hat immer recht". So war der Sträfling jeder Willkür ausgeliefert. Das Ende des Krieges brachte auch noch die Prügelstrafe als Disziplinarstrafe.

Dreiviertel der Sträflinge waren wegen „unerlaubter Entfernung" verurteilt; sie hatten sich kürzere oder längere Zeit vom Barras distanziert und waren dafür vom „Kriegsgericht" zu oft langjährigen Gefängnisstrafen verurteilt worden. Kriminell war nur ein geringer Prozentsatz; doch waren jene „Entferner" oder die „Wehrkraftzersetzer" (die etwa Rundfunk des Auslandes gehört hatten) mit den Kriminellen zusammengeworfen, wie im KZ: alle waren Verbrecher, die der verschärften „Zucht" bedurften, damit sie lernten, was das heißt: Soldat sein dürfen.

Soldat sein, das hieß, wie sie nun lernten: bedingungslos gehorchen, elektrisch funktionieren, Rädchen einer Maschine sein ohne jeden eigenen Willen, ausgerichtet ganz auf den Befehl, der aus dem Munde des Vorgesetzten kam. Und all dies unter Zwang, unter dem Wehrzwang und der Bedrohung mit Degradation und Tod. Und das Ganze nannte sich: die heiligste Pflicht des freien Mannes.

Im Wehrmachtsgefängnis war der Gesetzgeber Militarismus oberster und alleiniger Gebieter. Ihm hatte alles zu dienen; Sklaven und Sklavenhalter waren seinen Gesetzen unterworfen. Er durfte jedes Opfer fordern, und er hat es gefordert!

Bevor man die Menschen insgesamt degradieren kann, müssen ihre höchsten Repräsentanten degradiert werden, die Priester, Ärzte, Richter. (Daß sich Priester Christi zu „Divisionspfarrern" machen ließen! Priester mit dem Hakenkreuz auf der uniformierten Brust, das war ihre tiefste Erniedrigung.) Im Wehrmachtsgefängnis spielte der Priester keine Rolle; er war an den Rand gedrängt, zugelassen nur als Sonntagsgottesdiensthalter, als privater, religiöser Vermittler zwischen dem Gefangenen und seiner Familie. In anderer Weise schon war der Arzt engagiert. Natürlich hatte auch er vor allem dem Götzen Militarismus zu dienen; er hatte seine Arztehre an die Kommandeure des Gefängnisses abzutreten, wenn er nicht an die Front versetzt werden wollte. Mancher Arzt hat darunter wenigstens gelitten; die meisten aber nahmen es hin als unausweichliches Gesetz. Wie Musterungsärzte auch Schwachsinnige zu Grenadieren machten, wenn die Generale Kanonenfutter brauchten, so wurden völlig Unzurechnungsfähige von Ärzten des Wehrmachtsgefängnisses für voll verantwortlich erklärt und an den Todespfahl „manövriert", und das bisweilen in Gutachten, die etwa fünf Minuten Zeit in Anspruch nahmen. Mir ist ein Fall bekannt, daß ein völlig Unzurechnungsfähiger noch in der Hinrichtungsnacht vom Pfarrer gerettet werden konnte; er war vom Arzt und vom Gericht als voll verantwortlich zum Tode verurteilt worden; später wurde er freigesprochen. Dutzende von Fällen sind mir bekannt, wo Schwachsinnige und Infantile aus der Wehrmacht entlassen werden mußten, weil erst im Gefängnis der Psychiater befragt worden ist. Zuvor hatten diese armen Tröpfe ein Martyrium sondergleichen zu erdulden. Wieviele von ihnen mögen am Hinrichtungspfahl ihr Ende gefunden haben! Ein Kompagnieführer sperrte einen Gefangenen zehn Mal sieben Tage in den Dunkelarrest, und der Arzt attestierte zehnmal sieben Tage Haftfähigkeit, bis entdeckt wurde, daß er „hochgradig schwachsinnig und infantil" war. So das Gutachten des Psychiaters. Er wird im KZ vergast worden sein, nachdem er zwei Jahre als Grenadier marschiert war für die Ehre und Freiheit des „Vaterlandes".

Die Kriegsrichter auch mußten, ob sie wollten, oder nicht, Funktionäre des Systems, Diener des Götzen Militarismus sein. Auch unter ihnen habe ich Männer kennengelernt, die unter ihrem Amte schwer litten; Männer, die manches unternahmen, um einen armen Kerl zu retten. Auch diese Männer mußten mit Schauder erleben, daß sie in die Gewalt einer Macht geraten waren, der sie nicht hätten gehorsam sein dürfen. Waren sie es aber unschuldig? Leider habe ich weder einen Arzt noch einen Richter kennengelernt, der den Gehorsam mit allen Konsequenzen verweigert hätte. Das war das schreckliche Zeichen, daß die Kraft der obersten Repräsentanten der Gesellschaft erschöpft war.

Wie stand es mit den „Sklavenhaltern", den Offizieren und ihren Gehilfen, den Unteroffizieren? Die obersten der Offiziere – Kommandeure und Kommandanten – waren Militaristen und zusätzlich hundertfünfzigprozentige Nazi. Die letzte Spur von soldatischem Wesen, also von Ritterlichkeit, war bei ihnen ausgetilgt; ich hielt sie für offenkundig „Besessene" im religiösen Sinn, für fanatisierte Knechte des Barras, die diesem Moloch jedes Opfer zu bringen bereit waren. Unter den nächsthöheren Offizieren war das Gros pragmatistisch gesinnt: man muß sehen, wie man durchkommt; die meisten hatten ihr Gewissen dispensiert, wenn nicht totgeschlagen. Unter den Unteroffizieren fanden sich die Kreaturen, die zu jeder Menschenschinderei bereit waren; Tröpfe ohne eine Spur von Mitleid, Schurken ohne jedes Verantwortungsbewußtsein; Schweine ohne jede sittliche Hemmung. Ich habe einen Kerl gekannt, der sich zu jeder Exekution freiwillig meldete, und einen anderen, der aus den Mauern des Gefängnisses jede Barmherzigkeit ausgetilgt wissen wollte. Hurenknechte und Diebe fanden sich unter den Offizieren ebensowohl wie unter den Unteroffizieren; es fanden sich freilich auch – in Minderheit – Männer von Charakter.

Der „Geist des Ganzen" aber war und blieb der Geist der Menschenentwürdigung und des Menschenmordes. Die Abdankung des Geistes des Abendlandes zugunsten des Molochs Militarismus, der nur noch den Roboter gebrauchen konnte, wurde offenbar.

Am 1. Mai des Jahres 1944 hat unser Major und Abteilungskommandeur die gefangenen Soldaten an Stricken vor die Pflüge gespannt, und sie mußten sie den ganzen Tag durch die steinige Erde ziehen. Es handelte sich um Soldaten, von denen man erwartete, daß sie später wieder die Ehre und die Freiheit ihres Landes verteidigten, unter Einsatz ihres Lebens. Jetzt waren sie, am „Feiertag der Nation", zum Menschenvieh erniedrigt. Dies war die Pädagogik der soldatischen Welt 1944: über Entehrung zu neuer Ehre!

Was konnte das aber schon für eine neue Ehre sein, die da winkte? Konnten dies noch Männer sein, die mit innerer Überzeugung für „die gute Sache", für das Recht und die Freiheit kämpften? Was war das für ein Soldatentum, das solche Methoden der Erziehung praktizierte? War es nicht „aus dem Menschentum herausgefallen"? War es nicht eine entartete Welt der Täuschung und der Lüge? Was war aus dem „grauen Ehrenkleid" geworden? Was hatte die Wahrheit aufrechten Soldatenlebens noch mit dieser Welt zu tun? War das Soldatentum nicht objektiv völlig ausgehöhlt?

Und nun: Sind die Geister gebannt, die im Wehrmachtsgefängnis das Kommando hatten? Mit welchen Ketten gedenkt man die Dämonen zu binden, die dort den Menschen, den Soldaten degradierten? Haben sich die Ärzte und die Richter alle bekehrt und mit neuer Kraft aufgeladen seit 1945? Hat der bombastische Rückzug ins Vorgestern solches Wunder bewirkt? Sind die alten Hitlergenerale und -korporale, ohne die man die „neue" Wehrmacht nicht aufbauen kann, die Garanten des neuen Soldatengeistes? Wird er vielleicht von den Amerikanern verbürgt, die jetzt nichts anderes mehr als „hartgedrillte Nur-Soldaten" suchen, wie General Bolte es ausgedrückt hat?

Wer und was, so frage ich, bietet Gewähr, daß der Ungeist des Wehrmachtsgefängnisses morgen nicht mehr für das Ganze steht, sondern daß er tot und einer ganz anderen Art gewichen ist?

T: *Heidingsfelder*, Georg: Das Wehrmachtsgefängnis. In: Frankfurter Hefte, November 1954, S. 810-812. [Texterfassung nach einem Zeitschriftenausschnitt mit Quellenangabe im Depositum „Martin Stankowski / Splitternachlaß G. Heidingsfelder" im AdsD / Friedrich Ebert Stiftung Bonn.]

[A.19]
Notierungen aus dem katholischen Hinterland
1. Mai 1954

[Georg D. Heidingsfelder]

Unsere kleine Kreisstadt hat den Nazismus und den Krieg im großen und ganzen recht gut überstanden. Natürlich, ein paar Mitbürger sind im KZ umgekommen, drei davon waren Kommunisten und die beiden übrigen Juden. Die Schäden durch Bomben und Artilleriebeschuß sind inzwischen fast alle behoben. Überall ist aus den Ruinen das alte Leben auferblüht.

Auch unser altes Gotteshaus, das die Bomben und das Feuer bis auf die Grundmauern zerstört hatten, ist längst wieder aufgebaut. Es ist genau so wiedererstanden, wie es war: als ob nichts gewesen wäre. Das ist die Kunst der Restauratoren. Sogar die Kreuzwegbilder, riesige „Ölschinken", wie manche siebengescheite Kritikaster sie abschätzig nannten, wurden ganz im alten Stil wieder gemalt. Unser Pfarrer hatte nicht umsonst 1939 in seinem ersten Brief an uns, seine katholischen Soldatenpfarrkinder, ins Feld geschrieben: „Wir bleiben die alten!" Er hat sein Wort in jeder Hinsicht gehalten. Sein Gotteshaus steht da wie einst, und er predigt auch wie einst.

Aber auf diesem katholisch-konservativen Fundament sprießt doch auch Neues empor, z.B. unsere neue Kirche, die erst vor ein paar Monaten fertig geworden ist. Strahlend weiß steht der Bau auf seinem Hügel. Es ist alles geschmackvoll abgestimmt, außen und innen; nicht der geringste Kitsch wurde geduldet. Nicht einmal die wohlhabenden Bürger, deren Namen aus den gestifteten Kirchenfenstern leuchten, hatten etwas über die Glasbilder zu bestimmen; alles machten in Eintracht allein die Kunstexperten und unser Vikar. Der Gottesdienst ist hier liturgischer als in unserem alten Gotteshaus; darum übt er stärkere Anziehungskraft hauptsächlich auf die gebildete Jugend aus. Die Proleten verstehen ja von diesen Dingen kaum etwas.

Wenn jetzt am Samstagabend zu den vier Glocken unserer alten Pfarrkirche die vier neuen läuten, so nimmt man die geringe Dissonanz im Ton gerne hin, weil man von dem Bewußtsein erfüllt wird, daß es aufwärts geht, auch auf dem religiösen Sektor. Jetzt fällt schon auf 1100 Einwohner unserer Kreisstadt eine Glocke – eine Verhältniszahl, die nicht leicht anderswo erreicht werden dürfte.

Der herrschende katholische Geist macht unsere Kreisstadt auch zu einem überragenden CDU-Stützpunkt. Die christlichen Mehrheiten sind hier immer

Zwei-Drittel-Mehrheiten. Nur kurz nach 1945, als im Lande noch die Sozialdemokraten die Macht hatten, wählten unsere christkatholischen Stadtväter einen „Roten" zum Bürgermeister, weil der bei der Regierung, wo es die Gelder gab, Einfluß haben mußte. Mittlerweile ist auch hier wieder alles in Ordnung. Wir haben einen gutkatholischen CDU-Bürgermeister; der rote Mohr hat seine Schuldigkeit getan ...

Der französische Kardinal Suhard meinte einmal, das taktische Christentum sei eine recht bedenkliche Sache; aber der Mann hatte wohl wenig Kontakt mit den Realitäten hier zu Lande; um zu wissen, daß die Christenheit ohne kluge Taktik verloren wäre. Es ist kein Grundsatz verletzt, wenn eine katholische Mehrheit einen Sozialdemokraten zum Bürgermeister macht, nur weil der mehr Geld herbeischaffen kann. Im Gegenteil: die besten Grundsätze können ja immer erst dann realisiert werden, wenn Geld da ist. Man muß Realpolitiker sein, das ist es, was den Katholizismus fördert.

In unserer Kreisstadt gibt es lokalpatriotisch-katholische Traditionen, die seit Menschengedenken im Volk verwurzelt sind, z.B. die „Integration" des Schützenfestes in das Fronleichnamsfest. Das ist freilich eine Sache, die der Außenstehende so wenig würdigen kann wie ein Ketzer den politischen Katholizismus. Ein solcher Außenstehender hat sich in der Nazizeit darüber gewundert, daß den Weltenheiland, wenn er in der Monstranz aus der Kirche getragen wurde, der gleiche Präsentiermarsch empfing wie ein wenig später den meist nicht mehr ganz nüchternen Herr[n] Kreisleiter der NSDAP. Nun, bei uns sind weltliche Macht und Kirche eben immer „integriert" gewesen, und wenn auch der Kreisleiter nichts geglaubt hat, so war er doch die Obrigkeit, die zum Schützenfest gehört, zu dem andererseits auch Jesus Christus und seine Kirche gehören. Was der Mensch zusammengefügt hat, das darf auch Gott nicht trennen.

Wir haben ja nun wieder einen katholischen Bürgermeister, der aus der richtigen Partei kommt, wie sich's gehört, und so kann am Schützenfest nichts mehr getadelt werden: es wird wieder gefeiert, wie wir es gewohnt sind seit Urzeiten: zusammen mit dem Fronleichnamsfest. Der Pfarrer soll ja, kurz nach 1945 einmal geäußert haben, daß man beide Feste doch lieber trennen sollte –, aber was hat kurz nach 1945 (bis zur Währungsreform) nicht alles in den Köpfen herumgespukt! Gut, daß sie nun wieder in Ordnung gekommen sind und so denken, wie es sich nach dem Geiste der Tradition gehört.

Wenn die Schützen in tadelloser weißer Hose, mit Spießen ausgerüstet, neben dem Allerheiligsten einherschreiten, so ist das ja wie ein Symbol aus der EVG [Europäischen VerteidigungsGemeinschaft]: hier wird die Verteidigung des Herzens des Abendlandes, nämlich des Christentums demonstriert, den Bürgern zur Ehr, den Antichristen zur Lehr. Die katholischen Schützenbruderschaften sind ja religiöse Bruderschaften, stets nach einem Heiligen benannt, und wissen, was sie dieser Stunde schuldig sind. Wenn jetzt wieder, bei der Erhebung der Monstranz zum Segen, die Böller krachen, so lacht jedes wehrfreudigen Katholiken Herz: Unsere Kirche soll auch nie von den Kanonen getrennt werden! Auch dies ist eine ewige Union. Und schließlich sind Kirche, Wehrkraft und Bier ein treudeutschchristlicher Dreiklingklang, der in der Volksseele gründet. Solange es katholische Schützenbrüder gibt, wird daran nicht gerüttelt werden.

*

Es sind ja meistens Verleumdungen von Ketzern oder mißgünstigen Außenseitern, wenn gesagt wird, daß es beim Schützenfest zu Auswüchsen komme, die nicht verantwortet werden könnten. Ja, es ist wohl schon mal der und jener vom Schützenfest nicht mehr ganz kerzengerade nach Hause gegangen und er hat vielleicht dabei auch keine Prozessionslieder gesungen; aber diese Dinge kommen das ganze Jahr jede Samstag- und Sonntagnacht vor und davon wird ja auch weiter kein Aufheben gemacht! Wenn da früh um drei gegröhlt wird: „Die Fahne hoch ..." oder „O du fröhliche, o du selige ...", dann weiß doch jeder, daß das dem katholischen Charakter unserer Kreisstadt nicht den geringsten Abbruch tun kann. Was nachts geschieht und mit besoffenem Kopf, das ist so gut wie nicht geschehen. Und weiterhin: Wir sind doch keine Puritaner, sondern vollblütige Bürger, die, wie man so gut sagt, mit beiden Beinen im Leben stehen. Und diese Beine, so dünn sie auch geworden waren durch die Hungerkuren nach 1945, sind längst wieder die starken Säulen, auf denen ein massiger Körper aufruhen kann. Wenn wir auch nicht zu den Bärten der Väter vor 1914 zurückgekehrt sind, zu ihren Bäuchen haben wir zurückgefunden. Und es ist unter uns keiner, der nicht seinen Mann im Leben zu stehen wüßte. Und darauf kommt es schließlich an, das ist das entscheidende Kriterium: kirchentreu und lebensstark.

Wenn wir, wie manche sagen, im übrigen so tun, als ob nichts gewesen wäre, so sind wir dazu durchaus berechtigt. Wir sind doch eigentlich nie richtige Nazis gewesen. Auch wer in der Partei war, war stets auch in der Kirche. Und wer sich von gewissen exponierten Kirchenämtern zurückzog, der tat es doch nur, um seine katholische Beamtenposition nicht für einen Ketzer oder gar Atheisten frei zu machen. Der Pater Direktor unseres katholischen Gymnasiums ist nur aus taktischen Gründen Pegeh [NSDAP-Parteigenosse] geworden, und der Gerichtsdirektor hat nur darum den Vorsitz im Kirchenvorstand für die Zeit des tausendjährigen Reiches niedergelegt, damit er weiter christkatholisch rechtsprechen konnte. Mit der Seele und dem Glauben hatte das alles gar nichts zu tun, weshalb wir nach 1945 gar keine Notiz mehr davon genommen haben. „Als ob" diese taktischen Manöver der Klugheit von irgendeiner Bedeutung sein könnten! Wir haben sie hinter uns geworfen und wollen auch nicht, daß darüber noch geredet wird ...

T: [*Heidingsfelder*, Georg D.]: Notierungen aus dem katholischen Hinterland. In: Glaube und Vernunft. Heft 11 (1954), S. 36-37 [38]. [Kopie aus der Heidingsfelder-Sammlung von Irmgard und Alfons Rode Meschede; Verfasserzuordnung zum ungezeichneten Artikel: P.B.]

[A.20]
Kommt der Faschismus wieder?
Soziologische Hintergründe der Adenauerpolitik
(um 1954)

Von Franz Neumeister [*handschriftlicher Zusatz*: = G. Heidingsfelder]

Im folgenden soll sichtbar zu machen versucht werden, daß das „Leitbild" gegenwärtiger westlicher (westdeutscher) Gesellschaft, nämlich der *Bürger*, der die Klassenherrschaft von „Besitz und Bildung" begründete, nicht in der Lage ist, die „soziale Frage" zu beantworten, es sei denn, man sähe im *Brudermord* die beste Lösung dieser Frage. In einem historischen Aufriß und anschließender Betrachtung gegenwärtiger Situation möge unsere These sich erhellen!

I.
Der *Bürger* ist bekanntlich mit der Französischen Revolution (1789) als Sieger in die politische Arena einmarschiert. Dabei trug er die Fahne von „Freiheit, Gleichheit, Brüderlichkeit!" vor sich her. Seine Verdienste in der Überwindung des feudalen Zeitalters wandelten sich freilich alsbald in schwere Schuld gegenüber dem arbeitenden Volk, das er in seinen Tretmühlen des Profits in den Dienst genommen hatte; dieses Volk wurde in eine neue Sklaverei hinuntergestoßen: in die Sklaverei des Arbeitsmarktes, auf dem das Volk als Ware gehandelt wurde. „Proletariat" heißt das furchtbare Wort, das diese bürgerliche Methode kennzeichnet; ein Wort, das jedem *Liberalismus* ein Brand-

mal aufdrückt; denn er war's, der diese Wirklichkeit zeugte aus der Umwandlung seiner großen Wahlworte in die ideologischen Parolen einer *Klasse*: die *wahren* Worte der Fahne der neuen Klasse hießen: *Besitz* und *Bildung*. Von *dieser* Wirklichkeit aber waren Arbeiter und Bauern ausgeschlossen; Proleten und Banausen waren sie, nur wert, durch ihre Sklavenarbeit die „bürgerliche Kultur" zu fördern. „Für Bauern und Schiffsknechte", schrieb das Organ der Freimaurer, die „Bauhütte" damals, „besteht kein Interesse". Es ist wesentlich, hier einen Blick auf die Christenheit zu werfen und ihr katastrophales Versagen auch in dieser Frage festzustellen: die *Christenheit* hatte bisher in *allen* Fragen der „neuen Zeit" versagt; sie wußte sich nicht aus dem Mittelalter zu lösen.

So fand also das Proletariat unter der Bürgerchristenheit keine Anwälte der Humanität; allein Bischof Wilhelm Emanuel *von Ketteler* hatte seine Stimme erhoben – aber seine Confratres nahmen diese Töne nicht auf: sie waren bürgerliche Herren geworden, marschierten (wieder) mit der herrschenden Klasse und ließen sich, als schließlich der Sozialismus immer mächtiger anwuchs, nur zur *Sozialpolitik* (als „Gegenmittel" und zur Gewissensbeschwichtigung) bewegen. Die gesellschaftliche Stellung der „Proleten" blieb die alte: sie waren von „Besitz und Bildung" ausgeschlossen; sie waren die inferiore, verächtliche Klasse der Übelriechenden, denen gegenüber der Bourgeois sich nicht verpflichtet sah, Gleichheit oder gar Brüderlichkeit herzustellen in politischen oder gar wirtschaftlichen Bereichen. Die *Klassenherrschaft* des Bürgers mußte unter allen Umständen *unangetastet* bleiben.

II.
Die *zweite*, höchst verderbliche *Phase* der Klassenherrschaft des Bürgers kam darauf, als die Konjunkturschwankungen immer größere Heere an Arbeitslosen in den Großstädten ansammelten. Damals war ein Engländer (die ja die eigentlichen Bürger genannt werden müssen: die „Bürgernation par excellence") „erleuchtet", die Antwort auf die „soziale Frage" zu finden: Lord *Cecil Rhodes* verlautbarte im Jahre 1895:

„Ich war gestern im Ostende von London und besuchte eine Arbeitslosenversammlung. Und als ich nach den dort gehörten wilden Reden, die nur ein Schrei nach Brot waren, nach Hause ging, war ich von der Wichtigkeit des *Imperialismus* mehr denn je überzeugt ... Meine große Idee ist die Lösung des sozialen Problems, das heißt: um die vierzig Millionen des Vereinigten Königreichs vor einem mörderischen Bruderkrieg zu schützen, müssen wir Kolonialpolitiker neue Länder erschließen, um den Überschuß der Bevölkerung dorthin zu leiten und neue Absatzgebiete zu schaffen für die Waren, die sie in ihren Fabriken und Minen erzeugen. Das Empire, das habe ich stets gesagt, ist eine Magenfrage. Wenn Sie den Bürgerkrieg nicht wollen, müssen Sie *Imperialisten* werden."

So wurde also das soziale Problem *ausgeweitet ins imperialistische*: Es wurden neben den einheimischen Proleten die Kolonialvölker proletarisiert! Dieser Imperialismus führte notwendig die liberalen Bourgeois hart aneinander, da sie alle Imperialisten werden wollten. Die Ausgeburt des Imperialismus ist der *Weltkrieg* von 1914, in dem die handelsneidischen Bourgeois übereinander herfielen. Hierbei ereignete sich freilich das Schauerliche: daß die *Proleten* (samt den Kolonialvölkern) das Gemetzel der Bürger „mitmachten"; daß sie „Schulter an Schulter" mit diesen ihren Ausbeutern und Peinigern marschierten, eine ungeheure Verblendung der Massenführer, eine Schande, von der sie sich nie mehr reinigen können. Natürlich war auch die *Christenheit* wieder hervorragend an der „imperialistischen Sache" beteiligt: sie „sanktionierte" nicht nur die Kolonialpolitik, sondern auch den Krieg ...

Indessen zeigte sich, daß der Krieg keine Antwort auf die „soziale Frage" zu geben vermocht hatte; sie brannte *danach* schlimmer als zuvor. So ging der Bürger zwangsläufig den letzten Schritt zur Krebskrankheit der Gesellschaft: zum *Faschismus*. Die atomisierte Bourgeoisgesellschaft hatte kein inneres Ordnungsprinzip mehr: sie konnte nur noch durch äußere Gewalt „geordnet" werden: das soziale Verbrechertum kam an die Macht. Mit sozialer Gaukelei und nationalistischen Trompeten wurden die „Proleten" abermals übertölpelt und zur Schlachtbank geführt. Und auch diesmal marschierte die *Christenheit* Europas nicht nur im Geiste mit.

Die Katastrophe Europas *nach* dem faschistischen Kriege war größer als je: die Auflösung ergriff die innersten Gefüge der Gemeinschaft: die *Familie* ging langsam aber sicher zugrunde, von außen und von innen zerbrechend. In *dieser* Phase der „sozialen Frage" ergriff in Westdeutschland die bürgerliche *Restauration* die Macht.

III.

Restaurationen sind niemals schöpferische Perioden gewesen. Schon deshalb werden sie symbolischerweise stets von *Greisen* geführt, denen machtwillige jüngere Männer Gefolgschaft leisten. Es ist das Hauptkennzeichen der Restauration, daß sie das *geschichtliche Verbrechen der Falschmünzerei* begeht: sie gibt Werte, die sich in den Zeiten der Entscheidung als bloße Nennwerte ohne jede Deckung erwiesen haben, wieder als solide Währung aus! Damit ist die Restauration *dazu verdammt, die Geschichte zu wiederholen*; sie dreht sich [*durchgestrichen*: ‚wie alle Gottlosen'] im Kreise. Es wird also das Ende der Restauration kein anderes sein können als *eine zweite Auflage des Faschismus*.

Und zwar wird er diesmal – letzte und schändlichste Verderbnis! – als „christlicher" Faschismus sichtbar werden.

Aufgabe der Christen ist es, nach der Katastrophe einer Heimsuchung der *Buße* den Weg zu bereiten; beschreiten sie statt dessen den Machtweg, so werden sie notwendig dämonisiert. Es ist sehr bezeichnend, daß eines der frühestens Worte des westdeutschen *Bundeskanzlers Adenauer* hieß: *„Wir Deutschen wollen nicht im Büßerhemd herumlaufen."* Das ist das profund unchristliche Wort, aus dem der christliche Faschismus geboren wurde, der heute bereits mächtig herangewachsen ist. Zu diesem Wort gesellte sich dann die *monomane „Anti"-Einstellung gegen einen äußeren Feind* (den Bolschewismus), der statt als „Gewissenserforschung" erkannt zu werden als „der an allem allein schuldige Feind" bezeichnet wurde. So wurde *jede Selbsterkenntnis und Gewissenseinkehr verhindert* und – alles auf die *Gewalt* gestellt! Der *Klerikalismus*, unbußfertig wie die Bürger selbst, leistete willig Gefolgschaft, nein, er leistet Dienste als *Bahnbrecher* auf diesem Pfad des Verderbens: man erinnere sich, wie früh schon *Kardinal Frings* „die Schlachtfelder segnete" für den künftigen Krieg! Man sehe um sich, wie ein entsetzliches „Atomchristentum", das den Schutz der Kirche unter der amerikanischen Atombombe zu finden meint, sich im Herzen der Kirche und an allen ihren Kommandostellen breit macht!

Inmitten solcher Zustände wird immer noch eine Bürgerchristlichkeit „praktiziert", die innerlich völlig ausgehöhlt ist: Bloße Sonntagsmeßbesucher aus alter Tradition täuschen vor, Nachfolger des Gekreuzigten zu sein! Ihnen hat schon im Jahre 1950 der einsichtige und aufrichtige *Prälat Grosche*, Stadtdechant von Köln, den Star – vergeblich! – zu stechen versucht. „Das Christentum", so sagte er, „ist in den Untergang des Bürgertums hineingezogen und es ist sicher (!), *daß aus dieser Schicht eine Rettung nicht mehr kommen kann.*" Das ist ein vernichtendes Urteil eines der tiefstblickenden Geistlichen dieser Stunde. Aber der Prälat ist von der Bürgerchristenheit totgeschwiegen worden. Hatte er ja auch noch dies wahre Wort gesagt: *„Mancher glaubt, für die christlichen Güter zu kämpfen, während er in Wirklichkeit für materielle Interessen kämpft"*; damit war die restaurative „christliche" Politik ins Herz getroffen; denn sie ist es, der dies Wort gilt ...

IV.
Diese Hintergründe und Zusammenhänge gilt es in dieser geschichtlichen Stunde zu sehen, damit verstanden wird, was da vorgeht.

In summa: Es wird versucht, die „soziale Frage" abermals zu beantworten mit dem faschistischen Bürgerkrieg. Das ist, auf die letzte Formel gebracht, das Ziel der Adenauerpolitik, wobei durchaus eingeräumt wird, daß dies Ziel ihrem *Bewußtsein* wahrscheinlich nicht vorschwebt. Desto hartnäckiger wird es aber vom *Unbewußtsein* festgehalten. Weil das so ist, deshalb ist es müßig, darüber zu greinen, daß politische und Vernunftargumente auf diesen Dr.h.c. Adenauer gar keinen Eindruck machen; daß solche Argumente „gar keinen Erfolg" haben! Man erkenne, daß Kräfte des Bewußtseins, also bloß rationale, bei weitem nicht hinreichen, um eine solche profunde Verstocktheit aufzubrechen! Hier bedarf es des *Opfereinsatzes letzter Hingabe*, wenn eine „Wandlung" erreicht werden soll.

Die große Dichterin *Gertrud von Le Fort* hatte schon im Jahre 1932 in ihren vergessenen Hymnen an Deutschland das tiefe Wort gesprochen:

... und mit Geopferten sprengt
der Schöpfer die Grüfte.

Dies ist das Schlüsselwort zur Überwindung der grauenhaften sozialen Erkrankung Westdeutschlands und seiner Christenheit, die sich hinter wirtschaftlichen Erfolgsfassaden versteckt. Es mag *Rationalisten* ein Lächeln entlocken und „Realpolitikern" als „Narretei" vorkommen; es bleibt dennoch wahr, wie die Geschichte zeigen wird. Dr.h.c. *Adenauer, jeder Zoll ein Bourgeois*, hat eine ungeheure starke Position (so hohl sie auch innerlich und geschichtlich sein mag), solange man sie mit politischen Programmen und Resolutionen berennt; sie ist *dadurch* nicht zu erschüttern. Auch wenn sie, gemäß geschichtlicher Dialektik, eines Tages „von selbst" zusammenbrechen muß, so vermag sie doch in der ihr zur Verfügung stehenden Zeit immer noch soviel faschistischen Geist und faschistische Gewalt zu entwickeln, daß sie den dritten Weltkrieg, der sie verschlingen wird, in Gang bringt. Denn diese letzte Form abgründiger Bürgerei ist aus Kräften des *Abgrunds* gespeist, die nicht mit der Ratio allein überwunden werden können. Je eher die Gegner Adenauers das einsehen, desto stärker wird die Hoffnung, daß es gelingt, die bourgeoise Krebskrankheit auszuschneiden, bevor sie die soziale Frage auf eine letzte Art „endgültig" beantwortet hat: dadurch, daß sie *Europa in eine menschenleere Atomlandschaft verwandelt*.

T: [*Heidingsfelder*, Georg] Franz Neumeister: Kommt der Faschismus wieder? Soziologische Hintergründe der Adenauerpolitik. [Texterfassung nach einem Zeitungsausschnitt ohne Quellenangabe aus dem Depositum „Martin Stankowski / Splitternachlaß G. Heidingsfelder" im AdsD / Friedrich Ebert Stiftung Bonn; handschriftliche Korrekturen auf der Vorlage stillschweigend übernommen.] Datierung: ca. 1954? (nicht gesichert!)

[A.21]
Er ist der Retter nicht
(1955)

Georg Heidingsfelder

Nur einmal habe ich „ihn" gesehen und gehört. Das genügte, um mit Sicherheit zu wissen: Der ist der Retter nicht.
Es war in Düsseldorf, im Planetarium. Da saßen anderthalbtausend katholische Arbeiter. Zu denen sprach „er". Wie er ging und wie er sprach, wie er die Hände bewegte und wie er wieder abtrat, das alles war überaus charakteristisch: es war alles *kalt, ohne eine Spur von Herz.*
Der Mann hatte mit den Arbeitern, mit dem Volk nichts gemein: er war ein gebildeter und besitzender Bürger alter Schule, der mit dem Volk „auf Abstand" lebte. In den Zeiten vor 1914 war dieser „Herr" schon um die 40 Jahre alt gewesen. Ein ausgeprägter Besitz- und Bildungsbürger seiner Zeit", der bürgerlichen „Glanzzeit". So ein preußischer Pflichterfüller auch und studierter Fachmann, der es für selbstverständlich hielt, daß *seine Klasse, seine Kaste die Macht und das Geld hatte;* ein gläubiger *Bürgerkatholik* ohne Sünderkomplex, anständig und das kirchliche Gesetz achtend: ein *Gesetzeschrist* seiner Klasse. Dann aber natürlich auch: *Staatsrat,* Preußens gehorsamster Untertan.
Und dieser Mann stand nun im Jahre 1950 als Retter des deutschen Volkes vor den katholischen Arbeitern. Er stand da und er redete, als ob nichts gewesen wäre, das ihn irgendwie belastete. Er war so von sich eingenommen in seiner stocksteifen Haltung, so angefüllt mit Selbstbewußtsein in seiner erstarrten Gangart, daß er wohl seit 1914 *keinen Augenblick auf den Gedanken gekommen war, er könnte „mitschuldig", vielleicht sogar hauptschuldig sein* an den beiden Katastrophen, die sein Volk betroffen hatten. Um Himmelswillen, nein! Er war *völlig unschuldig* an diesen Katastrophen und gerade darum hier und jetzt zum Retter berufen. „Wir wollen nicht im Büßerhemd herumlaufen", das war einer seiner ersten Aussprüche nach der zweiten Katastrophe, von der der *Prälat Wolker* sagte, daß sie 1933 die Katholiken *„schmählich versagend"* angetroffen hatte. Dieser „infame" Ausspruch der Selbstbeschmutzung galt indessen für unseren Mann nicht; der hatte sich allzeit bewährt, wo immer er stand. Der war ein untadeliger Bürger, dem niemand etwas nachsagen konnte. Zwar hatte er prima gelebt während der tausend Jahre, bei hohem Einkommen; aber schuldig geworden war er in keiner Weise. So *mußte* er im Zeitalter der Bürgerrestauration wieder an die Spitze geraten, mittlerweile in die 70er gekommen, aber sonst völlig unverändert: *der Bourgeois aus der Glanzzeit;* der berufene Autokrat; die erstarrte Selbstherrlichkeit; der kalte Rechner; der knö-

cherne Rationalist, der gesetzestreue Bürgerkatholik. Und siehe da: sogar die katholischen *Arbeiter*, unter der Lehre ihrer geistlichen Präsiden, erkannten in ihm ihren Mann: just der wird es sein, der die Arbeiter herrlichen Zeiten entgegenführt.

Mittlerweile zeichnet sich diese heraufkommende Herrlichkeit zwar schon deutlich genug ab, aber sie wird für katholische Arbeiter, die unter Präsidenführung stehen, wohl immer unsichtbar bleiben: die halten auch einen total erstarrten Altbürger für den gottgesandten Arbeiterführer. Die „Herrlichkeit" aber, die heraufkommt, wird die des dritten Weltkrieges sein, den die Politik dieses Bürgerstrategen mit 99%iger Sicherheit herbeiführen wird – aus der Eingebildetheit, daß er der berufene Weltstratege sei! Er ist in dieser Hinsicht der wahre *Nachfolger des Herrn von Papen*, der bekanntlich auch wähnte, er habe die Zügel in der Hand, um die deutsche Geschichte nach Gefallen zu lenken. Dieser eitle Wahn ist die *Hybris des erstarrten Bourgeois*, die ihn und sein Volk in den Abgrund hinunterschleudern wird, wenn es nicht gelingt, ihn durch die Stimme des Volkes zu beseitigen. Diese Schlüsselfigur der letzten deutschen Geschichte erfüllt den, der Tiefblick hat, mit Schauder. Es ist nicht die *Person* des Mannes, die diesen Schauder hervorruft, sondern die Verkörperung eines *Typs* durch ihn; des Typs des Besitz- und Bildungsbürgers, durch den die Gleise der Abgrundbahnen gelegt wurden; des Typs, durch den die Überwindung des Teufelskreises der Kriege verhindert wird; des Typs, der den Einbruch des Heiligen Geistes in die Gesellschaft blockiert; des Typs endlich, auf den immer wieder der rabiate Kleinbürger folgen wird, der im Faschismus die Rettung sieht. Dieser überständige Typ wähnt, Gott zu dienen und seinem Volk; aber die *vollendete Unbußfertigkeit*, die diesen Mann *als Politiker* erfüllt, blendet und verstockt ihn so, daß er gar nicht zu sehen vermag, welch ein Unheil er heraufführt.

Das Volk scheint zu ahnen, was ihm unter dieser Führung droht! Wenn es *erwachte* zu dem erleuchteten Gefühl, daß hier einer an seine Spitze gesetzt ist, der *nie und nimmer sein Retter sein kann, wäre es vielleicht zu retten.*

T: *Heidingsfelder*, Georg: Er ist der Retter nicht. 1955. [Texterfassung nach einem Zeitungsausschnitt ohne Quellenangabe mit handschriftlichem Jahresvermerk im Depositum „Martin Stankowski / Splitternachlaß G. Heidingsfelder" im AdsD / Friedrich Ebert Stiftung Bonn; dort auch auf eine beigelegten maschinenschriftlichen Seite die am Schluß ergänzte Erläuterung des Verfassers.]

Archivvermerk des Verfassers: Ohne meine Erlaubnis hatten „gewisse Kreise" (Oberst [Josef] Weber) aus dem vorstehenden Artikel das anhängende Flugblatt gemacht und es in Massen verteilt! Es gab keinen Schutz gegen solche Manöver, wie man ja auch machtlos war (und ist) dagegen, dass Äußerungen von den östlichen Brüdern „ausgeschlachtet" werden für ihre Propaganda. Sollte man ganz schweigen? Nein. Der mögliche Mißbrauch musste auch noch in Kauf genommen werden. G.D.H.

Dieser Vermerk bezieht sich auf folgenden Druck:
Er ist der Retter nicht! Eine politische Charakterstudie von Georg Heidingsfelder. [Faltblatt mit Adenauers Fotografie auf der Vorderseite.] Herausgegeben von der „Tatgemeinschaft für Frieden und Einheit, Rheinland-Pfalz". Zuschriften erbeten an; Josef Weber, Oberst a. D., Speyer, Seekatszstraße 10. Druck: Carl Bockfeld, Neustadt/Weinstraße. [ohne Jahresangabe]

[A.22]
Gedenken und Bedenken
Zum Jahrestag der Machtergreifung
1933 – 30. Januar – 1959

Von Georg D. Heidingsfelder, Meschede/W.

Gedenket in dieser Stunde des ersten Aktes der apokalyptischen Greuel Europas! Zu „ehrlosem Gemetzel" (Benedikt XV.) waren sie „angetreten", die „christlichen Staaten", im großen Unheilsjahr 1914. Alle riefen Gott als ihren Generalissimus auf. So fielen sie übereinander her mit Giftgasen, U-Booten und Fliegerbomben und „hielten durch" viele Jahre in dem „vom christlichen Blut triefenden Brudermord" (Benedikt XV.).

Bischöfe und Pfarrer, die amtlich gesalbten Diener Jesus Christi, standen mit in der jeweils nationalen Einheitsfront, viele von ihnen in Uniform, geistliche Offiziere des Götzen *Nationalismus*. Die daheim im schwarzen Rock warben für Kriegsanleihen, hetzten die Völker von den Kanzeln zu kriegerischer Tugendübung und hüllten dies alles in den Tarnmantel von Vaterlandsverteidigung, Gottes-Gebot und Heldentod. Dies waren die willfährigen Assistenten der annexionsgierigen Väter des Großkapitals und des Militarismus. Die Kirchenglocken läuteten, wenn diese Künder des Evangeliums Siege über Siege feierten und „zum Beten vor Gott den Gerechten" traten im abendlichen Zapfenstreich.

Gedenket in dieser Stunde auch des zweiten Aktes der apokalyptischen Greuel, die im Zeichen des rotierenden Galgenkreuzes vollbracht wurden.

Die Kirche, die heilige, katholische, hatte ein Konkordat mit dem hergelaufenen Asylmenschen abgeschlossen – con-cor-dia, herzliche Übereinstimmung ward verkündet zwischen beiden „Mächten". Oh, sie stimmten nicht im Glauben herzlich überein, aber ganz gewiß im autorativen Willen, daß von oben gemeinsam streng regiert und reglementiert werden müsse, damit das Unten in der gottgewollten Ordnung bleibe. „Es gibt keine größere Weisheit als die des Gehorsams. *Wer gehorcht, entledigt sich der Verantwortung*" (Pius XI.). Und das deutsche Echo solchen kurzschlüssigen Gehorsams lautete: „Der Katholik steht immer da, wo seine Führer stehen" (Jesuitenprofessor [Anton] Stonner). Seine Führer aber standen beim „Führer", also durfte „keiner mehr grollend beiseite stehen", nachdem die obersten Hirten so zu Pfingsten 1933 den Eintritt in die „Partei" freigegeben hatten. Alle hatten sich der Verantwortung zu entledigen.

Und bald darauf „ging's wieder los". Franziskus-Justus, der Feldbischof Rarkowski, trat an die Spitze, neben den „Reichsmarschall", und mit ihm, entledigte sich ein Regiment von Feldgeistlichen der Verantwortung: Auf der einen und gleichen Heldenbrust trugen sie das rotierende Galgenkreuz und das Kreuz Jesu Christi! Und überfielen so, im Heerzug des neuen Eroberers, Polen, Tschechen und Russen, die östlichen „Untermenschen", die nur als Sklaven tauglich waren, als Arbeitsvieh des „Großdeutschen Reiches", welches wiederum identisch war mit dem Reiche Gottes. „Ihr werdet auf den Straßen des Führers zum Endsieg marschieren", verkündete der feldbischöfliche Prophet Franziskus-Justus in der Osterbotschaft. Und seine totalen christlich-nazistischen Krieger hatten ihm zu glauben. Sie entledigten sich der Verantwortung, indem sie riefen: Sieg Heil! Sieg Heil! Sieg Heil!

*

Habt ihr vergessen diesen zweiten Akt der apokalyptischen Greuel, der Greuel der Vergasung, der volksgerichtshöflichen Liquidierung, der höllischen Bombardierung? Habt ihr ihn auch verdrängt? „Der schmachvolle Zusammenbruch des Nationalsozialismus, der überall ein Trümmerfeld von ungeheuerstem Ausmaß hinterlassen hat, muß daher das Losungswort für die *ernsteste Gewissenserforschung* werden, die das deutsche Volk je in seiner Geschichte angestellt hat. Denn wenn sie jetzt unterbliebe, dann wäre auch diese furchtbare Heimsuchung Gottes vergeblich, eine Gnadenstunde, der *nur die Verwerfung* folgen könnte" (Jesuitenpater Pribilla, im Juli 1947).

*

Jetzt ist die Stunde da, in der ihr zum *dritten und letzten Male gewogen* werdet! Bedenket, dies ist *die Wirklichkeit*: Europa ist mitten entzweigerissen, sein „Herzvolk" wird hüben und drüben als verlorener Haufen der Weltideologien „kalt" mobilisiert, das heißt: im Haß gedrillt. – Wir sind als geschichtsloses Volk zu „Fremdenlegionären" der Weltkolosse geworden, in die letzte Versuchung des selbstmörderischen Bruderkrieges gestellt.
Wir geben vor, im *Westen* „das christliche Abendland" zu verteidigen – eine traurige Lüge, weil es längst kein christliches Abendland mehr gibt. Oder haben wir es die gespenstigen Ritter in weißen Mänteln wieder herbeigezaubert?
Wir wähnen, im *Osten* eine „fortschrittliche Gesellschaftsstruktur" zum Endsieg zu führen – eine traurige Lüge, weil der neuzeitliche Fortschrittsgedanke längst eine Beute des totalitären Staates geworden ist. Oder sind die Funktionäre des Zwangsstaates („die neue Klasse") die Befreier der Menschheit?
Seht, wie sie einander hassen, die weißmänteligen Marianer und die roten leninistischen Weltbeglücker! Werden sie uns den Frieden bringen und nicht vielmehr den Absturz in die Hölle einer Barbarei, die die Hitlers übertreffen wird?

Der heimgegangene prophetische Mensch hat dies Ende vor vielen Jahren angekündigt: „Da wir zerrissen sind, werden wir zerrissen werden; da wir uns streiten, wird der Streit uns verderben; da wir Betrug dulden, werden wir betrogen werden; da wir Zerstörung denken, werden wir untergehen. *Das ist Gesetz.*" (Reinhold Schneider im Jahre 1951)

*

Abermals, zum dritten und letzten Male ist der Untergrund, die Grube unerforschter Gewissen, unbereuter Untaten, ungesühnter Schuld zum Auswurf eines kriegerischen Ungeheuers angereichert.

Wollen wir den *Selbstbetrug* bis zum bitteren, vernichtenden Ende fortsetzen? Soll Europa bald den Namen eines Groß-Hiroshima tragen? Soll der *Todeszirkel* von 1914 und 1939 fortgesetzt und ans Ende Deutschlands geführt werden?

Militärbischöfe und Wehrpfarrer stehen zum dritten (und letzten!) Male bereit, im Namen Gottes dem westlichen Machtblock ihren Segen zu geben! Sie halten die gesalbten Hände über die Besatzungen der nuklearen Bomber und der Bediener von „Matadoren". Drüben versieht dies Amt der „Politruk", der abgründige Geist, den *unser* Abgrund heraufgerufen hat.

Im Gedenken und Bedenken ist hier und jetzt Antwort zu geben auf die Frage nach Leben oder Tod des deutschen Volkes, Europas. Aber dies Gedenken und Bedenken kann seine Wurzel nicht im Ressentiment, nicht im Aufruhr des Generalstreiks, nicht im Willen, einer „christlichen" Ideologie zum Siege zu verhelfen, haben – sondern *nur in der Verantwortung des persönlichen Gewissens*, das das Nein des Ungehorsams spricht zu dem ihm Zugemuteten.

Das christliche Gewissen weiß: Es ist gewiß, daß Christus die Waffe weder ergreifen noch im Arsenal dieses Jahrhunderts, der geistigen oder handwerklichen Waffenschmiede der Völker, irgendeinen Dienst tun oder auf diesen schwören würde" (Reinhold Schneider).

Das Gewissen des *Humanisten* weiß, daß der atomare Massenmord in *keinem* Falle Recht schaffen und das Gute befördern kann; es weiß auch, daß Unrecht leiden besser ist als Unrecht tun: *„Lieber tot als Massenmörder!"* Dieses Wort ist jedem Gewissen unmittelbar einleuchtend, das nicht von *Angst* oder *Machtwillen* verblendet oder ertötet ist.

Von eines jeden Einzelnen Antwort, die er im Gewissen zu verantworten hat, hängt in dieser Stunde Leben und Tod des deutschen Volkes und Europas ab.

T: *Heidingsfelder*, Georg D.: Gedenken und Bedenken. Zum Jahrestag der Machtergreifung 1933 – 30. Januar – 1959. In: „Prof. [Ulrich] Noacks Zeitung" [‚Welt ohne Krieg'?], Januar 1959. [Texterfassung nach einem Zeitschriftenausschnitt mit handschriftlichem Quellenvermerk „Prof. Noacks Zeitung" nebst Jahreszahl im Depositum „Martin Stankowski / Splitternachlaß G. Heidingsfelder" im AdsD / Friedrich Ebert Stiftung Bonn.]

B. BEITRÄGE FÜR DIE „WERK-HEFTE" KATHOLISCHER LAIEN (1948-1957)

[B.1]
Differenzierung und Einheit
Betrachtungen zur Aussprachekonferenz für Männerseelsorge am 16./17. September 1947 in Fulda

Von Georg Heidingsfelder

Die folgenden Ausführungen von G. Heidingsfelder wollen kein eigentlicher Bericht über die Männerseelsorgetagung sein, sondern persönliche Überlegungen eines Teilnehmers der Tagung. Da die Werkhefte ein Ausspracheorgan sind und nicht einfach Rezepte bieten wollen, halten wir es für richtig, unsere Leser an Hand der im folgenden aufgeführten Fragen zu Mitüberlegungen anzuregen.

1.
Pater *Fruhstorfer* SJ, der Anwalt der Einheit Katholischen Männerwirkens in Fulda, dem die Haupt-Referate übertragen waren, machte mit Nachdruck darauf aufmerksam, daß der Ernst unserer Verantwortung in der gegenwärtigen Stunde außerordentlich ist; es gälte, jetzt den richtigen Grund zu legen, damit nicht versäumt würde, was später nicht nachgeholt werden könnte. Wir akzeptieren diese Formeln und versuchen im folgenden, einen Beitrag zur richtigen Grundlegung einheitlichen Männerwirkens aus der Verantwortung zu leisten, durch Aufzeigung insbesondere der Problematik von Differenzierung und Einheit.
Wenn wir mit P. Fruhstorfer ausgehen von der konkreten Situation, so liegt in ihr selbst schon ein Unmaß von Wirrnis, durch das es sich Wege zu bahnen gilt. Es stehen da im Bereich der Differenzierung neben- und durcheinander: Arbeitervereine, Männervereine, Werkvolk, Kolping, Akademiker, KKV, Kongregationen, Junge Mannschaft, Schützenbruderschaften, Deutsche Volkschaft und andere mehr. Dies ist ein allzu bunter Garten, der gewiß weder ohne

Unkraut noch ohne Wildwuchs ist. Nach welchen gärtnerischen Prinzipien soll hier Ordnung geschaffen werden? Soll der auf den platten Nutzen gerichtete Gemüsegärtner walten oder der auf Schönheit gerichtete Blumenpfleger? Oder soll die „Pracht des Urwaldes" wuchern und der Stärkste sich durchzusetzen versuchen im freien Spiel der Kräfte? Welches ist ein gutes Differenzierungsprinzip, welches ein ungutes? Ist Berufstandes-Differenzierung *das* gute Prinzip, wie der westdeutsche Arbeiterverband will, oder sollte man nach Naturtatsachen differenzieren im Sinne der Deutschen Volkschaft? Oder ist nicht doch eine Aufblähung auf der Basis eines kleinbürgerlichen Geselligkeitsminimalismus aller Differenzierung vorzuziehen, wie das die gegenwärtige Kolpingleitung anstrebt?

Differenzierung ist *gut* und notwendig, *Uniformismus* ist lebentötend; Nivellierung auf den bloßen Naturzustand (*der* Mann) kann keinesfalls dem Reichtum lebendiger Wirklichkeit gerecht werden. Aber Differenzierung entarten zu lassen zu *Spezialismus* ist so wenig lebenfördernd wie das andere Extrem. *Wo ist die gesunde Mitte?*

Gesunde Differenzierung ist die nach *Berufsständen*, das heißt hier nach Grundgestalten *volkhafter Art*, wie sie in der Geschichte nacheinander hervorgetreten sind. Die drei Grundstände (nicht mehr, nicht weniger) sollte man zu Säulen der Differenzierung machen: das *Bauernvolk* als den völkischen Urstand. (Es trat in Fulda überhaupt nicht in Erscheinung, ein erhebliches Manko der Tagung.) Aus dem Bauernvolk wuchs in den mittelalterlichen Städten das *Bürgervolk* heran, als Träger der Selbständigkeit, der Rechtlichkeit, der „Leistung", ein wichtiger Grundstand, heute freilich im Zustand des Untergangs. Im 19. Jahrhundert erscheint schließlich der Arbeiterstand, das *Werkvolk* der Großstadt und der Industrielandschaft, der Massenmensch und Proletarier. Diese drei Grund-Stände scheinen uns die *naturhaft-geschichtliche Orientierungsgrundlage jeder Differenzierung* zu sein; man sollte sie zum Fundament aller Erwägungen machen.

2.
Der Arbeiter, das Werkvolk, ist *nicht* die Totalität. Es ist also Phrase, zu sagen: „Wir sind ja alle Arbeiter", und damit die Einheitsuniform einen Werkvolks zu begründen. Wir müssen alle arbeiten, ja; aber wir müssen nicht alle in der Industrie arbeiten. Es gibt *echtes Werkvolk* (welches nicht identisch ist mit dem bayerischen Begriff des „Werkvolks", der schon wieder eine Verwaschung ist), Proletarier der großen Fabrik, das sich wohl unterscheidet von Bauern und Bürgern. Diese Proletarier, die die besondere Liebe der Päpste mit Recht besitzen, stehen in unserer Zeit als die Vorkämpfer sozialer Gerechtig-

keit. In Fulda war der präsidierende Männer-Bischof *Johannes Dietz* zutiefst erschüttert, als *Johannes Even*, Landrat und Arbeiter-Schriftsteller, in seinem Referat „Der Beruf als gestaltende Kraft im Mannesleben" die Gestalt des Proletariers lebendig hinstellte: des Menschen, an dem so furchtbar gesündigt wurde – von der Profitgier und dem Standesdünkel des Bourgeois. Wir verstehen es durchaus und billigen es ganz und gar, wenn der feurige Anwalt der Arbeiter in Fulda, Verbandspräses Dr. Hermann *Josef Schmitt*, sich nicht auf ein allgemeines „Männerwerk" nivellieren lassen wollte, sondern an seinem Arbeiterverband festhielt, – wenn auch durchaus darüber zu diskutieren ist, ob die *Form* des *„Arbeiter-Vereins"* mit dem *„Präses-Prinzip"* der Zeitlage noch gerecht zu werden vermag. In Fulda hatte das Präses-Prinzip im Geistl. Rat Dr. *Schulte* (Paderborn) einen beredten Anwalt gefunden; in seinem Referat „Verfassungsform kirchlicher Gemeinschaften" verteidigte er es mit vier Argumenten: 1. der Fragwürdigkeit aller bloß formalen Demokratie; 2. der (monarchischen) Verfassung und Erfahrungsweisheit der Kirche; 3. dem Urbedürfnis der menschlichen Natur (zur „Sohnschaft"); 4. der besonderen Gefährdung deutschen Geistes. Aber auch diese gute Argumentation dürfte der heutigen Zeitlage nicht mehr gerecht werden!

Der *Bauer*, das Landvolk, ist nicht das Ganze, wenngleich als Urstand von besonderer Kraft. Nichts wäre notwendiger als die *Erweckung einer katholischen Bauernbewegung*. Sankt Nikolaus v. d. Flüe, unser jüngster Heiliger, war Bauer. Und was für einer! Sollte sich um diese providentielle Gestalt keine Bauernbewegung entfachen lassen? Zum Stand des Werkvolks muß hinzutreten der des Bauern als wahre Ergänzung. Man lasse doch ja bei den Betrachtungen über Differenzierung und Einheit im katholischen Männerwirken künftig das Bauernvolk nicht mehr außer Betracht! Der von der Verfarmerung ebenso wie von der „bourgoisen" Verwahrlosung seiner Jugend bedrohte Bauernstand bedarf starker Beachtung in dieser Zeit.

Der *Bürger*, das Bürgervolk, steht mitten in der Katastrophe. Durch eigene Schuld. Seine Gesinnung ist verächtlich geworden. Dennoch gehört es zum Volksganzen; es wäre von Übel, wenn es ausgetilgt würde. Aber ohne Erneuerung von Grund auf (zu der einstweilen alle Ansätze fehlen) ist es unbrauchbar und unfähig, tragfähiges volkhaftes Fundament zu sein. Bürger wie der 1935 heilig gesprochene *Thomas More* könnten das Bürgertum retten; aber es ist, auch innerhalb der Kirche, sternenfern von der Gesinnung des heiligen Engländers. So lasse man sich ja nicht täuschen von der „konfessionellen Geschäftigkeit des Bürgerstandes", die nicht nur alte Organisationen wieder belebt, sondern durch Nivellierungstendenzen und Tarnungsversuche *die Ansprüche des Werkvolks zu neutralisieren vermag*. Obgleich die großen Päpste ihre Liebe längst dem Werkvolk geschenkt und es mit besonderem Rundschreiben väterlich betreut haben, ist in der kirchlichen Pfarrpraxis das *bürgerliche* Element nach wie vor in Herrschaft und Kraft, – eine betrübliche Tatsache, die keine günstige Prognose gestattet.[1]

Wir fassen zusammen und sagen, Grundlage der Differenzierung seien die drei Volkselemente des Arbeiters, Bauern, Bürgers. *Innerhalb* dieser Elemente ist weitere Differenzierung denkbar und vielleicht notwendig; aber diese *Spezialisierung* muß erkannt werden als der *Grunddifferenzierung* untergeordnet. Schützenbruderschaften sind nun einmal nichts als *bürgerliche* Spezialvereine, nicht Volkselemente sui generis. Der KKV ist eine *bürgerliche* Spezial*abteilung*, nicht ein Standeselement wie Arbeitervolk und Bauern. Die Vertreter solcher Spezialabteilungen sollte man in Fulda entsprechend würdigen, ihre Ansprüche also gebührend beschneiden. Reichtum und Fülle sind herrliche Begriffe, aber man sollte davon abkommen, in unzähligen *bürgerlichen* Spezialabteilungen die Fülle männlichen Wirkens erkennen zu wollen.

3.
Es gilt, die *Einheit* zu finden. Sie kann, für katholische Männer, nur eine doppelte sein: der Natur und der Übernatur. Wie Erfahrung lehrt, sieht man fast ausschließlich die *Einheit in Christo* und seiner Kirche. Sie ist die höchste, herrlichste, kraftvollste Einheit. In Christo sind die differenten Elemente des Volkes Brüder. Sie sind es durch das Prinzip der Liebe. Die Differenzierung der Urstände hat aber eine weitere (untere, natürliche Einheit) im *Volk*. Es gibt und muß geben: *Volksgemeinschaft*. Der Mißbrauch dieses Begriffes im Nazismus darf nicht zu seiner Verwerfung führen; er muß gereinigt wieder auferstehen, wenn wir im natürlichen, geschichtlichen Bereich weiterhin bestehen wollen. Auch im Volksganzen sind die differenten Stände Brüder. Wer *nur* die Einheit in der Kirche anzuerkennen bereit ist, der wird zum Zerstörer der Naturordnung, die Voraussetzung der Gnade ist. Sein Aufbau des Manneswirkens „hängt in der Luft". Wer nur die Einheit im Volke kennt, der wird kirchenfeindlicher Naturalist, wie die Nazis waren. Es gibt aber außer diesen extremistischen Grundhaltungen noch *Überbetonungen* der Einheitsprinzipien, die es ebenfalls klar zu sehen gilt. Die Überbetonung des Einheitsprinzips der *Kirche* gegenüber der „eigenständigen" Differenzierung der Volksnatur führt zum Klerikalismus an Stelle gemeinsamer Sorge von Priestern und Laien um Gottes Ehre. Die Überbetonung des Einheitsprinzips des *Volkes* wird zum Laizismus;

---

[1] [Originalfußnote] [„]Auf der Wertskala, nach welcher die heutige abendländische christliche Welt ihr durchschnittliches Verhalten bestimmt, hat die soziologische, seit einem Jahrhundert überwiegend die bürgerliche und kleinbürgerliche Komponente eine derartige Bedeutung angenommen, daß sie mit ihrem Schlagschatten meist die Skala der eigentlichen christliche Werte verdeckt.["] (Emanuel Mounier: Die Agonie des Christentums.)

zur Perversion des hierarchischen Prinzips an Stelle *wohlgeordneter Sorge* um die Ehre Gottes. Die Überbetonung des *Differenzierungsprinzips* endlich bringt jene abgekapselten Erscheinungen der spezifischen Syndikus-Natur hervor, die als lebende Leichname durch organisatorische Betriebsamkeit und Wichtigtuerei ersetzen, was ihnen an wahrem Leben mangelt. *Katholische Haltung ist: In der Sorge um Volksgemeinschaft die Differenzierung zu binden an die Einheit in der Liebe Christi.*

Die Bestrebungen *Franz Stebers*, der in Fulda über den „Anteil der Jungen Mannschaft" referierte, gehen, wie die der „Deutschen Volkschaft", von der Naturordnung aus, von „neuem Gemeinschaftserlebnis", dem die alten organisatorischen Formen der Differenzierung nicht adäquat sind. „Lockere Formen" sind bevorzugt, man wünscht neu sich regendes Leben nicht in ausspezialisierte Organisationen zu zwängen. Junge Mannschaft hält auch die rein *maskuline* Vereinsform nicht für die lebensgemäße; zwar führt der Mann, aber die Frau gehört zu ihm. Beide zusammen machen erst den Menschen aus. Der *Ehemann* und *Vater* steht im Vordergrund, nicht der Beruf. Der Begriff des *„Dienstes"* ist konstituierendes Element, und *„katholisches Sendungsbewußtsein"* gibt den Schwung. Die Fuldaer Männerversammlung zeigte geringes Verständnis für Stebers Anliegen; dafür lag vielleicht einerseits ihr Durchschnittsalter zu hoch, andererseits sind Stebers Bestrebungen zu jung, um erkennen zu lassen die Kraft der Bewährung. Man sieht jedoch einstweilen soviel, daß es ihr um die Kraft aus der *Einheit im Volke* geht; sie will neue Volksgemeinschaft begründen aus neuer Ehe und Familie, aus neuem Wirken im Dienst des Volkes. Diese Bestrebungen sind nicht neu; sie liegen auf der Linie der „Jugendbewegung", wie sie seit Jahrzehnten immer wieder sich offenbart, freilich immer wieder als neue Volksgemeinschaft *nicht* begründend. Dazu gehört eben mehr, nämlich „Geschichtsmächtigkeit". Geschichtsmächtig im echten Sinn vermag heute aber nur zu werden das *Werkvolk*; auf ihm liegt der geschichtliche Sendungsauftrag, nicht auf „Junger Mannschaft" und nicht auf „Deutscher Volkschaft". (Wir haben nicht den Raum, dies weiter auszuführen.)

4.
Aus dem Streben nach Einheit erwuchs in Fulda einstweilen (als Vorschlag für die Bischofskonferenz) eine Hauptstelle für Männerseelsorge und Männerarbeit in Deutschland, mit dem Sitz in Fulda. (Unter Männerseelsorge versteht P. Fruhstorfer die Seelsorge im engeren Sinn, bei der der Mann nur Objekt ist; Männerarbeit wäre dann Seelsorge im weiteren Sinn, die den Mann als Subjekt wirksam werden läßt.) Es ergibt sich die Notwendigkeit, *Position* und *Funktion* dieser Hauptstelle aufzuzeigen. Die Hauptstelle ist nicht „Ersatz" einer der beiden Einheiten (der Einheit in Christo und der Einheit im Volk); sie ist auch nicht Exekutiv-Organ einer der beiden Einheiten, obgleich sie mit beiden Ein-

heiten in engem Kontakt steht. Die Hauptstelle ist in *subsidiärer* Position den Differenzierungsbereichen hilfsbereit beigeordnet; sie ist Dienerin am Ganzen, „Werk aller Männer für alle Männer", eine überdiözesane Stelle, die die Einheit aller Vereinigungen garantiert. Die Hauptstelle will „Erfahrungen sammeln und austauschen und Anregungen vermitteln". Sie will „nicht die einzelnen Vereinigungen in ihrem besonderen Seelsorgwirken antasten". Und sie will sein „katholisches Schulungszentrum". Darin ist wohl ihre *Hauptbedeutung* zu sehen: daß in ihr – der Hauptstelle – *die beiden Pole der Einheit* (der im Volk und der in Christo) *zusammengefaßt sind zu der Einheit „totaler Bildung"*, die für eine fruchtbare katholische Arbeit immer unerläßlicher wird. So fließen also der Hauptstelle die Lebensströme zu aus Kirche und Volk. Und sie leitet sie, als totale Bildnerin, weiter an die Differenzierungsbereiche, aus denen ihr Antwort wieder und wieder zukommt. Die Hauptstelle kann, richtig geleitet, zu einem überaus fruchtbaren Element im Ganzen katholischer Männerarbeit werden. Zunächst soll durch eine *Wochenzeitung* die Koordinierung der Vereinigungen in Angriff genommen werden: ihr soll eine *Monats-Zeitschrift* für die Führung der einzelnen Vereinigungen folgen. Der Plan eines überdiözesanen *Sozial-Instituts* soll erwogen werden. Dem Arbeitsausschuß der Hauptstelle gehören einstweilen an die geistlichen Herren Pfarrer Eckert (Frankfurt), Pater *Fruhstorfer* SJ (Karlsruhe), Verbandspräses *Schmitt* (Köln), Domkapitular *Puchowski* (Berlin) und die Laien Landrat *Even* (Bergheim), Diözesanobmann *Kolter* (Köln), Schriftleiter Franz *Steber* (München).

Fruchtbarer *Ausgangspunkt* der Arbeit der Hauptstelle könnte sein, was Pfarrer *Eckert* in seinem ausgezeichneten Fuldaer Referat über „Priester und Laie" ausführte: *„Die Anerkenntnis gemeinsamer Schuld an der Unkraft des Christentums."* Dies ist in jedem Fall der Ausgangspunkt deutscher Erneuerung; hier aber möge er besonders ins Auge gefaßt werden, als Anfang in rechter Eintracht.

T: *Heidingsfelder*, Georg: Differenzierung und Einheit. Betrachtungen zur Aussprachekonferenz für Männerseelsorge am 16./17. September 1947 in Fulda. In: Werk-Hefte der Arbeitsgemeinschaft katholischer Laienwerke. 2. Jg. (1948) Heft 1 (Januar), S. 27-30.

[B.2]
Der katholische Publizist
(1948)

Georg Heidingsfelder

Anläßlich der im März stattgefundenen Tagung katholischer Publizisten in Limburg, welche von der Arbeitsgemeinschaft Kathol. Laienwerke vorbereitet wurde, hielt Georg Heidingsfelder, Meschede, ein Korreferat zu dem Referat von Hauptschriftleiter J. Hüsch, Wetzlar, „Der katholische Publizist und die Forderungen des Tages", aus welchem wir einige wichtige Teile wiedergeben.

Ich halte es auch heute noch für die erste Aufgabe kath. Publizistik, die sogenannte *Schuldfrage* herauszustellen und angesichts ihrer zur Entscheidung aufzufordern. Heute ist es so, daß, aus welchen Gründen immer, fast die publizistische Totalität über diese Frage nicht mehr spricht, weil das Publikum nichts davon hören will. Daß das Publikum nichts hören will, ist mir begreiflich; daß aber auch christliche kath. Publizistik über diese Frage die Decke des Schweigens gebreitet hat, wird immer unbegreiflich bleiben: weil der kath. Publizist wissen muß, daß ein neuer Anfang auch völkisch nimmermehr ohne Reue und Umkehr gesetzt werden kann, daß es also ganz müßig ist, sich mit welchen Fragen auch immer zu beschäftigen, bevor *dieser* Frage, der Schuldfrage, nicht Genüge geschehen ist. Nun, ich weiß wohl, daß man einem, der sich in einer Frage verschließt, sie nicht mit dem Holzhammer einbläuen kann. Wenn aber von dieser Frage *sein Leben abhängt*, so muß alles getan werden, um ihn wieder mit dieser Frage zu konfrontieren und ihm eine Antwort abzuzwingen! Wir haben uns nach dem ersten Weltkrieg die Dolchstoßlüge aufschwatzen lassen; aus dieser Lüge ist der zweite Weltkrieg aufgekeimt. Wenn wir heute, weil das deutsche Volk abermals auf eine kräftige Dolchstoßlüge wartet, wieder schweigen über die Frage unserer Schuld, so wird unser Ende vorauszusehen sein. Deutschland hat schon einmal eine Stunde versäumt. Wir möchten hier eine Stelle aus Rilke anführen, die im Jahre 1923 geschrieben wurde:

„Für mich, so wie ich alles sehe, meiner Art und Anlage nach erleben muß, besteht kein Zweifel, daß es Deutschland ist, das, indem es nicht erkennt, die Welt aufhält. Deutschland hätte im Jahre 1918, im Moment des Zusammenbruches, alle, die Welt beschämen und erschüttern können durch einen Akt tiefer Wahrhaftigkeit und Umkehr. Durch einen sichtlichen, entschlossenen Verzicht auf seine falsch entwickelte Prosperität, mit einem Wort: durch jene Demut, die so unendlich seines Wesens gewesen wäre und ein Element seiner Würde und die allem zuvorgekommen wäre, was man ihm an fremdartiger Demütigung diktieren konnte. Damals – so hoffte ich einen Augenblick – sollte in das seltsam einseitig und einwillig gewordene deutsche Gesicht der verloren gegangene Zug jener Demut, die in den Zeichnungen Dürers so konstruktiv anmutet, wieder eingetragen, nachgetragen werden! Vielleicht waren ein paar Menschen da, die das fühlten, deren Wünsche, deren Zuversicht nach einer solchen Korrektur gerichtet waren, – jetzt beginnt es sich zu zeigen und schon zu rächen, daß sie nicht geschehen ist. – Etwas ist ausgeblieben, was alles ins Maß gerückt hätte; Deutschland hat versäumt sein reinstes, bestes, sein auf ältester Grundlage wiederhergestelltes Maß zu geben – es hat sich nicht vom Grunde aus erneuert und umbesonnen, es hat sich nicht jene Würde geschaffen, die die innerste Demut zur Wurzel hat, es war nur auf Rettung bedacht in einem oberflächlichen, raschen, mißtrauischen und gewinnsüchtigen Sinn, es wollte leisten und hoch- und davonkommen, statt, seiner heimlichsten Natur nach, zu ertragen, zu überstehen und für sein Wunder bereit zu sein. Es wollte beharren statt sich zu ändern. Und so fühlt man nun: ... etwas ist ausgeblieben."

Auch nach diesem Krieg, bis heute, ist die Umkehr völlig ausgeblieben. Die zuerst zum Bußruf Verpflichteten, die geistlichen Väter des Volkes, haben in dieser Kardinalfrage versagt, wie ihnen *H. E. Hengstenberg* mit Recht zum Vorwurf macht; sie schweigen und decken des Volkes Schuld nicht auf. Wir katholische Publizisten aber haben die schwere Pflicht, dieses soziale prophetische Amt mutig und furchtlos wahrzunehmen und auszuüben: es ist „ein geistliches Weltamt", wie *Ernst Michel* sagt; unser erstes und vordringlichstes geistiges Weltamt in diesen Tagen der Entscheidung. Aus dem, was mir von Zeitungen und Zeitschriften bei Ablehnung von Manuskripten, die sich dieser Frage widmen, geschrieben wird, ist zu entnehmen, daß es ausschließlich Zugeständnisse an den Willen der Verschlossenen sind, die diese Haltung veranlassen. Man will sich keine Ungelegenheiten machen, man ist sich auch nicht klar, ob nicht doch die Hauptschuld der Verstockung bei „den anderen" liegt, und so läßt man die Finger vom heißen Eisen der Schuldfrage und wendet sich lieber andern, nach Möglichkeit nicht brennenden Fragen zu. Früher ist es so gewesen, daß der Herr Verleger an Hand der Abonnentenstatistik ablas, welche Fragen „gefährlich" waren und darum nach dem ersten Versuch wieder abgesetzt werden mußten; heute hat das Gewissen der Publizisten und Journalisten Raum genug, um die Fragen zur Sprache zu bringen, die es für die völkisch-zentralen halten muß. Mit Klugheit kann die Schuldfrage auch heute noch öffentlich behandelt werden. Man kann es so machen, daß man die Schändlichkeiten der vergangenen Jahre *dosiert* verabreicht, um dadurch die Wunde der Schuldfrage offenzuhalten; man kann und muß bei Christen auch immer wieder reinigend an diese Wunde rühren, durch Aufsätze, wie etwa Pfarrer Alfons Beil in der Februarnummer der Frankfurter Hefte einen publiziert hat. *Die Schuldfrage publizistisch einschlafen zu lassen, halte ich für die größte Schuld, deren Publizisten sich heute schuldig machen können.* Sie ist die dringlichste Aufgabe des Tages, ohne die die anderen kein Fundament haben. „Warum", hören wir wieder und wieder fragen, „schweigen wir nicht von Dachau, von Buchenwald, Auschwitz, Ravensbrück?" [,?]Nein, wir sollen nicht schweigen! Von den Gefängnissen, Lagern und Richtstätten her will eine erschütternde Kraft in unser Dasein dringen; sie will uns nicht lassen, wie wir sind, wir sollen fortan einen Anteil haben an den schrecklichen Nächten der in ihren Zellen Eingeriegelten, über denen die Hölle niederbrach, an der ausweglosen Einsamkeit der Verzagenden, die scheinbar überwunden und doch sieghaft in ihre letzte Stunde gingen. Ihre Züge sollten vor unsern Augen haften in ihrer verklärten Unerbittlichkeit." (Reinhold Schneider.) Vergessen wir doch nicht: „Auf der Trägheit der Herzen und Gewissen war die Gewalt gegründet." (Reinhold Schneider.) Sind wir Publizisten nicht verpflichtet, immer wieder *diese Trägheit unserer und aller Herzen zu überwinden?*

Bei der Behandlung der Schuldfrage geht es ja nicht um pharisäisches Richten über andere, sondern vor allem um das Selbstgericht. Das publizistische Selbstgericht im ganzen ist freilich noch nicht vollzogen, und es wird damit wohl gute Weile haben; aber die kath. Publizistik sollte auch nicht davor zurückschrecken, immer wieder „Beiträge" zu einem solchen Selbstgericht zu leisten. Damit erwirbt sie sich das Recht und das Vertrauen, andere an ihre Schuld zu mahnen, z.B. die Professoren, die im Jahre 1933 schrieben, daß „eine doppelte Gewissensverpflichtung ein uneingeschränktes Ja zu Hitler erfordere". Ein solcher berühmter Professor hat gewiß mit solcher Formel Scharen von Unmündigen verführt: aber er schweigt heute über diese Schuld, er redet von etwas anderem. Ich gönne ihm seine Honorare, aber ist es nicht mehr als ein trauriger Zustand, daß Tausende der kleinen und kleinsten Verführten Amt und Brot verlieren, während die hauptschuldigen intellektuellen Verführer nicht die Ritterlichkeit aufbringen, mit einem „Peccavi" sich vor den kleinen Mann zu stellen? Das ist die Aufgabe des Tages, die hohen Herren daran zu erinnern, daß *sie* der Schuldfrage im deutschen Volk die Bahn brechen könnten, wenn sie nur *selber* endlich zugäben, daß sie schuldig geworden sind.

Ich bin aber weit davon entfernt, hier eine böswillige Verstocktheit anzunehmen und anzuklagen, o nein, es handelt sich nur um eine Erscheinung, die mich zur zweiten Hauptaufgabe führt und mir zugleich eine nähere Beleuchtung auch des katholischen Publizisten gestattet: dieses Nichtanrühren der Schuldfrage ist wohl vor allem ein *soziologisches Problem*. Daß ich es gleich sage. Aus *bürgerlichem* Sein heraus ist der Mensch nicht fähig, das Bewußtsein völkischer Verschuldung sich hinreichend klarzumachen oder gar sich einzugestehen. Ich wähle mit Absicht diese marxistische Formulierung als Bekenntnis zu ihrem Wahrheitsgehalt. Zwar ist sie schon hundert Jahre alt, aber es gibt auch heute noch zahllose Menschen, sogar katholische Publizisten, die sie nicht kennen, weil sie sie nicht anerkennen wollen. Dabei ist auf Schritt und Tritt, dem der Augen hat zu sehen, immer wieder sichtbar, wie sehr der Mensch abhängt von seinem sozialen Sein, von seiner Klassenzugehörigkeit. Nun ist es leider so, daß katholische Publizisten, weil sie zur bürgerlichen Klasse gehören, weithin im bürgerlichen *Bewußtsein befangen* sind, ob sie's wissen oder nicht. Zu diesem Bewußtsein gehören bestimmte Auffassungen vom Eigentum nicht nur, sondern auch völkischer Art, so etwa nationale Ehrauffassungen. Weil dieses bürgerliche Bewußtsein – leider – noch immer, obwohl im Fäulnisstadium, bestimmend ist, insbesondere auch in der Publizistik, deshalb ist z.B. weder die „soziale Frage" in hundert Jahren gelöst, noch auch die Schuldfrage entsprechend beantwortet worden ... Prof. Dr. von Nell-Breuning stellt fest, daß „die vom Nazismus niedergeschlagene, kapitalistische Klassengesellschaft frisch-fröhlich wieder auferstanden ist, als ob nichts geschehen wäre." Und diese Gesellschaft hat natürlich ihre publizistisch starke Vertretung, die es auch heute noch zu verhindern weiß, daß die alten Forderungen der Sozialpäpste realisiert, ja auch nur diskutiert werden.

Ich möchte hiermit eine Diskussion über die brennende *soziale Frage* angeregt haben, die für die katholische Publizistik von größter Bedeutung ist. Und zwar sowohl nach ihrer objektiven wie nach ihrer subjektiven Seite. Es darf keinen katholischen Publizisten geben, der das Rundschreiben *Quadragesimo anno* nicht genau kennt und, was wichtiger ist, sich seine Forderungen zu eigen macht. Hier gilt, was Prof. von Nell-Breuning geschrieben hat: „Wer hinter dem von den Päpsten eingeschlagenen Tempo zurückbleibt, mit der päpstlichen Sozialehre nicht Schritt hält, der leistet den Feinden der Kirche Vorschub und erleichtert ihnen, mit einem Schein von Recht, die Kirche der politischen und sozialen Reaktion zu bezichtigen." Der katholische Publizist hat die Pflicht, die soziologischen Zusammenhänge zu durchschauen und sich nicht in den Dienst derer zu stellen, die nur Besitz und gegenwärtige Ordnung zu rechtfertigen und zu erhalten trachten. „Die gesellschaftliche Lage", sagt Prof. Dr. von Nell-Breuning, „ist noch genau die gleiche wie vor der Machtergreifung, mit dem einzigen Unterschied, daß die Lösung der vom Nationalsozialismus mit einer Scheinlösung überdeckten, in Wahrheit aber nicht gelösten Aufgabe nach allem, was unser Volk inzwischen hat durchleben müssen, noch unvergleichlich *dringender und eilbedürftiger* geworden ist.["] Er hat freilich auch zu wissen, daß man die rechte Stellung nicht bezieht, indem man in die Einheit der Religion flüchtet („wir sind ja alle Katholiken"). Diese Einheit hier zu propagieren, ist bürgerliches Manöver von „falschen Brüdern". Man muß erst die Gerechtigkeit erfüllen, bevor man von der christlichen Bruderschaft reden kann. Der katholische Publizist, der der *Gerechtigkeit* dient, muß sich zum Anwalt der jahrhundertelang Unterdrückten, Armen, Ausgebeuteten machen: der proletarisierten Klasse der Arbeiter, der auch heute wieder der gerechte Anteil vorenthalten werden soll. Wenn die katholischen Publizisten nicht mit der gesellschaftlichen Avantgarde der Industriearbeiterschaft zusammen das kommende Zeitalter heraufführen, dann wird gewiß nicht der Bürger es beherrschen, sondern wenigstens in Europa – der Radikalismus des Ostens. Vielmehr als bisher müßte katholische Publizistik an der Seite der Proletarier stehen und die Lösung der seit Jahren ungelösten sozialen Aufgabe vorantreiben. Wir sind allesamt erledigt, wenn diese Lösung nicht baldigst realisiert wird. Vor wenigen Wochen erst sind zwei deutsche Kirchenfürsten, *Kardinal Frings* und *Bischof Keller* (Münster) in Recklinghausen an die soziale Front der katholischen Arbeiter geeilt und haben mit flammenden Worten, deren Zeuge ich war, ihre Solidarität mit den Proletariern und ihre Überzeugung von der ungeheuren Dringlichkeit der Lösung der hier anstehenden Aufgaben bekundet. Unter den französischen Kirchenfürsten ist es insbesondere der Erzbischof von Lyon, *Kardinal Gerlier*, der sich freimütig über die Bürger ausspricht und etwa sagt: die Christen sollten endlich die offenkundigen sozialen Ungerechtigkeiten abschaffen, anstatt lediglich bequeme und althergebrachte Stellungen verteidigen. Er verurteilt jene Christen, die sich einem unfruchtbaren Anti-Kommunismus verschreiben, ohne Positives für eine soziale Neuordnung zu leisten. (Rheinischer Merkur vom 6.12.47.) Diesen fortschrittlichen Kirchenfürsten gegenüber steht freilich eine mehr oder weniger kompakte Majorität von Bürgerlichen, die immer noch nichts wissen wollen von einer katholischen Arbeiterschaft, die berechtigte Forderungen erheben darf und berufen ist, gesellschaftlich führend zu werden. Von hier aus ist dann auch die in den „St.d.Z." [Stimmen der Zeit] geforderte katholische Wochenzeitung zu betrachten. Steht eine solche Wochenzeitung nicht betont im Dienst der sozialen Forderungen der Päpste, so ist es besser, sie erscheint garnicht; denn sie würde ja nur, unter dem schillernden Mantel der Religiosität, der Wissenschaftlichkeit und der Orthodoxie, die Aufgaben des Tages liegen lassen: die Schuld*frage* samt der *sozialen.*

T: *Heidingsfelder*, Georg: Der katholische Publizist. In: Werk-Hefte der Arbeitsgemeinschaft katholischer Laienwerke. 2. Jg. (1948) Heft 5 (Mai), S. 30-34.

[LESERREAKTION]

Vgl. zur Veranstaltung, auf der dieses Referat gehalten wurde: *„Erste Nachkriegstagung katholischer Publizisten"*. In: Werk-Hefte der Arbeitsgemeinschaft katholischer Laienwerke. 2. Jg. (1948) Heft 4 (April), S. 15-16. – Heidingsfelders Forderung, die Schuldfrage ins Zentrum katholischer Publizistik zu stellen, ist in einer Folgeausgabe über eine Zuschrift (ohne Verfasserangabe!) entschieden widersprochen worden: *„Der katholische Publizist und die Schuldfrage"*. In: Werk-Hefte der Arbeitsgemeinschaft katholischer Laienwerke. 2. Jg. (1948) Heft 7 (Juli), S. 43-44.:

DER KATHOLISCHE PUBLIZIST UND DIE SCHULDFRAGE
Zu dem Referat „Der katholische Publizist", das wir in den Werkheften 5/48 veröffentlichen, ging der Schriftleitung unter anderen Meinungsäußerungen nachstehende Zuschrift zu. Da bereits auf der Limburger Tagung der katholischen Publizisten das ebengenannte Referat zu einer äußerst regen Aussprache führte, wollten wir das Thema ebenfalls unseren Lesern zur Diskussion stellen und geben daher nachstehend der Kritik Raum. [Redaktion]

Vor mir liegt Ihr Maiheft der „Werk-Hefte". So sehr ich mich mit den sozialen Anschauungen des Verfassers von „Der katholische Publizist" identifiziere und sie restlos bejahe, so kann ich ihm andererseits in der „Schuldfrage" nicht restlos zustimmen.

Gewiß, wir – das deutsche Volk – haben uns schuldig gemacht. Welches Volk in Ost und West und Süd und Nord aber darf von sich behaupten: „Mein Gott, ich danke dir, daß ich nicht so gemein und niederträchtig bin, wie dies verabscheuungswürdige und der Vernichtung werte deutsche Volk"?

Machen wir die Augen auf: Was vollzieht sich im Osten? Und was in einzelnen Ländern des Südostens Europas? Ist das nicht ebenso furchtbar, wie das, was die Tyrannei uns zwölf Jahre auferlegt hat? Ist das teilweise nicht noch schlimmer? Oder – nach dem Westen gewandt – sind die uns von der anderen Seite gegebenen Beispiele so, daß wir von ihnen behaupten könnten, sie seien frei von allem Totalitarismus? Wenn schon in einem der freiheitlichen Länder des heutigen Europa der Prälat Picard, Präsident des belgischen katholischen Radios, in einem offenen Schreiben kürzlich darlegte: „Wir werden nicht müde, immer wieder zu wiederholen, daß im Nachrichtenwesen, in der Beeinflussung der öffentlichen Meinung und in der Darbietung der Kunst ein Staatsmonopol oder ein vom Staat kontrolliertes Institut einfach ein Unding ist – das riecht nach Totalitarismus und hat nichts mit Demokratie zu tun" – dann beweist das, daß auch anderswo in diesem Zeitalter der „Freiheit" Dinge geschehen, die nicht frei von Schuld sind.

Fast könnte es scheinen, der Verfasser von „Der katholische Publizist" habe in den verflossenen drei Jahren nicht mitgemacht, welch bitteres Unrecht Millionen unseres Volkes nach der Befreiung geschehen ist und teilweise noch heute – leider manchmal unter Beihilfe einer sich christlich nennenden Partei – geschieht. Was [sic!] in den Jahren der Tyrannei sich schuldig gemacht hat, gehört vor ein ordentliches Gericht, um exemplarisch nach der Schwere der Untat bestraft zu werden, nicht aber vor das Sondergericht der Demokratie! ...

Wie soll ein Volk von seinem Schuldbewußtsein durchdrungen und überzeugt werden, das vielfach auch heute noch unter Hunger und Not leidet, die in dieser Form nicht nötig wären, würde das christliche Gewissen der Maßgebenden den Ausschlag geben?

Wie soll einem Volk von seinen katholischen Journalisten das Schuldbewußtsein gepredigt werden, nachdem drei Jahre nach Kriegsschluß noch viele Hunderttausende in Kriegsgefangenschaft sind und über das Los von wohl ebensovielen anderen bei den Angehörigen völlige Ungewißheit herrscht?

Wir wollen die Dinge so sehen wie sie sind. Was in den Jahren 1933 bis 1945 geschah, war furchtbar und kann und darf niemals entschuldigt werden. Nachdem aber im Osten und Südosten Europas diese Tyrannei weiterhin in Blüte steht – und unser Volk weiß das – und auch in den demokratisch regierten Staaten der westlichen Hemisphäre vieles ist, was anders sein müßte, ist es die Pflicht des katholischen Journalisten, ganz nüchtern und sachlich in seiner Arbeit zu bleiben.

Die erste und wichtigste Pflicht des katholischen Publizisten bleibt: Alles aufzubieten, um unser Volk tief im christlichen Geist zu verankern – alles vom christlichen Standpunkt aus gesehen in der Zeitung, Zeitschrift usw. darzulegen – alles zu tun, um nur ja wie Kardinal Saliége von Toulouse unlängst schrieb, „der durch die Presse organisierten Lüge" den Weg zu versperren, d.h. auch nachrichtenmäßig darüber zu wachen, daß nichts publiziert oder kommentiert wird, was den Stempel der Lüge an der Stirn trägt.

Wenn zu alledem das *Beispiel* des *ganzen Christen* als Journalist in aller Öffentlichkeit gegeben wird, dann dürfte nach und nach das ganz von selbst kommen, was der Verfasser von „Der katholische Publizist" zweifellos will und meines Erachtens in etwas ungeschickten Worten dargelegt hat.

Katholischer Journalist sein, setzt ein hohes, sehr hohes Berufsethos voraus. Ein Berufsethos, das aufgeht in Christus und in allem durchtränkt sein muß von Christi Geist.

Mir will scheinen, wie wenn es unsere Pflicht sei, alles zu tun, daß katholische Journalisten dieser Art hinfort an unseren Tages- und Wochenzeitungen usw. stehen. Wenn wir das erreichen, wird nach und nach ein Wandel eintreten.

[B.3]
Die soziale Verpflichtung des katholischen Akademikers heute

[Ansprache im Rahmen der „Feier des Stiftungsfestes des Bernwardkreises und der Altherrenschaft der AV Frisia Hannover"]
(1948)

Von Georg Heidingsfelder

Vorbemerkung:
Die Erschütterungen der vergangenen Jahre konnten nicht ohne nachhaltige Rückwirkung auch auf die studentischen und akademischen Vereinigungen bleiben. Die Überwucherung des Geselligen und vor allem auch des Robust-Geselligen über das Geistige wurde rechtzeitig als der echte Krebsschaden erkannt. Neben neugebildeten Vereinigungen bemühen sich auch die alten Verbände um eine neue Grundhaltung aus der Situation unserer Zeit heraus. Gesellige Abende, Kneipen u.ä. treten zurück hinter das Bemühen um die geistigen Anliegen im Sinne der Universitas. Die Stiftungsfeste, früher ausschließlich der überschäumenden Wiedersehensfreude zugewandt, erhalten geistige Schwerpunkte. Nicht als ob das Formende und Bildende geselliger Veranstaltungen angesichts der Gesamtnot, in der wir stecken, abgewürgt würde, es soll in der Wertordnung den Rang erhalten, der ihm gebührt. Beachtenswerte Ansätze dieser Neuentwicklung finden sich in der Feier des Stiftungsfestes des Bernwardkreises und der Altherrenschaft der AV Frisia Hannover. Den Schwerpunkt des Stiftungsfestes bildete die Hora Academica mit einer Ansprache von Schriftleiter Georg Heidingsfelder, Meschede, die wir nachstehend veröffentlichen, umrahmt von Musikstücken des Collegium Musicum der TH Hannover. Bemerkenswert ist, daß zu dieser Feierstunde auch die Altherren und Vertreter anderer studentischer Gemeinschaften eingeladen waren und vor allem auch Arbeiter, Vertriebene, Schwerbeschädigte, also die Kreise, denen der katholische Akademiker sozial besonders verpflichtet ist. Gegenüber dieser Feierstunde traten die geselligen Veranstaltungen zurück. Vielleicht weitet sich die Hora zu einem Dies aus, so daß das geistige Anliegen noch stärker hervortritt und breiter und tiefer entfaltet werden kann.
Heinz Happe.

Unser in Zonen zerrissenes deutsches Land ist vor kurzem von einer Schweizer Zeitung bezeichnet worden als „die Leichenbahre zwischen Ost und West" –, eine Kennzeichnung, die von einer Vorahnung künftige Heimsuchungen erfüllt ist ...

Vor nur fünfzig Jahren, zur Zeit unserer Geburt, schien dies Land, Deutschland, zu sein das von Gesundheit strotzende Herz der Welt, an dessen Wesen der Erdkreis genesen sollte. Der Aufstieg auf allen Gebieten des Fortschritts hatte eine Hochstimmung des Kraftbewußtseins erzeugt und die weiter gar nicht zu erörternde Christlichkeit des deutschen Volkes durfte des Segens Gottes gewiß sein.

Wir, die wir unseres Lebens Ereignisse überblicken, stehen noch immer, so wir uns nicht der Oberflächlichkeit verbündet haben, wie gebannt vor der ungeheuren Zerstörung aller Lebensgebiete und vermögen das Gefühl nicht los zu werden: daß unseres Verstandes Kräfte unzureichend sind, um sie zu begreifen. Wir späten Erben des bürgerlichen Zeitalters hören über uns abermals die Schwingen des Todes rauschen und vermögen nur noch mit einiger Fassung der hereinbrechenden Schlußkatastrophe des Abendlandes entgegenzusehen. Denn wo wären unsere Kräfte imstande, einen solchen Schicksalsdruck auszuhalten oder ihn gar zu überwinden?

Stellen wir uns mit Aufrichtigkeit dieser Bestandsaufnahme! Seien wir eingedenk, daß wir der Jugend nicht mit Einnebelung in Redensarten die Hilfe schaffen, die sie braucht, um vor der schrecklichen Drohung der Zukunft zu bestehen, der Drohung, die da schlimmer als der Tod heißt: *Der Kollektivmensch steht vor der Tür und will die Herrschaft antreten.*

Uns bürgerliche und gebildete Menschen befällt ein Grauen bei dem Gedanken, daß wir in einer vom Kollektivmenschen beherrschten Welt unsere reifen Mannesjahre zubringen sollen, und wir sind zur Flucht geneigt vor solchen künftigen Perspektiven: zur Flucht in Erdenräume, die wir vor dem Zugriff des Kollektivmenschen gesichert glauben, zur Flucht in Illusionen, zur Flucht in den Faschismus, zur Flucht in die Zuversicht auf die allein rettende Atombombe. Manch einen hat die geistig-seelische Situation schon erstarren lassen bis ins Lebensmark: er will nicht mehr fliehen, er verschmäht Ausflüchte, er erbebt nicht mehr im Schauer der Angst –, er hat keine Hoffnung mehr, er ist schon gestorben und wartet nur noch auf den Tod.

Die Jugend aber ist, nach Selbstzeugnissen, bereit, eines Teils für die Herrschaft des Kollektivmenschen sich einzusetzen, zu einem anderen, größern Teil, willens, mit der Gewalt der Waffen sich dem Einbruch des „neuen Menschen" entgegenzuwerfen.

Bei solcher Bedrohung des deutschen Landes und Volkes mit der Möglichkeit: zu werden die „Leichenbahre zwischen Ost und West" in einem faschistisch-antifaschistischen Kampf, an dem die jungen Bürger des deutschen Reiches auf beiden Seiten beteiligt sind, bei solcher unmittelbaren Bedrohung des gesamten Bestandes unserer Nation, bei solcher *Totalkrise des Gemeinschaftslebens der Menschheit überhaupt*, sind die geistigen Menschen zuerst und vor allem aufgerufen zu letzter, tiefster Besinnung und gemahnt vom Schicksal, mit letzter Eindringlichkeit um das Wachstum des Rettenden besorgt zu sein, soweit das in Menschenhände gelegt ist.

Der Geistmensch ist der Christ. Lassen Sie uns vor allem Anruf bloß soziologisch bedingter Geistigkeit dies festhalten: daß der Geist Christi weht, wo Er will, daß er nicht ans Akademikertum gebunden ist, ja daß Er sogar mit besonderer Neigung sich hinwendet zu den Kleinen und Unmündigen und Unwissenden und sich sehr reserviert verhält zu den Klugen und Wissenden und Weisen. Dieser Hinweis stimme uns zur Demut und schaffe damit die Basis einer fruchtbaren Betrachtung der sozialen Verpflichtung des Akademikertums heute. Denn nicht so ist es, wie ich kürzlich ausgesprochen hörte: Berufen ist *zur Führung* der Akademiker –, sondern so: *Zum Dienst* berufen an seinen Brüdern ist vor allem der Akademiker. Er ist heute wie kein anderer berufen zu diesem Dienst, denn von ihm ist ausgegangen der Anfang der Zerstörung des Lebens der Gemeinschaft: Bildung, akademische Bildung ist in ihrer neuzeitlichen Form geworden als Entdeckung des isolierten Individuums durch den Humanismus. Von ihm sagt Karl Thieme* (*Das Alte Wahre, Verlag Hegner, Leipzig), daß „dieser Humanismus, wieviel er auch für die Verfeinerung der Zivilisation geleistet haben mag, die erste öffentliche Bildungsmacht des Abendlandes (und streng genommen die einzige) darstellt, die dauernd und gänzlich zersetzend, auflösend, ja sprengend gewirkt hat – und noch wirkt, wo sie fortlebt." Es ist die Bildung, die „vor allem dann in der wesensnotwendigen Doppelheit von Besitz und Bildung den modernen Klassenzwiespalt geschaffen hat" (Thieme, S. 114).

Wenn der moderne Klassenkampf von oben ausgegangen ist, wie ohne Zweifel feststeht, dann ergibt sich aus dieser Tatsache schon die Verpflichtung des katholischen Akademikers, mit großem Verständnis auf die klassenkämpferische Reaktion von unten zu blicken und seinerseits in einem mea culpa die Voraussetzungen einer Überwindung dieses verderblichsten aller Kämpfe zu schaffen. Es ist also nicht so, daß der Akademiker sich zu wehren hätte gegen einen von unten andringenden Machtwillen, es ist vielmehr unerläßlich das Durchdringen der Einsicht, die der Bischof von Lyon, *Kardinal Gerlier*, so formulierte: „Die Klassenkämpfer von unten hätten sich nicht dem Sozialismus zugewandt, wenn sie anderswo Verständnis und Hilfe gefunden hätten."

Die „Überwindung des Klassenkampfes" ist bis heute leider ein Schlagwort geblieben. Er erfüllt Europa und die Welt und hat nicht zuletzt die unselige Spaltung zwischen Ost und West zustande gebracht. Der *Faschismus* deutscher Prägung versuchte die Überwindung durch die Einheitsfront des Völkischen, der *Antifaschismus* will sie durch die Diktatur des Proletariats erreichen; aber das eine Prinzip ist so wenig fruchtbar wie das andere, weil ihnen beiden fehlt das überwindende Element der christlichen Religion, in dem allein die zerreißenden Spannungen durch Brüderlichkeit überwindbar sind. Die soziale Frage ist ja viel mehr als die „Arbeiterfrage", sie ist heute zur Frage von Sein und Nichtsein menschlicher Sozietät überhaupt geworden, und *lautet in letzter Entscheidung: Wird Europa noch einmal eine christliche Gesellschaftsordnung haben oder wird es in kollektivistischen Greueln zugrunde gehen?* Bei solcher Alternative ist der Schicht der Gebildeten, dem Akademikertum, die eindeutige Verpflichtung auferlegt: die christlich-katholische Religion in einer solchen Form zu praktizieren, daß sie dadurch den sozial Benachteiligten glaubhaft wird als die Religion der Brüderlichkeit.

WO FANGEN WIR AN, WAS SOLLEN WIR TUN?

Fangen wir damit an, uns einzugestehen, daß wir weithin versagt haben und schuldig geworden sind. Bauen wir doch ja nicht auf Versicherung unserer kollektiven Unschuld an den heutigen Zuständen auf! Erinnern wir uns, daß vor hundert Jahren der große *Bischof von Mainz* gerufen hatte: „Wollen wir die Zeit erkennen, so müssen wir die soziale Frage zu ergründen suchen. Wer sie begreift, erkennt die Zeit, wer sie nicht begreift, dem sind Gegenwart und Zukunft ein Rätsel" (Adventspredigt 1948). Haben wir die Zeit begriffen? Weithin hat das Akademikertum sie auch heute nicht begriffen! Hören wir dem Verbandspräses der Katholischen Arbeitervereine, Dr. *Hermann-Josef Schmitt* in einer Verlautbarung zum diesjährigen Katholikentag* (*In: „Siebentageblatt", 1. Jahrgang, Nr. 6):

„Unsere Frage um das soziale Erbe Kettelers löst bald bange Sorge aus, weil trotz der ohne alle Zweifel klaren soziologischen Diagnose Kettelers auch der heutige Katholizismus noch nicht das Schwergewicht des vierten Standes in den Entscheidungen unseres Volkes und der Völker erkannt zu haben scheint."

Der Verbandspräses knüpft daran die Frage: „Ist Kettelers Erbe unwiederbringlich vertan?" und antwortet:

„Diese bange Frage steht heute vor denen, die wissen, daß wir im Zeitalter der Emanzipation der Arbeiterschaft leben. In keiner Zeit ist soviel über die soziale Frage und über das Soziale geschrieben und gesprochen worden wie in der unsrigen. Aber ist das alles echt in dem Sinne, daß es wirklich aus einer Verantwortung vor Gott und für die Zentralfrage unserer Zeit kommt und dem Ziele dient, das Pius XII. in die Worte kleidete: Verchristlichung der Gesellschaft ... Wäre das der Fall, so müßte eine Welle seelsorglicher und praktischbildnerischer Tendenz durch die Reihen des Katholizismus gehen, mit dem

Ziel, die breite Schicht der noch zur Kirche stehenden Arbeiterschaft vertieft und zielgerecht zu formen, damit sie die ihr bereits zugefallenen und noch zufallenden Aufgaben auch aus christlicher Lebensauffassung zu lösen fähig ist. Dann müßte aber auch ein apostolische Bemühen den abseits stehenden Arbeitern gegenüber sichtbar werden, das nicht nur in theoretischer Diskussion bestände, sondern ... in einem *Sorgen, Quälen, Ringen* um das abseits stehende Glied des vierten Standes, das begeistert, packt und nachdenklich macht."

Wenn die Akademiker aus der Erkenntnis der Versäumnis nun den Anfang setzen würden eines solchen apostolischen Bemühens in Sorgen, Quälen, Ringen, wie es etwa ein Dr. *Carl Sonnenschein* vorgelebt hatte, es wäre noch manches, vieles, vielleicht alles zu retten. Muß man aber nicht mit *W. Mook* auch das Akademikertum leise fragen: „ob so viele Schafe der Herde Christi heute auf Sandwüsten darbten, wenn die Hirten weniger ihre *Selbstheiligung* zum einseitigen Kriterium ihres Hirtenamtes gemacht hätten?" Ist es nicht der individualistisch-christliche Egoismus des Gebildeten, der ihn hindert, das *Reich* Gottes Gestalt werden zu lassen in dieser Welt? Sehen wir denn, daß ein Wandel im christlichen Bewußtsein sich vollziehen muß, wenn unser Wirken schöpferische Kräfte entbinden soll? „Können wir fortfahren", fragt der Ostchrist *Nikolai Berdjajeff* in seinem Vermächtnis, „das Christentum einzig als die Religion persönlicher Errettung im ewigen Leben zu verstehen, was doch nichts anderes heißt als Übertragung unserer Selbstsucht auf die jenseitige Welt? Ein solches Verständnis ist die Hauptrolle reaktionärer Triebkräfte im Christentum. Eine Religion bloß persönlichen Heils steht im wesenhaften Widerspruch zu der frohen Botschaft vom Kommen des Gottsreiches. Dieses Reich bedeutet nicht nur eine persönliche, sondern eine soziale, ja kosmische Verklärung."

Wir Katholiken sollten diesen Wandel des Bewußtseins vom individuellchristlichen Bürgergeist hin zum christlichen Reichsgeist der Verantwortung für die Brüder uns angelegen sein lassen. Dies scheint die Lehre der Ostchristen für uns zu sein, die wir zu realisieren haben.

Hier ist der Quellpunkt des neuen Menschen, der sich quält um eine soziale Reform. Aus einem neuen Gemeinschaftsbewußtsein, das den sozialen Gehalt der Frohen Botschaft ins Herz aufgenommen hat, wird die Welt umgestaltet.

WAS ABER IST „DER SOZIALE GEHALT DER FROHEN BOTSCHAFT"?

Niemand hat ihn in dieser Zeit vortrefflicher aufzuzeigen verstanden als *Maria Sevenich** (*Fragen der Wirtschaft. Werner Degener, Hannover). Sie weist hin auf den Bericht aus Gerasa, Sankt Markus im 5. Kapitel. „Da weideten auf den Wiesen über den zerklüfteten Abgründen 2000 Schweine, stolzes Besitztum der Anwohner dieser kleinen Stadt. Ein aus der menschlichen Gesellschaft

Ausgestoßener, ein Besessener, der in der Gräberstadt zu hausen gezwungen war, kreuzte den Weg des Herrn und wurde geheilt. Als die vom Worte Christi und durch seine erhobene Hand aus dem Menschen vertriebenen Geister darum baten, in die Schweineherde fahren zu dürfen, gewährte ihnen Jesus die Erfüllung dieses bizarren Wunsches. Von jäher Besessenheit ergriffen, stürzten sich 2000 Schweine in den Abgrund ... Die Lehre des Vorgangs in Gerasa ist deutlich: *ein Mensch, der letzte Ausgestoßene, der Elendeste –, ist vor Gott mehr wert als alles Eigentum an den Dingen dieser Erde.* So ist auch die naturrechtliche Fundierung des Rechts auf Eigentum nur solange aufrecht zu erhalten als das Eigentum jederzeit einsatzbereit bleibt im Dienst am lebendigen Menschen. Wo das nicht geschieht, hilft kein Naturrecht darüber hinweg, daß mit den Dingen Gottes sündhafter und nicht zu verantwortender Mißbrauch getrieben wird."

Denken wir nur ein paar Jahre zurück! Damals waren 2000 geisteskranke Menschen feil für *ein* Schwein! Der soziale Gehalt des Evangeliums war in sein Gegenteil verkehrt. Und heute ist vom sozialen Gehalt der Frohen Botschaft in unserer Wirklichkeit nichts spürbar, niemand gibt eine Speckseite für einen Ausgestoßenen, ja es ist so, wie ein Schriftsteller bei einer Tagung es formulierte: „Die Halunken sind tot, es lebe die Lumperei!"

Ein zweiter Aspekt des sozialen Gehalts der Frohen Botschaft ist dieser (nach Sevenich a.a.O.): „Betrachten wir die von Christus für den Dienst am Nächsten aufgestellten Forderungen, so lassen sie sich in folgende Punkte zusammenfassen: 1. Die Hungrigen ernähren, 2. die an Kleidung Mangel haben, bekleiden, 3. die Obdachlosen beherbergen. Diese Forderungen stehen in der Lehre Christi nicht als ein mehr oder weniger verpflichtendes Postulat, sondern sie sind die Aussage Christi über ein existentielles Gesetz ... Darum ist das Verlangen Christi so hart; wer zwei Röcke hat, gebe einen dem, der keinen hat, und wer Speise hat, tue desgleichen ... Jesus macht keinen Unterschied zwischen dem Leben des Einzelnen und dem der Gemeinschaft. Alles, was er sagt, hat für den ganzen Menschen Gültigkeit. Dieser ganze Mensch jedoch ist: Einzelner zwar, – Person, Individualität – aber existentiell gebunden in die soziale Zuordnung zu seinesgleichen; soziales Wesen zwar, aber mit dem Recht und der Pflicht zu einem freien, persönlicher Würde und Vollendung dienenden Leben. Es stellt sich demnach dieselbe Frage für den persönlichen, wie für den Bereich des Volkes. Solange die Elementarbedürfnisse der Nahrung, Kleidung und Wohnung nicht befriedigt sind, hat der Einzelne und hat die Volkswirtschaft, sofort und uneingeschränkt, alle vorhandenen Mittel restlos verfügbar zu machen, um diesen Bedürfnissen gerecht zu werden. Steht eine wirtschaftliche Theorie dagegen, die solches Handeln für unmöglich erklärt, so ist sie untauglich, weil sie die gestellte Aufgabe nicht zu lösen vermag."

Was also, fragen wir zum andern Male, sollen wir tun? Vom *Meister Eckhardt* stammt das Wort: „Die Menschen sollen nicht soviel darüber nachdenken, was sie tun sollen; sie sollen darüber nachdenken, was sie *sein* sollen." Fangen wir also mit der Seins-Bereitung an, die schon *Peter Wust* vor zwanzig Jahren gefordert hat* (*Die Krisis des abendländischen Menschen. Tyrolia, Innsbruck): „Bereite dich selbst in deinem eigenen christlichen Sein! Aber bereite dich ganz! Und dann schaue um dich, was dir deiner Anlage gemäß in der Welt zur Aufgabe geworden ist ... Wenn wir so alle miteinander existenziell geworden sind, dann muß in demselben Augenblick überall eine solche natürlich-übernatürliche soziale Attraktionskraft entstehen, daß auf die Dauer kein Außenstehender diesem Kraftfeld sich wird entziehen können. Die Schwierigkeiten der Antinomie von Christentum und entchristlichter Kultur werden freilich damit noch lange nicht überwunden sein, aber sie werden zu schwinden beginnen ..."

Fangen wir an, wenn wir etwa Ingenieure sind, als im Sein bereitete Christen wirksam zu werden in der Arbeitswelt, die uns verantwortlich anvertraut ist! Welches sind die sozialen Aufgaben der modernen Betriebswelt, die hier und heute von katholischen Ingenieuren angegangen werden können und müssen aus neuer Sicht, in neuem Ansatz? Es ist die Mitarbeit in der Form der *Mitbestimmung* des Arbeiters im Produktionsprozeß. Die Betrachtung des Arbeiters als eines aus sonstigen Bindungen isolierten Funktionärs im Betrieb sollten katholische Akademiker verlassen, selbst wenn sie selbst von einer kapitalistischen Arbeitswelt nicht anders betrachtet werden. Im Zentrum steht immer wieder die Frage: Wie kann der arbeitende Mensch *Subjekt* im Betriebe werden, das sich seine Welt selber mitgestaltet? Naturgemäß kann die Arbeiterschaft nicht gleichberechtigt in der wirtschaftlichen Betriebsführung mitbestimmen; der Betriebsleiter ist aber nicht begrifflich identisch mit dem kapitalistischen Unternehmer, und selbst wo er es in der Person ist, muß immer noch die Unterscheidung getroffen werden: daß dieser, der kapitalistische Unternehmer, zwar niemals mehr absoluter Herr im Hause sein darf; daß aber gleichwohl der Betriebsführer nicht durch kollegialen Arbeiterausschuß oder Betriebsrat ersetzt werden oder auch nur überstimmt werden darf, soll nicht ernsthafte wirtschaftliche Arbeit unmöglich werden. „Wer die verantwortliche Leitung ausüben soll", sagt *Nell-Breuning* mit Recht, „der muß das Recht und die Freiheit haben, die Entscheidungen zu treffen, so, wie er es im Interesse der Sache für geboten erachtet." Nach christlicher Soziallehre soll deshalb die Mitbestimmung des Arbeiters in der *überbetrieblichen* Ebene gesucht und gefunden werden, in den überbetrieblich öffentlich-rechtlichen Leistungsgemeinschaften der berufsständischen Ordnung; solange aber solche Gemeinschaften nicht bestehen, wird das Mitbestimmungsrecht weitgehend im Betrieb gefordert werden, von den Institutionen der Betriebsräte. Die Mitwirkung und

Mitentscheidung in *sozialen* und *personellen* Fragen ist kaum umstritten und ein Informations- und sogar Kontrollrecht im Wirtschaftlichen liegt im Bereich des Möglichen. Bei der Gestaltung dieser wichtigen Fragen in der Betriebspraxis ist aber gerade dem technischen Akademiker nicht geringe Möglichkeit gegeben, aus katholischer Sicht und katholischer Verantwortung tätig zu werden. Der soziale Dienst am Ganzen des Betriebs ist ja für den Akademiker nicht etwa nur der: hochqualifizierter Funktionär zu sein, sondern *menschliche Gemeinschaftsarbeit auch in den technischen Bereichen zu ermöglichen;* an all den Fragen der Mitbestimmung, der Subjektwerdung des Arbeiters im Betrieb sollte darum der katholische Ingenieur innerlichsten Anteil nehmen und seinen Brüder im Arbeitsrock der uneigennützige *Helfer* sein, dessen sie so sehr bedürfen, sollen sie nicht Opfer der *Demagogen* werden. Viel zu wenig tritt diese wichtige Gestalt des katholischen Ingenieurs in all diesen Dingen in Erscheinung, sei es, daß diese Männer sich einseitig dem Unternehmertum verschrieben haben, sei es daß sie in der Ausschließlichkeit ihrer Facharbeit ihr Genüge finden. In Wahrheit sind sie die berufenen Mittler in der betrieblichen Praxis, die die Notwendigkeiten des „Funktionierens" der Apparatur mit den Forderungen der menschlichen Person in Einklang bringen könnten aus der überlegenen Sicht ihrer Fachbildung *und* der gebieterischen Stimme ihres katholischen Sozialgewissens.

In einem ausgezeichneten Aufsatz im Augustheft der „Stimmen der Zeit" erhebt *August Brunner SJ* die Forderung: „Macht die Arbeit menschenwürdig!" Er weist auf die immer schrecklichere Gefahr der Vermassung und der seelischen Gleichmacherei hin und knüpft daran die Warnung: „Die Verkümmerung der eigentlichen Persönlichkeit und Menschlichkeit wird schließlich auch auf den Teil übergreifen, dem jetzt die Planung und Leitung anvertraut ist, und wird so unsere Kultur – oder Unkultur – wenn sie nicht schon vorher der Aufruhr der empörten Massen in Trümmer schlägt, völlig zugrunde richten."

Auf diese Warnung folgt die Frage: „Wie aber soll hier Abhilfe werden? Es ist nicht zu erwarten, daß die Industrie von der *Taylorisierung* Abstand nehmen wird, solange diese eine Erhöhung der Produktion verspricht, und dies nicht nur, weil das heutige Denken noch immer vom wirtschaftlichen Gewinn gebannt ist, sondern auch, weil die Anwendung der Maschine aus sich in diese Richtung drängt. Sind wir also der Fatalität der Maschine und ihrer Rückwirkung auf den Menschen rettungslos ausgeliefert?"

Brunners Antwort lautet: „Wenn Rettung kommen soll, so *nur durch Umgestaltung des ganzen Lebens des Arbeiters* ...", des materiellen, des geistigen und des religiösen. Brunner führt die von den päpstlichen Enzykliken her bekannten Forderungen zur *Entproletarisierung* an; er weist auf die Notwendigkeit der *geistigen Bildung* hin, die dem Arbeiter zur Selbstachtung verhilft; und er gipfelt in dem religiösen Satz, daß die Nächstenliebe der niedrigsten körperlichen Arbeit höchsten Adel verleihen kann. Er vergißt jedoch nicht, hinter diese Darlegung den Satz zu setzen: „Das Christentum verlangt auch, daß die Arbeitsbedingungen für den Menschen, der kein reiner Geist ist, so seien, daß jeder, der guten Willens ist, seine Arbeit durch solche Gesinnungen verklären *kann.*"

Was die Entproletarisierung betrifft, diese wichtigste soziale Grundforderung der *neuzeitlichen* Soziallehre der Kirche, so ist freilich unumgänglich für jeden Akademiker das Studium der hier grundlegenden päpstlichen Rundschreiben Leos XIII. und Pius XI.

Es ist noch immer erschreckend die Unkenntnis der katholischen Gebildeten in diesem Punkte. Unsere katholischen *Arbeiter* im Westen werden geschult in diesen Dingen, aber der Akademiker weiß wenig oder nichts von der Entproletarisierung und der berufsständischen Ordnung. Es gehört aber zu der dringendsten sozialen Verpflichtung des Akademikers heute, vom sozialen Wollen der Päpste, insbesondere auch Pius XII., Kenntnis zu nehmen und *diese Kenntnis zu verbreiten.*

Und das alles nicht nur mit dem Intellekt zu durchdringen, sondern diese Aufgaben auch mit dem Herzen zu ergreifen wie die Kirche selbst es tut, wenn sie, durch Pius XII. sagt: daß die Kirche sei „der Anwalt, die Schützerin und die Mutter des arbeitenden Volkes." (Ansprache v. 15.8.1945).

Müßten die katholischen Akademiker nicht sein *Anwälte, Schützer, Väter* und *Mütter* des arbeitenden Volkes? Wie ihr Herr und Heiland es war, der allzeit im Gottesherzen trug die Erbarmung über das Volk?

Was das geistige Grundelement anbelangt, so fließt die moderne Nivellierung des Betriebsmenschen aus Quellgründen, die wir aufdecken müssen, damit wir auch hier unsere katholisch soziale Verpflichtung erkennen: „Das ganz eigenartige *Puritanertum der Arbeit* um der Arbeit willen, dem Kant als preußischer Philosoph den stärksten Ausdruck verliehen hat, mußte auf die Dauer zu einer unvergleichlichen Verkümmerung der bunten Lebensfülle, zu jenem Puritanismus extremster Seinsversachlichung führen" – sagt *Peter Wust** (*Die seelische Erstarrung des modernen Menschen). Wir Katholiken haben uns von der allgemeinen Entwicklungstendenz zum Puritanismus überfahren lassen und wir sind bereit, uns ihr weiterhin anzupassen. Unsere Lebensfülle ist verkümmert; wir meistern das Leben nicht mehr aus katholischer Substanz; wir stehen den eisernen Begriffen unserer Werkzeuge und der juristisch-organisatorischen Form unserer Institutionen vielfach hilflos gegenüber. Auch wir haben uns „angepaßt".

Peter Wust weist auf das Beispiel der Renaissance-Kapitalisten im Verhältnis zu den heutigen hin, um die Differenz sichtbar zu machen: „Der Renaissance-Kapitalismus liebte es noch, sich und die Welt um sich her in Schönheit zu kleiden. Die Straßen von Florenz geben uns heute noch auf Schritt und Tritt ein deutliches Bild von jenem Grandseigneurhabitus des Reichtums in früheren Jahrhunderten. Die heutigen Kapitalbesitzer sind in diesem Punkte genau so ärmlich geworden wie die äußere Form ihrer Fabrikbetriebe häßlich und erschreckend ist. Man lebt, um zu arbeiten, und alles, was über die Arbeit um der Arbeit willen, also über den bloßen Betrieb hinausgeht, wird von den Puritanern als entbehrliche Ideologie belächelt. Freude und Schönheit sind aus dieser Welt verschwunden. Der Genius, dieser vital uninteressierte Beschauer der Welt und ihrer Fülle, hat in ihr keine Heimstatt mehr. Es ist Werktag, ewiger, ununterbrochener Werktag geworden in unserem modernen Dasein. Das ist der letzte Sinn alles" – nun stock ich, denn es ist ein wenig unerwartet, daß Wust nun nicht auf den elendsgrauen Bolschewismus hinweist, wie es die „christliche" Propaganda erwarten ließe, sondern auf den „amerikanischen Demokratismus", der auf diese Weise sichtbar wird als die Macht, in deren Zeichen der Bolschewismus nicht in einem wahren Sinne überwunden werden kann, weil er in sich nicht die Wesensfülle des Seins hat, sondern eben nur den Pflichtpuritanismus, der im Bolschewismus zur absoluten Maxime der werkenden Ameisen geworden ist.

Von hier aus wird wieder sichtbar das Bild meiner Einleitung, nun mit *Peter Wust's* Worten: „Ein düster-grandioses Schicksal schwebt über uns wie eine Gewitterwolke, die sich jeden Augenblick entladen kann. Was sollen wir hoffen? Sollen wir endgültig verzweifeln?" Der Philosoph antwortet darauf:

„Es wäre trotz allem, was wir so vor uns sehen, verfehlt, wenn wir jede Hoffnung auf einen Ausweg aus dieser Schicksalhaftigkeit aufgeben wollten. Allerdings, die Wendung kann nur langsam und nur von wenigen kommen. Deshalb aber ist heute in die Hände der wenigen, die aus dem demokratischen Schlummer der Aufklärung erwacht sind, eine gewaltige Verantwortung gelegt. Gerade die katholischen Akademiker, die um eine Erneuerung der seelischen Kräfte des abendländischen Menschen ringen, sollten sich dieser Verantwortung stets bewußt bleiben. Es ist bekannt genug, wie stark von allen Seiten immer wieder der Kampf gegen ihre seelische Erneuerungsarbeit einsetzt. Die alte seelische Stumpfheit und Geistesträgheit begehrt natürlich auf, wenn man sie von ihrem Ruhepolster aufscheuchen will. Auch von katholischer Seite her droht vielfach dieser Widerstand, und zwar begreiflicherweise, weil ja auch der Katholizismus nicht unberührt bleiben konnte von der allgemeinen Säkularisierung, die mit dem Wesen des modernen Geistes heraufgekommen ist. Man wehrt sich deshalb auch von dieser Seite her heftig gegen die neue Geistes- und Daseinsfreudigkeit, die aus dem Kreise der wenigen auf seelische Erneuerung bedachten Menschen wie frische Morgenluft in unser vergreistes Leben hereinzieht. Aber diese wenigen dürfen sich nicht irre machen lassen in ihrem Beginnen. Denn es war zu allen Zeiten so, daß der Geist ererbter Trägheit dem morgendlichen Geiste erneuter Aktivität den schärfsten Widerstand entgegensetzte."

Diese Erfahrungen Wust's gelten auch heute. Aber auch heute gilt, daß mit unentwegter Hingabefreudigkeit gerade in der aussichtslos erscheinenden Situation gewirkt werden muß, solange es Tag ist. Für uns, die „am Rande der Verzweiflung" wirken müssen, gilt das aufmunternde Wort des großen Spaniers *Donoso Cortes*: „Man halte mir nicht entgegen, der Kampf sei nutzlos, wenn die Niederlage vorauszusehen ist. Danken wir Gott, daß er uns den Kampf aufgezwungen hat. Verlangen wir zu dieser Gnade hinzu nicht auch noch die Gnade des Sieges von dem, dessen unendliche Güte denen, die für seine Sache edelmütig kämpfen, einen viel größeren und kostbareren Lohn vorbehalten hat als den Sieg hienieden." Aus solcher Grundhaltung der Kampfbereitschaft lassen Sie mich zu einer Zusammenfassung der sozialen Pflichten des katholischen Akademikers heute kommen:

Der deutsche Akademiker, der in diesem Jahrhundert in zwei Weltkriegen bewiesen hat, daß es ihm an der Tapferkeit des Soldaten so wenig fehlt wie nicht-katholischen Deutschen, sollte nun, wo andere Gewissensverpflichtungen ihn einfordern, die letzte, größte Tapferkeit des Standhaltens vor den Kräften des Abgrunds praktizieren, eine Tapferkeit, die einen dreifachen sozialen Einsatz einschließt:

1. den Einsatz im Dienst der soziale Gerechtigkeit fordernden Schicht der Arbeiter, von dem wir in unseren Darlegungen ausführlich genug gesprochen haben,
2. den Einsatz im Dienst eines darniederliegenden *Volkes*, das weder im Osten noch im Westen sein Heil finden kann, sondern immer nur in seiner großen Idee des *Reiches auf christlicher Grundlage*,
3. den Einsatz im Dienst des *Friedens der Welt*.

Versäumen wir den Einsatz im Dienst der seit 100 Jahren sozial Ausgebeuteten auch jetzt noch, so wird die Ankündigung des Jesuitenpaters Leppich, die er vor ein paar Wochen in Essen aussprach, Wahrheit werden: „Die Revolution wird aus den Bunkern und Baracken hervorbrechen; denn noch sei kein Arbeiter irre geworden an Christus, wohl aber an den satten, ihre christliche Sendung nicht mehr lebenden Christen." Der heilige Vater, Pius XII. selbst, hat in seinem Antwortschreiben auf die Weihnachtsbriefe der deutschen Bischöfe 1947 bezeichnenderweise geantwortet, daß Deutschland *„im Zeichen Kettelers"* wiederaufgebaut werden müsse; im Zeichen also des kühnen und klarsehenden Mannes, der die soziale Forderung der Ausgebeuteten immer wieder vorgetragen hatte. Der katholische Akademiker, insbesondere der Techniker im Betrieb, hat auf diesem Gebiet eine hohe Sendung endlich zu erfüllen, eine dringende soziale Verpflichtung einzulösen. „Ich glaube an den Sieg der Welt des Arbeiters und des Bauern", ruft der greise *Kardinal Saliège* von Toulouse aus, einer der geistesgewaltigsten Wortführer des zeitgenössischen Katholizismus, „obschon viele an den Sieg der Trusts glauben." Lassen sie *auch uns nicht auf den Sieg der Trusts und des Kapitalismus setzen*, sondern auf den Sieg der Welt des Arbeiters! Eines in seiner Menschenwürde wiederhergestellten Proletariers!

Und lassen Sie uns, insbesondere soweit wir jüngere Akademiker sind, unsere soziale Verpflichtung gegenüber diesem deutschen *Volk* doch niemals sehen in einem Einsatz im Dienste der Ideologien des Ostens oder des Westens. So sehr wir unsere Zugehörigkeit zum Abendländischen Geist bejahen, so sehr wir für die Hilfsbereitschaft des Westens immer dankbar sind – so klar muß unsere katholische Erkenntnis sein in der Ablehnung eines *Freiheitsbegriffs*, der nicht in absolutem Sinn der unsrige sein kann. Unsere Freiheit gründet ebensowenig wie bolschewistische Gleichheit im Geist der französischen Revolution, sondern im Geiste Gottes, der uns in Jesus Christus befreit hat, zur Freiheit der Kinder Gottes. Der Freiheitsschrei des Jahres 1933 hat uns in die Kolonial-Knechtschaft geführt; wir glauben nicht, daß uns daraus ein anderes Freiheits-Ideal befreien kann als das christliche, auf dem unser Reich in seinen hohen Zeiten errichtet war. Der dialektische Gegensatz zwischen „liquidierender" Gleichheit und „konkurrierender" Freiheit ist nur überwindbar in der Brüderlichkeit, die freilich im Herzen des Gottmenschen gründen muß, wenn sie fruchtbar werden soll. „Das Christentum wird von neuem die einzige und letzte Zuflucht des Menschen werden. Nach der inneren Reinigung und Verwandlung des historischen Christentums wird es offenbar werden, daß das Christentum auf der Seite des Menschen und der Menschlichkeit steht, auf der Seite der sozialen Gerechtigkeit, der Verbrüderung der Menschen und Völker" (Nicolai Berdjajeff). Das völkisch-soziale Ideal der Deutschen muß sein und bleiben: das *Reich*. Dies ist unser Banner in Sieg und Untergang; es ist das Banner St. Michaels, unseres Freiheits-Engels. Wir denken nicht an romantische Restauration, wir sind nicht finstere Reaktion, wir sind aber als nüchterne Christen verpflichtet, ideologische Angebote abzulehnen, die uns niemals zum Heil gereichen können, weil sie nicht unserer Sendung entstammen. Der unwiderruflichen Sendung: Zu sein das Volk des Reiches, das sein höchstes, hehres Abbild im Himmel hat. Aus dieser unserer Sendung, von der wir in den letzten Jahrzehnten abgefallen sind, weshalb wir heute im Abgrund liegen, folgt notwendig: daß dieses Reich nur wiederhergestellt werden kann durch ein *Trachten zuerst nach dem Reiche Gottes*. Darin liegt die *völkische* Sozialverpflichtung des katholischen Akademikers heute mit all den Konsequenzen, die sich aus dem sozialen Gehalt des Evangeliums ergeben, als auch mit der *„Konsequenz zum Kreuze"*.

Die furchtbare Drohung endgültigen Untergangs steht in dieser Stunde, da das Reich Beute der Mächte von Ost und West geworden ist, vor unserem deutschen Volke, so es sich nicht entscheidet für das Kreuz. „Du, deutsches Volk, bist es, dem der Ruf vom Kreuze gilt. Deine Schmerzen nimmt niemand dir ab denn der Herr; vorm Kreuz vermagst du sie zu tragen. Gleich dem Schächer, dem Hände und Füße durchbohrt sind, kannst du nichts vollbringen als eine Wendung des Hauptes zum Herrn. Über dieser Wendung steht die Verheißung, steht das Reich" (Reinhold Schneider).

Die letzte Sozialverpflichtung des katholischen Akademikers besteht der Menschheit gegenüber: ein Einsatz *im Dienst des Friedens der Welt*. Hatten die Deutschen des Mittelalters das Amt der Führung des Schwertes in der Verteidigung der abendländischen Christenheit (und wie haben sie's geführt gegen Hunnen und Türken, gegen Ungarn und Araber!) –, so haben Sie heute, als Waffenlos-Ohnmächtige nicht nur[,] sondern als das Reichsvolk zwischen den Imperialismen von Ost und West die Verpflichtung: des Rex Pacificus *Ritter des Friedens* zu sein. Dies ist ihrer geistigen Führer höchste Verpflichtung im Dienst der Menschheit. Nachdem das deutsche Volk vor der Welt sichtbar geworden war als das Volk der entarteten SS-Ritter in grausamer Gewissenlosigkeit, sollten seine besten Söhne heute keinen anderen Ehrgeiz haben als den: dieses Volk aufleuchten zu lassen als das Volk der barmherzigen Samariter, deren Herz von unerschütterlicher Friedensgesinnung erfüllt ist.

Kein Krieg kann heute Gerechtigkeit verwirklichen, weil seine Mittel, diese weiber- und kindermörderischen Mittel, völlig ungerecht sind. Keine Propaganda von Ost und West kann einen erleuchteten Geist davon überzeugen, daß Gerechtigkeit hier oder da die Fahne ist. Wohl aber vermag jedermann zu sehen, daß ein kriegerischer Zusammenstoß zwischen Ost und West die Welt ins größte Elend stürzen muß. Aus Klugheit also schon müßte der Friede als höchstes Gut erstrebt werden. Wir aber, die wir uns Söhne Gottes nennen, können nach keinem Kampfe dürsten, der zur grausigsten Menschenausrottung seit Bestehen der Welt entarten müßte. Das hohe deutsche Rittertum, das in Parzival seinen ersten Gipfel erklommen hatte, ist verkommen in der Knechtseligkeit eines bedingungslosen, verbrecherischen Gehorsams. Christliches Mannestum muß, im Rachen der Ost-West-Spannung, neue Ritterschaft aus sich gebären – eine „Bruderschaft des Geistes und des Glaubens", die durch Teilnahme am Opfer Christi, durch werktätige Liebe gegenüber jeder Menschennot, durch anhaltendes Gebet geformt wird. „Dieses Geschlecht braucht Menschen, die für seine Schuld vor Gott stehen", schrieb Alfred Delp SJ kurz vor seiner Hinrichtung, und gab damit einem neuen deutschen Rittertum die Fahne. In der Liebe überwinden solche Ritter jede Furcht vor Ost und West und setzen sich ein auch unter Todesgefahr für den Frieden, denn sie wissen sich geborgen im Herzen des Ritters aller Ritter: Christi. Wenn also gestorben sein muß, so wollen wir Überlebenden mörderischer Weltkriege im Dienst des Friedens sterben. Dies sei Erfüllung sozialer Verpflichtung katholischer Akademiker gegen die *Menschheit*!

Der Paderborner Männerpräses Dr. *Schulte* hielt vor ein paar Wochen eine Predigt anläßlich des Feiertags Mariens vom Loskauf der Gefangenen (Maria de Mercede). Er machte die Zuhörer damit bekannt, daß es in mittelalterlichen Zeiten Männer gegeben habe, die sich zur Aufgabe setzten, Christen, die als Sklaven der Araber in den Bergwerken Afrikas schmachteten, auszulösen. „Was taten denn diese Männer? Es waren zum Teil Mitglieder des hohen Adels, Söhne der angesehensten Geschlechter. Sie trennten sich von Heimat und Besitz, verzichteten als Ordensleute auf das Recht, Ehe und Familie zu gründen, trugen ihr reiches Erbteil zu einem großen Schatz zusammen. Die Geldsummen, die so zusammenflossen, nahmen sie mit, reisten auf die Sklavenmärkte Afrikas, kauften dort die Christen los, führten sie auf ihre Kosten in die Heimat zurück. Mütter zu ihren Kindern, Männer zu ihren Frauen, Ordensschwestern in die Stille ihrer Klöster.

Sie gaben das Ihre; aber noch mehr taten sie. Die Söhne von Fürsten und Edelleuten zogen als Bettler landauf, landab, zu Armen und Reichen in Dörfern und Städten, ob abgewiesen oder willkommen geheißen, und heischten immer wieder ein Scherflein, den Golddukaten des Reichen und den Heller der Witwe für das große Werk, den Loskauf der Gefangenen. Bettler wurden sie aus Liebe. Aber noch mehr taten sie. Und das ist das, was in der Weltgeschichte als Zeichen der Liebe wohl einmalig dasteht, das ist der Beweis, daß ihre Herzen entzündet waren von der Liebe von oben und von der Liebe des Mutterherzens Mariens. Das ist das, was man nur in der Torheit und in der Gnade Jesu Christi vollbringen kann. Höret und staunet! Sie legten ihre Hände ineinander und sie alle, die Mitglieder vom großen Orden vom Loskauf der Gefangenen, schwuren vor Gott und der Jungfrau Maria einen heiligen Eid. Dieser Eid aber lautete: Wenn wir im fremden und fernen Lande sind, und all unser Geld ist durch den Loskauf der Gefangenen aufgebraucht, und wenn dann noch ein Christ sich findet, der nach der Heimat verlangt, dann wollen wir freiwillig statt seiner Sklavendienste tun und ihn in die Heimat ziehen lassen. Dann wollen wir, die wir frei sind, wir Söhne von Fürsten und Edelleuten, von Bauern und Handwerkern, wir, die wir ob unseres Ordenskleides in unserem Volke geehrt sind, wir wollen die Heimat opfern und Sklavenketten tragen und Hunger und Durst und Schläge und Qual erdulden um der Brüder willen, um sie befreit von ihren Ketten in die Heimat ziehen zu lassen."

Als der Diözesanpräses so gesprochen hatte, da war im Gotteshaus tiefste Stille heiligster Erschütterung. Die soziale Großtat unserer mittelalterlichen Brüder hatte uns den Atem verschlagen. „Wie groß war eine Zeit, die sich entzünden ließ von der Torheit der Liebe Jesu Christi, entzünden ließ von der

Liebe des Herzens Mariä!" – so sagte in die Stille hinein der Prediger. Ich wiederhole hier seine Worte, hoffend, daß auch in Ihnen etwas geweckt würde von dem Geist der Liebe, der die Mercedarier beseelte. In unsere Hände ist die Freiheit der Welt gelegt, von uns erwartet die Mutterliebe Mariens ähnlichen Geist, wenn auch nicht gleiche Opfer wie von den Mercedariern, den Loskäufern des Mittelalters. Auch wir sind zu Loskäufern bestellt: zu Loskäufern unserer proletarisierten Brüder, zu Loskäufern unserer versklavten Volksbrüder, zu Loskäufern unserer in den Ketten Satans liegenden Menschenbrüder. Gehen wir im Bewußtsein dieser unserer dreifachen Sendung aus dieser feierlichen Stunde in den harten Alltag hinein!

„Was aber am bedeutsamsten ist", sagt Pius XII. am 22.2.1944, „ist das, daß die Gemeinschaft der Gläubigen nicht zögert, in ihrem gesamten Lebensbereich energisch und tapfer die Prinzipien der Soziallehre der Kirche in die Tat umzusetzen; so soll sich hier nicht bewahrheiten, daß die sozialen *Ansichten* der Katholiken stark, ihre soziale Aktion aber schwach ist."

T: *Heidingsfelder*, Georg: Die soziale Verpflichtung des katholischen Akademikers heute [Ansprache im Rahmen der „Feier des Stiftungsfestes des Bernwardkreises und der Altherrenschaft der AV Frisia Hannover"]. In: Werk-Hefte der Arbeitsgemeinschaft für katholisches Laienwerk. 2. Jg. (1948) Heft 12 (Dezember), S. 5-17.

[B.4]
Erst denken, dann entscheiden
(1950)

[Georg] Hei[dingsfelder]

(*IM BRENNPUNKT*
Im Brennpunkt der öffentlichen Auseinandersetzung steht nach wie vor die Frage um die rechte Erhaltung des Friedens. Es ist unmöglich, auch nur einen annähernd erschöpfenden Hinweis auf die Veröffentlichungen der letzten Wochen in dieser Frage zu geben. So viel ist inzwischen deutlich geworden: die Meinung des christlichen Volkes zur Sache ist keineswegs einheitlich. Teils wartet es mit ängstlicher Ungeduld auf ein autoritatives Wort seiner geistlichen Hirten (das aber in der erwarteten Weise, nämlich als Rezept, niemals kommen wird und kommen kann), teils sieht es der Entwicklung mit einem ähnlichen Gefühl zu wie ein Reisender im fahrenden Zug, der auf falschem Geleise fährt, Hinausspringen bedeutet den sicheren Tod, Darinbleiben den möglichen Zusammenstoß). Also: drinbleiben und Daumen drücken. Manche – um bei dem Bild zu bleiben – suchen auch nach der Notbremse, aber die Gebrauchsanweisung ist amerikanisch geschrieben. Man weiß also nicht, was passieren kann, wenn man irgendwo zieht ...
Es gibt erfreulicherweise auch solche, denen Besseres einfällt, als die Daumen zu drücken und Notbremsen zu suchen. Von solch geistigen und geistlichen Anstrengungen katholischer Laien und Priester sprechen die nachfolgenden Berichte.)

Hinter uns liegen zwei Weltkriege. Vom ersten schon sagte Papst Benedikt, daß er kein Krieg, sondern „ein ehrloses Gemetzel" gewesen sei. Und nun wird, in beängstigender Nähe, der dritte sichtbar, der ein Krieg sein wird um den Besitz des Planeten zwischen den zwei Mächten, die allein noch die gigantischen Kriegsmittel bereitstellen können. Wir Deutschen stehen zwischen den Fronten des Westens und Ostens, im Niemandsland. Und wir sind belastet mit der Tradition, das soldatische Volk zu sein. Die Frage: „Sollen wir wieder ...?" ist für uns eine existenzielle Frage im vollen Sinne dieses Begriffs geworden.
  Es ist notwendig, die drei Hauptschichten oder wenn man will -sichten des Problems reinlich zu unterscheiden, weil anders die Argumente durcheinander taumeln und einem politischen ein religiöses, einem moralischen ein militäri-

sches entgegengehalten wird, ohne daß die Ebenen erkannt werden, denen die Argumente entstammen.

I. Die politisch-militärische Sicht des Problems

1. Der dritte Weltkrieg wird geführt von den liberal-kapitalistischen USA gegen das bolschewistische Rußland. Das Ergebnis wird die Einheit von Welt und Menschheit sein und damit – der Weltfrieden. Es möchte scheinen, als ob in dem furchtbaren Zweikampf um das hohe Ziel jedermann auf eine der beiden Seiten treten, sich also entscheiden müßte für eine amerikanisch oder bolschewistisch bestimmte Welt. Zu einer Entscheidung für „West" hat der „Rheinische Merkur" schon vor Jahren aufgerufen und bewaffneten Einsatz der Deutschen gefordert. („Ein Hundsfott", las man da, „der Weib und Kinder dem Iwan überläßt.") Für den Osten und die Sowjets plädieren hierzulande nur wenige. Bei den Erwägungen über die Entscheidung zwischen West und Ost wird vielfach auch mit dem „kleineren Übel" operiert, das die USA seien.
2. Militärisch wird eine selbständige Aufrüstung der Deutschen nicht mehr möglich sein; sie werden also nur „im Rahmen der atlantischen Streitkräfte" (oder „als Mitkämpfer der Sowjetunion") zum Einsatz gelangen. In jedem Fall würden die deutschen Waffenträger auf beiden Fronten zu finden sein und sich im vordersten Graben einen Bruderkrieg liefern.
3. Eine „Neutralität" wird von politischen und militärischen Experten als eine Utopie erklärt. Politische Unentschiedenheit und Waffenlosigkeit des Westens würden überdies zum Anreiz für eine bolschewistische Invasion.

II. Der moralische Aspekt

1. Es wird gesagt, daß im Westen die Freiheit, die Kultur, das Abendland verteidigt würden; im Osten hingegen die Barbarei und Sklaverei Gewehr bei Fuß ständen.
2. Die bewaffnete Auseinandersetzung führe zwangsläufig zum Einsatz von Kriegsmitteln, die „in sich ungerecht" seien wegen der unterschiedslosen Vernichtung von Kämpfern und Nichtkämpfern. Die Freiheitskämpfer auch des Westens werden von einer solchen Unsittlichkeit der Waffen indes kaum beeindruckt:
Mr. Acheson, USA-Außenminister, meinte: „Die Waffen sind gleichgültig, entscheidend ist das Vorgehen selbst." Und General Bradley fügt hinzu: „Die großen Wunden, die man dem Gegner schlägt, tragen zum Siege bei."

Es werden hier offenbar die Mittel durch den Zweck geheiligt; im Kampf um die Freiheit ist jedes Mittel recht.

3. Es bestehe die sittliche Pflicht zur Verteidigung eines Staatswesens ebenso wie zur Verteidigung Anvertrauter im Stand der Notwehr.

III. DIE RELIGIÖSE SICHT DES PROBLEMS

1. Der völligen Ablehnung jeglicher Waffengewalt unter Berufung auf Christi Wort zu Petrus im Garten Gethsemani (Stecke Dein Schwert in die Scheide!) steht gegenüber die Auffassung, daß „absoluter Pazifismus ein Irrtum" sei. Es gebe Lagen, in denen die Waffengewalt nicht entbehrt werden könne.

2. Wie die Christen des Mittelalters in der Abwehr der Türken, Mauren, Ungarn und zur Befreiung des hl. Grabes zu den geheiligten Waffen griffen, so bestünde auch heute die Pflicht, zur Verteidigung der heiligsten Güter gegen den offenbaren „Antichrist" die Waffen zu führen. Die große katholische Männerzeitung „Mann in der Zeit" überschreibt ihre August-Nummer: „Waffen – aber mehr noch Gebete"! Gouverneur Miller von Pennsylvania sagt es deutlicher: „Die Christen müssen kämpfen, in der einen Hand das Kreuz, in der anderen die Atombombe". Demgemäß wird im Westen der Kampf gegen den Osten gerne als Kreuzzug firmiert.

3. Es gibt heute sogar einen englischen katholischen Geistlichen, der die Meinung öffentlich (in der Zeitschrift „People and Freedom") verficht, unser Herr Christus hätte gewiß auch mit der Waffe in der Hand gefochten, wenn das notwendig gewesen wäre. Dieser Father Drinkwater schreibt: „Unser Herr hätte wohl, wie Sokrates, bereitwillig (!) zur Verteidigung von Freiheit und Gerechtigkeit unter den Menschen gefochten. Schließlich wissen wir wenig vom täglichen Leben unseres Herrn, außer in den letzten wenigen Monaten: das gibt uns kein Recht zu entscheiden, was der Zimmermann von Nazareth getan hätte, wenn z.B. sein Dorf von Briganten überfallen worden wäre."

IV. KRITISCHE ÜBERLEGUNGEN

1. Die „dritte Kraft zwischen Ost und West

Ohne Zweifel gibt es auch heute „nicht nur zwei Stühle auf der Welt" (Berdjajeff). Europa könnte und müßte zwischen Ost und West sich behaupten, aus eigener Substanz. Insofern müßten sich die Deutschen nicht für Ost oder West, sondern für Europa entscheiden. Der militärische Einsatz der Deutschen bringt den Bruderkrieg. Auch in der atlantischen Völkergemeinschaft wäre wohl den Deutschen die (infanteristische) Rolle des verlorenen Haufens zugedacht, wie nicht wenige amerikanische Pressestimmen beweisen. Wenn man, wie kürzlich ein christlicher Bundestagsabgeordneter, erwidern will, daß die „Brüder" des Ostens so wenig Brüder seien wie seinerzeit die SS, weshalb man keine Bedenken haben sollte, auf sie zu schießen, so wäre daran zu erinnern, daß die SS nicht wenige gepreßte Männer enthielt und wohl auch sonst nicht ausschließlich aus Schurken und Verbrechern bestand. Für die „Volkspolizei" gilt das sicher in vermehrtem Maß.

Eine Remilitarisierung der Deutschen brächte zwangsläufig all die Männer und Gesinnungen wieder herauf, deren Überwindung alle Anstrengung der demokratischen Deutschen erfordert. Der Militarismus ist die schlimmste Volksseuche der Deutschen, die Opfer unerhört gefordert hat, moralische nicht weniger als physische. Und preußische Feldwebel und Kaserne sind einfach humanitäre Greuel.

2. Die moralische Seite des modernen Krieges

Die Freiheit, die vom Westen verteidigt wird, ist die Freiheit, die den Kommunismus geboren hat und ihn immer wieder hervorbringt; die auf sie gegründete Gesellschaft entwickelt sich aus Notwendigkeit zum totalitären Staat. Von der Göttin Vernunft zum russischen Gottlosenverband ist nur ein Schritt. Der Westen ist moralisch nicht legitimiert zur Aburteilung des Ostens.

Der Imperialismus (auf deutsch: die Weltgier) des Amerikanismus ist nicht geringer als der des Ostens. Die „Ordnung Gottes" wird auch im Westen weder angestrebt noch verteidigt; sie ist im Gegenteil gerade hier korrumpiert. Hiroshima ist durchaus kein Beweis überlegener Moralität.

Die eigentliche sittliche Verwerflichkeit des Krieges aber liegt ohne Zweifel in den Kriegsmitteln, die in sich unmoralisch, wenn nicht satanisch sind. Darum auch hat es keinen Sinne mehr, wenn an Hand abstrakter Prinzipien die „Erlaubtheit eines gerechten Krieges an sich" erörtert wird. Mit Atombomben ist eben keine Gerechtigkeit zu schaffen oder zu verteidigen.

Deutlich spricht dies eine vatikanische Stimme aus: „In der modernen Gesellschaft erscheint der Krieg nicht mehr als ehrenhafte Verteidigung eines ungerecht angegriffenen Volkes oder als Wiederherstellung eines verletzten Rechtes; infolge der veränderten Verhältnisse erweist er sich vielmehr als Mord an Unschuldigen und als Verbrechen an der Menschheit. Das Recht, sich zu verteidigen oder die Wiederherstellung des verletzten Rechts wird nicht in

Abrede gestellt; es wird aber behauptet, daß der moderne Krieg kein Mittel mehr ist im Dienste der Gerechtigkeit ..." (Osservatore Romano vom 1.10.47.) Der *Heilige Vater selbst* sagte schon 1943: „In allen Nationen wächst der Ekel gegenüber den unmenschlichen Methoden eines totalen Krieges, der zur Überschreitung jeder sittlichen Schranke und jeder Norm göttlichen und menschlichen Rechtes führt. Auch die „Friedensenzyklika" vom 19.7.1950 äußert sich in dieser Weise.

Reinhold Schneider hat in der Kritik des Gutachtens zweier katholischer Moraltheologen in USA, das die H-Bombe zu rechtfertigen sucht, die Frage gestellt: „Woher sollen wir den Mut nehmen, uns Christen zu nennen, woher nehmen wir unser höheres Recht, wenn wir allen Ernstes der Meinung sind, daß die Wasserstoffbombe der Moral nicht widerspreche?"

3. Christus und die Waffen

Es ist gar kein Zweifel daran möglich, daß Christus in entscheidender Stunde die Gewalt der Waffe entschieden abgelehnt hat, als er zu Petrus sprach (Matth. 26,52; Joh. 18,11): Stecke dein Schwert in die Scheide! Die wahre Nachfolge kann nicht anders handeln. Hier eben muß sie sich bewähren. Reinhold Schneider ist der Überzeugung, daß die Heiligung des Schwertes zu keiner Zeit christlich zu rechtfertigen war (Brief an den Verf. v. 2.7.50). „Vor uns", so schreibt er, „kann nur ein Reich liegen, an dessen Anfang Petrus das Schwert in die Scheide steckte. Dieses Reich ist doch etwas völlig anderes als das im Mittelalter geschaute, dessen Irrtümer wir eingestehen sollten – auch die Kirche sollte es tun." Wir stehen ja in der Stunde einer Umwandlung ungeheurer Art, in der jede Art Gewalt- und Schwertchristentum völlig unmöglich werden wird, vielmehr allein die existentielle Sanftmut der Christen die Welt überwinden kann.

Die Kirche verbietet ihren Priestern sogar im Gesetzbuch ausdrücklich, auch am „gerechten Krieg" teilzunehmen. In der „Stunde des Laien" kann in Hinsicht auf Blutvergießen kein Unterschied bestehen zwischen Amts- und Laienpriestern; in einer säkularisierten Welt ist das ganze Volk der Christen berufen, das priesterliche Zeugnis abzulegen gemäß 1. Petrusbrief 2,9. Auch hier ist eine Überwindung des Mittelalters im Heraufkommen. Die Christen sind heute wieder das Volk aus allen Völkern, das der Welt widerspricht, indem es sie durch sein Gesetz der Kreuzesnachfolge überwindet; darin sind alle Christen Priester.

Reinhold Schneider nennt die modernen Waffen kurzweg „Teufelswerk". Und von dem Gutachten der Moraltheologen über die H-Bombe sagte er: „... es ist eine ungeheure geistige Schuld und ein Verrat an Christus."

ERGEBNIS

Die politische Betrachtung der Lage widerrät Teilnahme am Krieg der zwei imperialistischen Mächte. Die Moral ächtet die Kriegsmittel als untauglich zur Herstellung von gerechter Ordnung oder zur Verteidigung der Freiheit. Die christliche Religion ist, nach dem Zeitalter von Konstantin am Ende der „Neuzeit", an einen neuen Anfang gekommen. Wir meinen: Die christlichen Deutschen, die diesen Namen in Ehren durchtragen wollen, haben nicht neuen Parolen zu folgen; sie haben auch nicht Befehlen zu gehorchen; sie haben ganz und gar nicht weltlichen oder geistlichen Führern kurzschlüssig zu folgen –, sondern sie haben sich, Mann für Mann, im Gewissen zu entscheiden, ob sie auf das gute Gesetz Christi setzen wollen oder – auf die Waffen, die sich heute ganz sicher in der Verfügungsgewalt Satans befinden. „Das Evangelium", sagt Reinhold Schneider, „versetzt uns heute in einen herzzerreißenden Widerspruch zur Zeit, der tödlich sein kann für viele. An der Stelle, wo wir stehen, muß geschehen was noch nie geschehen ist."

Wir Christen haben die Frage: Sollten wir wieder die Waffen ergreifen? aus dem höchsten Aspekt zu entscheiden, aus dem religiösen. Hier spreche nun die Stimme eines wohlinformierten Gewissens. Unsere Darlegungen seien Informationsmaterial für dies christliche Gewissen.

T: *Hei[dingsfelder*, Georg]: Erst denken, dann entscheiden. In: Werkhefte [Frankfurt], Oktober 1950, S. 46-47. [Texterfassung und bibliographische Angabe nach Druckseiten aus dem Depositum „Martin Stankowski / Splitternachlaß G. Heidingsfelder" im AdsD / Friedrich Ebert Stiftung Bonn; nicht nach der angegebenen Primärquelle überprüft.]

[B.5]
Ehrlich gesagt
(1950)

G[eorg]. H[eidingsfelder].

Nachstehende Zuschrift ist in mancher Hinsicht „nicht ganz ohne". Redaktionen pflegen sich in solchen Fällen vorsichtig zu distanzieren, um im Ernstfall nicht miterschlagen zu werden.
Wenn wir auf solche Vorsichtsmaßnahmen verzichten, dann deshalb, weil wir Veröffentlichungen dieser Art in einem echten Sinn mitverantworten möchten. Wir wollen ja nicht wie kleine Jungen die Lunte anstecken und dann hinter der nächsten Ecke warten, bis die Fensterscheiben klirren.
Wir würden uns freuen, wenn das nächste WERKHEFT eine Entgegnung aus den Reigen der „Angeschossenen" bringen könnte. Es wäre denkbar, daß sie ebenfalls nicht ohne „heiligen Zorn" wäre.

I.
Vor nicht sehr langer Zeit ging es in einem offiziellen prominenten Kreis um das sogenannte „Präses-Prinzip", das heißt um die Organisationsform christlicher Vereinigungen, in denen der Geistliche die Position eines Präses einnimmt. Es ging in besagtem Kreis nicht um die Art, wie dieses Präsesamt auszuüben sei, ob mehr repräsentativ oder mehr direktiv, sondern um das Wesen der Präsesverfassung überhaupt.
In der Debatte trat gegen Ende ein alter Diözesanpräses, Prälat und Monsignore, auf und erklärte als Ergebnis seiner „jahrzehntelangen Erfahrungen": „Der Präses ist der Drahtzieher hinter den Kulissen". Dies Wort war kein faux pas, sondern wohlüberlegte, überzeugt vorgetragene Meinung des hohen Präsiden.
Ich bin tief erschrocken über dieses Wort und habe es seitdem oft bedacht und an der Wirklichkeit geprüft. Das Ergebnis ist dieses: Ich bin zu der Überzeugung gekommen, daß jener Prälat die Wahrheit über das katholische Vereinsleben alten Stils ausgesprochen hat. Es sind in diesen Organisationsformen wirklich die Methoden der „Drahtzieherei" die heute noch immer gebräuchlichen. Und wenn auch nicht wenige der unteren Präsiden mit großer Anstrengung bemüht sind, dies zu ändern, so ist es um so mehr an der Spitze ausgemachte Sache, daß diese Methode wegen der „jahrzehntelangen, guten Erfahrungen" auch für die nächsten Jahrzehnte die gegebene sei.

II.
Für einen Konvertiten, der bis zu seiner Konversion auf „das Gewissen allein" gestellt war, ist es ein harter Schlag, sich als Marionette wiederzufinden, die an klerikalen Drähten gezogen wird. So hatte er sich das Vaterhaus nicht vorgestellt. Aber ihn vermochte bald die Einsicht zu trösten, daß es auch im Vaterhaus Söhne gab, die keineswegs damit einverstanden waren. So hat ja erst wieder beim Passauer Katholikentag Prälat Dr. Grosche aus Köln ganz klar zum Ausdruck gebracht, daß die Organisationen alten Stils durchaus nicht befähigt seien, die Probleme dieser Zeit zu meistern und deshalb ihre unveränderte Wiederbelebung nach 1945 ein Fehlschlag werden mußte. Solche Söhne sind heutigentags gar nicht mehr so wenige in der heiligen Kirche, aber sie haben einen schweren Stand nach zwei Seiten: Gegen die „Drahtzieher" selbst, die nur ungern von „bewährten Methoden" lassen, und gegen die „Marionetten", die nichts zu denken und nichts zu verantworten brauchen, sich in ihrer Rolle wohlfühlen, und überdies als die treuesten Söhne der Kirche belobigt werden.

III.
Es ist nicht notwendig, Schuldfragen aufzurollen. Aber es ist unumgänglich auszusprechen: daß es die Schuld vermehren heißt, wenn auch in dieser Stunde noch immer an solchen Methoden bewußt festgehalten wird, oder aus Trägheit, welche bekanntlich die Mutter aller Sünde ist. Angesichts der Bedrohung durch einen neuen Totalismus ist nichts notwendiger als eine Überprüfung der Systeme und Methoden der Führung des christlichen Volkes. Insbesondere die Laien mögen sich endlich von den Drähten lösen und auf eigenen Beinen zu stehen und gehen versuchen. Es ist eines Christen unwürdig, ja es widerspricht dem Wesen des Christlichen, die Person zur Puppe zu degradieren. Es ist geradezu eine Sünde wider den Heiligen Geist, ohne Gewissen sozusagen als „katholischer Nazi" zu leben und zu sterben, an Herz und Hirn entmannt. Der große Papst der actio catholica, Pius XI., hat nichts mehr verachtet als solche Haltung, wie sein Brief vom Jahre 1929 an Kardinal Segura beweist, in dem er schrieb, daß es „die Aufgabe der katholischen Aktion sei, die Gewissen der Christen so stark christlich zu formen, daß sie jederzeit und in jeder Situation des privaten und öffentlichen Lebens imstande sind, die christliche Lösung der vielen sich darbietenden Probleme zu finden". Das Jahr 1933 hätte die Christen in anderer Verfassung vorgefunden, wenn dieser Satz statt der „Drahtzieherei" in den entscheidenden Jahren zuvor praktiziert worden wäre. Jetzt ist die Stunde noch weiter vorgerückt, und darum ist die Fortsetzung solcher Praxis heute ein unverantwortliches Gebaren, dem ein Ende gemacht werden muß. Es wird in echter Weise nur abgelöst durch wahre Mündigwerdung der Laien. Ob die Organisationen alten Stils den Mut aufbringen werden,

in echtem Bußgeist sich zu reformieren und einen neuen Anfang zu setzen, kann bezweifelt werden. Es sieht fast so aus, als ob sie sich in ihrem Zustand verhärten wollten. Hier vermag wirklich nur die Hoffnung auf göttliche Erbarmung zu helfen. Der Herr kann erleuchten und die Herzen wandeln. Der Herr kann freilich auch ein neues furchtbares Zorngericht über die Seinen heraufführen, um sie die Notwendigkeiten der Stunde zu lehren. Man sollte meinen, daß das „Dritte Reich" den deutschen Katholiken Lehre genug gewesen wäre, von Strukturen abzugehen, die sich nicht bewähren konnten. Aber es ist leider die Trägheit insbesondere im Organisatorischen so stark, daß wenig Hoffnung auf Wandlung durch Evolution besteht.

T: *H[eidingsfelder]*., G[eorg].: Ehrlich gesagt. In: Werkhefte [Frankfurt], Oktober 1950, S. 48. [Texterfassung und bibliographische Angabe nach einer Druckseite aus dem Depositum „Martin Stankowski / Splitternachlaß G. Heidingsfelder" im AdsD / Friedrich Ebert Stiftung Bonn]

[B.6]
Restauration des Bürgertums?
(1950)

Von Georg Heidingsfelder

Das Leitbild der menschlichen Gesellschaft ist auch in unseren Tagen immer noch „der Bürger". Er ist der Repräsentant der „herrschenden Klasse", in der zweifachen Gestalt des Besitzenden und des Gebildeten. Obgleich weite Bürgerkreise sozial deklassiert wurden; obwohl die Unfähigkeit dieses Standes, die Welt zu ordnen und zum Frieden zu führen, ebenso erwiesen ist wie seine moralische und religiöse Ausgehöhltheit – ist „das bürgerliche Zeitalter" noch immer nicht zu Ende. Der Bürger hält sich an der Macht, er betreibt mit Eifer seine Restauration, er bemüht sich sogar mit publizistischem Eifer um den Schein einer erneuerten Berufung seiner Gestalt als Leitbild der Gesellschaft. Ich wage zu behaupten:

Es gründet unser soziales Elend zuletzt in nichts anderem als in der traurigen Tatsache, daß das Leitbild des Bürgers nicht überwunden, das bürgerliche Zeitalter nicht beendet werden kann. Pater *Delp* S J. hat 1945, im Angesicht des Todes, aufgezeichnet: „Dieser Typ (des Bürgers) hat die Geleise der Entwicklung, auf denen wir fahren, gelegt. Dieser Typ ist grundsätzlich nicht überwunden, weil alle Gegenbewegungen eigentlich nicht den Typ negieren, sondern nur den Ausschluß eines Teils der Menschen von den Lebensmöglichkeiten des Typs."

Die Frage ist: ob wir ein neues Leitbild der Gesellschaft zu finden und zu verwirklichen vermögen. Dies wiederum hängt davon ab, daß uns das Bild des Bürgers als *Gegenbild eines neuen Menschenbildes* klar sichtbar wird, das dreifache Gesicht des Bürgers, wie es sich in der Geschichte darbietet.

I.

Der Urgrund menschlicher Gesellschaft ist *der Bauer*. Aus der Bauernwelt wächst hervor der stadtbewohnende Bürger, heiße er Civis oder Citoyen, lebe er im römischen Staat oder im französischen. Gemeinsames Fundament dieser Bürger ist die *Stadt* als rechtlich verfaßtes Gemeinwesen, in dem die Kultur (Wissenschaft und Kunst) zum Gipfel geführt wird.

Im christlichen Abendland setzte die Heraufkunft des Bürgertums um das Jahrtausend ein.

„Seit dem 11. Jahrhundert entwickelt sich die Neigung, in Städten enggeschart zusammenzuhausen. Im zwölften und dreizehnten Jahrhundert erleben wir etwas wie eine Städtegründungsbewegung. Der Abstand des Nebeneinander hört auf, der Abstand des Übereinander bildet sich reicher aus. Ein neuer Menschentyp entsteht: *der Bürger*" (Stapel).

Dieser abendländische Bürger wiederholt einesteils die Gestalt des aktiven Civis, er bringt aber auch, als christlicher, ein Neues herauf. Er ist im ganzen eine vollendetere Bürgergestalt, als sie je im Altertum möglich war. Auch hier setzt indessen die Gnade die Natur voraus, und in der *Natur* des Bürgers ist es begründet, daß der mittelalterliche Bürger soviel gemeinsame Züge mit seinem antiken Vorläufer hat.

Die Natur des Bürgers läßt ihn erkennen als den rechtlich denkenden, in der Gesetzestreue seine Ehre suchenden und findenden Menschentyp, dessen besonderer Stolz die „hohe Kultur" ist, die er kraft seines händlerischen Reichtums schafft. Eine Welt höchster Leistungen ist mit dem Namen des Bürgers verbunden. Große Denkmäler bürgerlichen Geistes künden über Jahrhunderte und Jahrtausende von der Formkraft des Bürgers auf allen Gebieten der Kultur; und große Namen leuchten über die Zeit hinweg und künden den Ruhm des Bürgers. Man hat sich daran gewöhnt, erst den „neuzeitlichen" Stadtbewohner als den eigentlichen Bürger zu sehen; die Nürnberger etwa zur Zeit Dürers; das erst seien die freien Bürger, denn der Bürger vorreformatorischer Prägung sei doch geistlicher und geistiger Untertan gewesen, ohne den „eigentlichen" Bürgersinn und Bürgergeist. Es ist gewiß, daß der Bürger seine letzte Ausformung erst mit der Renaissance erhalten hat; es ist aber ebenso gewiß, daß eben diese Ausformung auch die Gefahren mit heraufführte, denen der Bürger schließlich erlegen ist.

Das Gesicht des Bürgers jener „ersten Zeit" seiner Leitbild-Werdung, also das des mittelalterlichen und nachreformatorischen Bürgers, ist imponierend. Die edlen Züge treten klar hervor. Die Patrizierwürde, die auf dem Gesetz aufruht, das die Häuser sicher stehen läßt; der Sinn für Unabhängigkeit, der die Persönlichkeit in der Luft der individuellen Freiheit sich entwickeln macht; der berechtigte Stolz auf die Leistungen des Gemeinwesens in Wissenschaft und Kunst; der staatsmännische Geist, der aller Tyrannis entgegen ist; der kühne, unternehmerische Wille und der Trieb zur Fülle des Reichtums, der der Repräsentation zu dienen vermag; – all diese Züge vereinigen sich im Gesicht jenes Bürgers und geben noch seinem letzten, innerlich schon tief zerrissenen Sproß, dem weimaraner Bürger-Adligen Goethe die repräsentative Geschlossenheit der Gestalt, die den echten Typus charakterisiert. Im *dichterischen* Leitbild, das dieser größte „Bürger-Dichter" sichtbar macht, wird freilich sichtbar die Auflösung der Gestalt ins „Faustische", in die schweifende Unsicherheit und zerstörerische Gewissenlosigkeit, die dann später so abgründiges Unheil heraufführt.

Wenn nun nach dem zweiten Weltkrieg, der das dritte (apokalyptische) Gesicht des Bürgers jedem Christen, der Augen hat zu sehen, erblicken ließ, von Restauratoren so getan wird, als bedürfe es nur einer „konservativen" Besinnung der Reste heutigen Bürgertums, um den Bürger aufs neue als Leitbild der Gesellschaft zu legitimieren, dann spricht daraus nichts als *leichtfertige Ahnungslosigkeit und betriebsame Wichtigtuerei.*

Das Leitbild des Bürgers hat seit jenen ersten Zeiten eine Entwicklung durchgemacht, die es von Stufe zu Stufe in den Abgrund hinunterführte; anstelle jenes ersten Gesichts des Bürgers, in dem sich so rein wie das geschichtlich eben möglich ist, „die platonische Idee des Bürgers" widergespiegelt hatte, ist längst ein anderes getreten, das die Züge des ersten fast ganz ausgelöscht hat: das Gesicht des Bourgeois nämlich, der in der französischen Revolution, zunächst als Citoyen, die gesellschaftliche Macht ergriff im Zeichen der *Freimaurerfahne*: Freiheit! Gleichheit! Brüderlichkeit!

II.
Der Bürger, der 1789 „die Macht ergriff", um „allein alles zu sein" wie *v. Nell-Breuning* sagt, trug zwar die Fahne mit den Idealen: Freiheit! Gleichheit! Brüderlichkeit! in die geschichtliche Arena, „die drei Dogmen, die nicht von der Republik ausgegangen sind, sondern vom Kalvarienberg" (*Donoso Cortes*). Aber die geistig-religiöse Substanz des Bürgers war durch cartesianische Philosophie und rousseausches Aufklaricht [sic!] bereits so verdünnt, daß sein Gesicht sehr bald als die *bourgeoise Physiognomie* offenbar wurde, der jene Dogmen nur zur Maskierung dienten. In Wahrheit hieß die Fahne der Revolution – Bourgeoisie: *Freiheit für Besitz und Bildung!* Es war also die Freiheit

für eine *Klasse* nur, für die Klasse der Bürger; wer nichts besaß, hatte die Freiheit zu verhungern; wer nicht gebildet war, galt verächtlich als Untermensch (Prolet oder Banause). *Donoso Cortes* nannte darum die französische Republik die „Republik der drei Gotteslästerungen, die Republik der drei Lügen". Die Wahrheit dieser Charakteristik sollte bald offenbar werden:

Unter dieser bourgeoisen Physiognomie vollzog sich das schmählichste Massenverbrechen des christlichen Zeitalters, schlimmer als die Inquisition: die Proletarisierung der Arbeiterklasse, die bis heute nicht überwunden ist.

Es braucht über das Gesicht des „profitgierigen und ausbeuterischen Besitzbürgers" nicht viel gesagt zu werden; es ist vom Sozialismus deutlich genug gezeichnet worden. „Die Rente, der Coupon, die stille Teilhaberschaft, die Zinshäuser, das waren und sind die Symbole und Ideale dieser Menschen. Daß da ein Menschentyp geworden ist, vor dem selbst der Geist Gottes, man möchte sagen, ratlos steht und keinen Eingang findet, weil alles mit bürgerlichen Sicherheiten und Versicherungen verstellt ist, darf nicht nur als Erscheinung der Vergangenheit gewertet werden." So zeichnete kurz vor seiner Hinrichtung im Jahre 1945 der Jesuit *Alfred Delp* das Gesicht dieses Bürgers. Dieser Bourgeois ist auch im christlichen Bereich aufgetreten: als kirchenbesuchender Bürger, der gleichwohl im gesellschaftlichen Bereich Arm in Arm mit dem liberalen Freimaurer marschierte. Wieder ist es Alfred Delp, der sogar die Verbürgerlichung der Kirche durch diesen Menschentyp feststellte: „Der bürgerliche Mensch hat nicht versäumt, sich in der Kirche breitzumachen und die Ideale der menschlichen Schwäche: Besitz, Macht, gepflegtes Dasein, gesicherte Lebensweise innerhalb des kirchlichen Raumes anzusiedeln." So kam es, daß „man" als Bürger-Katholik getrost Aktionär protestantischer Zeitungsverlage, Führer liberaler Parteien und Förderer freimaurerischer [sic!] Volksbildungsbestrebungen sein konnte. (Der Schreiber dieser Zeilen kann noch heute lebende Exemplare dieser Gattung vorführen.)

Es soll aber hier nicht so sehr auf das Gesicht des Besitzbürgers als auf das des *Bildungsbourgeois*, seines Zwillingsbruders, hingewiesen werden. Dieser Bildungsbürger hat die tragenden Säulen jeder menschlichen Gesellschaft: Bauern und Arbeiter auch dadurch zu Untermenschen gradiert, daß er sie als „Ungebildete" deklassierte. Möglich geworden ist das in sehr einfacher Weise dadurch, daß das *Bürgertum Bildung mit Wissen gleichsetzte*. Wer solches auf Schulen zu erwerbendes Wissen nicht hatte, war ein Ungebildeter. Ein solcher Bildungsbegriff ist freilich völlig verdorben; das hindert aber das Bürgertum nicht, auch heute noch seine (juristischen, ärztlichen, philologischen etc.) „Fachleute" als Gebildete anzugeben, obgleich (wie Papst Pius XII erst vor kurzem sagte) „ihr Gesichtskreis nicht weiter ist, als der enge Bereich ihres Spezialistentums und nicht höher als ihre rein fachliche Fähigkeit" (Ansprache an den Pressekongreß). Darum sind diese bürgerlichen Gebildeten, wie

Guardini formuliert: „Ungebilde von Gnaden der Aufklärung, Karikaturen." Man muß gerade *sie* mit dem Besitzbürgertum zusammensehen, damit man das richtige Bild vom Gesicht des „zweiten Bürgers", also Bourgeois bekommt.

Der bürgerliche Gebildete ist nicht nach einem Bild gestaltet; das Menschenbild in seiner Ganzheit und Totalität ist ihm verlorengegangen. Der Repräsentant dieser Bildung ist nicht auf ein Bild des Menschen bezogen, das im *Seinsganzen* steht, sondern auf *ein Bild des Menschen, das von der herrschenden (Klassen-)Gesellschaft legitimiert ist. Das ist das abgründig-Verderbliche bürgerlicher Bildung; denn daraus wächst der Kollektivismus hervor.* Das Bild des bürgerlichen Gebildeten steht nicht mehr im metaphysisch-religiösen Bereich; es ist von dieser Bindung abgeschnitten. Der (bourgeoise) Arzt zum Beispiel, der *„Stabsarzt"* wurde, bewies damit, daß er nicht mehr Arzt im Vollsinne des Bildes war; er war bereit, seine Arztehre an die Generale abzutreten, sie also auf die Gesellschaft zu beziehen, statt auf Gott und seine Schöpfungsordnungen. Der (bourgeoise) Jurist, der sich als *Rechtspositivist* bekannte, offenbarte damit seine bloße Gesellschaftsbezogenheit. Um das Bild eines wahren Richters zu sein, müßte er sich mindestens auf Gottes Gerechtigkeit, wie sie im Naturrecht steht, beziehen. An diesen Beispielen wird sichtbar, was das ist: ein Gebildeter im bürgerlichen Sinn. Er ist wirklich Karikatur. Die Arbeiter und Bauern brauchen *davor* wirklich keinen Respekt zu haben. (Die *christlichen* Arbeiter und Bauern hätten gut daran getan, schon vor fünfzig Jahren keinen Respekt vor *ihren* Gebildeten zu haben; denn sie waren damals schon von der Art, die *Peter Wust* charakterisierte: „Meine [Gymnasial-]Lehrer waren zwar alle katholisch; aber nur wenige waren positiv gläubig. Die große Mehrzahl lebte indifferent, *im Zeichen eines säkularisierten Humanismus".*)

Der Bürger als Bourgeois ist noch heute weitgehend das Leitbild „westlicher" Gesellschaft. „The citizen is a man who is profitably employed", definierte vor kurzem eine *amerikanische* Universität, und in *Europa* ist der Bürger ein Mensch, dessen Repräsentation auch noch „Bildung" erforderlich macht. So wird durch kulturelle Betriebsamkeit die Fiktion aufrechterhalten, als ob es Gebildete in dieser Bürgerwelt gäbe. Ja, man versucht sogar, dem Volk „Bildung zu vermitteln" in den Volkshochschulen. Es ist aber diese „Bürgerlichkeit" zu eindeutig als Karikatur entlarvt, als daß solche Betriebsamkeit ernst genommen werden könnte.

Die Anwälte des Bürgertums bleiben freilich dabei, daß Liberalismus und Individualismus die Fundamente europäischer Sozietät bleiben müssen; denn in diesen beiden stecke der Geist der Demokratie. Daß unter der Hand sich der Individualismus in den Kollektivismus verwandelt hat, ja, daß dieser nichts ist als ein aufgeblähter Individualismus, das wollen diese Advokaten nicht sehen.

Wahrscheinlich *können* sie es auch nicht sehen, mangels optischer Voraussetzungen.

Die geschichtliche Stunde des Bourgeois ist in Europa vorbei. Hier ist deshalb alle Bemühung der Bürger nichts als Bürger-Restauration, die kläglich scheitern wird. Die Bürger von 1789 haben die geistige Herrschaft verloren; sie können nur ihre äußere Macht wiederherzustellen und sich mit Atombomben zu behaupten suchen. Es wird ihnen aber nichts nützen.

Das katholische Bürgertum, wie es sich etwa im „Rheinischen Merkur" zu Wort meldet, möchte sich den Anschein eines Werte bewahrenden Menschenbildes geben; aber es verrät durch seinen Appell an die äußere Macht (und durch manches andere), wie sehr es restaurativ ist, und nur um „Freiheit für Besitz und Bildung" kämpft. *Solche* christliche Geistigkeit wird nichts erneuern.

III.

Der Bourgeois mit dem Gesicht des *Kollektivmenschen* ist die Krebskrankheit des Bürgers (wie überhaupt der Krebs als *die* bürgerliche Krankheit bezeichnet werden muß). Der Kollektivismus ist, wie v. Nell-Breuning vortrefflich darlegt, „im Grunde nichts als ins Kolossale und Institutionelle hinaufgesteigerter Individualismus", darum ist der Kollektivist notwendig der „Überbürger", der „Krebs-Bourgois". Als solcher ist er von *Nicolai Berdjajeff* im bolschewistischen Kommunisten erkannt worden:

„Dieser bürgerliche Emporkömmling", so sagt er, „wird jedoch nicht besser, sondern noch schlechter sein als der erste ... Dieser neue Bürger wird die Macht noch mehr lieben, wird sich noch schonungsloser den Schwachen und Gestürzten gegenüber verhalten, wird sich noch mehr von seiner eigenen Macht und Herrlichkeit berauschen lassen. Und der Rest von Sündengefühl, der noch im alten Bürgertypus dem bürgerlichen Geist gewisse Grenzen zog, wird bei dem neuen Bürger gar vollends verschwinden. Dieser wegen seines Atheismus erschreckende Typus des neuen Bürger-Eroberers erstand in Rußland *im Kommunismus*. In ihm *drückt sich der eigentliche Geist des Bourgeois in einer völlig reinen, durch nichts mehr geschwächten und beeinträchtigten Form aus*. Endgültig und uneingeschränkt bekennt sich hier der neue Bürger zur Religion der irdischen Herrschaft, der irdischen Macht, der irdischen „Glückseligkeit."

Das ist der völlig säkularisierte Bourgeois des Ostens, der sich den Anschein gibt, als wolle er den Bürger (des Westens) liquidieren, um ein nichtbürgerliches Reich zu bauen. In Wahrheit ist er die *Vollendung* des Bürgers, seine endzeitliche, apokalyptische Gestalt. Der Ost-Bourgeois entlarvte sich ja längst als Erz-Imperialist und so schamloser Ausbeuter der Proletarier, daß dagegen die Kapitalisten des Westens reine Waisenknaben sind. Jedoch: zu diesem zur Visage verzerrten 3. Gesicht des Bürgers gehört auch hier die Visage des (*freigemauerten*) *Weltbürgers*, der am Heraufkommen ist als die letzte, im vollen Sinne antichristliche Gestalt. Wenn Väterchen *Stalin* sagt: „Wir müssen die Welt noch schöner machen, so schön, daß der Mensch alles Verlangen nach der Transzendenz verliert" –, so ist das auch das Programm der Bourgeoisie amerikanischer Prägung, wofür sich hundert Zeugnisse beibringen ließen. Hier wie dort ist der gleiche Geist am Werke, den „Terrenismus", die Erdverfallenheit zu vollenden. *Dieser Geist ist der* bürgerliche in seiner apokalyptischen Endgestalt. Er ist *der* antichristliche.

„Was im Innersten den Christen vom Bourgeois unterscheidet, das ist", wie *Berdjajeff* in Übereinstimmung mit der Heiligen Religion darlegt, „das Erleben des *Wanderers*. Entgegengesetzt dem bürgerlichen Geist ist der wandernde Geist; Wanderer in dieser Welt sind die Christen. Die Christen haben noch nicht ihre eigene Stadt und sehnen sich nach einer kommenden. Und diese Stadt kann nicht die Stadt *dieser* Welt sein. *Der Geist des Bourgeois siegt immer dann, wenn in der christlichen Welt eine irdische Stadt als himmlische anerkannt wird und die Christen aufhören, sich als Wanderer in dieser Welt zu fühlen.*"

Als der mehrfach zitierte *Alfred Delp* im Jahre 1945 vor dem Fallbeil stand, vor das ihn die faschistisch-kleinbürgerliche Tyrannis gebracht hatte, glaubte er den Sinn dieses ganzen Geschehens darin erblicken zu dürfen: daß „aus dem Feuer ein neuer, wacher Mensch werden müsste, dessen Geist die Fahne der Freiheit ergriffen hat und der in seinem Herzen das Lied der unermüdlichen Wanderschaft singt." Hier hat ein Totgeweihter das Menschenbild erschaut, das den Bürger zu überwinden berufen ist: *der neue Mensch der Freiheit,* frei von Verfallenheit ins Diesseitige, frei zur Wanderschaft zu Gottes Herzen hin.

Einstweilen stehen sich die Bourgeois des Ostens und des Westens in tödlicher Haßgesinnung gegenüber, beide dämonische Figuren. Wird Europa, das alte, müde Europa ein Menschenbild ins Leben stellen können, das die beiden Bourgeois geistig-religiös überwindet? *Das ist die „soziale Frage",* das auch die *„Bildungsfrage"* in ihrem gegenwärtigen Ernst. Wird in Europa der neue Mensch siegen oder wird Europa zur Leichenbahre zwischen Ost und West. Zum Schlachtfeld im *dritten Bürger-Krieg*? Das ist die Frage auf Leben und Tod.

T: *Heidingsfelder*, Georg: Restauration des Bürgertums? In: Werkhefte [katholischer Laienarbeit], 4. Jg. (1950) Heft 3 (November), S. 59-62.

[B.7]
Reinhold Schneider bleibt unser Mann
(1951)

H.G. [Von Georg Heidingsfelder]

Der Fall Reinhold Schneider hat das gar nicht hoch genug zu schätzende Gute an sich, daß an dem Problem, das er aufgeworfen hat, nicht vorübergegangen wird: es ist das Problem Christentum und Kriegswaffen.
 Gewisse Kreise hatten die Absicht, das Volk ganz einfach zu „überfahren".
 In solcher Lage war es das große Verdienst des Freiburger Dichters, als Christ *ein klares Nein* zu sprechen. Durch seine Absage an den Freiburger „Christlichen Sonntag" in einem „Offenen Brief" wurden weite Kreise auf den Konflikt aufmerksam, der da ausgebrochen war. Seitdem ist diese Sache nicht mehr zur Ruhe gekommen – Gott sei Dank! Die *Gewissen* sind doch unruhig geworden und fangen an, die billigen Thesen der Politiker, die so eilfertig mit dem „Verteidigungsbeitrag" bei der Hand sind, kritisch zu prüfen, und auch dem Naturrecht nicht so ohne weiteres zu vertrauen. Viele Gemüter sind überdies von der schaudervollen Ahnung beschlichen, daß das Problem für uns Deutsche ein ganz besonderes Gewicht hat. Die feinfühligen Christen in Deutschland ahnen, daß ihnen in dieser letzten Gnadenfrist eine besondere Verantwortung aufgebürdet ist, der neuen Zumutung einer Aufrüstung zu widerstehen. All das ist das unbestreitbare Verdienst Reinhold Schneiders, der immer wieder mit seinem Wort die Gewissen wachrief. Daß er dabei schließlich mit Politikern und Kirchenpolitikern in Konflikt geraten würde, war vorauszusehen. Der willkommene Anlaß dazu war diesen Kreisen die Tatsache, daß Reinhold Schneider auf Wunsch im kommunistischen „Aufbau" und im Geburtstagsbuch für Johannes R. Becher je einen Aufsatz geschrieben hatte. So war er der „kommunistischen Kollaboration" überführt! Man brauchte nur die katholische „Volksseele" ins Kochen bringen, dann mußte es gelingen, den Dichter zur Strecke zu bringen. Aber es gelang eben doch nicht. Ja, es sieht glücklicherweise so aus, als würden jetzt erst die weitesten Kreise auf „diese Sache" aufmerksam und begännen, Partei zu nehmen. Man braucht der Meinung des Dichters, der er in seiner Zuschrift an die „Werkhefte" Ausdruck gegeben hat, gar nicht beizustimmen, daß auch da von Christus Zeugnis gegeben werden sollte, wo man nicht an ihn glaubt, ja sogar die Möglichkeit propagandistischen Mißbrauchs gegeben ist – aber man wird doch ehrlicherweise einräumen müssen: daß der Dichter *in bestem Glauben aus zartem Gewissen* gehandelt hat; und daß schließlich alles und jedes propagandistisch mißbraucht

werden kann. Ich habe beide Aufsätze gelesen und möchte nur wünschen, daß sie allen Kritikern vor Augen kämen; sie sind *herrliche Zeugnisse für den Christenglauben des Dichters*! Wenn nur immer wieder solche Aufsätze in der kommunistischen Presse erschienen! Der Heilige Geist Gottes weht ja bekanntlich wo er will (nicht nur wo die Politiker und Kirchenpolitiker wollen!), er kann auch durch eines wahren Christen Wort einen Kommunisten durch Lesung zum Christen machen, und wer will behaupten, daß die Kommunisten dem Reiche Gottes nicht näher sind als die unzähligen toleranten Liberalen, die das „Abendland" verteidigt wissen wollen? Sagt doch auch der Weihbischof von New York, Fulton J. Sheen, in einem vortrefflichen Buch: „Vielleicht ist gerade der Haß, den Rußland heute gegen das Christentum zeigt, der Beweis, daß es ihm näher ist als der tolerante Mensch der westlichen Welt, der niemals betet." Man sollte nicht so schnell mit der Verurteilung eines Bruders in Christo bei der Hand sein, der die „politischen Zweckkurse" nicht mitläuft! Besonders dann nicht, wenn er Reinhold Schneider heißt! *Der* Name ist uns Landsern doch in der Nazizeit der stärkste Trost gewesen; wir lassen ihn uns nicht so schnell vermiesen. Reinhold Schneider bleibt unser Mann, denn er ist erprobt. Und alle seine Werke sind Zeugnis einer katholischen Gläubigkeit, die ihresgleichen sucht. Wir meinen, daß hier und heute von Männern wie Reinhold Schneider der Ruf zur notwendigen Wandlung im Christentum ausgeht. Der Ruf zur *Wandlung in die Waffenlosigkeit der Frühzeit*! Die totalistischen Leviathane des Ostens *und* des Westens sind für wahr keine Gebilde, mit denen der Christ paktieren kann; und die Atomwaffen sind es ganz sicher auch nicht.

T: *H.G.* [*Heidingsfelder*, Georg]: Reinhold Schneider bleibt unser Mann. In: Werkhefte [katholischer Laienarbeit], 5. Jg. (1951) Heft 8 (August), S. 192.

[B.8]
Der christliche Dramatiker in dieser Zeit
Zu den Dramen Reinhold Schneiders
(1952)

Georg Heidingsfelder

Der Dichter Reinhold Schneider, der im nächsten Jahr das 50. Lebensjahr vollenden wird, ist mit den dramatischen Werken letzter Zeit in das Stadium der Vollreife seiner dichterischen Existenz eingetreten. Hier wird erfüllt, was er selbst einmal als seinen Auftrag bezeichnet hat: eine letzte Aussage zu machen über Geschichte und insbesondere über die Tragik christlich-geschichtlicher Existenz. Im Jahre 1950 erschien im Inselverlag das Papstdrama „*Der große Verzicht*"; im Jahre 1951 brachte der gleiche Verlag die Dramen „*Der Traum des Eroberers*" und „*Zar Alexander*" heraus.

Es ist leider die beschämende Tatsache festzustellen, daß die geistigen und geistlichen Führer seines Volkes von diesen höchst rühmenswerten Werken ihres begnadeten Dichters bisher kaum Kenntnis genommen haben. Es gibt dafür mehrere Gründe. Der Hauptgrund ist wohl der, den der Dichter selbst in einem Aufsatz über „Die Tragik christlicher Dichtung" genannt hat: „Die verhängnisvolle *Entfremdung zwischen Kirche und Kunst*, namentlich zwischen Kirche und Dichtung, die, um das freimütig zu sagen, im katholischen Bereich tiefer reichte als etwa im protestantischen, ist, einem gewissen Anschein entgegen, keineswegs überwunden." Ein weiterer Grund ist der, daß eine restaurative Zeit dem Geiste eines prophetischen Mannes wie Reinhold Schneider fundamental entgegen steht und sich seiner nicht anders zu erwehren weiß, als daß sie diesen Mann als Dichter totschweigt, als Propheten diffamiert. Das ist eine sehr quälende Erfahrung, die Reinhold Schneider, der seiner Zeit so weit voraus ist, machen mußte; sie gibt seinem Werke indessen die große Bedeutung; es wird zur Scheidung der Geister in jeder Hinsicht beitragen.

Der bedeutende Schweizer Literarhistoriker und Kritiker des Jesuitenordens, Hans Urs von Balthasar, hat den „*Großen Verzicht*" jüngst ausführlich gewürdigt (in der Schweizer Rundschau, Heft 8, Jahrgang 51/52) und ihn gebührendermaßen mit höchsten Prädikaten ausgezeichnet. Er nennt den „Großen Verzicht", die Geschichte der Abdankung des Engelpapstes Petrus von Murrhone (Cölestin V.), „die Quintessenz eines riesigen Lebenswerkes, den

Schlußstein auf die Wölbung". Dieses Werk führt ja in die Dialektik der Macht im innersten Bereich der Geschichte in der heiligen Kirche hinein, führt also das Grundanliegen Reinhold Schneiders, die Dialektik von „Macht und Gnade", auf den Gipfel. Dem Engelpapst steht gegenüber der der Dämonie nackter Macht verfallene Bonifaz VIII; und ins Drama dieser beiden höchsten Vertreter der Christenheit spielen die gekrönten Welthäupter herein, so daß sich insgesamt ein gigantisches Schauspiel entfaltet, das in tiefste Abgründe hinunter, in höchste Höhen hinaufreicht. Im Herzpunkt des Dramas steht erschütternd der tragische Konflikt der Kirche, die am Fluche der Macht, den sie sich schuldhaft auflädt, krank ist, herzkrank, also im Lebensmark ihrer zeitlichen Existenz getroffen. Mit großer, gereifter Meisterschaft hat Reinhold Schneider dies Werk gestaltet, in Szenen abgründigen Schreckens, in Auftritten erhabener Reinheit das Geheimnis aufleuchten lassend, das die Bilder umkreisen: das Mysterium von Macht und Heiligkeit.

In den beiden anderen Dramen geht es primär um die Macht im Raum der irdischen Kronen. Aber die Krone ist für den christlichen Dramatiker kein Symbol des rein Irdischen; gerade in ihr leuchtet auf die Verflechtung von Macht und Gnade im Bereich der Geschichte. Im *„Traum des Eroberers"* ziehen an der Seele des sterbenden Normannen Wilhelm all die Greuel seines kriegerischen Lebens vorüber und entpressen ihm die Frage nach dem Sinn eines solchen Erobererlebens und seiner Erfolge. Es ist, als ob Gertrud von Le Forts Ausspruch dramatische Gestalt angenommen hätte: „Ich weine, weil du nicht begreifst, daß alles, was man mit List oder Gewalt erreicht, schon von vornherein verloren ist." Der Eroberer sucht im Traum zu greifen, was sein Leben war; aber es ist wahrlich zum Weinen, sehen zu müssen, daß er seinen Engel, der in der Todesstunde bei ihm ist, nicht zu sehen vermag, weil ihm die Reinheit fehlt, die nur aus dem Willen zu büßender Umkehr erwachsen könnte. So wird dem Eroberer auch keine Antwort auf sein verzweifeltes Fragen; er vermag das Verhängnis des inneren Bannes nicht zu brechen.

Ein Drama wie der „Traum des Eroberers" hätte dem deutschen Volk in dieser seiner schwersten Schicksalsstunde wahrlich Tiefstes zu sagen; aber es ist uns nicht bekannt, daß eine Bühne sich des Stücks des christlichen Dichters angenommen hätte. Die Christenheit selbst stellt solche Forderungen nicht ans Theater.

Auch in den „Traum des Eroberers" tritt die Kirche direkt herein, in der Gestalt des Archidiakons Hildebrand und der Kurienkardinäle:

Hildebrand (zu den Kardinälen): „Was ist uns nötiger als ein Schwert? Und meint ihr, wir halten etwa Herzog Wilhelm zurück? Er fährt aus, das ist gewiß. Sollten wir nicht mit ihm fahren um heute zu fordern, zu gewinnen, wo wir morgen gewähren müssen?"

So wird die Kirche in die Machtkämpfe eingeflochten, das Gottesreich wird durch Teilnahme an sündigen Greueln zu stärken versucht, im Bündnis mit den politischen Realitäten –, die typisch „westliche" Weise kirchlicher Politik.

Im zweiten Drama des schönen Inselbandes, dem *„Zar Alexander"*, wird die „östliche" Weise des Macht-Gnade-Konflikts sichtbar gemacht: Den Zaren treibt das tiefe Verlangen nach Reinigung und Erlösung zum Machtverzicht und führt ihn ins Elend des Büßers als freiwilligen Sibiriensträfling. Es müßte stärkste Wirkung erzielen, die beiden Dramen hintereinander auf der Bühne zu sehen und so die Spannweite der Problematik von Macht und Gnade und ihre dichterische Bewältigung durch einen hochbegabten christlichen Geist zu erleben. Nicht weniger stark müßte auf Deutsche die Erkenntnis wirken, daß sie berufen sind, diese Spannung in sich auszutragen als das Volk *„zwischen"* Ost und West, das gerade darum durch göttliches Privileg dereinst zum imperialen „Reichsvolk" berufen ward. Wir haben diese Berufung im Bereich der *Macht* vertan; wir könnten sie im Reich der *Gnade* in dieser unserer letzten Stunde wiedergewinnen! Des großen Dichters Wort ruft uns seit dem Jahre der zweiten Katastrophe zu dieser unserer letzten providentiellen Aufgabe! Aber die Führer der verhängnisvollen Restauration hören nicht auf den berufenen Wegweiser.

Das Alexanderdrama Reinhold Schneiders kennt keine Lösung des Konflikts für den Zaren in dieser Welt. Als ein Pilger im Schlußbild den sterbenden Zaren auf den Knien hält, sagt er zu ihm:

Pilger: Gott wird sich deiner erbarmen. Er wird es gewiß. Du wirst die Glocken der Auferstehungskathedrale hören. Hörst du sie jetzt, die Glocke, ganz deutlich, Bruder? Sie ruft dich. Und einmal wird sie donnern über das ganze heilige Rußland.
Alexander (qualvoll): Wann wird das sein? Wann? Ich möchte doch retten und helfen.
Pilger: Darauf gibt es keine Antwort auf Erden.

Wir wissen nicht, ob die Auferstehungsglocke in dieser Weltzeit den Bolschewismus überwinden wird. Aber wir wissen über alles Wissen, weil dem Glauben verheißen, *daß* den letzten Triumph über diese Welt die Auferstehungsglocke haben wird. Das ist der eschatologische Gehalt des christlichen Dramas, der sich auf die letzten Dinge richtet, wie es christlicher Dichtung angemessen ist.

Der große Dichter, dessen Werk wir hier einem kleinen Kreis lebendiger Geister in seinen letzen Gehalten nahe zu bringen versuchen, hat einmal geschrieben: „Die Christen dieser Zeit tun gut, sich auf den großen Abfall oder eine neue Verfolgung vorzubereiten; um so gewisser kann christliche Dichtung ihrer Aufgabe sein, freilich auch der Verkennung und äußersten Einsamkeit." Die Aufgabe christlicher Dichtung ist aber keine andere, als das Walten Christi in Mensch und Zeit, seine Allgegenwart – im Ja der Nachfolge wie im Nein des Widerspruchs – sichtbar zu machen. Dieser Aufgabe hat der Dichter Reinhold Schneider in seinen letzten Werken mit höchster Meisterschaft gedient und sich so das Verdienst erworben, das zu sein, als was ihn die Urkunde seines Freiburger Ehrendoktorats rühmt: *„Helfer inmitten der Barbarei"*. Die Schande abzuwaschen, die diesem Geist durch Totschweigen und Diffamierung angetan werden ist, sollte Ehrensache derer sein, die in ihm den berufenen Wegweiser der Stunde erkannt haben.

Reinhold Schneider: „Der große Verzicht". – Insel-Verlag 280 S., Ln. 11,50 DM.

Reinhold Schneider: „Der Traum des Eroberer /Zar Alexander" – Insel-Verlag 183 S., Ln. 12.50 DM.

T: *Heidingsfelder*, Georg: Der christliche Dramatiker in dieser Zeit. In: Werkhefte [katholischer Laienarbeit], 6. Jg. (1952) Heft 6, (Juni), S. 141-143.

[B.9]
Nach zehn Jahren
(1955)

Georg H[eidingsfelder]

Es war der erste Mai 1945, als wir, ihrer dreitausend deutsche Landser, uns im Hafen von Cherbourg zu einer sehr unpreußischen Marschkolonne formierten, um den Weg auf die Bergeshöhen hinauf anzutreten, wo der Stacheldraht unser wartete. Wir Soldaten des „Herrenvolkes" standen nun unter dem Kommando amerikanischer Negertruppen, und unser Durchzug durch die zerbombte Hafenstadt am großen Nazifeiertag war instrumentiert von den Flächen und Stockschlägen erbitterter Franzosen.

In unserem „Sauhaufen" liefen nicht wenige vierzehn- und fünfzehnjährige Werwölfe mit, die die Amis im Land zusammengefangen hatten; das Gros aber bildeten die langjährig gedienten Obergefreiten des „Führers" und die fast fünfzigjährigen Väter der Werwölfe, die schon einen Weltkrieg verloren hatten; und in diesem Volksarmee-Querschnitt schlurften auch die graubärtigen Volksstürmer, Großväter der Werwölfe, die dem Führer den Endsieg hatten erringen sollen.

Nun war die Politur des „dritten Reiches" von allen diesen „Kämpfern" abgesprungen: verdreckt vom langen Aufenthalt im Viehwagen, ausgehungert, vom Schicksal niedergedrückt, bewegte sich die Heerschlange der geschlagenen Deutschen den Berg hinauf. Da und dort bückte sich einer, um den Zigarettenstummel eines schwarzen Begleitsoldaten aus der Gosse zu fischen – sch! Was galt hier und jetzt noch der Stolz der Soldaten des Führers. Ein wenig später schon gingen noch ganz andere Hemmungen zum Teufel, wenn es galt, Zigaretten zu erwerben: da wurden die Eisernen Kreuze feilgeboten samt den Eheringen! Nun war ja wieder eine „Epoche" ans Ende gelangt, wieder waren die Deutschen geschlagen, und so „schalteten" die meisten von ihnen „um": vom anmaßlichen Stolz auf verächtlichen Knechtsinn. Das fiel nicht schwer, denn beide Gesinnungen lagen immer dicht beisammen in der deutschen Helden-Brust.

In den Lagern gab die Clique der Nazis und der Militaristen den Kommandoton an. Sie hatten, in geübtem Zusammenspiel, meist sämtliche Schlüsselpositionen, vor allem die nahrhaften, besetzt. Zu diesem Zweck unterwerfen sie sich den Amis, die ihre Lagerordnung auf die alten Kommisköpfe gegründet hatten, hundertfünfzigprozentig. Es ist vorgekommen, daß diese Cliquen hinterm Stacheldraht Widerstandskämpfer umbrachten.

Die meisten Deutschen privatisierten im Lager sogleich. Einen Gemeinschafts- oder Kameradschaftsgeist gab's nun nicht mehr, so konnte man sich privater Tätigkeit zuwenden. Und da galt es Fleiß und Tüchtigkeit zu zeigen. Im Blechhämmern von früh bis spät bewiesen die Deutschen den Amis damals schon, daß sie „aus Konservenbüchsen Uhren" machen konnten: daß man auch ein Gefängnis blitzblank zu fegen und gärtnerisch zu schmücken vermöchte; daß man die Harfen keinesfalls an die Bäume zu hängen brauchte, sondern auch halbverhungert noch als Barde auftreten konnte.

Die Intellektuellen unter den Gefangenen hämmerten ohne Unterbrechung das Blech der politisch-weltanschaulichen Dialektik. Es kamen dabei aber keine Uhren heraus. Gottesdienste erfreuten sich großen Besuchs. Teils demonstrierte man Christentum, teils suchte man nach persönlichem Halt und Trost. Die Prediger aller Konfessionen vermieden jedoch peinlich jede *Gewissenserforschung* der Deutschen. Es waren eben auch Theologie und Seelsorge privatisiert. Sie waren es „aus nationalen Gründen", obwohl es nur noch eine Nation von Privatisierenden gab, die ja bis zum heutigen Tag durchgehalten hat. Die Deutschen sind, so scheint es, nach zehn Jahren, nur in der privatisierenden Verstocktheit ein einig Volk von Brüdern.

Antinazis waren schließlich bevorzugter Re-Education gewürdigt. Fünfhundert Intellektuelle wurden im Sommersonderlager „Sunflower" historisch-politisch umgeschult. Sie lernten deutsche Geschichte mit andern Augen sehen; sie wurden energisch gelehrt, das Militär als das größte deutsche Übel grenzenlos zu verachten und in Grund und Boden zu verdammen; sie lernten in der (amerikanischen) Demokratie die politische[n] Heilslehre kennen; und man lehrte sie die Notwendigkeit des Gerichts über Militärs und Faschisten.

Am Ende dieser Umbildung erhielten die „selected citizens" ein Diplom des amerikanischen Generalissimus, daß sie nun berufen seien, das zertrümmerte Deutschland in neuem Geist wieder aufzubauen.

Nach zehn Jahren dürften die meisten der Neubauer „in der Versenkung verschwunden" sein, wie etwa der Rechtsanwalt Otto Küster, der Anwalt der Wiedergutmachung, der einer der ihren in Cherbourg gewesen war. An die Stelle der Neubauer und Wiedergutmacher werden schon bald die alten Hitlermilitärs treten, die die Söhne der Umerzogenen in die nächsten Schlachten führen, folgend dem Kommando des amerikanischen Generalissimus.

Als ein umerzogener Landser von Cherbourg im Herbst 1945 nach Hause kam, meinte er, der unter den Nazis katholische Männer und Jugendliche im Widerstandswillen gestärkt hatte, daß nun die innere Überwindung des Nazismus zu beginnen habe. Dieses „satanische Gespenst" (Pius XI.) wäre ja nur von außen zerbrochen worden und würde wiederkehren, wenn man es nicht im Geist und in der Wahrheit zu überwinden vermöchte. Der Landser glaubte nicht, daß das amerikanische Reeducation-Program diese Überwindung leisten könne. Er wollte sich lieber auf eine Erneuerung aus christlichem Glauben verlassen.

Aber der Landser hatte schon im Herbst 1945 erkennen müssen, daß im christlichen Bereich die Gleise für die Restauration gelegt waren. Man war nicht mehr bereit, sich einer *Gewissenserforschung* zu stellen und in ihr den Hebel der Umkehr zu sehen, sondern trachtete, wie schon nach der ersten Katastrophe, allein nach dem „Wieder hoch- und davonkommen", das Rilke beklagt hatte.

Heute triumphiert die Restauration auf der ganzen Linie, und jener umerzogene Landser, der am Widerstand gegen die Bewaffnung der Deutschen festhält, gilt als räudiger Hund, den man eigentlich exkommunizieren und in die Ostzone ausweisen sollte. Im Namen Deutschlands und Amerikas.

T: *H[eidingsfelder]*, Georg: Nach zehn Jahren ... In: Werkhefte [katholischer Laienarbeit], 9. Jg. (1955) Heft 3 (März), S. 64-65.

[B.10]
Des Übels Grund:
die unbeantworteten Kardinalsfragen
(1957)

Georg Heidingsfelder

GEORG HEIDINGSFELDER ist ein Mann, der seit 1945 versucht hat, mit beschwörenden, manchmal mit schrillen und ins Einseitige verzerrten Forderungen die deutschen Katholiken zur Besinnung zu bringen. Heute wird er totgeschwiegen vom deutschen Katholizismus. Er hat sich in dessen Augen des in unserer Bundesrepublik „schlimmsten Verbrechens" schuldig gemacht: da er sich nicht in die westliche Einheitsfront einfügen wollte, da ihm Gesamtdeutschland ein Anliegen war, hat er unter anderem auch in Blättern publiziert, die zu Recht oder Unrecht als „kommunistisch" verschrien sind. Man weiß, wie vernichtend ein solcher Verdacht – auch wenn er unbewiesen ist – heute für einen Mann in Deutschland ist. Nun, wir haben Hochachtung vor diesem unentwegten Streiter und sind solidarisch mit ihm in vielen Anliegen, wenn wir die Art und Weise des Vortrags auch häufig nicht gutheißen oder mitmachen können. Das Totschweigen hat ihn als Einzelnen in manche Sackgassen getrieben. Jetzt ist Heidingsfelder müde geworden und möchte schweigen. In einer „Summula" versucht er noch einmal seine Anliegen zu sagen. Aus diesen Aufzeichnungen bringen wir als Dokument einen Auszug. [Redaktion der „Werkhefte katholischer Laien"]

Nach meiner frühen Rückkehr aus der amerikanischen Kriegsgefangenschaft im Herbst 1945 fragte mich ein inzwischen zum Monsignore avancierter Geistlicher, was denn nach meiner Meinung die Hauptprobleme seien, die jetzt in Angriff genommen werden müßten. Da ich dem Berufe nach „Clerk" bin und ein Kleriker mich fragte, meinte ich, daß auf den Geist gezielt werden müsse, wenn die Problematik in ihrer Wurzel getroffen werden sollte. Ich sagte: Ich glaube, durch vernünftige Erwägung und Gebet hinterm Stacheldraht der Einsicht gewürdigt worden zu sein, daß wir Deutschen hier und jetzt, angesichts der Tatsache, daß das Übel ja nur von außen zerbrochen, von innen her aber keineswegs überwunden ist, auf drei Fragen Antwort zu geben hätten:

1. Vor allem auf die *Schuldfrage*. Sie kann ja nicht durch Siegerpolitik justifiziert und durch Entnazifizierung beantwortet werden, sondern erfordert ein tieferes Nachgraben nach den geistigen Ursachen einer solchen sittlichen Verirrung. Zuletzt liefe es auf eine Gewissenserforschung der Deutschen hinaus, die hier zu leisten wäre. Demgemäß wäre also
2. die *Gewissensfrage* zu beantworten, die die *Zentralfrage* der ganzen Problematik sei, denn es habe sich im Nazismus um die totale Exstirpierung des Gewissens überhaupt gehandelt, das in der Politik jedes Recht des Einspruchs verloren hatte, aber auch in der Kirche nicht so entwickelt gewesen sei, daß es zum Widerstand befähigt gewesen wäre. Die Überschätzung der Autorität habe auch in der Kirche Früchte gezeigt, die der totalitäre Staat zu ernten vermochte. Erst dann könne endlich
3. die brennende *soziale Frage*, die Frage nach einer Neuordnung des Gemeinschaftslebens mit Aussicht auf eine gerechte Beantwortung in Angriff genommen werden. Die Antwort müßte zwischen Individualismus und Kollektivismus einen dritten Weg suchen, der insbesondere den Massen des Arbeitsvolkes Gerechtigkeit widerfahren lasse und die hohlen Schlagworte von Freiheit, Gleichheit und Brüderlichkeit mit neuem Leben erfüllen könne.

Diese meine Antwort von 1945 fand indessen keinen Anklang. Ich bin erst später dahinter gekommen, weshalb sie verworfen worden war: es ging dem führenden Klerus vor allem um die *politische Machtergreifung*. Zwar hatte der Priestermartyrer *Alfred Delp* „im Angesicht des Todes" geschrieben:

Das Schicksal der Kirchen wird in der kommenden Zeit nicht davon abhängen, was ihre Prälaten und führenden Instanzen an Klugheit, Gescheitheit, ‚politischen Fähigkeiten' usf. aufbringen. Auch nicht von den Positionen, die sich Menschen aus ihrer Mitte erringen könnten. Das ist alles überholt.

Aber diese Worte eines Geopferten waren kein Vermächtnis, das Gewicht hatte für die Überlebenden. Die Sozialdemokratie stand vor den Toren – und sie allein galt es abzuwehren, auszuschalten! Also mußte ihr eine „christliche Einheitsfront" gegenübergestellt werden, die Aussicht hatte, die Mehrheit zu gewinnen. Das war die einzige „Kardinalfrage", die es jetzt zu beantworten galt. Zu diesem Zweck wurden die alten Organisationen völlig unverändert unter klerikaler Leitung wieder aufgebaut, denn sie waren die Instrumente, die Apparatur, die dem sozialistischen Funktionariat entgegengeworfen werden mußte. Restauration war das große Leitwort von Anfang an, unter dem man zu siegen gedachte – und mit dem man politisch auch gesiegt hat. Freilich war damit der Geist der Erneuerung unter die Räder gekommen, aber das glaubte man hinnehmen zu können angesichts der immer deutlicher sich abzeichnenden grandiosen Möglichkeiten, daß mit Hilfe der „christlichen Parteien" Europas das „Reich Karls des Großen" wieder heraufgeführt werden könnte.

Es sind seitdem mehr als zehn Jahre vergangen, aber die drei Kardinalfragen sind noch immer unbeantwortet. Sie liegen auf dem Grund der politischen und ideologischen Fehlentwicklung des zerrissenen Landes und bewirken die Fortdauer eines wahnsinnigen „Treibens", das nur im Selbstmord enden kann, gemäß den strengen Gesetzen geistiger Existenz, die im Bereiche der Gemeinschaft ebenso Gültigkeit haben wie im Leben der Person.

Von vereinzelten „Clerks", die sich nicht zu Knechten der ostwestlichen Ideologien gemacht haben, werden seit Jahr und Tag Warnrufe ausgestoßen, aber sie verhallen in einer Wüste der Verstockung, die inzwischen hüben wie drüben auf die tötende Gewalt als die ultima ratio der Klassenideologie gesetzt hat. In einer solchen „vorgerückten Stunde" des Verhängnisses noch einmal den Versuch zu machen, die drei Kardinalfragen vorzustellen und von ihrer Beantwortung allein die rettende Wandlung zu erhoffen, mag Machtpolitikern und Ideologen als pure „Schwärmerei" erscheinen. Es gibt aber kein anderes Anliegen, das der Geist zu vertreten hätte als allein dies. Alles andere ist müßiges Geschwätz, ist Lärm, mit dem Tote Tote begraben.

Die Verblendeten, die Selbstgerechten, die Verdränger, die Arrivierten, die „Front"-Kämpfer, die Manager vermögen das nicht zu sehen, weil sie es nicht sehen wollen. Die Schuldfrage ist für sie „längst begraben"; die Gewissensfrage hat sie nie bedrängt; die soziale Frage hoffen sie nach dem Endsieg über den Kommunismus so spielend zu beantworten, wie der Kardinal Mindzenty in Ungarn sie beantwortet hätte, wäre der Endsieg dort gelungen. Sie hören nicht die Stimme ihrer gefangenen Brüder hinter dem eisernen Vorhang, die in einer späten Gewissenserforschung dies ans Licht förderten:

> Wir hatten den Kommunismus als ein Übel schlechthin, als einen Auswuchs unserer Zeit hingestellt, dabei aber übersehen, daß er auch ein wahres Anliegen, also einen Kern von Wahrheiten in sich birgt. Die soziale Ungerechtigkeit in der Welt ist zweifellos der Hauptgrund für den kommunistischen Erfolg. Wir haben die Kommunisten unterstützt, insofern diese Ungerechtigkeit nicht genug von uns bekämpft worden ist. Der Kampf gegen den Kommunismus wird erfolglos bleiben, solange die soziale Ungerechtigkeit fortdauert. Wir Priester haben den Christusglauben allzuviel als moralische Verpflichtung hingestellt, folglich war die Religion für viele Katholiken nur ein Gesetzbuch – zu stark moralisierend – und keineswegs eine lebendige Verbindung mit Christus. Die kommunistische Propaganda hat uns als zu den Bürgerlichen gehörend hingestellt. Im Konzentrationslager erkannten wir, daß das nicht ganz unrichtig war. Unser materielles Leben entsprach nicht immer der evangelischen Armut. Hätten unsere Häuser nicht lebendige Zellen der christlichen Nächstenliebe sein sollen?

Diese Kleriker rufen am Ende ihrer (in der Schrift „Kirche in Not", Band III, Königstein, veröffentlichten) Erklärung:

„Ihr im Westen seid noch frei. Ihr habt noch Zeit. Nützt sie! Bannt die Ursachen! Fangt bei euch selber an! Bedenket, daß der Kommunismus euch nicht äußerlich bedroht, sondern vielmehr im Innern eurer Seele!"

Wird auch dieser Schrei in einer mit trügerischen Fassaden dekorierten Wüste des leeren Wahns verhallen – oder wird er Clerks und Klerikern zum Bewußtsein bringen, was hier in letzter Stunde geboten ist? Wer immer sich berufen weiß, der ist im Gewissen verpflichtet, Antwort zu geben. Antwort auf die Selbstanklagen begnadeter Männer, die mit der Gewissenserforschung den Anfang gemacht haben und der Schuldfrage nicht feige ausgewichen sind. Sie haben zurückgefunden zum Kern unserer großen Verderbnis: den drei unbeantworteten Kardinalfragen.

T: *Heidingsfelder*, Georg: Des Übels Grund: die unbeantworteten Kardinalfragen. In: Werkhefte [katholischer Laien], 11. Jg. (1957) Heft 1 (Januar), S. 19-20.

C. Beiträge zur Zeitschrift „Michael" (1950/1955) und einem Pfadfinderblatt (1961)

[C.1]
Vor sechs Jahren
Truppenübungsplatz Groß-Born
(1950)

G[eorg]. H[eidingsfelder].

Truppenübungsplatz Groß-Born,
24. Dezember 1944.
Am hellichten Mittag findet die „Weihnachtsfeier" statt, im großen pompösen Saale des Offizierskasinos. „Seit Jahrhunderten", sagt der Batteriechef in seiner Weihnachtsrede, „seit Jahrhunderten", lügt der Batteriechef in seiner Weihnachtsrede, „ist für den Deutschen Weihnachten das Fest des Lichtes und des grünen Baumes." – Sonst nichts, schlechthin nichts. Noch ein paar Julfestphrasen, ein Endsieg-Heil und dann ertönt, man traut seinen Ohren kaum, von einem kleinen Chor gesungen: „Stille Nacht, heilige Nacht!"

Hier stehen wir wieder auf dem Boden der neudeutschen Gemütsverwirrung: ein Jul-Christ-Weihnachten wird gefeiert. Der Stern von Bethlehem ist ein Sonnenrad geworden, das die germanische Nacht erhellt, die „stille Nacht, heilige Nacht"! Ich habe den Verdacht, daß die Organisatoren dieser Weihnachtsfeier ihren „Christ-Schnaps" schon vor dem Fest verkonsumiert haben.

25. Dezember 1944.
Wir haben heute drei Stunden *Maschinengewehrunterricht* gehabt mit praktischer Vorführung. Das ist unser Weihnachtsevangelium, das die frohe Botschaft, die Nazi-Deutschland am 25. Dezember zu bringen hat! Abends spielte das Kino. Und alles rannte zur Flimmerei, um sein Elend zu begraben im Anstarren der Filmhelden und ihrer Huldinnen.

26. Dezember 1944.
Heute, am zweiten Feiertag, ist NS-*Führungsunterricht*. Der wird uns 45-jährigen Familienvätern erteilt von einem 23-jährigen Leutnant. Dieser Evangelist des Naturalismus tritt vor gereifte, im Leben erprobte Männer hin mit einer Selbstsicherheit, die zu seinem Wissen und seinen Erfahrungen im umgekehrten Verhältnis steht, und schreit uns seine Phrasen im preußischen Kasernenhofton in die erstaunten Gesichter. Wahrlich: es hat sich Isaias Prophezeiung an uns erfüllt: Ich will ihnen Jünglinge zur Fürsten geben, / Und Kindische sollen über sie herrschen.

31. Dezember 1944.
Dieses Jahr schließt mit folgender Betrachtung des „Schwarzen Korps", der Zeitung der SS: „Wir wissen uns der Allmacht näher als irgend ein Volk auf dieser Erde, da wir als erste den Weg beschritten haben, der aus dem Irrgarten des Menschengeistes heimführt in den ewigen Rhythmus der Natur, die an die Schwelle des Lebens den Kampf gesetzt hat. Die Strahlen der wiederkehrenden Sonne werden unsere Waffen und unsere Herzen segnen."
Und *wie* sie sie segnen werden!

T: *H[eidingsfelder]*., G[eorg].: Vor sechs Jahren. Truppenübungsplatz Groß-Born. In: „Michael", Weihnachten 1950. [Texterfassung nach einem Zeitschriftenausschnitt mit handschriftlichem Quellenvermerk im Depositum „Martin Stankowski / Splitternachlaß G. Heidingsfelder" im AdsD / Friedrich Ebert Stiftung Bonn.]

[C.2]
Der Heimkehrer
(1955)

[Georg Heidingsfelder]

Im April/Mai 1955 schrieb ich in der katholischen Wochenzeitung „Michael", die in Düsseldorf erschien, unter dem Pseudonym „Bruder Georg" ein paar [*durchgestrichen*: kurze] Artikel über die Gestalt des Heimkehrers, in denen ich meine Erfahrungen in den zehn Jahren seit der Kapitulation zusammenzufassen versuchte. [*Durchgestrichen*: Mir scheinen diese Artikel eine gute Einführung für das vorliegende Buch zu sein, in dem diese Erfahrungen auseinandergefaltet werden. Dies sind die drei Kurzaufsätze:]

1.
Die Gestalt des Heimkehrers ist eine, vielleicht sogar *die* christliche Symbolgestalt. Wir alle sind unterwegs, um heimzukehren – zum Vater. Im Gleichnis vom verlorenen Sohn wurde uns geoffenbart, daß der Vater gerade den Heimkehrer mit großer Freude erwartet und aufnimmt. Hier ist die religiöse Heimkehr gemeint, die Heimkehr aus sündiger Verlorenheit ins Reich der vergebenden Liebe. Sie ist die „eigentliche" Heimkehr und das Paradigma aller andern, „vorläufigen" Heimkehrer, auf die so oft die schweren Schatten der verlorenen Erde und der Sündhaftigkeit der erlösten Menschheit fallen. Vielleicht können alle Heimkehren im Bereich dieser Welt immer nur tragische Heimkehren, vielleicht sogar „Heimkehren ins Kreuz" sein? Es will mir so vorkommen nach meinen Erfahrungen.

Ich bin, in schon vorgerücktem Alter, zweimal Heimkehrer geworden: Heimkehrer aus der Kriegsgefangenschaft und Heimkehrer in die katholische Kirche. Und beide Heimkehren waren schwere Enttäuschungen. Hatte ich falschen Träumen angehangen? Oder was sonst machte mir diese Heimkehren so bitter?

Nach dem schändlichen Zusammenbruch des Hitlerreiches saß ich hinterm Stacheldraht in Cherbourg. „An den Wassern des Ozeans saßen wir und weinten, wenn wir dein gedachten, o Deutschland." Es waren aber sehr wenig Weinende unter den deutschen Kriegsgefangenen. Die meisten führten eine tränenlose Existenz, sei es, um Schuld zu verbergen („ich kannte diesen Hitler nicht"), sei es, um als Unschuldiger zu glänzen („ich war immer beim Widerstand").

Mir schenkte, schon in den ersten Wochen, ein evangelischer Pfarrer einen Psalter, und ich fand in ihm schon bald den Kern unseres Elends: „Wir haben gesündigt, wie unsere Väter, Unrecht getan, gottlos gehandelt" (Psalm 105, Vers 6). Später, in einem Sonderlager, in dem besonders viele Geistliche (beider Konfessionen) saßen, um als ausgewählte Deutsche amerikanische Demokratie zu studieren, meinte ich, wir sollten einem unserer jüdischen Lehrer zum Abschied bekunden, daß wir uns der Forderung auf Wiedergutmachung im Namen unseres Volkes nicht verschlössen und ihn aus diesem Geist herzlich um Verzeihung bäten. Aber die Mitschüler beschlossen, dies nicht zu tun, sondern dem Israeliten eine künstlerische Erinnerungsadresse zu überreichen, auf der zwischen dem Symbol Deutschland und Amerika – Affen fröhlich seiltanzten. Und so geschah's.

Es haben noch andere, böse „Affentheater" in Cherbourg betrübt. Aber ich fand doch auch eine paar Gesinnungsgenossen, die sich wenigstens von einer Heimkehr etwas versprachen: wir vermöchten unseren Brüdern daheim doch etwas zu geben, was uns aus den Leiden der Gefangenschaft zugewachsen war: aus vertieftem Glauben, stärkerer Hoffnung, größerer Liebe würden wir zu den Gewissen reden und sie zur Umkehr bewegen können. Wir glaubten, den Geist des Unheils und des Verderbens in unserem Volk erkannt zu haben, und fühlten uns stark, den Kampf damit aufzunehmen ...

Die Enttäuschung nach der Heimkehr war furchtbar. Hier war nahezu alles, was aufgebrochen war im Innern der Menschen, wieder zugeschüttet. Der Pfarrer gebot mir, nachdem ich zweimal zu den Männern gesprochen hatte, „abzubrechen": die Leute wollten vom Vergangenen nichts mehr hören. Ein Restkreis, größtenteils Antinazis, versandete bald in Selbstgerechtigkeit. Der Geist der ödesten Restauration siegte auf der ganzen Linie der kleinen Stadt. Der Aufbau des Äußeren (auch der Gotteshäuser, deren Zertrümmerung Gott zugelassen hatte) absorbierte so sehr alle Kräfte, daß für den inneren Bereich nichts mehr übrigblieb. Man hatte den Nazismus, samt eigenem Versagen und Schuld, hinter sich geworfen und war wieder „guter Katholik" geworden, nach altem Brauch. Jede Gewissenserforschung privater oder sozialer Natur in Hinsicht auf das Ereignis des Hitlerismus wurde abgelehnt.

Die bürgerliche Lebenslüge hatte wieder „die Macht ergriffen" und „der Verrat, der in des Glaubens Herzen wohnt", blieb verborgen. Ich hatte es in wenigen Jahren dahin gebracht, als „querulierender Outsider", der den schönen, christlichen Aufbau störte, den Zorn und die Verachtung der daheimgebliebenen Brüder auf mich zu ziehen. Als dann noch Schützenbrüder und Kriegervereine wieder zu marschieren anfingen, und die Stammtische von der „Notwendigkeit der militärischen Zucht für unsere verkommene Jugend" faselten, mußte mich notwendig der Bannfluch treffen, wie er jeden traf, der diesen Rummel nicht mitmachte.

Der Heimkehrer war schließlich von den Daheimgebliebenen „ausgespielt" worden. Sie hielten die tonangebenden Hauptrollen in diesem Stück fest in ihren Fäusten und ließen selbst als Statisten nur Leute ihres Geistes zu: des spätbürgerlichen Einheitsgeistes der selbstgerechten Tüchtigkeit. Die meisten Heimkehrer hatten sich „klug wie die Schlangen" auf die Seite der mächtigen Daheimgebliebenen geschlagen –, und ein Vater, ja ein Vater, der dem mißhandelten Heimkehrer beigestanden hätte, war leider nicht da.

Der heimgekehrte Sohn wurde oft vom Zorn hingerissen und von Bitterkeit erfüllt, wenn er sich „diese traurigen Brüder" ansah, die nun alles abermals zu vertun drohten, was aus der Heimsuchung an Gutem hätte entspringen müssen. Und ihm war, als ob es auch keinen Vater im Himmel mehr gäbe, der sich dieses verkehrten Geschlechts und seiner Heimkehrer erbarmte. Was die Gefangenschaft mit ihren Leiden nicht vollbringen konnte, das wuchs nun aus der Heimkehr empor: die völlige Verlorenheit, die Verzweiflung. Ich weiß seitdem: der tiefst Verzweifelte, das kann nur der Heimkehrer sein, der über der Mißhandlung durch die daheimgebliebenen Brüder, in der totalen Vereinsamung, den Vater nicht mehr zu finden vermag.

2.

Meine zweite Heimkehr, die in die wahre Kirche, war noch enttäuschender als die in die irdische Heimat. Ich wußte ja, daß meine Brüder in der Kirche dieselben sein würden wie im Bereich der Welt: die verbürgerlichten Christen, die zwar noch in die Kirche gehen, deren Herz aber, wie Gertrud von Le Fort sagt, nicht mehr darinnen schlägt. Aber ich war ja nicht nur auf die Brüder in der neuen Heimat gespannt, als vielmehr auf deren „Väter".

Vielleicht wird mancher Leser mich für einen besonders „schwierigen" Heimkehrer halten, wenn ich auch das geistliche Vaterhaus kritisiere; aber ich darf versichern, daß ich eine Reihe Briefe von Konvertiten besitze, die mir [*durchgestrichen:* geradezu] einen Zustand der Verzweiflung offenbarten; ihr Unglück, so schreiben sie, sei jetzt größer als zuvor, denn sie hätten in Wahrheit keine Heimat gefunden. Mir ging es nicht anders, besonders auch deshalb, weil ich mich tiefer ins Vaterhaus hineingewagt habe, statt mich in die Schar der Konventionellen oder auch das Häuflein der „Frommen" einzureihen und zu sagen: „Siehe, es ist alles sehr gut!"

Es gingen mir die Mängel und Fehlentwicklungen weit über das hinaus, was in der allgemeinen Gebrechlichkeit der Menschen begründet ist. Da fiel mir vor allem auf, was man stets mit besonderem Eifer sich abzuleugnen bemüht: die Klerikalisierung der Kirche. Wer von der lutherischen „Freiheit eines Christenmenschen" herkommt, der spürt den Kontrast in einer erschreckenden Weise. Nicht weil er jetzt eine Autorität, eine lehramtlich sogar unfehlbare, über sich hat, nein, sondern weil er inne wird, daß „die eigentliche katholische Kirche" die Geistlichen (clerici) sind. Sie „regieren" die Kirche allein und souverän, indessen die Laien als bloße „Untertanen" so zu marschieren haben, wie es oben befohlen wird.

Die Brüder, die der Heimkehrer im römischen Vaterhaus vorfand, schienen ihm (mit Ausnahmen!) „gar nicht voll entwickelt", vielmehr sich in einem „Embryonalstadium" zu befinden, durch lauter Ghetto- und Bewahrungspolitik von oben. Es gibt ja zum Beispiel gar keine katholischen Eltern, die ihr Elternrecht aus eigenem Antrieb zu vertreten wüßten, sondern nur vom Klerus dirigierte Eltern. Und so ist es auf fast allen Gebieten des politischen und des religiösen Lebens. Die christliche „Autodynamik" (des Gewissens) scheint gar nicht entwickelt zu sein. Wahrscheinlich aus Bequemlichkeit bei den Vätern sowohl wie bei den Kindern, die unmündig bleiben und keine Verantwortung übernehmen wollen.

Das ist aber doch grundsätzlich nicht richtig und vor allem ganz unzeitgemäß. Die der Christenheit bevorstehenden Kämpfe können doch *so* nimmermehr bestritten werden – wie sich doch [*korrigiert zu*: ja] schon in der Nazizeit erschreckend genug gezeigt hatte.

Es scheint mir, daß wir Heimkehrer hier viel guten Rat zu geben hätten, denn wir haben ja nicht nur die Freiheit der Verlorenheit kennengelernt, sondern auch die so notwendige der personalen Entscheidung, welche die 99 „gerechten" Daheimgebliebenen gar nicht zu kennen scheinen.

Und da sind wir nun im dramatischen Zentrum, wo sich die Frage erhebt: Vermag der Heimkehrer in die wahre Kirche, in deren Vätern auch seine liebenden Brüder zu erkennen bis hinauf zum papa in Rom; oder sind das immer nur seine (patriarchalischen) Herren (und Exzellenzen und Eminenzen), welche die Befehle ausgeben, nach denen marschiert wird, sei es ins Himmelreich, sei es im deutschen Reich?

Der Heimkehrer in die wahre Kirche kennt kein „sentire cum ecclesia", das auf dem Boden des Kurzschlusses gewachsen ist; er ist nicht konvertiert „in die ewige Bewahrung der mittelalterlichen Struktur der Kirche"; er hat sein Gewissen, in Christo kaum wiedererweckt, nicht vor der Pforte der Peterskirche weggeworfen, um in allen Dingen „bedingungslos" zu gehorchen; er hat sein priesterliches Bewußtsein nicht drangegeben, weil es in der Kirche Gottes auch Amtspriester gibt; er ist kein Kastrat geworden, weil „nur Väter" geistlich-schöpferisch zeugen dürften; er hat schließlich nicht auf das Recht zum Widerspruch verzichtet, da er dem Gehorsam sich unterworfen hat.

Wo die Väter nur ein Glied dieser Kette von Doppelgliedern gelten lassen, da treiben sie den Heimkehrer zur Verzweiflung. Da auch sind sie im Bund mit den daheimgebliebenen „bequemen" Bürgersöhnen. Und es ist eine Gnade Gottes, wenn so ein Verzweifelter wenigstens den Weg Pascals findet: ad tuum, Jesu Christe, tribunal appello. Viele kehren wieder um und suchen sich –

und das ist höchst bezeichnend! – Brüder. Sie treten, so sie nicht zur falschen Brüderlichkeit des Kollektivismus abfallen (und auch deren sind nicht wenige!), fast ausnahmslos Bruder-Sekten bei, so die schwere Mangelkrankheit der Kirche aufzeigend.

Ich bin noch in der Kirche und hoffe in ihr zu bleiben mit Gottes Gnade, wenngleich auch hier als enttäuschter Heimkehrer. Aber ich bin nicht ohne Hoffnung. Es sind mir in dieser Kirche einige brüderliche Väter begegnet, die mich auf das neue Zeitalter einer überwundenen patriarchalischen Bürgerchristlichkeit hoffen lassen.

3.

Es könnte scheinen, als ob der in die irdische Heimat oder in die Kirche, heimgekehrte Bruder nur Widerspruch gegen die „daheimgebliebenen" Brüder und Väter zu erheben hätte. Ihm ist indessen auch die andere schwere Aufgabe gestellt, das Kreuz, das beide „ ihm auferlegen, durchzutragen. Aber der Heimkehrer braucht dieses Kreuz nicht als „stummer Hund" zu tragen, indem er alles widerspruchslos hinnimmt, was jene ihm aufbürden. Nein. Er kann es, ja er *muß* es oft „im Widerspruch" gegen Brüder und Väter tragen. Er protestiert damit ja nicht gegen das Kreuz, das er trägt; er protestiert gegen Brüder und Väter, die als die Gerechten es ihm glauben auferlegen zu dürfen.

Ich glaube auch, daß jeder Heimkehrer berufen ist, „das prophetische Amt" wahrzunehmen und den Brüdern und Vätern zu sagen, was gesagt werden muß. Er sollte es gewiß als *Büßer* sagen, aber sagen muß er es. Er darf sich weder entmutigen lassen von der Gerechtigkeit der Brüder (die oft nur Selbstgerechtigkeit ist) und der Autorität der Väter (die er in ihrer Gültigkeit nicht verletzen will), noch aus Bequemlichkeit und um des guten Fortkommens willen sich ihnen fügen. Zu gewichtig für Volk und Kirche ist ja, die er zu bringen hat: *die Botschaft von der Freiheit.*

Sie ist ihm anvertraut, denn er kennt sie ja existenziell in beiden Formen: als die Freiheit der Verlorenheit und als die Freiheit [*ergänzt*: in] der Bindung. Er ist Wissender in diesem zentralen Bereich des Menschen und hat die Botschaft als Heimkehrer zu vertreten *gegen Beharrung und Erstarrung, gegen Fesselung und Zwang.* Er ist in die Freiheit der Kinder Gottes heimgekehrt, nicht in die Zwingburg von Gesetz und Brauch, von Vormundschaft und Befehlsausführung. Er ist ein Bote der Freiheit, die im Gewissen nicht weniger gründet als im objektiven Gehorsam. Es ist die Freiheit [*ergänzt*: des]: *Liebe und tu, was du willst!* Das Band des Christen sei allein die Liebe. Und *er sei als der liebend Gebundene ganz frei.*

Dies Herzgeheimnis des Heimkehrers wird freilich oft überschattet, überspült von Zorn und Bitterkeit angesichts der erstarrten Brüder und der herrschwilligen Väter; aber es muß seines Herzens Herz bleiben trotz aller Verdunkelungen, wenn er seiner Sendung genügen will.

Wehe aber den Brüdern und den Vätern, die dem Heimkehrer das Wort abschneiden, ihn zum „stummen Hund" machen wollen, indem sie ihn zum „räudigen Hund" machen! Unser Heiliger Vater Papst Pius XII. hat über die Unterdrückung der „öffentlichen Meinung" in der Kirche harte Worte gesagt: „Es würde etwas im Leben der Kirche fehlen, wenn in ihr die öffentliche Meinung fehlte – ein Fehlen, für das die Schuld sowohl auf die Hirten wie die Gläubigen zurückfiele" (Osservatore Romano vom 18.2.1950).

Der Heimkehrer schafft der „öffentlichen Meinung" wieder Raum, so sie in der Erstarrung einer Einheitsmeinung inopportun geworden ist. Er kündet die Botschaft von der Freiheit öffentlich neu. Der Konvertit ist immer ein bedeutsamer Bote an die Kirche; er ist nicht [*ergänzt*: nur] ein Gescheiterter, der entblößt Obdach suchte und fand und nun bei Bettelsuppen zu schweigen hätte; er bringt etwas mit, was die Kirche sehr nötig braucht: die Botschaft von der Freiheit der Kinder Gottes.

Und der Heimkehrer *ins Volk* ist nicht der spät aus Hungerlagern ins „Wirtschaftswunder" gnädig Aufgenommene, der dankbar = stumm sich den Bauch füllen sollte; er ist der Bote der Freiheit auch hier, der Freiheit gegenüber den Ansprüchen des Staates, der wieder und wieder den Bürgern das Schicksal von Gefangenen bereitet.

Ein sehr verehrungswürdiger Heimkehrer hat vor kurzem geschrieben: „Ebenso christlich wie der Gehorsam ist der Widerspruch. Über beiden steht das Kreuz. Denn über die Dialektik der christlich-geschichtlichen Existenz erhebt sich nur das Opfer; es ist kein anderer Weg. Aber das ist das Werk personaler Freiheit und Entscheidung, mag der sich Opfernde nun sich unter den Streitwagen weltlicher Macht werfen oder unter die Füße des Apostels, dem er, wenn es das gepeinigte Gewissen will, ins Antlitz widersteht." (Reinhold Schneider: „Verhüllter Tag")

Hier ist der tiefste Hintergrund aufgerissen und der Kreis, den wir einleitend beschritten, geschlossen: Jede wahre Heimkehr hienieden ist eine Heimkehr ins Kreuz. Manchen Heimkehrer in dies Volk hat die Dialektik nach 1945 ins revolutionäre Lager getrieben – und wir wollen dies zu verstehen suchen! Manchen Heimkehrer in die Kirche hat die Dialektik zum Häretiker gemacht – und wir wollen auch dies verstehen! Aber wir sollten uns sehr bemühen, die Dialektik im mysterium crucis zu überwinden, wenn wir wahre Heimkehrer sein wollen.

Und die Väter sollten auf die verlorenen Söhne, deren sie sich bei weitem nicht genug angenommen haben in dem letzten Jahrhundert, [*durchgestrichen*: genauso wie die Heimkehrer] sehen, daß sie nicht in Revolution und Häresie versinken. Die Gefahr ist groß. Und die Schuld der Brüder und der Väter, die ihr nicht begegnen, nicht minder.

Im Ghetto beharren und überstehen wollen mit den 99 Gerechten, ist hier und heute gar keine Haltung. So wird nur verspielt, was im Zeichen des Kreuzes noch gerettet werden könnte.

T: *Heidingsfelder*, Georg: Der Heimkehrer. Drei Texte aus der Wochenzeitung „Michael", April/Mai 1955. [Überschrift, Vorbemerkung und gesamte Texterfassung nach zusammengeklebten Druckseiten mit einigen nachträglichen Korrekturen aus dem Depositum „Martin Stankowski / Splitternachlaß G. Heidingsfelder" im AdsD / Friedrich Ebert Stiftung Bonn; ein durchgestrichener Satz in der Vorbemerkung zeigt, dass Heidingsfelder diese drei Texte als „Ouvertüre" an den Anfang eines geplanten Buches, wohl mit dem Titel „Der Heimkehrer", setzen wollte.]

[D.3]
Sankt Georg und der ergänzte Name
(1961)

Georg D. H[eidingsfelder].

Meine Eltern, lutherische Leute, haben mir den Namen Georg in der Taufe gegeben. Weil mein Vater auch Georg hieß, sollte sein Erstgeborener den gleichen Namen fragen. Vom heiligen Georg wußten sie naturgemäß nichts.

Ich habe auch lange von Sankt Georg nichts gewußt. Auf Bildern hatte ich ihn mir manchmal nachdenklich angeschaut: da saß er auf dem dicken Schimmel und rammte dem Drachen die Lanze in den Rachen.

Als ich katholisch geworden war, zog es mich bald zur Erforschung meines Namenspatrons. Ich habe viel über ihn gelesen. Ich erkannte nun, daß ich meinem Namen nicht nur keine Ehre, sondern Schande gemacht hatte. Ich war ja kein Ritter Christi gewesen, sondern bloß so ein Welt-Georg, vielleicht ein Allerwelts-Georg. Darüber war ich sehr traurig, und ich wollte es wieder gutmachen.

Natürlich habe ich mir weder einen Schimmel noch eine Lanze gekauft; ich meine auch nicht, daß heute ein zeitgemäßer Georg in einem Bomber sitzen müßte, auf dessen Bauch „Sankt Georg" gepinselt wäre. O nein! Ich weiß ja längst, daß man gegen den Drachen, welcher der böse Geist ist, weder mit Lanzen noch mit Bomben „georgisch" kämpfen soll noch kann. Man kann nur auf die Weise Christi gegen ihn streiten. Diese Weise aber ist eine leidende

Weise, in der Kraft des Geistes, in der Kraft des Kreuzes. Die mittelalterlichen Georgs-Ritter glaubten noch, man müsse für Christus und sein Reich auch mit irdischen Waffen kämpfen. Sie haben geirrt mit ihren Kreuzzügen. Der Geist der Zeit hatte sie verführt: zuviel „Welt" war in den christlichen Geist eingedrungen. – Das Reich Gottes war kurzschlüssig mit dem irdischen Reich gleichgesetzt worden. Das Mittelalter ist vorbei, versunken. Ein für allemal. Das Schwert, die Lanze hat sich in die Atombombe verwandelt. Sankt Georg steht hier und heute im klaren Bilde vor uns als der Streiter wider das Böse. Seine Lanze ist allein das Kreuz. Es gibt keine andere Waffe des Christen wider den Teufel. Schwerter und Bomben zerreißen und verbrennen nur Menschenleiber. Man muß den Drachentöter richtig verstehen. Sein Schwert ist Symbol, nicht Mordwaffe. So haben auch wir, die wir seinen Namen fragen, sei es persönlich, sei es als Pfadfinder, in seinem Geist zu kämpfen: als Streiter Christi gegen das Böse.

Auch ich habe lange Jahre falsch gekämpft und meinem heiligen Namenspatron Schande gemacht. Darum habe ich meinem Vornamen seit Jahren einen zweiten hinzugefügt. Ich nenne mich „Georg D.". Das „D." ist ein Geheim-Monogramm, das ich hier enthüllen will: es ist der erste Buchstabe des Namens Dismas. Ihr wißt nicht, wer Dismas war? Ich will es euch sagen: Dismas war der gute Schächer, der zur Rechten des Herrn mitgekreuzigt war. Ein Räuber und Mörder, der von sich meinte, daß er mit Recht da hinge. Dieser Dismas war der erste Heilige unserer Kirche. Der Herr selbst hatte ihm, wenige Minuten vor seinem eigenen Tod, das Paradies verheißen. Er war also, in der Sprache des Evangeliums, das, was wir alle sein sollten: bußfertiger Sünder.

Ich konnte und wollte meinen Taufnamen nicht mehr ändern. Georg? Ja. Aber Georg als der Schächer: Georg Dismas. So bin ich gewiß, daß mein Namenspatron mich „akzeptieren" wird und mir seine Fürbitte zuteil werden läßt. Denn er ist ja in der Ewigkeit ein Bruder des heiligen Dismas, und beide sind sie Freunde Gottes. Wir alle haben viel gesündigt in Gedanken, Worten und Werken durch unsere große Schuld. Wo immer wir uns zu unserem Herrn bekennen, sollten wir Bekennermut genug haben, uns auch als Sünder zu erklären, vor Gott und seinen Heiligen. Wir sollen wissen: wir alle sind in Wahrheit arme Schächer, die der Barmherzigkeit Jesu Christi bedürfen. Wie einst Dismas, der begnadigte Räuber und Mörder.

T: *H[eidingsfelder]*., Georg D.: Sankt Georg und der ergänzte Name. In. Zeitschrift der katholischen Pfadfinder [Ostern] 1961, S. 7. [Texterfassung nach einem Zeitschriftenausschnitt mit handschriftlichem Quellenvermerk im Depositum „Martin Stankowski / Splitternachlaß G. Heidingsfelder" im AdsD / Friedrich Ebert Stiftung Bonn.]

D. BEITRÄGE FÜR DIE ZEITUNG „STIMME DES FRIEDENS" (1951)

[D.1]
Die Gewissenspflicht eines Katholiken
(1951)

[G.D. Heidingsfelder]

Wir druckten mit dem Artikel „Die andere Macht" einen Beitrag des bekannten katholischen Schriftstellers *Reinhold Schneider* für die „Stimme des Friedens" ab.

Reinhold Schneider kämpft von einem hohen ethischen Standpunkt des Christentums für die Weckung der Kräfte zur Erhaltung des Weltfriedens. Vor einigen Monaten hat er seine Mitarbeit am *„Christlichen Sonntag"* aufgegeben, weil in der Redaktion des Blattes die Waage sich zugunsten derer neigte, die den Verteidigungskrieg für erlaubt, ja für eine Pflicht hielten. In einem offenen Brief begründete *Reinhold Schneider* damals seinen Schritt. Er schrieb darin die eindringlich mahnenden Worte: „Aus christlicher Nächstenliebe, um unseren Freunden zu helfen, rüsten wir uns, um unsere Brüder zu ermorden ... Unter dem ‚Schild der Atombombe' ist nicht der Ort der Kirche ... Von allen auf Entsetzliches weisenden Vorzeichen ist für mich das beunruhigendste dieses: *daß die Schlachtfelder gesegnet werden – noch ehe der Staat es fordert.* Noch versuche ich eine Hoffnung zu behaupten. Die Gnade handelt ja frei, nicht nach unserem Ermessen. *Aber von Menschen kann diese Hoffnung nur auf dem gelebten Zeugnis begründet werden."*

T: [*Heidingsfelder*, Georg]: Die Gewissenspflicht eines Katholiken. In: Stimme des Friedens [Frankfurt a.M.], 2. Jg., Nr. 4, vierte Ausgabe im Januar 1951 (Forum). [namentlich nicht gezeichnet; Zuordnung: Blattmann 1992]

[D.2]
Der Blutrausch von 1914
(1951)

Von Georg Heidingsfelder

Vor einigen Tagen fiel uns ein Büchlein in die Hände: *„Der Heilige Krieg"*. Untertitel: Gedichte aus dem Beginn des Kampfes. Gemeint ist der Weltkrieg Nummer Eins, beginnend 1914, den der nüchterne *Papst Benedikt XV.* kurzer Hand *„eine ehrlose Menschenschlächterei!"* genannt hatte. Das Büchlein über seine Heiligkeit, den Krieg, will „ein Bild des deutschen Geistes" aus der Dichtung der damaligen Zeit geben. Es erschien bei Eugen Diederichs in Jena und vereinigt „die besten Dichter jener Zeit, die sich jetzt als unsere wahrhaften Sprecher bewähren". Man genieße einige der Verse aus der Perspektive von 1951 und erkenne, welch *schauerliche Todestrunkenheit*, welch *wahnsinniger Blutrausch*, welch *pharisäischer Sendungswahn* diese *Bürger-Geister* von 1914 beseelte!

Mit Blut und Stahl vor aller Welt
Woll'n wir das Wort vertreten.
Zum Schwert! Zum Schwert! Daß Gott gefällt
Der Deutschen eisern Beten.
(*Rudolf Herzog*)

Wer bleibt uns treu? Unser Gott allein!
Die Erde zuckt und der Himmel flammt.
Schwert, nun tu' dein heilig Amt,
Schwert aus der Scheide!
(*Isolde Kurz*)

Herrgott, Dich loben wir! Herrgott wir *müssen* vernichten,
Herrgott, wir *müssen* Blut und Verderben säen!
Herrgott, gerecht wirst Du wägen, gerecht wirst Du richten,
Wenn Tempel des Friedens in Rausch und Trümmer vergehn!
(*Julius Burggraf*)

Doch jetzt nur lodre deutscher Zorn!
Aus Todesluft und wildem Saft
Steig du herauf, Berserkerkraft!

Blutschleier dampft um Fluß und Born,
Und rot zertreten liegt das Korn.
(*Julius Hart*)

Schon, wer im Jubel die Waffen ergreift, ist ein Held!
Ewig, ob Deutschland im Kampfe siegt oder fällt,
Zittert über dem Erdreich der furchtbare Ruf:
Deutschland, Deutschland gegen alles!
(*Waldemar Bonsels*)

Wir Lützower stehen auf dem Plan
Und hau'n die Welt zusammen.
(*Fritz von Unruh*)

Und geht die ganze Welt kaputt
in Blut und Flammenwehen
und wird es wirklich jüngster Tag,
wir bleiben und wir stehen!
(*Cäsar Flaischlen*)

Komme, komme, deutscher Völkermai!
(*Gerhard Hauptmann*)

Dank dem Schicksal, Volk in Waffen,
Deutschland gegen alle Welt!
Nicht um Beute zu erraffen,
uns hat Gott zum Kampf geschaffen,
rein zum Kampf im Ehrenfeld,
Heldenvolk!
(*Richard Dehmel*)

Und früher, bei Gott! wird nicht Rast gemacht,
Bis das letzte Wild wird zur Strecke gebracht!
Aber gründlich!
(*Gustav Falke*)

Es ist kein Zweifel: auch im Jahre 1951 fänden sich genug verstockte „*Hindenburgdeutsche*", die aus dieser Gesinnung, wie sie in der Dichtung von 1914 zum Ausdruck kommt, den „dritten Versuch" einer Weltherrschaft (à la suite d'Eisenhower diesmal) zu starten bereit wären. Von den „Dichtern" leben ja auch noch eine Reihe –, die könnten den Heldenkampf, den Heiligen Krieg, den „Kreuzzug" aufs neue befeuern. Das Herz wird nicht wenigen „alten Kämpfern" aufgehen, wenn sie unsere Versauswahl von 1914 lesen: *Das waren noch Zeiten! nicht wahr?*

T: *Heidingsfelder*, Georg: Der Blutrausch von 1914. In: Stimme des Friedens [Frankfurt a.M.], 2. Jg., Nr. 12, vierte Ausgabe im März 1951, S. 4.

[D.3]
Unvollendetes Trauerspiel aus der Christenheit: *„Atomtheologie"*

Von Georg Heidingsfelder

Der Verfasser der nachstehenden Szenenfolge ist ein kritischer katholischer Schriftsteller. Er schickt voraus, daß die Satire „Unvollendetes Trauerspiel" sich streng an die von der katholischen Herderkorrespondenz gegebenen Zitate aus der Diskussion des Problems hält, und fügt hinzu: „Die Personen sind natürlich echt."

AUS DER CHRISTENHEIT:

Personen des Stückes
Hochw. Francis J. *Connell*, Priester der Erlöserordens (CSSR), Professor an der Kath. Universität Washington;
Gordon C. *Zahn*, Publizist;
Edwin E. *Aubrey*, Professor an der Universität Pennsylvania;
Einige Generale, ein Zeitungsboy, eine Stenotypistin.

Ort des Handlung: USA.
Zeit: Gegenwart.

1. AKT

Die Szenerie ist gestaltet wie am Anfang des Goetheschen „Faust", also mittelalterlich. Professor *Connell* sitzt am Schreibtisch, meditierend über die Erlaubtheit des Einsatzes der Atombomben. Er kommt zu dem Ergebnis, daß *„die Atombombe nicht wesentlich verschieden ist von einer Handgranate oder einem Infanteriegewehr"*; also darf sie im gerechten Krieg getrost angewendet werden, auch von Christen. Angesichts dieses Ergebnisses seiner Betrachtung tritt er erfreut ans Fenster, den getrübten Mond tadelnd:

‚O sähst du, voller Mondenschein, / doch nicht so schrecklich traurig drein / als ob das End der Welt schon käme! / Selbst wenn man Wasserstoff zu Bomben nähme –, / was wäre christlich schon dabei, / ist nur der Einsatz theologisch einwandfrei!'

Professor Connell setzt sich in den Sessel am Ofen, nimmt sein Brevier vor, schläft aber bald darauf ein. Von der Wirkung der Wasserstoffbombe läßt er sich nicht träumen.

2. AKT

Die Szene zeigt die Zeitungsredaktion des „Gemeinwohl". Gordon C. *Zahn* sitzt am Schreibtisch, in dem Buch *„Die Wirkung der Atomwaffen"* blätternd. Er fährt sich immer wieder erschrocken durch die Haare, springt schließlich auf, der Stenotypistin diktierend:

„Die Theologen haben es bei ihrer Betrachtung der Moralität der Atombombe bis dahin unterlassen, sie in ihren *sozialen Zusammenhang* zu stellen."

Er beruhigt sich wieder und spricht im weiteren in seinem Artikel davon, daß das Buch, in dem er gelesen hatte, nicht nur die grauenhaften und maßlosen Wirkungen der Atombombe zeige, sondern vor allem, daß sie wegen ihrer Nachwirkungen der Kontrolle durch denjenigen, der die Bombe anwendet, entzogen sind. Die Atombombe sei also ihrem Wesen nach nicht mehr eine Waffe, die gegen den Feind gerichtet ist, sondern ein Mittel unterschiedsloser Zerstörung und deshalb kein Mittel eines gerechten Krieges, der sich ja immer nur gegen den ungerechten Angreifer richten kann.

Wenig später steht der Artikel Gordon C. Zahns in der neuen Nummer des „Gemeinwohl". Dem Verleger des „Gemeinwohl" ist aber nicht ganz wohl über den Artikel, denn er fürchtet die atom-christlichen Abonnenten seines Blattes.

3. AKT

Szenerie wie in Auerbachs Keller, nur viel vornehmer. Professor Connell sitzt allein an einem Tisch, ein Glas Wein vor sich. Am Nachbartisch hat sich ein Haufen angeheiterter Generale niedergelassen. Sonst ist nicht viel los beim Frühschoppen. Einer der Generale singt ein neues Liedchen zur Guitarre:

Es war einmal ein Präsident,
der hatte eine Bombe ...
Alle:
Ja, eine große Bombe, bumm!
die warf er auf 'ne gelbe Stadt.
Die Stadt war schwarz. Nur eine Ratt'
entkam der großen Bombe.
Alle:
Ja, unserer gelben Bombe, bumm!

Ein Zeitungsjunge kommt herein, ruft aus: „Das Gemeinwohl, meine Herren! Denken Sie an das Gemeinwohl! Lesen Sie das Gemeinwohl!" Die Generale sind davon höchst belustigt, aber Professor Connell kauft sich eine Nummer. Er liest den Artikel Gordon C. Zahns, nimmt danach einen kräftigen Schluck, begibt sich an den Tisch der Generale und doziert:

Die Atombombe tötet zwar mehr Menschen als eine Gewehrkugel, „aber dies begründet *nur einen Unterschied dem Grade nach,* nicht einen wesentlichen." Es bleibt also dabei: *sie kann von Christenmenschen getrost geworfen werden.* Die Generale heben daraufhin Professor Connell auf die Schultern, tragen ihn jubelnd im Keller umher, indem sie das neue Liedchen, um eine improvisierte Strophe vermehrt, singen:

Es war einmal ein Theolog,
der hatte eine Bombe ...
Alle:
Ja, eine große, heilige Bombe, bumm!
die schenkt er einem General
und spricht: Nun mach dir keine Qual
und schmeiß die heil'ge Bombe!
Alle:
Ja, unsere heilige Bombe, bumm!

Später dekorieren die Generale Professor Connell mit der moralischen Tapferkeitsmedaille.

4. AKT
Professor Aubrey sitzt in der Redaktion des „Gemeinwohl", neben Gordon C. Zahn. Beide sind in großem heiligem Zorn über den Bericht, der ihnen aus Auerbachs Keller erstattet worden ist.
Aubrey: Sind wir noch Menschen mit einer solchen Moral?
Zahn: Wir sind sogar Christenmenschen! Hat nicht vor kurzem erst Gouverneur Miller gesagt: Wir Christen müssen kämpfen, in der einen Hand das Kreuz, in der anderen die Atombombe??
Aubrey: Saubere Christenheit, das! Haben Sie sich schon mal Christus vorgestellt, wie ihn Gouverneur Miller will?
Zahn: Ach was, Christus! Heute lehren uns die christlichen Moraltheologen, wann und wo die Atombomben geschmissen werden dürfen!
Aubrey: Mich interessiert die Frage: Halten Sie den Teufel für einen guten Theologen?
Zahn: Für einen erstklassigen sogar ...

Nach diesem Gespräch diktiert Professor Aubrey einen neuen Aufsatz für das „Gemeinwohl", in welchem gesagt wird, daß die Atombombe *unterschiedslos Kämpfer und Nichtkämpfer tötet*, weil sie nur zum Zweck einer *Totalvernichtung* abgeworfen werden kann. *„Dadurch wird sie zu einem unsittlichen Mittel, das auch für den gerechtesten Zweck nicht verwendet werden darf."*

*

Weiter ist der Entwurf des Trauerspiels über „Atomtheologie" einstweilen noch nicht gediehen. Es ist aber anzunehmen, daß [es] bei der heroischen Konstitution von Herrn Professor Connell *einen mehr als traurigen Ausgang nehmen wird.*

* * * * * * *

DAS GEFOLGE DES KRIEGES
Der Krieg, wo er nicht erzwungene Selbstverteidigung, sondern ein toller Angriff auf eine ruhige, benachbarte Nation ist, ist ein unmenschliches, ärger als tierisches Beginnen, indem nicht nur der Nation, die er angreift, unschuldigerweise Mord und Verwüstung droht, sondern auch die Nation, die ihn führt, ebenso unverdient als schrecklich hin opfert. Kann es einen abscheulicheren Anblick für ein höheres Wesen geben als zwei einander gegenüber stehende Menschenheere, die unbeleidigt einander morden? Und das Gefolge des Krieges, schrecklicher als er selbst, sind Krankheiten, Lazarette, Hunger, Pest, Raub, Gewalttat,

Verödung der Länder, Verwilderung der Gemüter, Zerstörung der Familien, Verderb der Sitten auf lange Geschlechter. Alle edlen Menschen sollten diese Gesinnung mit warmem Menschengefühl ausbreiten, Väter und Mütter ihre Erfahrung darüber den Kindern einflößen, damit das fürchterliche Wort Krieg, das man so leicht ausspricht, den Menschen nicht nur verhasst werde, sondern dass man es mit gleichen Schauder als den St. Veitstanz, Pest, Hungersnot, Erdbeben, den schwarzen Tod zu nennen oder zu schreiben kaum wage.
Johann Gottfried Herder (1744-1803)

T: *Heidingsfelder*, Georg: Unvollendetes Trauerspiel aus der Christenheit: „Atomtheologie". In: Stimme des Friedens [Frankfurt a.M.], 2. Jg., Nr. 15, dritte Ausgabe im April 1951, S. 5.

[D.4]
Kann Amerika Europa retten?
(1951)

Von Georg Heidingsfelder

NOTWENDIGE VORBEMERKUNGEN

In gewissen Kreisen ist es üblich geworden, jeden, der ein Wort gegen Amerika laut werden läßt, als Kommunisten oder Rückversicherer zu verdächtigen. Dem kann ich nichts entgegensetzen als die Versicherung, daß es mir mit den folgenden Ausführungen nicht um eine sowjetfördernde Aktion geht.

Ich denke außerdem mit vielen Deutschen in Liebe und Dankbarkeit an die amerikanischen Menschen, die mir und meinem Volk in schwerer Not geholfen haben. Die kritischen Dinge, über die hier gesprochen werden muß, liegen indessen auf einer anderen Ebene als Liebe und Dankbarkeit von Mensch zu Mensch; sie löschen darum auch weder unsere Dankbarkeit noch unsere Liebe aus; sie setzen aber erhebliche Zweifel in eine von gewissen Kreisen Amerikas betonte „Sendung", Europa oder die ganze Welt zu retten. Hier sollen nichts als einige Tatsachen und Urteile zu Gehör gebracht werden, die es mehr als zweifelhaft erscheinen lassen, daß Amerika zum Retter Europas berufen ist.

Ein Prozent der Bevölkerung
besitzt 59 Prozent des Nationalvermögens

Es gibt 8 Aktiengesellschaften in [den] USA, von denen jede mehr als eine Milliarde Dollars Aktien hat. 24 Firmen besitzen rund um die Milliarde. Die Gesamtaktiven aller 32 Gesellschaften betragen 67 Milliarden Dollar.

Nach statistischen Angaben von Anna Rochester besitzt in USA ein Prozent der Bevölkerung 59 Prozent des Nationalvermögens. 12 Prozent verfügen über 33 Prozent des amerikanischen Volksvermögens. Insgesamt haben also 13 Prozent der Bevölkerung 92 Prozent des Volksvermögens in der Hand. 87 Prozent des Volkes teilen sich in die restlichen 8 Prozent.

Nicht Unternehmen, sondern „Manager"

Benjamin Fairless leitet die „United Steel" mit 120.000 Angestellten. Charles Edward Wilson die „General Motors" mit 400.000 Angestellten. Diese Männer und viele andere sind nicht Unternehmer, sondern „Manager", die auch auf Regierungsstühle überwechseln, wenn's nottut. Sie dienen „Systemen", sind deren „Funktionäre, Exponenten riesiger Apparaturen, von denen der Mensch verschlungen wird."

Von den 530 Mitgliedern des amerikanischen Kongresses (Parlamentes) – 521 Männern und 9 Frauen – sind 301 Rechtsanwälte.

Erstaunliche Folgen einer Umfrage

Eine Umfrage von „Ladies Home Journal" über die moralischen und religiösen Vorstellungen des amerikanischen Volkes hatte erstaunliche Folgen: 18 Prozent sagten, sie führten ein völlig gutes Leben; 28 Prozent meinten, daß sie Dreiviertel des Weges zur sittlichen Vollkommenheit erreicht hätten; 32 Prozent beanspruchten, mindestens die Mittelgrenze erreicht zu haben. Diese insgesamt 78 Prozent wollten in ihrem ganzen geschäftlichen Verhalten dem christlichen Liebesgesetz voll gehorcht haben.

Amerikanische Selbstkritik

Theologieprofessor *Reinhold Niebuhr* schreibt in der Zeitschrift „Messenger": Der Erfolg der amerikanischen Zivilisation verführe das amerikanische Volk zu der unerträglichen Einbildung, seine Lebens- und Denkart sei der Gipfel aller Tugend. Die Neigung, jede Abweichung von der amerikanischen Denkart als „Verrat" zu verdächtigen, weist Niebuhr zurück und erklärt, daß es Pflicht der amerikanischen Christen sei, dieser Gefahr einer totalitären Einförmigkeit entgegen zu wirken.

Der Präsident der Universität Chikago, Mr. *Hutchinson*, formulierte diesen Satz: „Der einzige allgemeingültige Grundsatz, den wir haben, ist der, zu behaupten, es gäbe überhaupt keine Grundsätze."

VERSCHWEIGEN ANTIKAPITALISTISCHER ÄUßERUNGEN ROMS

„Die Mehrheit der in katholischen Diözesanblättern schreibenden Journalisten aus dem geistlichen Stand und ein nicht unansehnlicher Teil der geistlichen Lehrerschaft in den höheren katholischen Schulen ist reaktionär, verteidigt den Kapitalismus, verschweigt alle antikapitalistischen Äußerungen Roms, argwöhnt in jeder noch so legitimen sozialreformerischen Aktion des Staates sofort etwas ‚Sozialistisches' und nützt die derzeitige antikommunistische Konjunktur kräftigst aus, um zugleich mit dem Kommunismus auch allen Antikapitalismus als einen mit dem Kommunismus identischen Sozialismus abzutun."

Die schreibt Dr. K. *Ernst Winter* aus USA in einem Brief an den Innsbrucker „Volksboten".

MONSIGNORE FULTON J. SHEEN:

„Das Familienleben in Amerika ist heute mehr gefährdet als je zuvor in unserer Geschichte. Wie die Familie, so die Nation, wie das amerikanische Heim, so Amerika ... Wenn in 30 größeren Städten unseres Landes auf je zwei Eheschließungen eine Scheidung entfällt, wenn in einer Nation 600.000 Scheidungen auf 2,8 Millionen Eheschließungen pro Jahr kommen, so sind das unmißverständliche Anzeichen dafür, daß Amerika von innen her verfault. Das Ansteigen der Mordfälle von 3,4 im Jahre 1900 auf 6 je 100.000 im Jahre 1941 liefert den Beweis für eine eindeutig asoziale Gesinnung. Geisteskrankheiten infolge Alkoholmißbrauch sind seit 1920 auf das Fünffache gestiegen."

Das sind Feststellungen und Urteile des Monsignore *Fulton J. Sheen* in dem Buch „Communism and the conscience of the West."

„SOLIDES WEIß GEGEN SOLIDES SCHWARZ"

Die Chikagoer Wochenschrift „The Christian Century" schreibt: „Zu schließen, wir seien restlos im Recht und Rußland restlos verderbt, wie es Mister Truman mit wechselnder Häufigkeit zu tun scheint, das heißt, die Vernunft aufgeben. Harry Truman, der freundlichste Mann, der Präsident ist, sieht die Welt in den Begriffen eines soliden Weiß gegen ein solides Schwarz: Die Vereinigten Staaten durch die Bergpredigt regiert, unsere Feinde durch den Haß gegen Gott. Es ist ein Zeichen für das Versagen der Kirche, daß das Oberhaupt der Nation in – solchem Grade von geistlicher Hoffart befallen ist. Aber selbst, wenn man das beklagt und wünscht, Mister Truman möge sich von einem erfahrenen Christen den Wortlaut und Sinn der Bergpredigt erklären lassen, so kommt einem doch der verwirrende Gedanke, die Selbstgerechtigkeit des Präsidenten könne nichts weiter sein als die Spiegelung unseres nationalen Seelenzustandes. Eine solche Haltung ist in erschrockenem Maße in Gefahr, in Fanatismus aufzuflammen."

AMERIKA WIRD EUROPA NICHT RETTEN

Amerika wird Europa *nicht* retten. Wir Deutsche, wir Europäer sollten dies klar erkennen und die Worte *Reinhold Schneiders* beherzigen: „Die Hinwendung Europas zum Atlantik – eine Gebärde der Angst, die Europas tiefste Erniedrigung ausdrückt – mag in dieser Stunde verständlich sein. Sie ist gleichwohl ein Unglück, eine Ablösung vom Wurzelgrunde, die jede Selbstbehauptung unmöglich zu machen droht. Indem wir übers Meer blicken, von welchem uns Hilfe kommen soll, vergessen wir, was wir im Rücken haben. Und doch können wir uns für heute und morgen – auf ein jedes denkbare Ereignis – nicht besser vorbereiten, als indem wir das Geschichtsbewußtsein in uns erhalten und verdichten, das allein den Widerstand tragen wird. Wir werden uns nur verteidigen, indem wir selber das Erbe sind und uns die Kraft zutrauen, es zu bleiben, auch wenn der Sturm über uns hinweggeht. Die Erhaltung des Menschentums unserer Herkunft sollte uns größere Sorge machen als die Beschaffung der Waffen, die in jedem Fall dieses Menschentum zerstören."

T: *Heidingsfelder*, Georg: Kann Amerika Europa retten? In: Stimme des Friedens [Frankfurt a.M.], 2. Jg., zweite Ausgabe im Mai 1951, S. 4.

[D.5]
Deutsche Gurkhas
auf dem Glacis der Sühne
Stimmen zu der uns zugedachten
militärischen Rolle
(1951)

Von Georg Heidingsfelder

Als der Bundesinnenminister Dr. Heinemann im Jahr 1950 aus dem Amte schied, weil er Adenauers Eigenmächtigkeiten in der Remilitarisierung Deutschlands nicht zu decken bereit war, brachte er unter anderem zum Ausdruck, daß der Westen es vielleicht nicht aufrichtig meine mit unserer Wiederbewaffnung. Er schrieb damals: *„Der Westen kann uns brauchen und ächten wollen zugleich."* Es gibt in der Tat Stimmen ausländischer Experten und Presseorgane, die immer wieder hörbar machen, daß man den Deutschen wohl brauchen, aber gleichwohl weiterhin so verächtlich als möglich behandeln möchte. Wir bringen hier einige der Stimmen zur Gehör:

GURKHAS

Für die Deutschen unter Eisenhower sei die „Rolle der Gurkhas" vorgesehen, schreibt das britische Blatt „New Statesman". Die Gurkhas sind die kriegerischen Einwohner von Nepal (Indien), die als *Söldner* im britischen Heer dienen. Sie sind besonders berühmt durch die Bewaffnung mit Dolchen, mit denen sie den Gegner im Nahkampf erledigen. Solche *Dolchnahkämpfer* sollen also die Deutschen nach Meinung des „New Statesman" werden. Welch eine Verachtung liegt in dieser zugemuteten Rolle! Ob die Deutsche sie akzeptieren?

AUF DEM GLACIS

Besonders interessant sind die fortlaufenden Äußerungen des französischen Verteidigungsministers Jules *Moch*. Bekannt ist, daß die Franzosen den Deutschen nur die Stärke von sogenannten „*Kampftruppen*" zugestehen wollen, ohne jede Selbständigkeit; wichtiger ist es aber, zu wissen, wie Herr Moch und die Seinen sich den Einsatz der Streitkräfte denken. Es wird immer wieder nur davon geredet, daß er „*auf dem Glacis zwischen Rhein und Elbe*" stattzufinden habe. Ein Glacis ist, nach Auskunft des Knauerschen Lexikons, ein „*deckungsfreies Festungsgelände*". Das ist also die Rolle, die unserem dichtbevölkerten Heimatboden zugedacht ist: die des Glacis! „Die ganze Aktion der freien Nationen ist auf ein Ziel gerichtet: einem eventuellen Angriff so weit als möglich außerhalb der Staaten des Atlantikpaktes Widerstand zu leisten, das heißt *außerhalb der Grenzen Frankreichs*", erklärte Herr Moch am 24.1.51 den Journalisten. Ob die Deutschen bereit sind, auf dem Glacis für die Franzosen und Engländer zu kämpfen, ist eine andere Frage, wenn sie es schon nicht verhindern können, daß ihr Vaterland zu einem Glacis gemacht wird.

STALINGRAD

„Es wäre ein vergebliches Bemühen", schrieb, wie die „Stimme des Friedens" bereits berichtet hat, vor kurzem noch der „Manchester Guardian, „wenn General Eisenhower versuchen wollte, die Linie der Zonengrenze zu halten." Deshalb müsse eben auf dem Glacis die Anlegung von „*stalingradähnlichen Bastionen in Westdeutschland*" ins Auge gefaßt werden. Hamburg, Hannover, Kassel böten sich von selbst als solche stalingradähnliche Stützpunkte an.

Das ist eine weitere Perspektive, die nicht außer acht gelassen werden darf, wenn man erwägt, in welcher Weise die Alliierten mit uns zu verfahren gedenken.

GEGEBENENFALLS MILITÄRISCHE WILDNIS

Natürlich soll uns jede Bewegungsfreiheit nach dem Osten hin genommen werden. Hier hat der berühmte Kommentator Walter *Lippmann* die Katze aus dem Sack gelassen, als er in „New York Herald Tribune" schrieb: „Es sollte den Deutschen klar zu verstehen gegeben werden, wenn sie noch einmal versuchen wollten, mit Rußland ins Geschäft zu kommen oder selbst die ersten Schritte dazu vorbereiten (!), dies als *Aggression* (!) gegen den Westen aufgefaßt würde. Denn, wenn auch unsere Bodenstreitkräfte die Elbe gegen die rote Armee nicht zu halten vermöchten, *so liegt es doch völlig in unserer Macht, Westdeutschland zur militärischen Wildnis zu machen*. Was mit Mühe aufgebaut wurde, kann mit Leichtigkeit wieder zerstört werden." Welch eine schmachvolle Drohung gegenüber denen, die man als „Mitkämpfer" braucht!

LEGIONÄRE

Das pure Legionärtum der Deutschen wäre den Westmächten am erwünschtesten. „Man könne sehr gut aus Deutschen, Japanern und anderen Ausländern *Fremdenlegionen* bilden, die dem amerikanischen oder alliierten Oberkommando unterstellt wären und der UNO angeboten werden könnten" – meint der Militärkorrespondent der „New York Times". Neuerdings gehen ja die Amerikaner dazu über, in unserem eigenen Land Söldner anzuwerben, also die alte „Reisläuferei" wieder einzuführen. Die Bundesregierung schweigt dazu eigenartigerweise.

SÜHNEMASCHIERER!

Den Gipfel der Zumutungen erklimmt freilich Mister Robert Ingrim, neuerdings Leitartikler beim *„Rheinischen Merkur"*, dem allerchristlichsten Leibblatt des Herrn Kardinal Frings. Mister Ingrim schrieb in der Schweizer „Tat": „Durch dauernde Kontrollen kann man die Deutschen hindern, Bombenflugzeuge, Ferngeschosse und vor allem Atombomben zu erzeugen. Zur See und in der Luft ist Amerika allen anderen Nationen weit voran und kaum einzuholen. Was ihm fehlt, ist ein Landheer. Die Schlußfolgerung liegt auf der Hand: Von keiner Nation sollte man verlangen, dort zu bluten, wo eine andere im Falle der Not bereit ist, es statt ihrer zu tun – in Selbstverteidigung und *zugleich in Sühnung begangener Sünden!*"

Also als Reisläufer oder Gurkhas auf dem Glacis zwischen Rhein und Elbe soll den Deutschen eine Möglichkeit gegeben werden, sich in Sühnung begangener Sünden niederwälzen zu lassen. Das ist die Summe, die man aus den servierten Nachrichten zu ziehen hat. Nun, deutsche Landser, wollt ihr nun marschieren oder wollt ihr immer noch nicht???

DAS ERSTE DEUTSCHE AUFGEBOT: 1948!

Eine der beschränktesten Publizisten des nachhitlerischen Deutschland, der Begründer des *„Rheinischen Merkur"*, schrieb in seinem allerchristlichsten Blatt im November 1948: „Sollte die geographische Situation Westdeutschlands nicht die Erwartung rechtfertigen, daß es den drei westlichen Zonen nach Wiedergewinnung ihrer Staatlichkeit gestattet sein möge, *wenigstens einige Abwehrverbände* aufzustellen, die imstande wären, einen *ersten örtlichen Widerstand zu leisten*? Wenn die Führer richtig gewählt werden, wenn es sich nur um Freiwillige (oder später vielleicht um eine Miliz) handelt, die *Ausrüs-*

tung auf Abwehrwaffen, wie Pak-Geschütze beschränkt bleibt, würde den zahlreichen Bedenken, die sich anfangs aufdrängen könnten, wohl kein durchschlagendes Gewicht zukommen."

Das war ein erstes Angebot von geradezu *verbrecherischer Leichtfertigkeit*, das erst heute im richtigen Licht erscheint, weshalb wir es ausgegraben haben.

[Leserbrief: *90 Prozent wollen keinen Krieg.* „Aus der Zeitung habe ich erfahren, daß der sozialdemokratische Landtagsabgeordnete des Kreises Offenbach, Appelmann, sich gegenüber einer Delegation von Frauen darüber aussprach, daß die Entscheidung über die Remilitarisierung Deutschlands beim Volk liegen müsse. Auch er habe die Überzeugung, daß 90 Prozent der Bevölkerung keinen Krieg mehr wollen. Mich freut es, daß der sozialdemokratische Abgeordnete eine Stellungnahme bezogen hat, wie sie nicht anders im Volk gewünscht wird." E. H., Offenbach]

T: *Heidingsfelder*, Georg: Deutsche Gurkhas auf dem Glacis der Sühne. Stimmen zu der uns zugedachten militärischen Rolle. In: Stimme des Friedens [Frankfurt a.M.]. 2. Jg., Nr. 20, dritte Ausgabe im Mai 1951, S. 4.

[D.6]
Ein Marschall kehrt heim
Zeitung „Fortschritt" offenbart ihre Marschrichtung
(1951)

Von Georg Heidingsfelder

In der Zeitung „Der Fortschritt" des Industriellen Gert Spindler, die in Essen erscheint, verzapft neuerdings „ein deutscher Heerführer" seine strategischen Weisheiten. Eins der Bilder, die in die „Strategie" jeweils eingebaut sind, zeigt den 1947 aus dem englischen Internierungslager heimkehrenden Hitlermarschall v. Rundstedt. Auf dem Bilde kommt dieser hohe Herr nicht im rot ausgeschlagenen Generalsmantel daher, sondern wie ein schlichter Landser, die Wolldecke unterm Arm, das Köfferchen in der Hand. Unter das Bild setzte die „Fortschritt"-Redaktion einen mehr als rückschrittlichen Text: „Ein deutscher Heerführer kehrt heim. Dieses Bild spricht Bände".

Ironisch wird hinzugefügt, daß das Bild eben aus einer Zeit stamme, zu der dem deutschen Soldaten die Ehre vom Bundeskanzler Adenauer noch nicht wieder zuerkannt war.

Dazu wäre nun wohl folgendes am Platze:

Erstens: Der Soldat Rundstedt war einer der obersten militärischen Führer des verbrecherischen Hitlerregimes. Dieser Mann unterzeichnete noch am 19. März 1944 eine Erklärung an Hitler folgenden Wortlauts:

„Mehr denn je wird es unsere Aufgabe sein, Ihr von hohen Idealen erfülltes Gedankengut im Heere zu verankern, so daß jeder Soldat des Heeres ein umso fanatischerer Kämpfer für die nationalsozialistische Zukunft unseres Volkes sein wird. Wir wissen, daß nur ein im Nationalsozialismus erzogenes Heer die Belastungsproben bestehen wird, die uns heute noch vom Siege trennen."

Zweitens: Dieser Rundstedt hat noch im Dezember 1944 wider jede bessere Einsicht zehntausende deutscher Soldaten in der Ardennenoffensive in den Tod gehetzt, den Befehlen eines wahnsinnigen Verbrechers gehorchend.

Wenn also jetzt, sechs Jahre später, von einer sich „Fortschritt" nennenden Zeitung für solche Generale um Sympathie geworben wird, so beweist das entweder idiotische Vergeßlichkeit oder das Urteilsvermögen von Schwachsinnigen. Es zeigt aber zugleich, was heute dem deutschen Volke schon wieder geboten werden kann, und das, obgleich doch sogar Männer wie Ernst Jünger schreiben mußten: „Jeder kleine Journalist, jede Arbeiterfrau bringt mehr Courage auf als die Generale."

Die Arbeiterfrauen, die kleinen Journalisten, mögen heute im Teuerungsirrsinn verkommen – Hauptsache, daß die Marschälle Hitlers wieder gut leben und zu Ehren aufsteigen können.

T: *Heidingsfelder*, Georg: Ein Marschall kehrt heim. Zeitung „Fortschritt" offenbart ihre Marschrichtung. In: Stimme des Friedens [Frankfurt a.M.], 2. Jg., Nr. 20, dritte Ausgabe im Mai 1951, S. 8.

[D.7]
Wann ist Krieg „Notwehr?"
Die Notwehrlüge des Grafen Bismarck – Handelt Amerika in Notwehr?
(1951)

G.H. [Georg Heidingsfelder]

Eines der moraltheologischen Argumente, mit denen der Krieg auch heute noch gerechtfertigt wird, ist das von der Notwehr. Nun ist es von vornherein zweifelhaft, ob der Begriff der Notwehr auf den Krieg totalistischer Ungetüme, wie sie heute gegeneinanderstehen, angewendet werden kann, auf die unpersönliche Art und Weise, in der hier Krieg geführt wird. Die „Notwehr" wird ja hier sofort überschritten von dem, der sich augenblicklich in ihr befindet, indem er selbst den brutalsten Krieg ins Land des anderen trägt und Schuldige und Unschuldige mittels Bomben mordet. Aber es ist darüber hinaus natürlich auch der Lüge und dem Betrug Tür und Tor geöffnet. Welch ein Schwindel mit dem Begriff der Notwehr im Kriegsfalle betrieben werden kann, dafür haben wir ein historisches Beispiel, über das der Bischof W.E. von Ketteler berichtet. Ketteler, der den Ausdruck des Borussianismus geprägt hat, schreibt in der Schrift „Deutschland nach dem Kriege von 1866":

„Vor einigen Wochen berichteten uns die öffentlichen Blätter ein merkwürdiges Gespräch zwischen dem Grafen Bismarck und einem früheren hannöverschen Minister. Als dieser den Grafen jene Alliance zwischen Preußen und den revoltierenden Ungarn und Italienern, deren Bismarck sich zur Niederwerfung Oesterreichs bedient hatte, vorwarf und ihn zugleich daran erinnerte, daß Preußen durch dieselbe alle rechtmäßigen Gewalten untergraben habe, suchte letzterer die preußische Regierung dadurch zu rechtfertigen, daß sie sich ihren Gegnern gegenüber in einer Notwehr befunden habe, und daß deshalb Preußen in der Lage gewesen wäre, im Kampfe um seine Existenz überall dort Hilfe zu nehmen, wo sie gefunden werden konnte."

Ketteler sagt zu dieser Verfälschung des Tatbestandes:

„Kein deutscher [oder?] außerdeutscher Staat, am wenigsten alle jene Staaten, die von den Kriegsereignissen betroffen wurden, dachten daran, Preußen in der Stellung zu beeinträchtigen, die es sowohl im deutschen Bunde als auch nach außen hin als selbständige Macht eingenommen hatte. Keine Tatsache ist evidenter als diese. Preußens Machtstellung in Deutschland und nach außen hatte sich vielmehr in den letzten dreißig Jahren wesentlich vergrößert. Wohl könnten die anderen Staaten an eine Bedrohung ihrer Existenz durch Preußen denken, aber umgekehrt von einer Bedrohung Preußens zu reden, war ein offenkundiger Widerspruch gegen alle vorliegenden Tatsachen."

Also hatte der Graf Bismarck in diesem Falle den Begriff der Notwehr zu einer handfesten Lüge benutzt, um seinen Krieg zu rechtfertigen. Nun, schließlich kann jeder Begriff zur Lüge benutzt werden – aber hier ist die Frage: ob der Notwehrbegriff nicht auch wegen dieses von Bismarck demonstrierten Mißbrauchs nicht prinzipiell auf die Verteidigung einer Person gegen eine andere Aug' in Auge eingeschränkt werden muß. Wenn Bismarck in diesem ganz klaren Fall sich auf Notwehr hinausreden darf, dann kann jeder kriegführende Staat seine fatale Sache mit Notwehr rechtfertigen! Der Christ sollte, belehrt auch durch dieses Beispiel, es prinzipiell ablehnen, den Notwehrbegriff für die kriegerische Auseinandersetzung gelten zu lassen.

Um einen aktuellen Fall unserer Stunde ins Auge zu fassen: die katholische französische Zeitschrift „Esprit" ist durchaus nicht der Meinung, daß etwa heute sich Amerika in Notwehr befindet.

T: *H[eidingsfelder].*, G[eorg].: Wann ist Krieg „Notwehr?" Die Notwehrlüge des Grafen Bismarck. – Handelt Amerika in Notwehr? In: Stimme des Friedens [Frankfurt a.M.], 2. Jg., Nr. 20, dritte Ausgabe im Mai 1951, S. 8.

[D.8]
Ist der Christ „Neutralist"?
(1951)

Von Georg Heidingsfelder

In den folgenden Darlegungen wird die Grundkonzeption sichtbar, aus der der katholische Publizist Georg Heidingsfelder den Kampf gegen die Bündnispolitik, die zu Wiederbewaffnung und Krieg führt, betreibt.

Der große jüdische Gelehrte Martin Buber hat einmal in den „Frankfurter Heften" geschrieben: „Die einzige politische Möglichkeit für ein zwischen die Weltmächte eingeklemmtes Volk ist die metapolitische." Das heißt, eine Möglichkeit, die weit über das bloß Politische hinausgeht! Er meinte nichts anderes als die Möglichkeit göttlicher Hilfe für das so eingeklemmte Volk. Ein solches Volk müsse jede Bündnispolitik ablehnen, da sie nur ins Verderben führen könne: es habe, wie der Prophet Isaias es fordert (7,4 und 30,15), „still zu halten" und auf den Herrn zu hoffen.

Nun, sieht das nicht nach „Neutralismus" aus? – Ja, es sieht so aus. Aber es ist dennoch etwas ganz anderes als Neutralismus, der ein bloßes Politikum ist: es ist „metapolitischer Neutralismus", etwas ganz Verwegenes; etwas, was keinem bloßen Politiker einleuchtet; etwas „Utopisches", also politisch gesehen etwas „Hirnverbranntes". Der Politiker, und nicht nur er, sondern auch der wissenschaftliche und sogar der „religiöse" Mensch werden, ist ihr Volk eingeklemmt zwischen die Kinnbacken der Weltmächte, nach Auswegen durch eine vernünftige Bündnispolitik suchen: man verbünde sich doch mit Ägypten, mit dem „Westen", um Assyrien, den „Osten" zu besiegen! Im Gegensatz dazu sagt aber der Verkünder der göttlichen Botschaft: Nein! sondern vom Herrn der Geschichte ganz allein habt ihr eine Rettung aus dieser verzweifelten Lage zu erwarten. Werft ihr euch auch in dieser letzten Stunde nicht auf den Herrn, so wird euch die allervernünftigste Bündnispolitik nur ins „Koreanische" manövrieren.

Gilt dieses alte, uralte Isaiaswort aber für Deutsche des Jahres 1951? Das ist die nächste Frage. Darauf heißt die Antwort: Es gilt! Was wäre anders die Heilige Schrift als das Wort Gottes wert? Sie wäre wert, im Museum zu vermodern. Aber es ist so, wie ich eben in einem Aufsatz der hervorragenden Jesuitenzeitschrift „Geist und Leben" (April 1951) lese: „Bei Isaias (!) finden sich Sätze, die unmittelbar für unsere Gegenwart vom Himmel gegeben sein könnten. Aber das Organ für die ewige, unzeitliche und daher jederzeitliche

Wirkkraft solcher Prägungen ist dem Menschen von heute großenteils verkümmert!"

Das ist genau meine Überzeugung, seitdem ich in der Gefangenschaft vom Worte dieses Propheten überwältigt worden bin. Und dieses Wort ist gesiegelt vom Gott des Neuen Bundes, vom Vater Jesu Christi, der uns auffordert: daß wir alle unsere (großen politischen) Sorgen und Kümmernisse auf ihn werfen sollten, da er es sei, der für uns sorgen wolle. Glauben wir das aber? Nun, wir glauben es nicht. Wir werden uns mit dem Westen verbünden und ein neues Korea in Deutschland eröffnen. Die „christlichen" Politiker werden das schaffen. Sie werden Europa noch schlimmer verwüsten als der Antichrist Hitler, weil sie dem Worte Gottes nicht glauben! Weil sie mit der stärksten geschichtlichen Wirklichkeit nichts anzufangen wissen! Weil sie sich auf alles, alles andere zu verlassen bereit sind, nicht aber auf Gottes Verheißung! Sie wollen keine „Neutralisten" sein, und werden also – Brudermörder! Sie trachten trotz ihrer Katholikentagsparolen nicht zuerst und vor allem anderen nach dem Reiche Gottes, sondern verbünden sich mit Atlantis und seinen Atombomben zur Neubegründung ihres irdischen Reiches. Sie verlassen sich abermals auf die Gewalt der Waffen, mit der sie zweimal in einem Menschenalter so kläglich gescheitert sind. Von „ungläubigen Christen" wird nun Deutschland koreanisiert werden!

Werden sich verwegene Christen genug finden, die mit letztem Einsatz sich auf die Bubersche „Metapolitik" werfen? Und zu keinen Bündnissen bereit sind? Christen, die immun sind gegen „Freiheits"-, „Kultur"- und „Abendland"-Propaganda? Wird dies „dritte Geschlecht" der Christen diesmal in Deutschland wirksam werden? Oder werden die alten Bürgerchristen und ihre Politiker, die 1914 und 1933 so kläglich versagt haben (und dennoch keine Buße taten!), dies Land und Volk in den Abgrund stürzen, weil sie den göttlichen, metapolitischen Neutralismus verachten! Das ist die brennende, große Frage, an der sich unser Schicksal entscheidet! Die Christen sind auch hier wieder die Schlüsselfiguren, auf die es ankommt! Werden sie in Deutschland ihre letzte Chance wahrnehmen?

T: *Heidingsfelder*, Georg. Ist der Christ „Neutralist"? In: Stimme des Friedens [Frankfurt a.M.], 2. Jg., Nr. 22, erste Ausgabe im Juni 1951, S. 4.

[D.9]

Forum:
Büßervater oder Stiefvater
(1951)

Von Georg Heidingsfelder

Der westdeutsche Bundeskanzler Dr. Adenauer sprach vor Jahren schon das Wort: „Wir Deutschen wollen nicht im Büßerhemd herumlaufen". Dieser Ausspruch prädestinierte ihn zum politischen Führer der unbußfertigen Deutschen nach dem zweiten Weltkrieg. Er ist es mit einer Stimme Mehrheit geworden! Mag er den Ausspruch hinterher auszulegen versuchen wie immer, er steht da und ist das Gericht für uns Deutsche; denn er ist wahrlich abermals die Parole seit dem Kriegsende. Nur keine Buße, das heißt keine Umkehr von den alten Ab- und Holzwegen des Verderbens!

Nichts ist wahrer als was der amerikanische Monsignore Fulton J. Sheen schreibt: „Der zweite Weltkrieg brach herein, wie unsere Liebe Frau von Fatima voraussagte, weil keine Erneuerung in den Herzen und Seelen der Menschen stattgefunden hat. Das ist das Entscheidende, hierin liegt die Gefahr des dritten Weltkrieges, nicht eigentlich in der kommunistischen Internationale!" Wir befinden uns bereits im Sog des Todesstrudels, zwischen den Mühlsteinen von Ost und West und werden darin „koreanisch umkommen", wenn die Christen sich nicht ermannen, den Weg der Buße in letzter Stunde zu beschreiten, das heißt: den der bedingungslosen Kapitulation vor Gottes Zorngericht über uns. „Es ist die besondere Verantwortung des Christen, zu erkennen, daß zwei Weltkriege innerhalb von einundzwanzig Jahren das Urteil Gottes über das Leben, das wir führen, bedeuten." (Sheen) Als wir hinter dem Stacheldraht der Kriegsgefangenschaft saßen, machten wir die beglückende Entdeckung, daß die letzte Ursache unserer volklichen Katastrophe in dem Wort des Psalmisten zu finden sei (Psalm 106): „Wir haben gesündigt samt unseren Vätern, wir haben falsch gehandelt und sind gottlos gewesen." Die Anerkenntnis dieses Wortes hätte die Väter unseres Volkes auf den Bußweg gebracht; aber sie erkannten es nicht an. Sie drückten sich abermals daran vorbei, sie wollten „wieder hoch- und davonkommen", wie Rilke schon nach dem ersten Weltkrieg vorwurfsvoll ausgesprochen hatte. So sind sie also nicht zu Büßervätern geworden, die ihren Söhnen neue Wege gebahnt hätten, sondern zu Stiefvätern, die sie abermals in den Todesring führten. „Im Kreise wandern die Gottlosen", nach Augustinus, der hier unseren Weg genau kennzeichnete.

So haben wir also jene alten, vor dem Ansturm Hitlers völlig versagenden Politiker wieder zu unseren Führern gemacht: Christen, die schon 1914 zum „ehrlosen Gemetzel", wie Papst Benedikt sagte, mit Begeisterung angetreten waren: zum Gemetzel, das nach einem Wort Sheens ein Kampf war um die Errichtung einer „Demokratie ohne Gott". In diesem Kampf waren die Bürger-Christenväter nicht nur im Geiste mitmarschiert.

Aber nun führen sie uns abermals zu den Waffen. Und hinter ihnen stehen geistliche Väter, die in Deutschland aus den Katastrophen so wenig gelernt haben wie die politischen. Und diese geistlichen Väter leben in dem Wahn, daß es ihres Amtes sei, ein christlich-restauratives Parteiwesen geistlich zu garantieren. Auf diesem geistig korrupten Hintergrunde erwuchs endlich die Figur des seelsorgenden Stiefvaters, dessen Hauptsorge darin besteht, die Christen wieder an die Gewehre zu treiben. (Der Geistliche Dr. [Alois] Stiefvater [1905-1986] in Freiburg ist Verfasser der offiziösen katholischen Schrift „Volk ans Gewehr", in der die Bewaffnung der Deutschen gefordert wird.) Der Stiefvater ist wahrlich die abgründige Gegenfigur des Büßervaters, der weiß, daß die letzte Stunde gekommen ist, die nur bestanden werden kann in der Verweigerung jedes Dienstes am Tode. Dies ist demnach
die letzte Konfrontation der Väter.

Hier die Büßerväter, die sich, im Angesichte Christi, gedenkend ihrer schweren Schuld und der ihres Volkes (und der durch diese Schuld bewirkten verzweifelten „koreanischen Situation") dem Denken des Todes versagen und ihr Leben einsetzen gegen den Krieg, mag er unter welchen verführerischen Parolen immer gestartet werden. Dort die Stiefväter, die, aus Angst oder Verstockung, bewirkt durch die Nichtanerkennung der Schuld und Verweigerung der Buße, nach Gewehren, Bajonetten, Bomben rufen, um mit ihrer Hilfe die „Freiheit", die „Kultur", das „Abendland", ja sogar das „Christentum" zu verteidigen.

Ihr diesen Weg – wir jenen! So scheiden sich die christlichen Geister heute. Erbärmlich wirken da „drahtzieherische" Parolen einer „Einheitsfront" (für den Schießprügel)! Möge jeder in seinem Gewissen seinen Weg wählen! Und bedenken, daß er dieses Gewissen an Christi Lehre und Gesinnung zu messen hat!

T: *Heidingsfelder*, Georg: Büßervater oder Stiefvater. In: Stimme des Friedens [Frankfurt a.M.], 2. Jg., Nr. 24, dritte Ausgabe im Juni 1951, S. 4.

[D.10]
Eine Frage an die Menschen von heute
Zu dem Buch von Friedrich Heer:
„Gespräche der Feinde"
(Europa-Verlag Wien-Zürich)
1951

Von Georg Heidingsfelder

Das Buch des Wiener Historikers Friedrich Heer enthält als Schlußkapitel „Eine Frage an den Menschen unserer Zeit". Um welche Frage handelt es sich? Um die Frage des Verhältnisses des Christen zur Welt, die nun aufbricht an seinem Verhältnis zu Waffen und Krieg, oder ins Personale gewendet: an seinem Verhältnis zum Feind! Eine so kühne Antwort, wie Heer sie gibt, haben wir kaum je vernommen. Die meisten werden sagen: das ist wahrlich eine „verheerende" Antwort. Aber wir meinen: es ist die christliche, die endlich wieder gegeben werden mußte.

Heer stellt zunächst fest: „Schamvoll und schmerzvoll müssen wir Christen gestehen, daß wir selbst bereits seit vielen Jahren (Jahrhunderten?) nur wenige ganz ernste Fragesteller aufzuweisen haben, wir haben weithin, von rhetorisch-unverbindlichen Eskapaden unserer Prediger abgesehen, darauf verzichtet, Fragen an Staat, Kirche, Zeit, Welt, Kultur und Gesellschaft zu stellen und sind deshalb aus dem Kräftefeld der großen Entscheidungen immer mehr verdrängt worden. Seit Jahrhunderten haben wir uns in jene abseitige Stellung hineinmanövrieren lassen, die jedem anderen, nur nicht dem Christen ziemt: in eine obstinate Verteidigung des Bestehenden."

Grandios ist es, wie Heer aus der Tatsache, daß die Christen, als die Berufenen, der Welt nicht Rede und Antwort stehen wollen, die andere ableitet, daß die Welt sie eben deshalb „hochnotpeinlich" befragen muß, durch ihre modernen Tribunale. Wenn auch diese Tribunale äußerlich im Zeichen des Triumphes, der Lüge und der Gewalttat stehen, so ist doch, was dahinter steht, ein sehr ernstes, letztes Fragen einer verzweifelten Welt. Wir teilen diese Meinung Heers durchaus und haben eben deshalb vor kurzem mit allem existentiellen Ernst die Frage an die Christen gestellt: „Sollen die Christen (abermals) die Waffen ergreifen?" An dieser Frage müssen wir hier und jetzt erprobt werden als die Heilbringer! Heer sagt: „Von der Ehrlichkeit und Härte, vom Ernst und der Leidenschaftlichkeit unserer Selbstbefragung wird es abhängen, ob unsere Gegner uns wieder als echte Fragepartner ernst nehmen werden." Der Christ in Deutschland (und in der Welt), der sich der existentiellen Zentralfrage der Stunde nicht stellt, der Frage nach der Gewalt der Waffen, zählt nicht mehr mit; er ist entweder ein trauriges, eingeschriebenes Mitglied der Bürgerchristenheit oder ein „Staatschrist, der keine Absage an die Welt leisten kann und will, weil es ihm in seiner Pfründe viel zu gut geht["]. Wer sich aber der Frage stellt, der muß sie mit letztem Ernst eindeutig mit Ja oder Nein beantworten, also nicht „stratmännisch" [sic! *Bezug*: Franziskus Stratmann OP] mit „Sowohl-als-auch". Wer aber „Nein" sagt auf unsere Frage, der muß sich bewußt sein, totgeschlagen zu werden – von den Stiefvätern und ihrem bürgerchristlichen Anhang, der das Bestehende „verteidigt" wissen will. Moralisch wird er auf jeden Fall totgeschlagen – wahrscheinlich auch physisch. Diese Bürger- und Staatschristen sind ja „jahrhundertelang darauf dressiert", an den Staat und seine Ordnungen, an das Bestehende zu glauben, mehr zu glauben als an die Realwirksamkeit Gottes in dieser Welt. Es können sich diese Christen gar keine andere Politik vorstellen als die, möglichst viele Positionen in dieser Welt zu besetzen und sie „mit allen kleinen Mitteln" (der List, der Schläue, der personalen Manipulation usw.) zu behaupten. Darum ist es kein Wunder, daß staatschristliche Stiefväter am Ende dahin kommen, sich auch der „großen Kampfmittel" im politischen Spiel der Selbst- und Parteibehauptung zu bedienen: Der Putsche, der Bürgerkriege, der Bomben! Sie werden nie begreifen, daß dies nie der christliche Weg ist, die Welt für Christus zu gewinnen. Friedrich Heer formuliert klar, daß für den Christen Politik wesenhaft ein Freund-Feind-Gespräch ist, von Mann zu Mann, von Person zu Person. Und der Christ hat dies Gespräch zu führen ohne Haß-, Mord- und Vernichtungswillen! Damit erfüllt er das Gebot der Feindesliebe seines Herrn und Meisters! Davon haben alle diese Stiefväter des Christentums keine Ahnung mehr, sie vermögen nur kurzschlüssig „ans Gewehr" zu rufen, sei es gegen den Parteifeind, den Kirchenfeind, den Staatsfeind! Sie hocken in ihren Gehäusen, sie bauen ihre Systeme – und merken gar nicht, daß sie Christus verloren haben; sie sind nicht anders als die Schriftgelehrten und Pharisäer der Zeit Jesu Christi, die auch kein Gespür mehr hatten für den lebendigen Anruf Gottes in der Stunde neuer Fragestellung; sie blieben [bleiben?] dabei: der Christ muß das Schwert ergreifen, wenn der Staat es befiehlt – mag dies Schwert sich längst in eine wahllos tötende Bombe, der „Staat" in das gewissenvergewaltigende totale Ungeheuer verwandelt haben. Personen sehen die Herren überhaupt nicht; sie sind gar nicht in der Lage, ein Gespräch zu führen, mögen sie in der akademischen „Diskussion" ganz hervorragend sein. Die meisten christlichen Theologen, Seelsorger, Politiker liegen heute auf der gleichen schiefen Ebene, wenn ihnen die Frage gestellt wird: Sollen Christen die Waffen ergreifen? Es ist heidnische

Politik, es ist allenfalls Mischmaschpolitik einer höchst unappetitlichen Promiskuität zwischen Christentum und Welt und heuchlerische Zweigleisigkeit, was da betrieben wird. Weiter haben es die Christen in den letzten Jahrhunderten nicht gebracht. Darum spielen sie eine so schmähliche Rolle in der Gestaltung der Welt.

Es ist das große Verdienst Friedrich Heers, dies in seinem Buch aufgezeigt zu haben. Er geht darin so weit, daß er auf die von Christen etwas angstvoll gestellte Frage: also soll sich wohl das Lamm vom Löwen fressen lassen? kühn antwortet: „Jawohl! Und das aus zwei Gründen: Wenn wir uns zum Lamm Gottes bekennen, dann dürfen wir auch der getrosten Hoffnung sein, daß wir auch aus den Eingeweiden des Löwen, ja vielleicht nur aus ihnen zu neuem Leben erstehen werden. Zweitens: gerade wir Christen haben noch kein Recht, uns als Lamm zu erklären, wir sind zwar oft noch Schafe, haben aber allzu lange selbst den Wolf gespielt. Sehen wir auf die Geschichte Europas!" Hoffentlich gibt es heute schon Christen, die dies zu fassen vermögen und bereit sind, es zu realisieren. Diese Menschen allein sind die Hoffnung der Zukunft!

T: *Heidingsfelder*, Georg: Eine Frage an die Menschen von heute. Zu dem Buch von Friedrich Heer: „Gespräche der Feinde" (Europa-Verlag Wien-Zürich). In: Stimme des Friedens [Frankfurt a.M.]. 2. Jg., Nr. 26, (Juli) 1951, S. 4.

[D.11]
Die Weltkriege und die Bürger
(1951)

Von Georg Heidingsfelder

I.

Der erste Weltkrieg, so sollte man meinen, hätte den Vätern Grund genug sein sollen, ihre Lebensaufgabe und Lebensweise zu überprüfen, um eine Wiederholung zu vermeiden. Offenbar haben sie das nicht getan; so kam der zweite Weltkrieg, und der dritte steht vor der Tür. Man muß zunächst den Menschentyp klar sehen, der Träger dieser Kriege war und ist: es ist der Bürger, der mit der französischen Revolution an die Macht gelangte liberale Individualist, der für sich (und seine herrschende Klasse) Freiheit, Gleichheit, Brüderlichkeit in Anspruch nahm. Dieser Typ trägt immer noch unsere Welt, nur aus ihm sind die Weltkriege verständlich.

Es braucht aber bei weitem nicht nur der wirtschaftende Bürger, der Ausbeuter und Profitmacher ins Auge gefaßt werden, wenn man die Untergründe der Weltkriege erkennen will; es ist sogar lehrreicher, den Bürger in den Blick zu nehmen, der als „Gebildeter" (man kann diese Karikatur wirklich nur in Anführungszeichen auftreten lassen) zur Bürgerklasse gehört. Dieser Typ zeigt die geistigen Untergründe der Bürgerwelt in Nacktheit, wenn er vom Schicksal befragt wird. Welches Verhältnis hatte dieser „Gebildete" zum Kriege? Wir stellen diese Frage nicht an irgendeinen der „Fachleute" des Bürgertums; wir befragen gleich die Spitze der Bildung, die Dichtung. Wir wollen also einen repräsentativen Bürgerdichter über den Krieg befragen.

II.

Der Dichter Rittmeister Rudolf G. Binding, ein geschätzter Autor der bürgerlichen Welt, möge uns Rede und Antwort stehen. Laßt uns sein Kriegstagebuch aus dem ersten Weltkrieg befragen!

Schon am Beginn dieses „ehrlosen Gemetzels" (Papst Benedikt XV.) erschrickt der Dichter über die furchtbaren Verwüstungen, ja über die „Sinnlosigkeit" des Mordens (27.10.1914): aber er macht dennoch vier Jahre lang mit. Es ist ja preußische Pflicht, auch bei der völligen Sinnlosigkeit mitzutun. Das oft dozierte preußische Evangelium, dem auch Binding begeistert anhängt, heißt ja: Nur unbedingt etwas tun, wenn auch etwas Falsches oder Sinnloses! Es ist die irrsinnige Aktivität als Methode! Im März 1915 hat der Dichter das gesunde Empfinden: „Alles stinkt wie ein Sumpf!" Aber schon zu Ostern feiert sein Geist wieder Auferstehung; er stellt die Forderung an diese große Zeit:

„eine Religion zu gebären". Aber welche? Nun, die Religion der Wehrhaftigkeit, eben die, die in den Sumpf geführt hat! Wenige Tage später (24.4.1915) schreibt der Dichter über den ersten Chlorgasangriff seiner ruhmreichen Nation: „Die Wirkungen sind grauenhaft; die Toten liegen mit geballten Fäusten auf dem Rücken; das ganze Feld ist gelb. Menschen zu vergiften – ich weiß nicht."

Obgleich er „nicht weiß", fragt er aber nicht weiter: „Rittmeister" kommt eben nicht mehr von Ritter, sondern von Reiten. Den deutschen Unteroffizier erkennt er besser als sich selbst; über ihn schreibt er (am 5.8.1915): „Zwischen Einwirken und Schinden kennt der deutsche Unteroffizier keinen Unterschied. Ob er als solcher auf den Untergebenen, als Schutzmann auf das Publikum, als Reiter auf das Pferd einwirkt, gleichviel: er schindet." Im Jahre 1916 (30.4.) schreit der Dichter plötzlich nach – Hitler! Er verdammt die „schildbürgerhafte" Kriegführung und schreibt dann: „Manchmal sehe ich mich nach den Zuchthäusern um, ob nicht ein richtiger großer Verbrechergeist dort verborgen säße, den man entfesseln könnte, damit wenigstens etwas geschehe! Mit Bürgermoral kann man nicht Geschichte machen und Kriege führen." Hier spricht der sozialwahnsinnige Bourgeois, der Faschist, sich aus, im Jahre 1916! Der zweite Weltkrieg wird diesen vom Bürgerdichter gerufenen Verbrecher am Werk sehen! Am 29.7.1917 kommen dem Dichter die „ersten Zweifel", ob wir siegen werden. Diese Zweifel betäuben indessen die Soldaten mit Branntwein, wegen des „Bedürfnisses nach Empfindungslosigkeit" (14.11.1917) Am 29.3.1918 spricht er die Befürchtung aus: „Wenn wir uns nicht zu Tode siegen!" Aber endlich wird offenbar: Die Deutschen werden den Krieg verlieren! Der 16.7.1918 ist schon „entmutigendster Tag des Feldzuges", es ist klar geworden, daß es aus ist mit dem Endsieg. Jetzt verzweifelt der Dichter an der Menschheit! Er schreibt: „Ich überlegte, ob es denn gegen den Wahnsinn der Menschheit kein Mittel gäbe. Und ich fand, daß es keins gäbe, bis an der Menschheit Ende." Weil dem so ist, deshalb „ist man nicht dazu da, sich in dieser endlosen Sache des Wahnsinns weiter zu verbrauchen" (14.8.1918). „Ich habe mit der Auffassung der Welt, die behauptet, man müsse den Wahnsinn des Menschengeschlechts mitmachen, weil man ihm angehöre, nicht mehr gemein." Der Bürgerdichter scheidet also aus, aber er scheidet als echter bürgerlicher Pharisäer aus: „Man fühlt sich nicht schuldig, weil sich die Menschheit so aufführt, wie sie sich aufführt!"

III.

Das wäre also im Extrakt die Auffassung des Bürgers vom Krieg: man macht mit, zwar mit einigen Bedenken; man schreit sogar nach der verbrecherischen Gewalt, wenn der Endsieg in Gefahr kommt; aber man scheidet, als Unschuldiger, aus, wenn die Sache schief geht. Man verdammt dann die Lumpenbande

„Menschheit", indem man schreibt: „Wer ihr weiter angehört, lebt nicht mehr. Für den einzelnen gilt es, sich aus dem Wust zu lösen, irgendwo Steine zu einem Bau zu bauen, der diese Menschheit nie etwas anging noch angehen wird, um sie anderen zur Freude zu übererben." Das bürgerliche Individuum kehrt also in seine Ausgangsstellung zurück: ins Schneckenhaus des Egoismus, in die Höhle des Ausbeuters, in das Sanktuarium der autonomen Kunst! Von da aus kann dann, bei günstiger Konstellation, von den Erben wieder ein neues Gemetzel gestartet werden. In solchem Kreislauf leben wir seit 1914; er wird sich fortsetzen. Die Erben der Bindingväter sind eben dabei, die Säbel zur dritten Runde zu schleifen, das heißt praktisch, die Atombomben zu schärfen zum Endsieg des bürgerlichen Sumpfs!

T: *Heidingsfelder*, Georg: Die Weltkriege und die Bürger. In: Stimme des Friedens [Frankfurt a.M.]. 2. Jg., Nr. 26, (Juli) 1951, S. 5 (Seite „Kultur und Unterhaltung").

[D.12]
Die unsittliche Wehrpflicht
(1951)

Von Georg Heidingsfelder

Die Christenheit hat sich selbst mit einem so großen Übel, wie es die allgemeine Wehrpflicht ist, „abgefunden" und auch damit den Beweis mangelnder Widerstandskraft gegen die Forderungen der Welt und ihrer Waffen erbracht. Selbst diese Häresie wurde mit der „modernen Staatsnotwendigkeit" gerechtfertigt, mit der sich schließlich alles rechtfertigen läßt. Die allgemeine Wehrpflicht, eine „Errungenschaft" der französischen Revolution, ist eine eindeutig unsittliche Einrichtung, weil eine Vergewaltigung des im Gewissen freien Menschen. Die Christen haben diesen Trug nicht durchschaut und sind im Geist und in der Tat in den Reihen der allgemeinen Tötungspflicht mitmarschiert, bis auf diesen Tag. Aber gerade hier ist die Umkehr unerläßlich, soll nicht das Christentum jede Sendungsmacht verlieren und selbst zum Wegbereiter letzter Totalkatastrophen werden. Eine Anzahl gewichtiger Stimmen führender christlicher Geister möge der Christenheit in letzter Stunde zum Bewußtsein bringen, was es mit dieser Wehrpflicht auf sich hat:

Die allgemeine Wehrpflicht ist eine Erfindung des Teufels.
Papst Leo XIII.

Die Wehrpflicht ist gottlos im Prinzip und die Freiheit des Menschen zerstörend.
Erzbischof Langénieux von Reims

Wehrpflicht züchtet bewußt oder unbewußt den Kriegsgeist, beschwört die Gefahr eines Krieges herauf. Deshalb müssen wir die allgemeine Wehrpflicht ablehnen.
Bischof Kaller von Ermland

Die allgemeine Wehrpflicht ist eine unsittliche Einrichtung: sie widerspricht der christlichen Tradition und dem wahren Interesse der Völker. Sie hat nur Unsegen in die Welt gebracht. Sie ist sowohl im Namen der Vernunft wie des Christentums zu bekämpfen.
Pater Franziskus Stratmann, Dominikaner

Wäre unser Glaube nur von dieser Welt, wie sollten wir es dann ertragen, daß wirkliche Menschen in jeder Stunde mit Leib und Seele als wehrlose Opfer der allgemeinen Wehrpflicht, dieser Lüge, die gestattet, daß Sklaven und Knechte Helden heißen, ausgeliefert sind.
Theodor Haecker

Der herbste Schlag, der je gegen die Freiheit geführt wurde, ist die Einführung der allgemeinen Wehrpflicht, in der sich die totalitäre Idee so absolut und uneingeschränkt ausdrückt, daß man von ihr das ganze System ableiten könnte, wie von den Lehrsätzen des Euklid die Geometrie. Diese Einführung bedeutet einen ungeheuren Rückschritt in der Kultur.
George Bernanos

„Im übrigen ist es ohne Zweifel ganz vergeblich, unsere Gesellschaft vom totalen Krieg unterscheiden zu wollen. Der totale Krieg ist ganz einfach die moderne Gesellschaft auf dem Höhepunkt ihrer Leistung."

„Jeder Flieger kann heute aus der Höhe in zwanzig Minuten Tausende kleiner Kinder mit einem Höchstmaß an Bequemlichkeit erledigen, und übel wird ihm dabei nur bei schlechtem Wetter, wenn er unglücklicherweise zur Luftkrankheit neigt."

„Die allgemeine Wehrpflicht halte ich für ein widerchristliches und unmenschliches Gesetz."
Reinhold Schneider

Das Gewicht dieser Stimmen sollte genügen, um dem Christen einsichtig zu machen, daß er die allgemeine Wehrpflicht *unbedingt abzulehnen hat*. Sie ist eingegeben vom Geist der Unsittlichkeit und des Abfalls, dem kein Christ dienen darf.

Verständlich wird die Annahme der allgemeinen Wehrpflicht durch das *Bürgerchristentum* nur aus dem Wort des französischen Kriegsgegners *Pater Pierre Lorson* SJ, welcher sagt:

„Die Christen sind *Egoisten* geworden, *kriegslustige Menschen mit verhärtetem Herzen*. Wie die anderen! Waren es doch vor allem die christlichen Völker, welche die Kriege in der ganzen Welt entfesselt und die furchtbarsten Waffen geschmiedet haben. Es gibt unter uns Christen eine bis in die tiefsten Wurzeln reichende Ungläubigkeit gegenüber dem Wesen des Christentums."

Wir stehen in der Endphase dieser Abfälle, in der das bürgerliche Zeitalter *liquidiert* wird, indem es sich selbst liquidiert – fortsetzend die schlechte Tradition der allgemeinen Wehrpflicht.

T: *Heidingsfelder*, Georg: Die unsittliche Wehrpflicht. In: Stimme des Friedens [Frankfurt], 2. Jg., Nr. 31, erste Novemberwoche 1951, S. 4.

E. BEITRÄGE FÜR DIE „DEUTSCHE WOCHE" (1951-1952)

[E.1]
Der Fall Reinhold Schneider
(1951)

Von Georg Heidingsfelder

Der in Freiburg im Breisgau lebende katholische Dichter und Schriftsteller Reinhold Schneider erfreute sich in der katholischen Welt bis zu dem Tage des besten Rufes, an dem ruchbar wurde, daß eine Wiederbewaffnung der Westdeutschen ernsthaft erwogen werde. Das Gewissen ließ dem schwer leidenden Manne Tag und Nacht keine Ruhe. „Ich habe Jahr um Jahr, Nacht für Nacht unsäglich gelitten", schreibt er, auf diese Zeit zurückblickend.

Seine Gegnerschaft gegen jede Kriegsvorbereitung, zu der ja auch der Waffendienst in militärischen Formationen zu rechnen ist, trat zum erstenmal scharf hervor in einem „Offenen Briefe", den der Dichter an den Freiburger „Christlichen Sonntag" richtete, dessen langjähriger Mitarbeiter er war. Er schrieb da: „Die Frage nach der Rechtfertigung des Krieges scheint mir die brennendste dieses Augenblicks zu sein und zwar als *religiöses*, nicht als politisches *Problem.*" Darin wird der Kernpunkt der Schneiderschen Argumentation bereits deutlich: es ist die *Unvereinbarkeit von Christentum und Krieg*, von der seine Gegnerschaft getragen ist. Daß gerade dieser religiöse Kern seiner Friedensbotschaft es sein würde, der ihm die erbittertste Gegnerschaft selbst von Priestern Christi eintragen sollte, das vermochte nicht einmal Reinhold Schneider selbst vorauszusehen. Aber gerade dies ist ja überaus bezeichnend für die unheimliche Verworrenheit der Situation, in der politische, naturrechtliche, religiöse Argumente durcheinandergeworfen werden, und eine lauernde panische Angst alle Vernunft in Bann schlägt und die roheste Atomgewalt als wirksamste letzte Rettung erscheinen läßt. Es gibt ja nicht wenige Geistliche, die wähnen, der Ort der Kirche sei unter dem Schild der Atombombe! Ein erschütterndes Beispiel dafür gibt neuerdings der als „Friedenspater" bekannte und verdiente Dominikaner *Franziskus Stratmann*, der in einer Schrift zwanzig Spalten lang vortrefflich gegen Waffen und Krieg ficht, um am Ende in der letzten halben Spalte „umzufallen", weil er des *Bolschewismus* ansichtig wird. Das wäre eben „eine Drohung von so außergewöhnlicher Seltenheit", daß der „Aufbau einer Atlantik-Mauer" unvermeidbar sei. Und dann schließt er, seiner selbst spottend: „Denn Gleiches wird nie durch Gleiches überwunden, das Schwert nicht durch das Schwert, der totale Krieg nicht durch den totalen Krieg; das Niedere – und das ist jeder (!) Krieg, wird nur durch das Höhere überwunden, das Böse nur durch das Gute, Mars nur durch Christus." Da wäre der liebe Pater also, auf dem verhängnisvollen Umweg über die Atlantik-Mauer allerdings, wieder bei der frohen Botschaft Reinhold Schneiders angelangt –, der freilich solche tödliche Umwege nicht mitmacht.

Reinhold Schneider ist der Mann des „geraden Wegs", der in der Nachfolge Christi keine Möglichkeit des Gebrauchs tödlicher Waffen sieht. „Ich halte den Kriegsdienst für unvereinbar mit dem Gebot Jesu Christi." *Das* ist der Boden, auf dem er steht. Er ist übrigens derselbe, auf dem auch Sankt Franz von Assisi stand, der sogar seinen Tertiaren das Tragen tödlicher Waffen streng verboten hatte; und das in der Zeit der *Kreuzzüge*. – Reinhold Schneider legte diese seine Grundauffassung in ungezählten Aufsätzen dar und versuchte immer wieder, die Argumente der Gegner zu entkräften. Dabei ergab sich, daß die Moraltheologie sich offenkundig vom Evangelium entfernt hatte, denn die Konsequenzen aus ihren Thesen machten immer wieder einsichtig, daß sie sich nicht mit dem Wort der *Bergpredigt* in Übereinstimmung befanden. Es scheint fast, als ob in der Entwicklung des Christentums ein ähnlicher Prozeß stattgehabt hätte wie in der Synagoge, sodaß eine gewisse Theologie sich zu einer Art „Schriftgelehrsamkeit" entwickelt hat, die lebendiger Frömmigkeit nicht mehr gerecht zu werden vermag. Gerade an dem Problem des Krieges scheint diese Differenz aufzubrechen, und so ist denn bis heute kein einziger Moraltheologe auf der Seite Reinhold Schneiders zu finden, wiewohl ein großer Aufsatz eines Löwener Moraltheologen in der „Herderkorrespondenz" kürzlich die tiefgehende „Krisis der Moraltheologie" freimütig offenbar gemacht hat.

Die priesterlichen Freunde Reinhold Schneiders sind daher nur unter dem Seelsorgeklerus zu finden, aber auch das spärlich, weil nur wenige es wagen, gegen den offiziellen kirchen*politischen Kurs*, der die Remilitarisierung vorsieht, Stellung zu beziehen. Exponent dieses Kurses ist wohl Dr. Alois *Stiefvater*, der in einer offiziösen Schrift mit dem Titel „Volk ans Gewehr?" das Fragezeichen des Buchtitels durch seinen Text in ein gebieterisches Ausrufungszeichen verwandelt hat. Dieser Massenschrift ist die Aufgabe gestellt, ein Abstimmungsergebnis unter katholischen Männern, das neunzig (!) Prozent der Stimmen gegen jeden Verteidigungsbeitrag verzeichnen mußte, zu korrigieren.

Reinhold Schneider hat also sowohl gegen den moraltheologischen wie gegen den kirchenpolitischen Strom zu schwimmen, ein Unternehmen, das kaum anders enden kann wie das Abenteuer seines Herrn und Meisters im Judenvolk, das sich ja auch immer wieder von der „Rüstung" das Heil versprach.

Der Kampf begann damit, daß man Reinhold Schneider mehr und mehr *seiner publizistischen Möglichkeiten beraubte*. Es dürfte heute im gesamten katholischen „Blätterwald" kein Organ mehr geben, das sich Reinhold Schneider öffnen könnte! Hier ist alles totalitär „gleichgeschaltet" und keine Spur von einer „Freiheit der Kinder Gottes" zu finden. Hier wird sichtbar das schwere, schuldhafte Versagen des katholischen Volks, das keinen freien Publizisten zu tragen willens ist! Man hat sich mit der Rolle des „Untertans" auch im religiösen Bereich seit Jahrhunderten abgefunden. Es gibt natürlich auch keine Organisation, weder einen Verein noch einen Bund, der sich mit Reinhold Schneider solidarisch erklären könnte; er würde der Auflösung verfallen. Und zwar nicht nur der äußeren, durch klerikalen Machtspruch, sondern auch der inneren, durch Unmündigkeit seiner Mitglieder. Das ist nun einmal die Beschaffenheit der „Bürgerchristenheit", die gleichwohl wähnt, die christliche Substanz des „Abendlands" verteidigen zu müssen. Daß so beschaffener Christenheit die Atomwaffen adäquat sind, dürfte einleuchten. Ein Geist wie Reinhold Schneider findet in ihr keine Gefolgschaft. Dennoch ist er *nicht ohne Echo*. Und es will scheinen, als ob sich dieses Echo zunehmend verstärke, je deutlicher der Gewaltwille „christlicher" Politik wird, das Volk wieder auf das Schlachtfeld zu treiben, das diesmal für die Deutschen nur Deutschland heißen könnte. Aber dieses Echo drückt sich leider nur in dem bekannten deutschen „Händedruck im Finstern" aus; man versichert zwar seine Übereinstimmung, bittet aber gleichzeitig, „keinen Gebrauch davon zu machen". Der Mangel an Zivilcourage wird auch einer der deutschen Totengräber sein.

Hochauf schäumten die Wogen der Entrüstung gegen den Freiburger Dichter, als bekannt wurde, daß er einen Aufsatz in der kommunistischen Zeitschrift „Aufbau" und in einem Geburtstagsbuch für Johannes R. Becher veröffentlicht hatte. Ja, nun war's offenkundig: der Mann ist *„kommunistischer Kollaborateur"*! Nun weiß jeder, der Reinhold Schneider auch nur ein wenig kennt, daß er einer der verehrungswürdigsten Christen unserer Tage ist, ohne Anfälligkeit für die östliche Ideologie. Jeder, der Reinhold Schneider kennt, weiß freilich, daß er ein Mann der Bruderliebe ist, der Zonengrenzen nicht anerkennt, sondern das Gespräch unter Deutschen in Gang gehalten wissen will. Was die beiden Veröffentlichungen anbelangt, so ist der Dichter der Überzeugung, daß der christliche Schriftsteller, wenn eine solche Zeitschrift ihn auffordert, [„]in ihr *ein Bekenntnis* ablegen soll." Seine beiden Aufsätze sind nichts als Bekenntnisse aus einem tiefchristlichen Herzen. Aber sie passen der westdeutschen Politik samt der Kirchenpolitik nicht „in den Kram". Darum mußte der Dichter in der offiziellen katholischen Männerzeitung Fuldas, dem „Mann in der Zeit", diffamiert werden. „*Überrollt*" heißt die Überschrift des Aufsatzes, in dem dem Dichter die Entscheidungsfrage gestellt wird: *„Quo vadis?"*, die nach der Legende der Heiland seinem Jünger Petrus stellte, als er zu flüchten im Begriff war! Es wird bekannt gemacht, daß Reinhold Schneider nicht nur den Antrag auf Volksbefragung unterschrieben hat, sondern auch noch dem PEN-Klub angehört, dessen Präsident der Kommunist Becher sei (was gar nicht stimmt). Nun waren alle Schleusen offen! Die Flut der Verachtung ergoß sich über den Schriftsteller. Er selbst spricht wiederholt aus, daß er den Eindruck habe des Willens ihn „*zu vernichten*", so fiele man über ihn her. Nur die Stimme des *„Konradsblattes"* in Freiburg brachte den wahrhaft bewundernswerten Mut auf, um Verständnis für den Christen Reinhold Schneider zu werben, indem sie schrieb: „Wir leben im Zeitalter der Funktionäre. Die Verständigung geschieht durch Parolen. Sie bezeichnet die Front, in der einer steht. Schuld und Sühne oder Gnade und Buße sind hier kaum gängige Worte, aber ‚West' und ‚Ost', ‚Krieg' und ‚Frieden' versteht jeder. Daraufhin kann man jemand festlegen – so oder so. Und das ist jetzt auch mit dem Dichter Reinhold Schneider geschehen, nachdem man die ersten Jahre nach dem Krieg mit seiner prophetischen Botschaft nichts anzufangen wußte. Dabei scheint er uns heute noch weniger verstanden zu werden als damals. Es ist gleich absurd, wenn sich jeder beliebige Ohne-Michler auf ihn beruft, wie daß er als Kommunistenfreund überall verschrien wird. Selbst das Dichterwort gilt in unserer Zeit eben nur als Schlagwort, mit dem jeder macht, was er will. Und Reinhold Schneider ist heute mehr als ein Dichter! Das ist kein Abfall, sondern eine Überwindung. Was er spricht, ist Zeugnis seines Glaubens und seines Gewissens, und wir können es nicht ernst genug nehmen, auch wenn wir in manchem anderer Meinung sein sollten. Aber wir müßten es als Christen vom Geist des Ganzen her verstehen. Vielleicht denken wir schon zu sehr in den Kategorien der Funktionäre. Deshalb wissen wir mehr um das tragische Dazwischen der Getauften, der oft ausweglos zwischen den Fronten steht. Erschreckend muß vor allem die persönliche Not dessen sein, der von seinen eigenen Brüdern darin verkannt wird. Vielleicht bleibt ihm am Ende nur die Resignation. Ist Reinhold Schneider schon so weit? Es stünde sehr schlecht um uns, wenn dem so wäre, obwohl wir um die Gnade des Opfers wissen, das ein gläubiger Mensch noch scheiternd vollzieht".

T: *Heidingsfelder*, Georg: Der Fall Reinhold Schneider. In: Die Deutsche Woche, 1. Jg., Nr. 6 vom 16.7.1951, S. 11 [„Die Literatur. Monatliche Beilage der Deutschen Woche – Juli 1951"].

[E.2]
Das Gespräch der Feinde
(1951)

Von Georg Heidingsfelder

Im Bereich des Christentums werden die Stimmen zahlreicher und gewichtiger, die die Unvereinbarkeit von Christentum und tödlichen Waffen überzeugend darzulegen wissen. Leider haben diese Stimmen in die „Kirchenblätter", „Vereinsorgane" und „christliche" Tagespresse kaum noch Eingang gefunden. Man hält sich dort entweder an die Adenauer-These, daß jeder, der Waffenrüstung ablehnt, „ein Dummkopf ersten Ranges oder ein Verräter" ist, oder man zieht sich auf die alte, uralte Moraltheologie zurück, wonach der sogenannte „gerechte Krieg", dieses Monstrum aus dem Museum, vom Christen geführt, also auch vorbereitet werden muß. Die Bahnbrecher ins Neue werden indessen verachtet oder diffamiert. Reinhold Schneider, als der gewichtigste Exponent der Waffengegnerschaft in Deutschland ist so wenig Autor der offiziellen und offiziösen Christenpresse wie etwa *Friedrich Heer*, der österreichische Historiker, der in mehreren Publikationen seinen Standpunkt dargelegt hat. Insbesondere in der Essay- und Vortragssammlung „Gespräch der Feinde" (*Europa-Verlag, Wien-Zürich*) gibt er einen tiefgehenden Aufriß der neuen Sicht, die ihn auszeichnet.

Im ersten Vortrag: „Das europäische Gespräch", eine Rede an die akademische Jugend, warnt er mit Recht vor billigen Lösungen des Vordergrundes, da das echte Gespräch „in der Spannung lebt und ständig Brücken baut über Abgründe". Gespräch sei immer Streitgespräch, agonal, bitterstes, heißes Ringen, schwere Begegnung verschiedener, meist gegensätzlicher Naturen. Die Gegensätze übermachten, aufheben durch eine trügerisch rauschende Scheinsymphonie – das sei das Ideal aller Gottkaiser und Weltbeherrscher, von den assyrischen Gewaltherren bis zu Hitler. Europas Wesen aber enthüllt sich im Gespräch. Und dieses Gespräch bedeutet: einerseits stärkste Bewahrung des einmal Gegebenen, zur historischen Erscheinung gekommenen, andererseits ständig neue Infragestellung desselben; Europa, das Land der *Konservation* und der *Revolution*, der Raum des nie erlahmenden Gesprächs polarer Kräfte. „Unsere Zeit", schließt *Heer* diesen Vortrag, „in der äußerlich Europa weit in den Hintergrund getreten ist gegenüber anderen globalen Mächten, bedeutet, wenn wir es recht verstehen, eine ganz neue Stunde europäischer Entwicklung. Es geschieht im Zeichen unserer Zeit, daß sich auf der ganzen Welt neue Gesprächsräume, Gesprächszentren, Gesprächsparteien bilden. Neue Klassen,

Rassen, Menschengruppen sind in den Raum der Weltgeschichte als eines großen Gesprächsfeldes der Völker, Geister und Herzen eingetreten. Von hier aus gesehen, ergibt sich gerade in dieser Stunde eine Verpflichtung europäischer Jugend: Frieden, Leben, Existenz unserer Welt werden davon abhängen, ob es uns gelingt, *die Gesprächssituation aufrecht zu halten*, sie überall dort aufzubauen, wo sie gefährdet oder vielleicht noch nicht begriffen ist, wo Menschen und Völker in voreuropäischen Zuständen verharren oder in sie abgleiten. „Demgemäß bedeutet wahrer Europäer sein: die Gesprächssituation pflegen; *in uns* durch ehrliches Ringen mit den Werten in Wissenschaft, Kunst, Kultur und Leben; *um uns*, durch Anerkennung jedes Menschen als eines gleichberechtigten Gesprächspartners; *außer uns*, durch Eintritt in die große Gesprächsgemeinschaft der Völker."

Von diesem allgemeinen Aufriß wendet Friedrich Heer sich sodann ins Besondere des *„Europäischen Christentums"*. „Die Geschichte Europas", sagt Heer, „ist unverständlich für jeden, der nicht weiß um dieses Geheimnis der christlichen Existenz: daß sich die Schwachheit, die Korruptheit des Menschen erfüllt, daß sie immer wieder aufgehoben wird, emporgerissen durch die Gnade des allmächtigen Gottes." Darum ist die Geschichte Europas von ihren ersten Anfängen an Auflehnung und Hingabe, letzter Trotz und tiefste Demut, Haß des unbedingt sich selbst Wollenden und Liebe des sich bedingungslos Verschwendenden. Das Kreuz aber ist die Enthüllung, Aufdeckung unserer menschlichen Torheiten, Laster und Abgründe; durch das Kreuz wird die Lüge jedes Zeitalters entlarvt. „In diesem Sinne ist Europa vom Kreuz enthüllt bis ins letzte in der Nacktheit seiner Begierden, in der schonungslosen Herrschsucht seiner Triebe; gerichtet also das Europa der später[en] Römer und Griechen, der Kreuzfahrer, der Konquistadoren, der modernen Imperialisten: gerichtet – aber auch erlöst! Gerade die ausweglosesten innermenschlichen Situationen in der Geschichte Europas sind deshalb auch jene großen Wendepunkte, an denen das Kreuz den Menschen hinaushebt aus der Verfahrenheit seiner Schuld in ein neues Leben." Wir stehen an einem solchen großen Wendepunkt der Geschichte Europas, wo es *historisch* gesehen um die *Überwindung des bürgerlichen Zeitalters* geht, *religiös* gesehen um die *Hinwendung zum Kreuze*.

Nach einer großartigen historischen Würdigung seines engeren Vaterlandes Österreich („Kreuz und Kranz Europas") wendet Friedrich Heer sich im letzten Wort an den *Menschen von heute* und stellt ihm eine Reihe gewichtiger Fragen. Dieser Christ, hier und heute, ist, nach Heer, der Mensch einer geschlossenen Welt, ein Monadolog sozusagen, ein Parteichrist, Vereinschrist, nun – eben ein *Bürgerchrist der Selbstbehauptung*, vom Wahlzettel bis zur Atombombe. „Die Zukunft der Welt aber", sagt Heer, „wird davon abhängen, ob Kirche und Christenheit sich wie bisher als geschlossene Welt konstituieren, eine Partei unter anderen Parteien, ein System unter anderen Systemen, oder ob sie es wagen werden, *eine offene Welt* zu schaffen." Diese Schaffung der offenen Welt aber ist für den Christen nichts geringeres als *der Sprung in den Rachen des Löwen*. „Zu den großen Fragen aber, nach denen die Christen seit Jahrhunderten die Fragestellung unterlassen haben, gehört vor allem die nach dem *Staat*. Die tragische Selbstverständlichkeit der treuen *„Staatsdiener"*, dieser Tausenden von Beamten, Offizieren, Soldaten des dritten Reichs, die Katholiken waren, beruht im wesentlichen auf der *Unvorbereitetheit der Katholiken, die Fragwürdigkeit des Staates überhaupt zu sehen* – weil man sie nicht sehen wollte. Man war eben jahrhundertelang darauf dressiert, an den Staat und seine Ordnungen, an das Bestehende zu glauben, *mehr zu glauben als an die Realwirksamkeit Gottes in dieser Welt.*" Heer stellt demgegenüber die echte Résistance-Haltung des Christen heraus: die Verteidigung des Menschen gegen Ungeist, Gewalt, Terror in allen Bereichen des Lebens, und macht der europäischen Christenwelt zum schweren Vorwurf ihre „Promiskuität mit dem Unchristlichen", das heißt historisch abermals vorwiegend mit der traurigen Bürgerei. Diese unappetitliche Promiskuität steht der Lösung des christlich-soziologischen Grundproblems im Wege: *der Feindesliebe*. „Bedenken wir", sagt Heer, „die Christenheit würde heute ihren Haß gegen den Kommunismus, aber auch gegen den Sozialismus und Marxismus innerlich verarbeiten – es müßte morgen eine neue Welt erstehen." So aber bleibt's beim Haß, der die Christenheit heute sogar unter dem Schirm der Atombombe Schutz suchen läßt! Aber „nur, wenn wir die Feindesliebe als konkrete Form der Nächstenliebe neu begreifen, verstehen, leben lernen, gewinnen wir wirklich ganz den politischen und soziologischen *Eigenstand des Christen*, gewinnen wir die politische Plattform zur Auseinandersetzung mit dem Gegner und das heißt: *christliche Demokratie als neues Kampfgespräch mit dem Gegner ist die einzige autochthon-christliche Möglichkeit des Politischen!*" Es ist klar, daß solch gefährliche Kampfgespräche die Gefahr in sich bergen, daß das „christliche Schaf von den Wölfen" verschlungen wird. Friedrich Heer stellt sich dieser Perspektive mit großer Kühnheit, indem er sagt: „Auf die Frage: bis zur vollendeten Endzeit soll sich wohl das Lamm vom Löwen fressen lassen? nur zwei Sätze zur Erwiderung: Erstens: *Jawohl*! Wenn wir uns zum Herrn der Auferstehung bekennen, im Bekenntnis zum Lamm Gottes, dann dürfen wir auch der getrosten Hoffnung sein, daß wir auch aus den Eingeweiden des Löwen, *ja vielleicht nur aus ihm*, zu neuem Leben erstehen werden! Und zweiten: Gerade wir Christen haben noch kein Recht, uns als Lamm zu erklären: wir haben *selbst allzulange den Wolf gespielt*. Sehen wir auf die Geschichte Europas in den letzten zwei Jahrtausenden!"

Friedrich Heer, der bereits durch weitere Werke sich einen Namen gemacht hat, ist einer der christlichen Geister, die als wahre Lehrer dieser Stunde zu gelten haben: er stößt neue Tore auf, die dem Christen die gigantische Aufgabe sichtbar machen, die seiner harrt. Kein Christ der *Restauration* ist ihr gewachsen; es bedarf neuer, frischer Kräfte, die diese Bahn betreten, hochgemut, in der Gewißheit, daß sie *immer siegen werden*.

T: *Heidingsfelder*, Georg: Das Gespräch der Feinde. In: Die Deutsche Woche, 1. Jg., Nr. 16 vom 29.9.1951, S. 12.

[E.3]
Reinhold Schneider: Rechenschaft
Worte zur Jahrhundertmitte
(1951)

Georg Heidingsfelder

Der Freiburger Dichter, dem von gewissen Kreisen so übel mitgespielt wurde, weil er der reaktionären „christlichen" Politik und Kirchenpolitik zu widersprechen wagte, legt sein neuestes Werk, gesammelte Aufsätze unter dem Titel: „*Rechenschaft, Worte zur Jahrhundertmitte*" vor (im Johannes-Verlag, Einsiedeln).

Im Mittelpunkt des durch Sonette gegliederten Werkes stehen einige Aufsätze, die die gegenwärtige Lage erhellen wie kaum das Wort eines andern Schreibenden dieser Stunde, indem sie sie ins Licht eines Gewissen stellen, das in langen Leidensnächsten der tiefsten Einblicke gewürdigt worden ist. Wer etwa den Aufsatz „*Von Europa nach Atlantis*" liest, in dem die Angstgebärde der Hinwendung verzweifelter Europäer zu Atlantis dargestellt und gedeutet wird, der erblickt die Untergründe unseres Bankerotts: die Ablösung vom Wurzelgrunde, die jede Selbstbehauptung unmöglich zu machen droht. Es wird ihm sichtbar dies „Europa auf der Flucht vor dem Erbe", auf der bourgeoisen Flucht in die vermeintliche Sicherheit, welche Bomben gewähren sollen.

Was ist dies europäische Menschentum heute? Ein politisch zerbrochenes Gebild, das „dem Nichts Rauchopfer darbringt auf unseren Theatern, auf so vielen Altären der Kunst und der Wissenschaft." Es steht im Begriff, das Letzte zu verlieren, was es noch verlieren kann: „die geschichtliche Geltung seines geistigen Erbes." Der Schatten der Vernichtung lastet auf unserer irdisch-geschichtlichen Heimat; er lastet auch auf unserem geistigen Erbe. Was sollen wir tun?

„Handeln können wir nicht. Wir sind in der Lage eines Menschen, der in der untersten Kajüte eingesperrt liegt, während das Schiff in Seenot treibt. Seine Rufe hört man nicht, so wenig wie seinen Rat – vielleicht könnte er einen solchen geben, da er irrend und leidend vieles erfahren hat. Was kann er tun? Er kann sich nur selber einen Wert geben, einen Wert sich erringen – und, sofern er glaubt, beten für das Schiff. Er kann sich doch für diejenigen entscheiden, die dem Nichts keine Rauchopfer darbringen, die dem den Elementen ausgelieferten Schiff Gewicht geben. Er kann etwas sein. Er kann das Erbe, das gerettet werden soll, in sein Herz nehmen und leben bis zum letzten Augenblick."

Dieses erschütternde Wort des Dichters, das den Europäer zur *Seins-Bereitung* aufruft, ist nicht das Wort eines an *politischen* Lösungsmöglichkeiten des Konflikts Verzweifelnden. Reinhold Schneider bekennt: „Wir lassen von der Hoffnung nicht, daß die Katastrophe gehemmt wird, daß es noch gelingen wird, zu verhandeln, zu ordnen." „Dennoch bedarf es der Kenntnisnahme der ‚vorgerückten Stunde'."

Es ist, als ob von diesem Gipfelpunkt des Schneiderschen Werkes, dieser Europabetrachtung, sich die europäische Geisteslandschaft, die in den übrigen Aufsätzen ausgebreitet ist, in schönem Abendglanze zeigte. Nach rückwärts gewendet, also zum Anfang des Buches hin, liegen die künstlerischen Gefilde vor dem Blick, in den Aufsätzen „Christliche Dichtung" und „Zeit und Drama". Nach vorne, zum Ende des Buches hin, in dem der philosophische und der religiöse Geist über der Landschaft schwebt, zeigt sich das tief tröstliche Erbe tausendjähriger Tradition, aber freilich auch der erschreckende eschatologische Aspekt der Stunde, der „das totale Zeugnis" fordert. Am Horizont, sichtbar nur dem von der Gnade erleuchtetem Auge, leuchtet die Hoffnung auf: Verheißung über grauenvollem Ende!

Ein hoher europäischer Geist wird in dieser „Rechenschaft" erkennbar. Man schämt sich für jene, die diesen Geist mit Verleumdung mißhandelten –, Zeichen auch eines europäischen „Kulturstandes", der die Situation begreiflich macht, in der sich dieses „christliche" Europa befindet. Schneider hat darin ja völlig recht: „Unsere Öffentlichkeit, unser Staat mögen jeden Namen beanspruchen, der ihnen begehrenswert erscheint. *Nur: sich christlich zu nennen, haben sie kein Recht. Und niemand hat ein Recht dazu, der das Bestehende hinnimmt.*"

So scheiden sich auch an diesem wesentlichen Buche abermals die christlichen Geister: in die, die ihren letzten providentiellen Dichter und Seher verehren und lieben, und in die, die ihn verachten und beschimpfen. Ihr diesen Weg, wir jenen!

T: *Heidingsfelder*, Georg: Reinhold Schneider: Rechenschaft. Worte zur Jahrhundertmitte. In: Deutsche Woche, 1. Jg., Nr. 25 vom 28.11.1951, S. 14.

[E.4]
Christliches Arbeitertum unter Gewissensdruck
(1952)

Georg D. Heidingsfelder

Christentum und Bürgertum

Der Stadtdechant von Köln, Prälat Dr. Grosche, sprach auf dem Passauer Katholikentag 1950 die Wahrheit aus: „Das Christentum ist in den Untergang des Bürgertums hineingezogen und es ist sicher, daß aus dieser Schicht eine Rettung nicht mehr kommen kann." Das ist ein Kernsatz, der einem christlichen Arbeitertum stets vor Augen stehen sollte, damit es zu verstehen vermag, was hier und heute, im restaurativen Westdeutschland, das von der „christlichen" Bourgeoise geführt wird, gespielt wird, nämlich der Mißbrauch der Religion für die Zwecke dieser „Bürgerei".

Dieses Bürgerchristentum sagt natürlich das Gegenteil dessen, was der scharfsinnige und aufrichtige Kölner Prälat sagt: „Das Christentum wird nur durch uns Bürger gerettet; und zwar wird es gerettet durch unsere, die christlich-bürgerliche Politik (der CDU)." Weil dies das weltanschaulich-religiöse Bekenntnis der „christlichen" Bürger des Westens ist, deshalb ist alles so verzweifelt und schief und falsch in den heutigen Beziehungen zwischen Religion und Politik, und kaum ein christlicher Arbeiter durchdringt den Nebel, den die Bürgerei um diese zentralen Dinge gewoben hat. Deshalb bedarf es dringend der „Aufklärung".

Die heilige Religion (des Christentums) ist der Bereich, in dem man immer nur dienen, niemals herrschen kann. Die „christliche" Parteipolitik hier und heute ist hingegen der Bereich, in dem vor allem anderen die Interessen der (untergehenden) Schicht des Bürgertums vertreten werden. Die heilige Religion fordert: *Zuerst* das Reich Gottes zu suchen (und alles andere wird dann „nachgeworfen"); die „christliche" Bürgerpolitik wähnt, daß sie es sei, die dem Reich Gottes *zuerst* den Weg bahnen müsse, damit es überhaupt eine Chance habe in der Welt. So wird das Gottesreich unter der Hand „säkularisiert", durch eine irdisch-politische Wirklichkeit, die sich als Wegbereiter, Bewahrer und Retter der Religion ausgibt. Das ist ein trauriger Betrug und Selbstbetrug, aus der Angst der untergehenden Schicht erklärlich, die *sich* und *ihr* Christentum mit dem Christentum schlechthin identifiziert. Am Ende wird dies Bürgerchristentum sogar mit Atombomben „gerettet", und damit sollte denn doch der Punkt erreicht sein, an dem der letzte christliche Prolet, der noch hinter der Bürgerfahne hermarschiert, in gutem Glauben erkennen müßte, was der Prälat Grosche sagt: *„Sicher* ist, daß die *Bürger* das Reich Gottes *nicht* retten werden."

Kulturpolitik vor Sozialpolitik?

Die Bürger werden das Christentum deshalb nicht retten, weil sie selbst es schuldhaft zugrunde gerichtet haben, indem sie es den Erniedrigten und Beleidigten unglaubhaft machten durch ihre Lebenspraxis, insbesondere die politische. Wenn die Bürger sich heute als die Retter des Christentums (durch „christliche" Politik) ausgeben, so ist das nichts als Heuchelei von Pharisäern, die überständige soziologische Formen konservieren und so ihre Privilegien retten wollen.

Aus dieser Sicht nur ist ein Satz wie der des erzbürgerlichen „Rheinischen Merkur" zu verstehen, daß „Kulturpolitik noch wichtiger als Sozialpolitik ist, daß mithin auch die Eintracht der Christen im Politischen notfalls der Eintracht in einer Gewerkschaft vorherzugehen hat." Das ist ein „bürger-christlicher" Satz, bestechend auf den ersten Blick, aber schon dem zweiten offenbar als der Wille, (durch Mißbrauch der Religion) die bourgeoise Position zu retten vor dem gerechten Zugriff der zur gesellschaftlichen und politischen Führung berufenen Welt des Arbeiters. Mit solchen Schwindelsätzen sicherte die „christliche" Bourgeoisie auch nach dem zweiten Zusammenbruch, bis zum heutigen Tag, ihre Existenz. Welch ein schmähliches Schauspiel ist dies!

Französische Abweisung des Mißbrauchs der Religion

Das westliche Bürgerchristentum wird aber mehr und mehr durchschaut in seinen „Machenschaften"; man erkennt es immer deutlicher als ein „Wandschirmchristentum", das gewissen Interessen zu dienen hat. So schrieb erst vor ganz kurzer Zeit „eine hohe französische kirchliche Persönlichkeit" über die italienische „christliche" Wandschirm-Bürgerpraxis:

„In Italien spielen während der Wahlen die Bürgerkomitees unter dem Deckmantel der Religion die Rolle von Wahlkomitees: Gedda hatte ihre Tätigkeit mit Leben erfüllt. Kürzlich ist er nun zum Führer der katholischen Aktion ernannt worden; ein beunruhigendes Zeichen, denn jedermann in der katholischen Welt sieht und weiß, daß er jene autoritäre und konfusionistische Richtung vertritt, die sich allen Anstrengungen widersetzt, das Geistliche vom Weltlichen, die Religion von der Politik und endlich das Christentum vom gesellschaftlichen und politischen Mißbrauch zu trennen."

Der Signore Gedda ist eben der typische Wandschirmchrist der letzten Bürgerzeiten, den die französischen Katholiken durchschaut haben; denn die hohe kirchliche Persönlichkeit setzt ihren Worten hinzu:

„Man wird den französischen Katholiken kaum klar machen können, daß man *Christus für eine Wahlparole benützen* könne u. auch für eine *atlantische Strategie* oder für einen *antikommunistischen Kreuzzug*. Ihre Ansicht ist es, daß durch solche Praktiken die Transzendenz Gottes beleidigt und verhöhnt wird. Nicht daß sie die Grundsätze der katholischen Moral leugnen wollten. Aber zwischen den Grundsätzen und den praktischen Direktiven, die die Kirche in Wahlkämpfen kompromittieren, klafft ein ganzer Abgrund, und sie sind geneigt, ihn zu überschreiten."

Wann, wann endlich werden auch die deutschen christlichen Arbeiter so weit sein, diese Zusammenhänge zu durchschauen und von der „Wandbürgerei" abrücken?

Verständigung mit ostzonalem Arbeitertum!

Die goldene Internationale der Bourgeoisie funktioniert immer. Sie hat jetzt wieder die „Integration" des Westens zustande gebracht. Die Arbeiter hingegen, die die schmählich Betrogenen aller Bürgerkriege sind, bringen nicht einmal innerhalb ihres deutschen Vaterlandes eine Verständigung zur Überwindung der goldenen Internationale, die die *blutige* Internationale ist, zustande. Das christliche Arbeitertum des Westens marschiert hinter der Wandschirmbürgerei her, die ihrerseits hinter dem Dollar hermarschiert. Und auf diesem Wege soll das Heil der Arbeiter liegen?? Haben uns zwei Weltkriege noch immer nicht belehren können?

Die internationale Wandschirmbürgerei, die das Vaterland gespalten hält, heizt jetzt zur Gewerkschaftsspaltung. (Siehe die vorige Ausgabe der „Deutschen Woche"!) Teilen und herrschen ist ihre Parole immerdar. Sie setzt die christliche Arbeiterschaft unter Gewissensdruck. Sollte es den christlichen Gewerkschaften noch immer nicht dämmern, daß ihre Zukunft anderswo liegt als in der Gefolgschaft der Wandschirmbürgerchristen? Sollten sie nicht im *Gespräch* mit den Arbeitern der östlichen Welt unseres Vaterlandes die Zukunft suchen? Sollten sie nicht in ihrem Gewissen eine Stimme vernehmen, die den Frieden sucht in der *Gemeinsamkeit der Arbeiter*, die in Freiheit ein anderes Deutschland heraufführen wollen als das bürgerliche es ist, das nun wieder die vom Faschismus geschändete Bürgerhymne zu der seinigen gemacht hat? Sollten sie nicht von den billigen Popanzen eines bloßen „ANTI"Bolschewismus abrücken, den ihnen schon Hitler zum Überdruß vor die Nase hielt?

Der politische, der parteipolitische Gewissensdruck der Wandschirmbürger sollte von nun an von den christlichen Arbeitern mit wissendem Lächeln *abgewiesen* werden.

T: *Heidingsfelder*, Georg D.: Christliches Arbeitertum unter Gewissensdruck. In: Deutsche Woche, 2. Jg., Nr. 24 vom 11.6.1952, S. 10

[E.5]
Reinhold Schneider
(1952)

[G. D. Heidingsfelder]

Hans Urs von Balthasar, ein katholischer Theologie von internationalem Rang, hat in der „Renaissance" Nr. 2, Februar 1952, Einsiedeln, Schweiz, einen Aufsatz über das Werk und die Persönlichkeit Reinhold Schneiders veröffentlicht, gleichsam als Vorboten eines Buches über den Dichter, das in nächster Zeit erscheinen soll. Im folgenden ist der einleitende Abschnitt dieses Aufsatzes geboten, der um so mehr Beachtung verdient, als Reinhold Schneider in letzter Zeit von katholischen Publizisten in schmählicher Weise angegriffen und verunglimpft worden ist.

„In einer Zeit der Proletarisierung des Geistes, die an den Pforten der Kirche nicht haltmacht, da das Überragende selten wird und das Mittelmäßige überwuchert, müssen wir dankbar und sorgsam umgehen mit den wenigen Schöpfern, die noch bleiben. Bernanos ist tot. Claudel hat längst die fruchtbaren Jahre überschritten; über Deutschlands führenden Persönlichkeiten im Reiche des Geistes scheint ein besonderer Unstern zu walten: Begabungen versanden und enttäuschen oder stürzen unversehens ab oder werden von Krankheit geschlagen, und es bleiben fast nur die übrig, die Kataloge und Schaufenster füllen.

Reinhold Schneider gehört seit mehr als zwanzig Jahren zu denen, die nicht nur ihre Schrift, sondern ihren Mann stellen, nicht nur mit Tinte, sondern mit Blut schreiben, Wahres nicht nur denken, sondern im Angesicht der Kirche und des Volkes leben, in einer persönlichen Folgerichtigkeit, die an Starrsinn zu grenzen scheint, sich selber als Nachfolge unter dem Zeichen des Kreuzes versteht, dessen Gnade ja denen, die es ernst nehmen, nicht verweigert wird: das Kreuz nicht nur ständiger und schmerzhafter Krankheit und Schwäche, sondern das der Verleugnung und Lüge, deren Opfer er, zumal in den letzten Jahren, geworden ist (so weit, daß katholische Presse systematisch und über die Grenzen Deutschlands hinaus die Lüge ausstreute, Reinhold Schneider sei Kommunist geworden und aus der Kirche ausgetreten, wobei es genügt hätte, eines oder zwei seiner Bücher zu lesen, um sich von der Sinnlosigkeit solchen Geschwätzes zu überzeugen). Die ‚Gefahren von seiten der falschen Brüder', die Paulus als die Krönung seiner Bedrängnisse aufzählt (2. Kor. 11,26), waren immer die wirksamsten und haben die treffsichersten Hiebe ausgeteilt. Der Anlaß dieser subalternen Angriffe war die Meinung Schneiders, daß der Krieg nicht nur ein Übel sei, sondern daß das fünfte Gebot, in der Beleuchtung der Bergpredigt und des Kreuzes, ihn schlechthin untersage; diese Meinung ist anfechtbar, wir vertreten sie nicht, aber niemals hätte eine innerhalb der Kirche vertretbare und nicht verbotene Meinung mit so gemeinen Waffen bekämpft werden dürfen ..."

T: [*Heidingsfelder*, Georg D.]: Reinhold Schneider. In: Deutsche Woche, 2. Jg., Nr. 24 vom 11.6.1952, S. 10.

[E.6]
Christliche Arbeiter ohne Information
(1952)

Von Georg Heidingsfelder

Georg Heidingsfelder gehört zu den Vorkämpfern der Friedensidee in der Katholischen Arbeiterbewegung. Er schied aus der KAB aus, als diese sich auf Adenauers Wehrprogramm festliegen ließ. Heute lebt Heidingsfelder als Publizist in Meschede.

I.

Im Kampf um das „Vertragswerk des Westens", das Dr. Adenauer unter Mißachtung des Volkswillens ratifiziert sehen möchte, um die Interessen einer privilegierten Minderheit zu verteidigen, stehen die christlichen Arbeiter zwar in der Einheitsgewerkschaft, aber ihre Führung hat in ihrem katholischen Teil ganz, in ihrem evangelischen teilweise politische Position bei der Restauration bezogen, da sie es nie vermochte, ein *Bild des Arbeiters* zu entwickeln, das die traditionalistische Vorstellung überwunden hätte. Das Ziel der konfessionellen Arbeiterführer war allzeit: Bürger zu werden; und die Parole für die „Gefolgschaft" hieß: die Arbeiterschaft muß in die (bestehende bürgerliche) Gesellschaft eingegliedert werden.

Nun rächt sich die Geschichte für diese falsche Zielsetzung: die christlichen Arbeiter werden zur Stunde dazu mißbraucht, für die politische Selbstbehauptung der Restauration zu streiten, die ihnen nie und nimmer eine eigene Arbeiterwelt zugestehen wird. Die christlichen Arbeiter müssen, wie MdB *Bodensteiner*, ein sehr klar blickender katholischer Arbeiterpolitiker in der CDU, in der „Besinnung" schrieb, für die Privilegien der herrschenden kleinen Gruppe streiten, die „eine soziale Neuordnung nicht will", wofür „viele Beweise anzuführen" wären. Eine Stimme wie die Bodensteiners, die nicht der Partei, sondern der Wahrheit dienen will, weckt freilich nicht das Gewissen, sondern den Unwillen: Eilfertig hat die CDU sich von Bodensteiner distanziert und ihm den Austritt anempfohlen. Man glaubt, solche Stimmen auch in dieser höchst bedrohlichen Stunde in den Wind schlagen zu können, obgleich die verhängnisvolle Unwirksamkeit der christlichen Arbeiterbewegungen schon vor der Hitlerzeit offenbar geworden war. Gewerkschaftliche und sozialpolitische „Erfolge" beweisen in solchen *Zeiten der Entscheidung* gar nichts oder richtiger: sie beweisen nur, daß die Führung der christlichen Arbeiter keine Ahnung davon hatte, worum es hier und heute geht.

II.
Statt nun, in der letzten Stunde, sich auf die fundamentalen Notwendigkeiten zu besinnen, besetzen die christlichen Arbeiterführer Positionen in reaktionären Kabinetten und begeistern sich für das „Vertragswerk des Westens", das der in bourgeoisen Denk- und Lebensformen erstarrte Bundeskanzler Adenauer als einzigen Rettungsanker der Freiheit anpreist. Man lese etwa den Leitartikel der letzten Ausgabe (vom 15.6.) der *„Kettelerwacht"*, um zu erkennen, in welch schmählicher Weise die katholischen Arbeitergewissen um eine ausreichende Information betrogen werden. Der Leitartikler Dr. A. W. setzt hier den Arbeitern nicht nur vor, daß das „Vertragswerk", von dem er zugibt, daß es „die Bundesrepublik mit ihrer ganzen Existenz in die Macht der westlichen Welt einbettet" –, „der einzige Weg zum wiedervereinigten Deutschland" sei (obgleich man andere erst gar nicht versucht hatte!), sondern daß dieses Werk Adenauers „Deutschland als souveränen und gleichberechtigten Partner der Völker herstellt". Solche Unterrichtung der Gewissen mag in Franco-Spanien als christ-katholisch gelten, hierzulande gelten (noch) andere Maßstabe: es rangiert die *Wahrheit* höher als der Zweck. Wo man christlichen Arbeitern zumutet, sich für ein Leben und Tod des Volkes entscheidendes Vertragswerk einzusetzen, da sollte man nicht mit betrügerischen Mitteln arbeiten, sondern eine aufrichtige Informierung der Gewissen niemals fürchten. Es hätte also die „Kettelerwacht", insbesondere als Arbeiterzeitung, gut daran getan, ihren Lesern so zu kommen wie das gewiß östlicher Bindungen unverdächtige evangelische *„Sonntagsblatt"* des Landesbischofs Dr. *Lilje* (Hamburg), das das Ja und das Nein der „Vertragswerke" sauber gegenüberstellte und so seinen Lesern ein eigenes Urteil ermöglichte. Die Arbeiter so zu „überfahren", wie die „Kettelerwacht" das tut, ist christlich unwürdig und politisch (auf längere Sicht) völlig falsch; solche Methoden des kurzschlüssigen Betrugs rächen sich immer sehr bitter. Es wäre also das mindeste gewesen, was man von einem christlichen Arbeiterblatt hätte verlangen müssen: daß es, wie das „Sonntagsblatt" Liljes, wahrheitsgemäß feststellte:

„1. Das Vertragswerk verhindert die Wiedervereinigung Deutschlands auf unabsehbare Zeit.
2. Die Bundesrepublik erhält nur in den weniger wichtigen Fragen ihre Handlungsfreiheit wieder. Tatsächlich beschränkt das Vertragswerk die außenpolitische und wehrpolitische Handlungsfreiheit der Bundesrepublik freiwillig und dauernd.
3. Mit dem Vertragswerk wollen die Alliierten ihre wichtigsten wirtschaftlichen Kontrollmaßnahmen aufgeben, aber auch nur dann, wenn sie sich vergewissert haben, daß ihre Pläne und Ziele in deutschen Bundesgesetzen weiter verfolgt werden. Hier schaut der Pferdefuß der Verträge am deut-

lichsten heraus, denn mit diesen wirtschaftlichen Bestimmungen wird besonders klar, daß wir uns in einem halbsouveränen Zustande befinden.
4. Die europäische Verteidigungsgemeinschaft nennt sich nur europäisch. Sie entstand aus dem Wunsch der Amerikaner, über die westdeutsche Wehrkraft verfügen zu können und dem Wunsch der Franzosen, eine deutsche Nationalarmee zu verhindern."

Das sind die vier Punkte, die jeder positiven Bewertung des „Vertragswerks" gegenübergestellt werden müssen, wenn man die Gewissen hinreichend informieren will, wie sich das aus moralischen Gründen gehört.

III.
Darüber hinaus (um die Betrachtung des ersten Abschnitts fortzusetzen) hätte eine wohluniformierte, das heißt, die „Zeichen der Zeit" erkennende christliche Arbeiterschaft wahrlich Grund genug, sich, wie der Abgeordnete Bodensteiner, Gedanken darüber zu machen, daß durch eine Zustimmung zu den vier Hauptpunkten des „Vertragswerks" ihre Existenz nur noch im Bankrott enden kann. Die Bejahung dieser vier Punkte (siehe oben!) liefert deutsches Arbeitertum, wie deutsches Volkstum, dem Willen der westlich-restaurativen Machthaber aus. Und keine Zugeständnisse halbsouveräner oder gar nur taktischer Natur können wettmachen, was zuletzt von ihnen gefordert wird: Einsatz von Hab und Gut und Leib und Leben als „verlorener Haufen" für fremde Interessen. Abgeordneter Bodensteiner hat die Adenauerparole: „Zuerst die Gefahr aus dem Osten beseitigen, dann über die soziale Neuordnung sprechen", als falsch entlarvt, indem er schrieb:

„Wenn der sozialen Neuordnung nicht die Priorität zuerkannt wird, ist die deutsche Aufrüstung kein Beitrag zum Frieden. Im Gegenteil, wenn die Menschen des Westens trotz allen Unglücks der letzten Jahrzehnte nicht bereit sind, die seinsollende Ordnung der Dinge herzustellen, vielmehr versuchen, durch eine Aufrüstung allein aus eigener Kraft die strafenden Folgen der objektiven Mißachtung Gottes zu vereiteln, dann kann dieser letzte herausfordernde Versuch des autonomen Individuums, nach eigner Willkür die Welt zu gestalten, nur in einer Katastrophe enden, die alle bisherigen übertrifft."

Das ist eine Stimme aus tiefer Erkenntnis des Notwendigen hier und jetzt, die die christlichen Arbeiter sehr beachten sollten. Anders als bei Dr. A. W. sind hier die Untergründe aufgerissen: der die westlichen Verträge vorantreibende Menschentyp ist der „autonome" Individualist, der keine Ahnung hat vom Heraufdrängenden einer anderen Welt, die, wo sie nicht getragen wird von einem christlichen Arbeitertum, der Dämonie verfallen muß. Wo man den christlichen Arbeiter in die alte Welt einzunebeln sucht, da ist die Absicht deutlich: man wünscht ihn gesellschaftlich entmachtet zu halten, als Kleinbürgeranwärter, der sich in Respekt nach „Besitz und Bildung" ausrichtet und dafür Bettelsuppen verzehren darf, in Gestalt von „Volkshochschulen" und bei „Ruhrfestspielen". Dafür darf dieser Arbeiter sich dann als „Westler" fühlen, in einer sogenannten „freien Welt" leben, die die „soziale Marktwirtschaft" praktiziert, bei der, nach einem wahren Wort, die Reichen reicher und die Armen ärmer werden. Hierfür soll er sein Erstgeburtsrecht drangeben: der Träger einer neuen, gerechten Gesellschaftsordnung zu werden.

IV.

Der christliche „Privilegierte" ist der politisch unbußfertige Mensch, der keinen Augenblick bereit ist, Schuld an den Katastrophen zu bekennen; für ihn sind die Katastrophen unglücklicher Zufall; er sucht demgemäß immer wieder kurzschlüssig „hoch- und davonzukommen", unter Berufung auf seine Tüchtigkeit. Das Moralische versteht sich immer von selbst, und das heißt: daß man es überhaupt nicht berücksichtigen braucht. So wird immer wieder nach Katastrophen auf wunderbare Weise „bewiesen", was in uns Deutschen an Tüchtigkeit steckt. Und die Arbeiter werden von dieser stolzen Selbstgefälligkeit eingenebelt und lassen sich von einer unbußfertigen Restauration auch politisch und gesellschaftspolitisch führen – immer wieder aufs neue „herrlichen Zeiten entgegen". Allmählich sollte freilich auch der Dümmste merken, daß es immer nur im Kreise herumgeht, daß dieses Niederbrechen und Hochkommen nur einem Beharrungsvermögen entspringt, dem sie, die Arbeiter, seit Jahrzehnten schon ein Ende zu setzen, berufen gewesen wären.

Aber ach! So wenig die sozialistischen und christlichen Arbeiterführer 1914 erkannten, daß dies ihre große Stunde war, die Kriegskredite samt dem Kriegsdienst zu verweigern, mußte „der ärmste Sohn" Schulter an Schulter mit dem annexionsgierigen Kriegstreiber marschieren und erkannte zu spät, daß seine Treue hier grauenhaft mißbraucht war.

Im zweiten Akt, dem Hitlerkrieg, waren die christlichen Arbeiter in keiner anderen Lage: sie marschierten mit ihren Divisionspfarrern und Feldbischöfen, nicht um das Abendland christianisieren, sondern „arisieren" zu helfen. Und nun, vor dem dritten – *und letzten!* – Akt?

V.

Man hält den Atem an in dieser Stunde auf Leben und Tod und sieht mit Grauen: die christlichen Arbeiter sollen auch beim dritten und letzten Mal mißbraucht werden. Ihre verbürgerlichten Führer wollen nicht von Adenauers Rockschößen lassen, von denen sie sich wie von den Fittichen einer Henne gedeckt fühlen, Darum gilt es für sie, auch die christlichen Arbeiterküchlein unter die Adenauerglucke zu bringen. Daß es noch etwas anderes gibt, dessen sich christliche Arbeiter getrösten könnten, davon weiß man heute kaum noch etwas, weil man nichts davon wissen *will*. Denn nicht einmal Josef Gockeln glaubt, wie er stets wiederholt, (in der Politik) an Wunder, woraus sich schließen läßt, daß er christlich (in der Politik) überhaupt nichts glaubt, es sei denn, man hielte den Glauben an militärische Gewalt für den solidesten und einzig zuverlässigen Zweig des christlichen Glaubens.

Wo aber wahrer Glaube, wo hinreichende Informierung des Gewissens fehlen, da muß christliches Arbeitertum „bei Franco" enden, das heißt: man wird zuletzt von einem *christlichen Faschismus* das Heil erwarten. Dieser ist es, der gespenstisch genug anmarschiert und eines nahen Tags sein bedrohliches Gesicht zeigen möchte. Dann würde die Schicksalsfrage für die christlichen Arbeiter freilich entschieden sein: es würde für sie nur noch den Todesweg geben, den Weg unter die Peitsche über koreanische Leichenfelder hinweg.

Man hält den Atem an in dieser Stunde auf Leben und Tod und möchte den christlichen Arbeiter beschwören, doch um aller guten Geister willen nicht den Weg der „Vertragswerke" einzuschlagen, welcher der Pfad des Todes zwangsläufig für die Arbeiter werden muß, weil er gebahnt ist von einer von der Geschichte weit überholten, unbußfertigen Gestalt: dem besitzgierigen, machthungrigen Privilegierten der Restauration.

T: *Heidingsfelder*, Georg: Christliche Arbeiter ohne Information. In: Deutsche Woche, 2. Jg., Sondernummer Juli 1952, S. 9. [Texterfassung nach Zeitungsausschnitt im Archiv der Friedrich Ebert Stiftung: Sammlung Personalia, Signatur G/SAMP004119; Heidingsfelder.]

[E.7]
Österreichs Katholiken gegen Restauration
Eine „freie Kirche" in einer neuen Epoche sozialer Entwicklungen
(1952)

Von Georg Heidingsfelder

In Westdeutschland quält sich das politische und soziale Leben hinter der Tarnung durch Erfolgsfassaden, in den ausgefahrenen Bahnen der Restauration dahin. Die christlichen *Arbeiter*, berufen zur Erneuerung des gesellschaftlichen Lebens aus dem Geiste der Überwindung bürgerlicher Erstarrung, vermochten bisher nicht, ihre trostlosen Vereinsgeleise zu verlassen. Nur im DGB-Gewerkschaftsbereich beziehen sie glücklicherweise noch, zeitweilig mit ihren sozialistischen Klassengenossen, Stellung gegen die Restaurations- und Aufrüstungspolitik. Aber Bonn ist willens (und Dr. Adenauers Organ, der „Rheinische Merkur", hat es bereits gefordert), die Gewerkschaftseinheit zu zertrümmern.

Adenauer soll universaler Führer der politischen *Einheitskatholiken* werden, also auch Arbeiterführer. Nur so können Kirche und Christentum wirksam „verteidigt" und schließlich „gerettet" werden. Denn Kirche und Christentum müssen durch die gerettet werden, die etwas *haben* und die etwas *sind*, durch die Leute also von „Besitz und Bildung".

Diesen Vorstellungen unserer Bonner Koalition widerspricht neuerdings in sehr erfreulicher Weise der österreichische Katholizismus, dessen erleuchtetster Teil offenbar die „Zeichen der Zeit" verstanden hat. Vielleicht wird diesmal Deutschland von Österreich (geistig) befreit, als wahrhaft christliche Vergeltung unserer Befreiung Österreichs vom Jahre 1938. Die Arbeitstagung der österreichischen Katholiken in Mariazell hat nämlich eine „freie Kirche" gefordert und nicht gezaudert, zu definieren, was sie unter einer „freien Kirche" versteht:

„Eine freie Kirche, das heißt, die Kirche ist auf sich selbst gestellt und *nur auf sich selbst*. Jede geschichtliche Epoche hat ihre eigenen Notwendigkeiten und ihre eigenen Möglichkeiten. Heute aber hat die Kirche keinen Kaiser und *keine Regierung, keine Partei* und keine *Klasse*, keine *Kanonen* und auch kein *Kapital* hinter sich."

Mit dieser Feststellung ist aufrichtig ausgesprochen, daß die Kirche das alles einmal hinter sich gehabt hat: eine Klasse, Geld, Kanonen! Und sie wünscht diese Dinge offenbar nicht überall hinter sich zu werfen. In Deutschland will sie die alte Lebensweise beibehalten, sich „sichern" durch die Bürgerklasse, Kirchensteuern, die der Staat eintreibt, ja sogar wieder durch Kanonen, nach denen gewisse Christen so eifrig streben.

Die Katholiken Österreichs scheinen danach zu streben, diese Restauration zu überwinden. Sie sprechen es in ihrer Verlautbarung von Mariazell aus:

„Die Zeit von 1938 bis 1945 (also die Nazizeit) bildet eine unüberschreitbare Zäsur. Die Brücken in die Vergangenheit sind abgebrochen, die Fundamente für die Brücken in die Zukunft werden heute gelegt. So geht die Kirche aus einem versinkenden Zeitalter einer Epoche neuer sozialer Entwicklungen entgegen ..."

So wird neue Bahn gebrochen! Die Katholiken in Westdeutschland hingegen sind hinter das Jahr 1933 zurückgegangen und versuchen die gute alte Bürgerzeit zu konservieren: sie kennen keine Zäsur. Die Nazizeit war eine „Episode" ohne wesentlichen Gehalt, die nun für immer vergangen ist; man muß nun dort anknüpfen, wo der Faden der Geschichte abgerissen war. Diese Leute scheinen nicht zu ahnen, daß sie dazu *verdammt* sind, die Geschichte zu wiederholen, das heißt aufs neue eine Nazizeit heraufzuführen. Sie wollen nicht sehen, daß die Zeit vor 1933 die Nazizeit im Schoße getragen hatte als ihr Kind; sie wollen uns weismachen, die Nazizeit wäre von einem anderen Stern hereingeschneit worden. So drehen sie sich im Kreise und finden nicht zu einer sozialen Erneuerung hin.

Aber in großartiger Weise hat die Studientagung der österreichischen Katholiken aufgezeigt, wohin es heute für die Kirche keine Rückkehr mehr geben kann; eine „freie Kirche", so sagt sie, bedeutet:

1. *Keine Rückkehr* zum Staatschristentum vergangener Jahrhunderte, das die Religion zu einer Art ideologischem Überbau der staatsbürgerlichen Gesinnung degradierte, das Generationen von Priestern zu inaktiven Staatsbeamten erzog.
2. *Keine Rückkehr* zu einem Bündnis von Thron und Altar, das die Gewissen der Gläubigen einschläferte und sie blind machte für die Gefahren der inneren Aushöhlung.
3. *Keine Rückkehr* zum Protektorat einer Partei über die Kirche, das vielleicht zeitbedingt notwendig war, aber Zehntausende der Kirche entfremdete.

4. *Keine Rückkehr* zu jenen gewaltsamen Versuchen, auf rein organisatorischer und staatsrechtlicher Basis christliche Grundsätze verwirklichen zu wollen.

Die Kirche in Westdeutschland will von alledem *das genaue Gegenteil*; sie ist eine restaurative Kirche, die sich der „christlichen" Parteipolitik unterwirft, die von stockrestaurativen Bürgern gemacht und geleitet wird. Diese Politik führt in den dritten Weltkrieg hinein, mit *unentrinnbarer Zwangsläufigkeit*; sie hat gar keine Wahl, anders zu enden als in dieser Katastrophe. Aber die Macher dieser Politik sind verblendet, verstockt und wähnen, das Beste für ihr Volk zu vollbringen. Darum müssen sie *entmachtet* werden, wenn nicht das ganze Volk, die ganze Kirche zugrunde gehen sollen auf diesem Weg des Unheils.

T: *Heidingsfelder*, Georg D.: Österreichs Katholiken gegen Restauration. In: Deutsche Woche, 2. Jg., Nr. 30 vom 23.7.1952, S. 3.

[E.8]
Der christliche Arbeiter braucht ganz Deutschland
(1952)

Georg Heidingsfelder

Am gleichen Tage wie General Eisenhower geboren, hegt der katholische Publizist Georg Heidingsfelder im Gegensatz zu diesem die Meinung, daß der Fuß keines Deutschen und keines Christen je wieder in kriegerische Marschstiefel gezwängt werden sollen. Georg Heidingsfelder war nach mancherlei Studien bis 1933 journalistisch tätig und setzte nach dem Zusammenbruch 1945 seine Hoffnung auf die christliche (katholische) Arbeiterbewegung. Aber er wandte sich enttäuscht von deren Führung ab, als er erkennen mußte, daß sie den restaurativen Kurs nahm und schließlich auf Beteiligung am zweiten „Kreuzzug" hinsteuerte. Seitdem streitet der freie Publizist unentwegt gegen die westdeutschen Verbündeten atlantischer Kreuzzügler, die Freiheit sagen und den dritten Weltkrieg meinen. Er kämpft für eine Gesellschaftsordnung Europas, deren Leitbild der „entproletarisierte" Arbeitsmensch sein muß.

I.
Vor ein paar Wochen wurde des 75. Todestages des Bischofs W.E. von Ketteler gedacht. Die Zeitungsartikel, die mir dazu zu Gesicht kamen, waren ohne Ausnahme dürftig; sie wurden dieser Gestalt nicht im Entferntesten gerecht, ob sie auch von Universitätsprofessoren stammten. Man hat sich daran gewöhnt, den großen Bischof als „Sozialbischof" abzustempeln, der sich um die Gerechtigkeit für die Arbeiter mit mancherlei Reden und Predigten gemüht habe. In Wahrheit war Wilhelm Emanuel von Ketteler der größte Prophet, den die Deutschen und Christen seit Jahrhunderten gehabt haben. Dieser gewaltige Geist hatte vor hundert Jahren die gesamte gesellschaftliche Entwicklung der Neuzeit klar vorausgeschaut und warnend verkündigt; aber er war nicht gehört worden von denen, an die er sich wandte: seine geistlichen Brüder und die Mächtigen seiner Zeit, die großbürgerlichen Christen. So ging das Verhängnis seinen Lauf und führte die Konstellation herauf, die heute als gesellschaftliche Untergangsdrohung über Europa hängt.

Wer von den Christen weiß, daß Ketteler es war, der den Ausdruck „Borussianismus" geprägt hat als Bezeichnung eines „Geistes des Kommißstiefels"? Wer von den Bürgern weiß, daß Bischof Ketteler die Glocken seiner Kirche zum Gedenktag des Sieges von Sedan nicht läuten ließ, weil er die Gabe der Unterscheidung der Geister hatte und wußte, daß der geheiligte Mund christlicher Glocken nicht die Schlachtensiege der Eroberer sanktionieren durfte. Dieser große Christ wagte es zu sagen:

„Wir können es nur tief bedauern, wenn wir die Religion in Verantwortlichkeiten verwickelt sehen für eine Staatspolitik, die in ihrem Charakter wie in ihren Zielen dem göttlichen Gesetz widerstreitet. Das stärkt nicht die Religion, es schwächt sie. Es ist überhaupt eine beklagenswerte Tendenz der letzten dreihundert Jahre, von der Religion und den Religionsdienern zu erwarten, allen politischen Gewalttaten eine religiöse Weihe zu geben. Für wie viele Siege sind Tedeums gesungen worden, von den ungerechten Kriegen Ludwigs XIV. bis zu denen Napoleons, die gewiß nicht zum Lobpreis Gottes geführt worden sind ... Die offiziellen Gebete, diese kirchlichen Feste, Jubelfeste und Danksagungen taugen nichts!"

W.E. von Ketteler war also kein „Staatschrist", er erkannte keine „Generallinie" an, die jedem Christen vorschrieb, wo und wie er zu marschieren hatte. Er war es, der wie kein anderer den Nachdruck auf *das Gewissen* gelegt hatte, aus dem der Christ zu entscheiden hat in den Fragen der politischen Weltgestaltung.

Es ist zu billig, den „Arbeiterbischof" Ketteler 1952 zu feiern und den Anwalt des Gewissens zu verschweigen! Es ist Betrug, vom „Sozialbischof" Ketteler zu reden und nichts zu sagen von dem Bischof, der das christliche Gewissen vom Staate distanzierte. Die Politik der aufrüsterischen, neoborrusischen „Generallinie", wie sie vom offiziellen westdeutschen Restaurationschristentum betrieben wird, kann mit dem Bischof Ketteler nicht gedeckt werden; wahrscheinlich hat man ihn deshalb zu seinem 75. Todestag aufs magere Altenteil eines „Verteidigers des vierten Standes" gesetzt, der freilich weithin überholt sei.

Er ist aber nicht überholt und nicht überholbar, solange die *Sozialstruktur* und die *Sozialgesinnung* in Westeuropa, näherhin in Westdeutschland, herrschen, aus denen die neomilitaristischen Aufrüstungschristen sich nähren. So lebt also Bischof Ketteler heute noch fort als Prediger in einer Wüste, die sich jetzt hinter der „Kreuzzugsfahne" aufmacht zu neuer Massenschlächterei, und alles, was sich Christ nennt, zur „Nachfolge" hinter diese Fahne verpflichten will. Was würde der große Mainzer Bischof wohl sagen zu den Tiraden, die ein amerikanischer Pfarrer auf dem christlichen Friedenskongreß in Florenz (vom 23. bis 28. Juni 1952) losließ? Der katholische „Volksbote" von Innsbruck berichtete darüber: „Hauptsprecher dieser Richtung (gemeint ist die

‚spanische' eines ‚Kreuzzugs gegen den Kommunismus', die von spanischen Theologen vertreten wurde!), Hauptsprecher also war der Delegierte der Episcopalkirche in den Vereinigten Staaten, *Pastor Charles Lowry*, der zu einem bedingungslosen (!!) Kampf gegen den Kommunismus aufforderte und dabei die Vereinigten Staaten als *die ‚messianische Nation'* unserer Zeit bezeichnete."

Bischof Ketteler würde diesen atlantischen Messiasverkündiger mit schärfsten Worten „heimgeschickt" und alle „Kreuzzugs"-Tiraden als schändliche Blasphemie gebrandmarkt haben. Wer Bischof Ketteler kennt, der weiß, daß diese Annahme durchaus seinem Geiste gemäß ist. Wenn also heute christliche Arbeiterführer glauben, hinter der Fahne des Pastors Lowry hermarschieren zu sollen, so können sie sich dabei nimmermehr auf den „Arbeiterbischof" berufen, dessen Sozialgesinnung in einer ganz anderen Richtung ging.

II.
Hundert Jahre nach den Predigten des Bischofs Ketteler mußte der rühmlich bekannte Sozialexperte der katholischen Kirche, Jesuitenpater von Nell-Breuning, schreiben:

„Die Ehrlichkeit gebietet, zuzugeben, daß in manchen kirchenamtlichen Kreisen das soziale Verständnis und Verantwortungsbewußtsein noch recht rückständig ist. Beschämt müssen wir zugeben, daß sehr oft erst die politische, gewerkschaftliche und sonstige Macht der *sozialistischen* Bewegung uns Christen zu dem gezwungen hat, was wir längst aus unserer eigenen religiösen Überzeugung heraus hätten leisten müssen." Der Zitierte fügte hinzu, daß „leider große Teile des Kirchenvolkes sich den sozialen Forderungen des kirchlichen Lehramtes versagen."

Hier ist also von maßgeblicher Seite festgestellt, daß der Erneuerung der Gesellschaft im Sinne einer Verwirklichung der Gerechtigkeit noch immer erheblicher Widerstand geleistet wird von den gleichen unbelehrbaren Kreisen, denen schon Bischof Ketteler vergeblich gepredigt hatte. Es sind die Kreise, die den „Kreuzzug" gegen den Osten einer Strukturänderung ihrer Gesellschaft jederzeit vorziehen; Kreise eine gewaltgläubigen Christenheit, die aus zwei Katastrophen nichts gelernt haben, weil sie nichts lernten *wollten*. Diesen Kreisen ist die Zerspaltung des Vaterlandes, und damit die Möglichkeit, ja Wahrscheinlichkeit des Bruderkrieges, kein Anlaß, alle Wege zu versuchen, diese Konstellation zu überwinden. Sie nehmen sie vielmehr als „gegeben" hin und suchen „das Beste" daraus zu machen, indem sie sich zum Bruderkrieg im Dienste fremder Mächte bewaffnen! Das nennen sie dann „Kreuzzug", und siehe da, ihr christliches Gewissen ist befriedet!

Kann aber diese Sozialgesinnung die deutscher, christlicher *Arbeiter* sein? Liegt der amerikanische „Kreuzzug" wirklich auf der Linie einer gesellschaftlichen Erneuerung und Verwirklichung der Gerechtigkeit, wie sie von den christlichen Arbeitern angestrebt werden? Wo christliche Arbeiter zu solchen Gedankengängen ja sagen, da kann es sich nur um *verführte* christliche Arbeiter handeln! Mögen die *Sozialisten* aus welchen Gründen auch immer die Adenauersche „Integrationspolitik" bekämpfen –, *darin* sind sie der gesamten christlichen Front voraus, daß sie die *Spaltung* ihres Vaterlandes nicht hinzunehmen gewillt sind, sondern deren Überwindung als den *Punkt eins* jeder deutschen Punkt behandelt wissen wollen. Sollte hier und jetzt wieder so eine Stunde sein, von der Prof. Nell-Breuning sprach: daß die *sozialistische* Bewegung den Arbeitern Wege weist? Bei der Wahl zwischen einem mörderischen Bruderkriegs-„Kreuzzug" und der Verweigerung der Anerkennung deutscher Spaltung sollte auch christlichen Arbeitern die Wahl des rechten Weges nicht schwerfallen: Ein auf Strukturveränderung der Gesellschaft gerichtetes Arbeitertum hat mit „Kreuzzugs"-Konzeptionen *nichts* zu tun.

III.
Mit der „Kreuzzugsfahne" um soziale Wandlung herumzukommen, das ist der neue Betrug an den arbeitenden Massen. Es ist der Erzbetrug an den *christlichen* Arbeitern, denen das Kreuz heilig und teuer ist. Waren schon die mittelalterlichen Kreuzzüge von sehr zweifelhaftem religiösen Wert, so sind hier und heute mit Bomben geführte totalistische Kriege Unternehmungen, die in jedem Fall sich gegen das Kreuz richten! Aber in einem zerrissenen Lande, dessen Söhne durch Willkürgrenzen getrennt sind, ist ein „Kreuzzug" *kainitisches Verbrechen*. Kein christlicher Arbeiter kann hierzu die Hand reichen. An der Propaganda solcher Art mögen die deutschen, christlichen Arbeiter die Stunde erkennen, in der wir stehen: es ist der Einbruch des *Antichristen*, der hier bevorsteht! Als „Engel des Lichtes" kommt dieser Satansgeist daher, das Kreuz mißbrauchend für seine Fischzüge! Es gibt keinen Kreuzzug mehr, es sei denn einen betrügerischen! Der christliche Arbeiter durchschaut diese Machenschaften einer verzweifelten oder abgefallenen Christlichkeit, die mit *allen* Mitteln ihre sozialen Privilegien retten will. Es geht um die Wandlung auf allen Fronten; und jeder, der diese Wandlung nicht will, ist daran erkenntlich, daß er nach dem „Kreuzzug" schreit; er versteckt sich hinter diesem religiösen „Wandschirm", um seine dunklen Geschäfte weiter betreiben zu können. Er muß aber vom christlichen Arbeitertum hervorgezogen werden! Kein christlicher Arbeiter darf fürderhin zu den Freveltaten und Betrügereien der Hochmütigen und Gewalttätigen schweigen! Sie sollen sich nie mehr rühmen dürfen wie damals: daß „der ärmste deutsche Sohn auch der getreueste" war! Es gibt keine Treue gegenüber „Kreuzzüglern", die Sozialbetrüger sind! Die Gemeinschaft christlicher Arbeiter unterscheidet sich dreifach von diesen restaurativen Kreuzzugsgeistern:

1. Christliche Arbeiter haben *gebrochen mit dem kapitalistischen Besitzgeist*.
2. Christliche Arbeiter haben *gebrochen mit dem überheblichen Klassengeist* überkommener Vorurteile und Ungerechtigkeiten;
3. Christliche Arbeiter haben *gebrochen mit dem Gewaltgeist* als wahrhafte „milites" Christi, Kämpfer und Träger des Friedens Christi unter den Völkern.

Aus Armut, Brüderlichkeit und Gewaltlosigkeit erhebt sich der Geist christlichen Arbeitertums zur Überwindung der Spaltung des Vaterlandes, das nun ein „Vaterland der Arbeiter" werden muß, in dem der ärmste Sohn in der Würde des Menschen leben kann; ja, in dem das Bild des „entproletarisierten" *Arbeitsmenschen* zum *Leitbild der Gesellschaft* wird. Eines Arbeitsmenschen, der nicht Material für Kreuzzüge und Objekt ausbeuterischer Fischzüge ist, sondern Mensch im wahren Sinne des Wortes. Mensch nicht im Dienste des Ostens oder Westens, sondern Mensch einer befriedeten Mitte, eines *vereinigten, ganz heilen Deutschlands*, der mit seinen Brüdern in aller Welt verbunden ist in der wahren Solidarität des weltgestaltenden „Werkmenschen" dieser Zeit.

IV.

Nach diesen programmatischen Sätzen sei ein Blick auf die deutsche Situation hier und jetzt geworfen:

Eins ist eindeutig klargeworden: die Westmächte haben insbesondere mit ihrer letzten Antwortnote an die Sowjetunion erkennen lassen, daß sie „heute keine Wiedervereinigung erstreben, sondern *westdeutsche Rekruten* haben wollen" (Bundesminister a.D. Heinemann). Der westdeutsche Kanzler unterstützt dieses Bestreben der Westmächte mit allen Kräften, ist also praktisch Gehilfe der Kreuzzügler. Wo stehen die christlichen Arbeiter-„Führer" in dieser Stunde? Noch immer im Lager des Bundeskanzlers! Bisweilen läßt sich ein Tönchen von Minister *Kaiser*, einem Mann aus dem christlichen Arbeiterlager, vernehmen, das so klingt, als ob es Opposition gegen die Kreuzzugspolitik, für die Wiedervereinigung, wäre; bisweilen gewahrt man auch ein Demonstratiönchen von Ministerpräsident *Arnold*, der der Unterzeichnung der Verträge fernblieb. Aber das sind *keine kursändernden Taten*! Solcher bedarf's, nicht nur „verheißender Ansätze"! Von den christlichen Arbeiterabgeordneten des Bundestages hat man freilich bislang weder Tönchen noch Demonstratiönchen gesehen oder gehört; diese Herren sind anscheinend „bedingungslose" Integrationspatrioten, wie der US-Pastor Lowry sie fordert; sie haben die Brüder im Osten abgeschrieben, bis zu dem Tag, wo das Kreuzheer sie befreit. So stehen sie in einer Front mit dem sozialreaktionären, aufrüstungsbegierigen, klassenkämpferischen „Rheinischen Merkur", dieser Zierde des christlichen Blätterwaldes, und wähnen das „Vaterland der entproletarisierten Arbeiter" heraufzuführen!? Nun, mögen sie diesem Wahn nachjagen! Die gewerkschaftlich organisierten christlichen Arbeiter werden diesen Kurs wohl nicht lange mehr mitmachen; und da wird alle Fernsteuerung nichts nützen! *Die christlichen Arbeiter wollen vor aller Integration die Einheit des Vaterlandes, wie ihre sozialistischen Klassengenossen; und an diesem Willen muß das Kreuzzugskonzept der westlichen Großbourgeoisie zerbrechen.* Es gibt keine Einheitsfront christlicher Arbeiter mit dem „Rheinischen Merkur", in dem der amerikanische Leitartikler Robert *Ingrim* zum Kreuzzug aufhetzen darf! Was christliche Arbeiter wollen, das ist die Einheitsfront der deutschen Arbeiter! Die christlichen Arbeiter erkennen nicht an, daß eine Trennung der deutschen Arbeiter in Ost- und West-Arbeiter berechtigt ist, mögen die Profitier diese Scheidung wie immer zu rechtfertigen suchen. Deutschlands Arbeiter wollen weder sich noch ihre Söhne zu Reisläufern des Ostens und des Westens gemacht sehen; sie wollen im wiedervereinigten Deutschland eine neue Gesellschaftswelt heraufführen, die den entproletarisierten Arbeiter im Mittelpunkt sieht: das heißt den Werkmenschen, dessen Weg die Gewerkschaften sich zu bahnen bemühen.

Jene Konzeption, die die Wiedervereinigung Deutschlands in den Mittelpunkt stellt vor jeder Bindung der Teile an Ost und West, ist deshalb die der Arbeiter, deren Wille auf Befriedung Europas gerichtet ist. Und das ist *aller* Arbeiter Wille. Denn sie sind es und die Ihrigen, die im Falle des Krieges, wenn eine andere Schicht sich zu ihren Bankkonten „absetzt", im europäischen Korea niedergewalzt werden. Die Arbeiter haben mehr zu verlieren als die Großbourgeoisie, nämlich alles: *ihr Leben*: das eigene und das ihrer Frauen und Kinder. Darum können und wollen deutsche, christliche Arbeiter den Krieg nicht mehr in die „Möglichkeiten" der Politik „einkalkulieren"; sie wollen ihn vermeiden und aus jeder politischen Spekulation verbannt wissen; denn er ist der Untergang Deutschlands. Der Krieg aber kann vermieden werden! Er kann aus Deutschland verbannt werden! Nämlich dann, wenn deutsche Politik statt von Integrierern, Aufrüstern und Kreuzzüglern *von Arbeitern* geführt wird, die hier und jetzt nur *einen* Programmpunkt deutscher Politik kennen: *Wiedervereinigung unter allen Umständen!* Deutsche und christliche Arbeiter wissen: *Die mangelhafteste Wiedervereinigung ist tausendmal besser als die vollendetste Integration!* Diese führt zum Krieg, jene trägt den Frieden im Schoß!

T: *Heidingsfelder,* Georg D.: Der christliche Arbeiter braucht ganz Deutschland. In: Deutsche Woche, September 1952, Sondernummer, S. 9.

[E.9]
Gedanken von Reinhold Schneider.
Einheit und Friede sind Voraussetzung
(1952)

[Zusammengestellt von Georg Heidingsfelder]

[Die nachfolgenden Zitate aus Werken R. Schneiders erschließen über die Auswahl zugleich Fragestellungen und Botschaften des Dichters, die für Heidingsfelder besonders große bedeutsam gewesen sind. Vgl. →U.]

„Die geschichtliche Bestimmung Deutschlands war und ist, die welterfüllenden Spannungen aufzunehmen, auszutragen, auszugleichen, nicht aber sich mit den steigenden Spannungen zu laden; es soll, wenn es eine eigene geschichtliche Existenz führen soll, Ort der Begegnung sein, nicht Herd; isolierende Schicht, nicht der Zünder des Geschosses. Die unmittelbare Verantwortung liegt in den Händen der Staatsmänner, die ein jedes Prestige opfern, eine jede Vermittlung in Anspruch nehmen sollten, um einander persönlich zu begegnen, statt Noten zu tauschen. Es ist das tiefsinnige Paradoxon unserer Lage, daß wir bei äußerer Machtlosigkeit weit mehr in Händen haben, als bisher verantwortet wurde, vielleicht die Entscheidung über die gegenwärtige Welt – soweit sie Menschen in die Hand gegeben ist. Die volle Verantwortung konnte und kann gar nicht getragen werden, weil sie erreichbar ist nur dem ganzen deutschen Volke und den legitimierten Vertretern seiner Gesamtheit. Ehe diese nicht in Freiheit – das heißt außerhalb jeder offenen oder versteckten Beeinflussung und Bedrängung – zustande kommt und ihren politischen Ausdruck findet, ist nicht zu erwarten, daß die geschichtliche Verantwortung der Stunde an der Stelle ergriffen, vollzogen wird, wo sie am ernstesten und gefährlichsten ist."

„Aber es muß doch der Glaube der geistigen Menschen sein, daß der Geist der Geschichte vorausgeht und vorausgehen soll. Bringt er, bei aller Bestimmtheit der Haltung des Bekenntnisses, nicht die Opfer, die Bereitschaft auf, die vom Staatsmann gefordert werden, so kann er nicht annehmen, daß sich irgendetwas bessere. Es gibt nur eine große Sache der Geistigen wie des Volkes: die Freiheit des Gewissens und des Handelns in dieser Freiheit; es gibt auf die Dauer für alle Regierungen nur die Gerechtigkeit auf allen Gebieten des geistigen wie sozialen Lebens, die geboren wird vom Gewissen. Aber es ist nicht die

Sache des Geistigen, politische Ratschläge auszuarbeiten. Er kann nur vorbereiten; er ist verantwortlich für die Voraussetzungen und Haltungen, nicht für das Tun und Lassen der Staatsmänner."

„Darum muß es in dieser Stunde gesagt werden, daß die Bejahung der Waffe – gleich unter welcher Absicht – eine sehr schwere innere Gefahr bedeutet. Niemand kann sich darüber wundern, daß sie die Ideologien nach sich zieht, von denen wir hofften, daß sie überwunden seien. Wir dürfen nicht in den pazifistischen Fehler verfallen, daß wir den Soldatenstand herabsetzen. Aber der Zwang zu dieser Stunde ist durchaus unvereinbar mit dem Bilde des seinem Gewissen in Wahrhaftigkeit unterworfenen Menschen, von dem allein zu erwarten ist, daß er der Menschheit eine menschenwürdige Zukunft zu erkämpfen vermag. Um ihn geht alles. Es werden immer größere Opfer von ihm gefordert werden. Er ist dem Staate nicht erwünscht – oder wird ihm vielleicht bald nicht erwünscht sein. Aber im Kampfe für ihn und seine Sache müßten sich die Geistigen einig werden; sie müßten diese Einheit handelnd, widersprechend dartun am konkreten Fall des Augenblicks, an der gegenwärtigen Forderung und Not. Es ist nirgends verbrieft, daß die gute Sache siegen wird. Das ändert nichts daran, daß sie vertreten werden muß. Die Einheit aus freier Entscheidung wäre die Voraussetzung einer Lösung. Erst wenn sie erfüllt wäre, könnten die Deutschen in Ost und West den ihnen offenbar vorbehaltenen Dienst tun, in vorurteilsloser Bereitschaft gegenüber den geistigen und sozialen Forderungen der Zeit. Wenn aber das geistige Leben – bei aller Dramatik der Gegensätze – nicht das Bild einer Ordnung gibt, so können diejenigen, die an den Geist glauben, keine Ordnung, keine Rettung erhoffen."

*

„Vielleicht wird man morgen den Wehreid von euch fordern. Damit wird eine große Not über euch kommen; es ist sogar zu wünschen, daß es wirklich eine Not wird. Denn es ist keineswegs eine Selbstverständlichkeit, einen Eid zu leisten, der von unübersehbaren, zerstörenden Folgen ist. Und doch könnte ihn – nach der heute noch geltenden Anschauung –, der Staat von euch fordern, ein Recht, das in dieser Ausschließlichkeit kaum hundertfünfzig Jahre besteht. Es fehlt dem Staat darin auch nicht an der Unterstützung durch die Theologie. Aber es gibt freilich eine Theologie, die einer zum Museum entwürdigten Kirche gleicht: der Raum ist herrlich gefügt, von edlen Maßen, nur: das Allerheiligste fehlt. Und es gibt eine Theologie, die das Äußerste wagt in der Gegenwart des lebendigen Herrn: es ist die Theologie des hl. Johannes vom Kreuz, die gelebt werden will."

„Eines von allem geht nicht an: die Not zu verschweigen, in die die Menschen durch die ‚Verpflichtung' zum Wehreid geraten. Um dieses Verschweigen, um die Erleichterung des Verschweigens, bemühen sich fast alle. Der Wehreid zwingt zu töten: er zwingt, etwas zu tun, was dem Geiste des Neuen Testaments durchaus entgegen ist. Gewiß: wir können nicht leben ohne schuldig zu werden, sind wir es doch von Anfang an; es ist auch nicht unseres Amtes, mit vergangenen Zeiten ins Gericht zu gehen. Wir ehren jeden Soldaten, der sich geopfert hat. Aber es ist das Besondere unserer Zeit – ihre noch nicht gehobene Gnade –, daß der Frevel des Tötens und Zerstörens in ihr ein Ausmaß angenommen hat, das heute – oder morgen – uns zwingt, zu seinem Ursprung zurückzugehen und zu versuchen, es in seinem Ursprung zu überwinden. der Ursprung ist die Übertretung des fünftes Gebotes, das im Neuen Testament keineswegs aufgehoben, vielmehr durch das Gebot, Böses mit Gutem zu vergelten, den Nächsten bei der Seele Seligkeit nicht zu beschimpfen, überhöht worden ist."

*

„Es ist gewiß ehrenvoll, auf der Schwelle des bedrohten Hauses zu fallen, weniger ehrenvoll, vielleicht heldenhafter wäre es, entehrten Frauen, mißhandelten Kindern ein Tröster und wenn auch noch so schwacher Beschützer zu sein. Für die grundsätzliche Entscheidung ist es ohne Belang, daß wir Deutsche im Augenblick nur die Wahl zwischen dieser Ehre und diesem Heldentum hätten, daß die Bereitschaft zu töten uns in diesem Augenblick nichts verspricht."

„Aber vielleicht verspricht uns der Entschluß, nicht zu töten, sehr viel? Vielleicht verspricht er uns Sühne – und mit ihr Erneuerung, einen neuen gegründeten Stolz, den Anstoß zu einer Wandlung der Welt, der um vieles mächtiger wäre als der Anstoß, den das deutsche Denken der Welt einmal gegeben hat, und damit eine neue geschichtliche Existenz. Der Gewaltlose ist darauf angewiesen, die Gewalt seiner Persönlichkeit auszubilden. Es wäre nicht schwer, aus den letzten Jahren erschütternde Beispiele des Sieges der waffenlosen Persönlichkeit über die Waffen der Angreifer anzuführen. Wie, wenn ein Volk zu einer solchen Persönlichkeit würde: ob es nicht Macht wäre in der Geschichte? Ob von ihm nicht eine Erneuerung ausgehen könnte?"
„Unter allen großen, leiderfahrenen Völkern ist es heute nur das deutsche Volk, das diese Frage in Freiheit erörtern kann. (Gerade, da ich dies schreibe, im nächsten Augenblick vielleicht schon nicht mehr.) Warum geschieht es nicht? Aber es kann sich nicht darum handeln, daß eine dogmatische oder

gesetzmäßige Entscheidung getroffen werde. Das Wesentliche ist, daß die Beantwortung dieser Frage deine und meine Sache ist und bleibt – und daß die Antwort nur das Leben sein kann. Die Gewissensnot ist sehr groß; je größer sie ist, um so eher wird sie uns zwingen, Persönlichkeit zu werden. Das aber werden wir nur durch Christus und an Ihm: Er ist die Person. In der Not von morgen wird uns niemand helfen, kein Buch und kein Gesetz. Sie wird uns allein an Christus verweisen. Und je näher wir ihm kommen, je entschiedener wir ihm vertrauen, um so stärker werden wir werden. Es ist Zeit, daß wir uns vorbereiten."

*

„Der Zusammenhang zwischen dem ersten und dem zweiten Weltkrieg ist ein sehr tiefer, und wir sollten diesen Zusammenhang auf das ernsteste erforschen und uns vergegenwärtigen; wir sollten nicht aufhören in dem Bemühen, diese Zeit wirklich aus der Tiefe zu verstehen und uns zu verwahren gegen jede Vorstellung, die den Ursprung unermeßlichen Unheils an der Oberfläche sucht, statt unbarmherzig in den Abgrund der Selbsterkenntnis zu dringen. Wo ein solche Bemühen am Werke ist, kann es nicht ohne Achtung, ohne Fortwirkung bleiben, und wo die Worte ‚mea culpa' mit der Erschütterung der Einsicht gesprochen werden, da müssen sie Widerhall erwecken. Es ist einem Christen nicht möglich, einen anderen diese Worte sprechen zu hören, ohne ihnen beizustimmen und der Schuld der Welt zu gedenken; ebenso wie die Gemeinde sie ja nicht dem Priester überläßt, sondern aufnimmt und nachspricht."

„Es gab Zeiten und Denker, die glaubten, den Frieden gründen zu können auf die Vernunft, auf die Einsicht in seine Notwendigkeit – und sie sind gescheitert. Könnte es doch ein Trachten nach Frieden geben, das wider die Vernunft zu sein scheint und das doch zum Heile ist! Könnte es doch Zeiten geben, die ein solches Trachten fordern! Der Mensch bedarf der Herzensbindung an Gott, wenn er unbedingt recht handeln soll. Wo alles verloren scheint, weil Gründe und Einsichten Menschen nicht verwandeln, da kann der Mut der Liebe zu Christus noch alles gewinnen. Gründe müssen gehört, Einsichten geachtet werden. Doch ist uns ein ‚Tun des Friedens' in die Hand gegeben, das sie vielleicht weit überwiegt. Wir müssen uns zum Frieden hin überwinden. Erst auf diesem Wege kommt vielleicht das Recht wieder in die Welt. Aber ihr Friede muß in unserem Herzen, in unserem Hause seinen Ursprung nehmen. Und wo Häuser des Friedens sind, wird sich das Land befrieden."

„Friedfertigkeit ist nicht die Haltung solcher, die auf der Flucht sind vor den Schrecken der Erde. Sie ist vielmehr ein Zeichen großer Stärke, festen Vertrauens, christlicher Zuversicht, die von der ihr gewordenen Verheißung weiß und diese über allen Erdenlohn und jede Drohung setzt. Es ist die Haltung der in Wahrheit Freigewordenen, die in das Morgen gesendet ist. Sie ist auch die Haltung des schauenden, schaffenden Geistes. Denn nur ein stilles Gemüt spiegelt die Welt bis in ihre Sternenhöhen, diese Welt, deren Friede allen Streit umschließt und in sich begräbt; nur ein solches kann die Bilder der Wahrheit ausgestalten, die der Menschen Herzen und Gedanken bewegen, verwandeln können. Es ist ein Werk über allen Werken, in einer von Haß noch glühenden Welt den Frieden zu denken und zu vollziehen, gewissermaßen eine neue Ritterschaft, deren Tapferkeit und Ehre es ist, einem tödlichen Wahne das Geschaffene abzuringen. Nur der Geist wird den Geist überwinden: die Gedanken des Todes werden nur von den Gedanken des Friedens bezwungen werden. Wir sollten sie in unbedingter Entschlossenheit leben und weitertragen und in einem jeden Streite den Frieden um Rat angehen: er wird eine tiefere, eine bessere Antwort wissen als der Krieg; denn auf Frieden der anderen Welt ist diese gerichtet, wie sie aus dem Frieden des Paradieses gestürzt ist. Friede ist ihre tiefste Tendenz."

Auf unsere Bitte um einen Beitrag zu dieser Nummer hat der katholische Dichter uns einige seiner Schriften aus den letzten Jahren zur auszugsweisen Veröffentlichung übergeben. Wir entnahmen dank dieser gütigen Erlaubnis den „Briefen an Weggefährten", den „Gedanken des Friedens" und der „Besinnung" nebenstehende Stellen.

T: [Zusammengestellt von: *Heidingsfelder*, Georg D.:] Gedanken von Reinhold Schneider: Einheit und Friede sind Voraussetzung. In: Deutsche Woche, 2. Jg., Sondernummer September 1952, S. 2.

[E.10]
Gespräch mit Helene Wessel
(1952)

Von Georg Heidingsfelder

Der Berichterstatter, der das Gespräch mit Helene Wessel, der bekannten Abgeordneten und Gegnerin der Adenauerschen „Integration", führte, gehört zu den Gründern der „Aktionsgruppe Meschede, der Notgemeinschaft für den Frieden Europas". Von dieser Gruppe eingeladen, hielt Helene Wessel vor wenigen Tagen einen Vortrag, der in einigen Teilen recht beachtliche Gesichtspunkte zur ganzen Aufrüstungsproblematik darbietet; aber er wurde doch erst zum vollen Leben durch das Gespräch, das im kleineren Kreis mit Helene Wessel geführt werden konnte.

Der Vortrag hatte in der kleinen Sauerlandschaft [sic] immerhin mehr als 250 Menschen auf die Beine gebracht, die durch starken Beifall bewiesen, daß der Weg Helene Wessels gutgeheißen wird auch in weiten Kreisen des katholischen Bürgertums und der katholischen Arbeiter. Adenauer hat seine Schlacht, wenn er sie schon im Bundestag gewinnen sollte, noch lange nicht gegen das deutsche Volk gewonnen; da fehlt noch viel. Und die Wahlen des nächsten Jahres könnten seiner Partei wie ihm sehr erhebliche Überraschungen bringen, auch wenn „alle Kanzeln und Katheder" der „Integration Bundesdeutschlands ins allerchristliche Abendland" das Wort reden sollten.

*

Es war einer der Hauptpunkte unseres Gespräches, wie man sich den Kampf gegen die „Integration" *nach* einer eventuellen Ratifizierung durch den Bundestag vorzustellen hat. Helene Wessel meinte, das Volk kann und wird sich mit der Ratifizierung nicht zufrieden geben! Für die derzeitige Bundestagsabgeordnete wäre es das Klügste, den nächsten Bundestag entscheiden zu lassen, denn ihn kann ja das Volk zusammensetzen, wie es ihm die Hauptfrage, eben die Wiedervereinigung, vorschreibt. Aber die jetzigen Bundestagsabgeordneten seien ja bei ihrer Wahl in keiner Weise [in] der Frage einer Wiederaufrüstung engagiert gewesen. Man müsse die Wähler erst sprechen lassen, bevor der Bundestag sprechen kann. „Wenn die jetzigen Abgeordneten entscheiden, werden sie Prügelknaben sein", sagte Helene Wessel mit Recht. Denn diesmal steht eine Entscheidung an, die noch schwerer wiegt wie seinerzeit das „Ermächtigungsgesetz": es ist die Gesamtexistenz des Volkes in Frage gestellt durch eine Ratifizierung.

Vielleicht, meinte die Abgeordnete, sei nach der Ratifizierung ein Widerstand gegen die Verträge schon „Landesverrat"; aber wie dem auch sei, die kommende Wahl wird allemal die Volksmeinung vor Augen führen.

*

Alle Ausführungen Helene Wessels sind immer wieder durch eine phrasenlose Realistik gekennzeichnet. Sie sieht sich die Sache ruhig und nüchtern, ohne Vorurteile, an: So liegen die Dinge in Wahrheit. Und darauf bauen sich ihre zwingenden Schlüsse auf. Da sie Politikerin ist, stehen natürlich die politischen Gesichtspunkte obenan. Aber man spürt dennoch, daß diese Politik umfangen ist von einem warmen Herzton, der weit weg liegt von Sentimentalität, und so etwas ist wie Erbarmen mit dem Volk, das in Zerrissenheit und Angst vor dem Künftigen bangt. Helene Wessels Wille ist es, dies Volk vor der Katastrophe zu bewahren, die sein Ende sein müßte; aus diesem Willen wirkt sie. Und das Volk spürt diesen Willen, der nicht der Machtwille ist, sondern der Dienstwille einer Frau, die aus christlicher Verantwortung, die ihr wahrlich keine Phrase ist, in der politischen Arena steht. Helene Wessel wächst erst in diesen Tagen zu ihrer politischen Größe auf; war sie jahrzehntelang die Politikerin einer Partei, so ist sie heute eine Repräsentantin des Volkswillens, der die Integrationspolitik des Verderbens leidenschaftlich ablehnt.

*

Mit fast drastisch zu nennender Deutlichkeit brachte Helene Wessel immer wieder den Kernpunkt des alliierten Interesses an Bundes- und Gesamtdeutschland vor die Hörer: Es sind die deutschen Soldaten, die man braucht zur weltweiten imperialistischen Auseinandersetzung. Dieses Infanteriepotential soll ausgeschöpft werden im Interesse des Westens. Die deutschen Landsknechte unter amerikanischem Oberbefehl zum Einsatz zu bringen, darum geht es bei den Verträgen. Dafür werden gewisse Preise bezahlt, die aussehen, als ob sie Gleichberechtigung brächten, in Wahrheit aber [*dazu dienen,*] durch Paragraphen und Klauseln die einmal bewilligten deutschen Kontingente fest in die Hand der alliierten Generale zu legen.

Der völkerrechtliche Status dieser deutschen Landsknechte bekümmere die Herren wenig oder gar nicht; wie wollen sie sich, fragte Helene Wessel, dagegen schützen, daß der deutsche Landsknecht als Partisan behandelt wird? Durch Repressalien? Die immer wieder durch uns durchgehalten werden müssen? In solcher Realistik würde der deutsche Soldat als Schlachtvieh sichtbar, mit dem man die „Absetzbewegungen" zu decken vorhat.

*

Besondere Zustimmung fand die Gegenüberstellung des englischen Außenministers Eden bei Tito und die Haltung unserer Bundesregierung zum Besuch unserer Volksbrüder aus der Ostzone. „Wenn die Staatsmänner der konträren Systeme miteinander verhandeln, dann sollten wir Deutschen nicht miteinander sprechen?" Mit dieser Frage war die Heuchelei der Weltmächte entlarvt, die einem Volk sein primitivstes Recht vorenthalten; und es waren zugleich jene Manöver gerichtet, die da glaubten, mit Tomaten die Freiheit des Westens demonstrieren zu müssen. Der Westen zeige, so sagte Helene Wessel, seine geistige Dürftigkeit dadurch, daß er offenbar auch nichts anderes zu erfinden wisse als Tarnorganisationen, die gegen die andere Seite Hetze betreiben. Damit könne man der Freiheit freilich nur den allerschlechtesten Dienst erweisen.

„Wenn ich eine sogenannte Politik der Stärke betreibe", sagte Helene Wessel, „bin ich bereit, auch den Krieg zu riskieren." Dies aber ist ein unverantwortliches Risiko. Dieser Politik der Stärke setzt Helene Wessel „eine echte Friedenspolitik" entgegen. Die Politikerin zitierte den französischen Publizisten Em[m]a[n]u[e]l Mounier [1905-1950], der die Friedenspolitik als Deutschlands Aufgabe bezeichnete: ein neues Volk der Mitte, das die endgültige Spaltung überwinde, müsse Deutschland werden. Aber nicht mit den alten Lehrmeistern könne das erreicht werden, auch nicht mit den alten Mitteln; Deutschlands Aufgabe sei es, *neue Mittel und Wege aufzuspüren*. Auch Helene Wessel ist der Überzeugung, daß sich die Wege der Mitte finden lassen, wenn der „Kurzschluß der Integration" vermieden wird.

„Es muß und wird möglich sein, einen modus vivendi zu finden zwischen widerstreitenden politischen Systemen."

Ziel und Weg aller deutschen Politik hat der Erhaltung des Friedens zu dienen. Heraus aus den alten Geleisen der Machtpolitik, die schematischem und mechanischem Denken entspringt! Und Bannung der Angst, die zur Flucht nach vorne treibt. Das sind nach Helene Wessel, zwei Voraussetzungen einer Wandlung zum Guten hin.

*

Helene Wessel verstand es in ihrer Versammlung, die Bonner Verträge, die nun ratifiziert werden sollen, treffend zu charakterisieren in ihrer geradezu *verheerenden Wirkung auf eine deutsche Wiedervereinigung*. Diese Verträge sind, so sagte sie, der Verzicht auf jede deutsche Initiative in der Wiedervereinigung. Denn von jedem der drei westlichen Vertragspartner kann die Wiedervereinigung verhindert werden mit fadenscheinigen Einwänden! Wer von den drei Westmächten wird uns helfen bei der Wiedervereinigung? Keine! Frankreich ist aus Angst und traditioneller Politik an einer Spaltung Deutschlands interessiert; England will den wirtschaftlichen Konkurrenten niederhalten; und selbst die USA hätten keinerlei Interesse an einer Wiedervereinigung Deutschlands, sondern nur eins, an deutschen Soldaten!

Die Verträge verhindern also jede deutsche Wiedervereinigung! Und mit den Verträgen ist über das Schicksal der 20 Millionen Ostdeutschen entschieden. Sie sind preisgegeben. Das ist eine unverantwortliche Politik, die nimmermehr dem Wohl dieses Volkes dient, sondern einer vorgefaßten „Konzeption" höchster Primitivität, aus der sich notwendig nur „Kurzschluß" ergeben kann.

*

Die Politikerin Helene Wessel weiß, daß ein neues Europa nicht auf Soldaten und Kanonen gebaut werden kann. Darum spricht sie es aus, daß die soziale und die geistige Erneuerung die ersten Voraussetzungen eines neuen Europas sind. Der Abbau der Rüstung vermöge allein das Vertrauen wiederherzustellen, aus dem der Friede erstehen kann. Um diese Wege aufzubrechen, müsse etwas riskiert werden. Jeder einzelne trage heute an der Verantwortung mit, daß die Fronten nicht erstarrten in Waffen. Jeder einzelne müsse sich den Weg zu innerer Freiheit vom Banne der Gewalten, die zur Flucht nach vorne raten, erkämpfen.

Helene Wessel macht als Gesprächspartnerin nicht minder starken Eindruck wie als Volksrednerin. Ihr tiefer Ernst, der gleichwohl das Lachen nicht verlernt hat, das aus der Humanität kommt; ihr fraulich-mütterliches Wesen, das frei ist von Weichlichkeit; ihre große Erfahrung in politischen Dingen und ihre gottvertrauende Grundhaltung lassen diese Frau als einen der besten Ratgeber des deutschen Volkes in dieser Stunde erscheinen.

T: *Heidingsfelder*, Georg D.: Gespräch mit Helene Wessel. In: Deutsche Woche, 2. Jg., Nr. 41 vom 8.10.1952, S. 5.

[E.11]
Fragen gegenüber der herrschenden Politik
(1952)

Von Georg Heidingsfelder

Auf der Friedenskundgebung in Bonn am 3. November [1952], über die wir an anderer Stelle auf dieser Seite berichten, führte der katholische Publizist und Herausgeber der Zeitschrift „Katholische Freiheit" unter anderem aus:

„Die Exponenten der heute im Westen vorherrschenden Politik haben bisher immer beteuert, daß die von ihnen propagierte Aufrüstung kein anderes Ziel habe, als den Frieden durch eine Sicherung und Stärkung des Westens zu erhalten. Seit vielen Monaten schon deuten immer neue Anzeichen darauf hin, daß die Sowjetunion zu einem Kompromiß, aber nicht zu einer bedingungslosen Kapitulation bereit ist, um den drohenden Krieg zu verhindern. Es ist unverantwortlich, wenn die heute führenden Politiker des Westens auf die sowjetischen Vorschläge zu Verhandlungen nicht eingehen, bzw. diese Verhandlungen nur mit einer kapitulationsbereiten Sowjetunion führen wollen. Im Hinblick auf diese ablehnende Haltung der westlichen Politiker müssen wir feststellen, daß der Christ in dieser Situation verpflichtet ist, *jede* Möglichkeit für ein Verhandeln wahrzunehmen. Wenn durch unsere Schuld die Verhandlungen, durch die vielleicht der drohende Krieg beseitigt werden könnte, nicht zustande kommen, dann wird niemand das Recht haben, den dritten Weltkrieg als einen vom Westen aus gesehen „gerechten Krieg" zu bezeichnen. Da wir dann vielleicht nicht mehr die Möglichkeit haben werden, weisen wir heute schon alle Christen mit Nachdruck darauf hin: Die Teilnahme an einem ungerechten Krieg ist Sünde. Daran werden auch jene Pseudotheologen nichts ändern, die dann – wie 1939 – erklären werden, daß jetzt nicht die Zeit sei, den Fragen des gerechten Krieges nachzusinnen, sondern die Zeit zum Handeln und zur treuen Pflichterfüllung gegenüber der Obrigkeit, über deren Rechtmäßigkeit nachzudenken jetzt ebenfalls nicht die Zeit sei.

Wir haben die führenden Politiker des Westens zu fragen, warum sie nicht verhandeln wollen, obwohl sie wissen müssen, daß Friedensbeteuerungen die Kriegsgefahr nicht beseitigen können und daß durch ein Nichtzustandekommen der Verhandlungen das Risiko des Krieges ungeheuer vergrößert wird. Wer alles tut, um den kalten Krieg zu verschärfen, der darf sich nicht wundern, wenn der kalte Krieg auf diese Weise immer mehr erwärmt wird, so daß der

Ausbruch des heißen Krieges gar nicht mehr als etwas gänzlich Neues, sondern vielmehr als letzte Etappe eines in Gang befindlichen Prozesses in Erscheinung treten würde. Der Krieg wäre dann wirklich die Fortsetzung dieser Politik mit anderen Mitteln. Von diesem Aspekt aus wird uns der *Friedenswille* einer Regierung, die nichts tut, um eine solche Entwicklung zu verhindern, ja im Gegenteil alles tut, um den Haß zu vergrößern, zumindest *fragwürdig*.

Wir halten es nicht für einen Zufall, daß dem deutschen Volk zweimal die Waffen aus der Hand geschlagen wurden. In der durch den zweiten Weltkrieg verursachten Zertrümmerung und Spaltung Deutschlands haben wir nicht nur eine Strafe, sondern auch *eine Aufgabe* zu sehen, die wir als Büßende und Friedliebende erfüllen können. Das Gebot, mit allen Frieden zu halten, soviel an uns liegt, bedeutet hier und heute auch, auf ein friedliches Zusammenleben mit allen Deutschen und damit auf eine friedliche Wiedervereinigung Deutschlands hinzuarbeiten. Wir Deutschen haben die anderen Völker häufig durch unser hochmütiges „Sendungsbewußtsein" erschreckt und geärgert. Wir haben unser Selbstgefühl nicht mehr an einer erfundenen Sendung zu entzünden; wir haben uns vielmehr ganz bescheiden an unsere Aufgabe zu machen, aus dem zerteilten Volk wieder eine Einheit zu bilden. Damit intendieren wir nicht eine weltgeschichtliche Mission, aber die Erfüllung unserer Aufgabe könnte für alle Völker große Bedeutung gewinnen, weil ein wiedervereinigtes, weder in den Ostblock noch in den Westblock integriertes Deutschland entschärfend auf den gegebenen Weltkonflikt wirken würde. Nachdem wir Deutschen die ganze Welt in einen Krieg gezerrt haben, können wir sie vielleicht dadurch, daß wir uns friedfertig und nüchtern verhalten, vor einem neuen Weltkrieg bewahren.

Unsere maßgeblichen Politiker geben vor, den Frieden erhalten und die *Einheit* Deutschlands wiederherstellen zu wollen, *schüren aber gleichzeitig den kalten Krieg* und halten es für unter ihrer Würde, mit den Vertretern des gegenwärtigen ostdeutschen Staates zu sprechen. Unter den Politikern, die es sich etwas kosten ließen, damit die Delegation der Volkskammer in Bonn mit organisiertem Haß und Abscheu empfangen wurde, und die so versuchten, das Zustandekommen eines Gesprächs zwischen Ost- und Westdeutschland zu verhindern, sind gläubige Christen. Wir haben das Recht, sie zu fragen, wie sie ein solches Verhalten mit ihrem Gewissen vereinbaren können.

Wir sind berechtigt, die christlichen Bundestagsabgeordneten darauf hinzuweisen, daß sie eine Friedensaufgabe haben und sich davor hüten müssen, den gegebenen Konflikt zu verschärfen. Wir bitten sie daher eindringlich, gewissenhaft zu prüfen, ob nicht durch eine Ratifizierung der Deutschlandverträge eine solche Verschärfung einträte und die Kriegsgefahr durch unsere eigene Schuld vergrößert würde.

Niemand kann dafür garantieren, daß wir dann, wenn wir Frieden zu stiften suchen, Erfolg haben werden. Diese Ungewißheit ändert jedoch nichts daran, daß wir friedfertig zu sein haben, weil Christus unser Friede ist. Der Friede aber läßt sich nicht dadurch herstellen, daß wir, wie dies heute geschieht, materiell und ideologisch zum Krieg rüsten."

T: *Heidingsfelder*, Georg D.: Fragen gegenüber der herrschenden Politik. In: Deutsche Woche, 2. Jg., Nr. 46 vom 12.11.1952, S. 4.

[E.12]
Westdeutsche Bischöfe mahnen den DGB
(1952)

Von Georg Heidingsfelder

Im Namen der westdeutschen Bischöfe hat Primas Kardinal Dr. Frings eine „Stellungnahme" veröffentlicht, die von der „Kettelerwacht" „Ein ernstes Wort an den DGB" genannt wird.

Nachdem in dieser „Stellungnahme" die KAB (Katholische Arbeiterbewegung), die nach ihrem eigenen Eingeständnis „weder in der Vergangenheit noch in der Gegenwart zu Bedeutung gekommen ist", hoch belobigt wurde, fährt sie fort:

„Wir Oberhirten verstehen und teilen die Sorgen der KAB um die Entwicklung der Einheitsgewerkschaft, wir danken den Männern, die aus tiefer christlicher Verantwortung heraus ihre Mitglieder, die in den Gewerkschaften stehen, auf sichtbar werdende gefährliche Tendenzen hingewiesen und die Gewerkschaft selbst nachdrücklichst an die Wahrung weltanschaulicher Neutralität und echter Toleranz gemahnt haben, ganz sicher zum Besten der Gewerkschaft selbst. Wir danken auch jenen katholischen Angehörigen der Gewerkschaft, die unter schwierigsten Verhältnissen bemüht sind, einen lebendigen katholischen Glauben zu bewahren, und bestrebt bleiben, Toleranz und Neutralität in den Gewerkschaften durchzusetzen. Sie mögen überzeugt sein, daß sie auch dem eigentlichen Anliegen der Gewerkschaft den besten Dienst erweisen, wenn sie die Berechtigung und Zweckmäßigkeit der gewerkschaftlichen Forderungen und Zielsetzungen immer wieder überprüfen an den erleuchteten und klaren Weisungen der Kirche."

Es ist das gute Recht der Bischöfe, ja ihre Pflicht, religiöse und sittliche Weisungen zu erteilen, wenn die Entwicklung einen verderblichen Kurs zu nehmen droht. Deshalb wäre es ganz und gar in der Ordnung, wenn etwa die westdeutschen Bischöfe zur Frage der Remilitarisierung warnend ihre Stimme erheben würden; aber davon hört man leider nichts. Im Gegenteil: der H. H. Primas von Deutschland, der eine Zeitlang sogar Mitglied der CDU war, hat sehr früh schon seine Stimme zugunsten der Remilitarisierung erhoben und damit der Politik Adenauers den Weg bereiten helfen [sic]. Man hat also das Gefühl, daß hier nicht immer unparteiisch aus reiner Besorgnis um das Seelenheil der Arbeiter gemahnt wird, sondern aus gewissen politischen und kirchenpolitischen Besorgnissen, die alte Position zu verteidigen streben, also sich einer restaurativen Geisteshaltung befleißigen.

Um auch ein zweites auszusprechen: Man lese etwa den Brief, den der Abgeordnete Bodensteiner anläßlich seines Austritts aus der CDU geschrieben hat; aus ihm ergibt sich einwandfrei, daß führende Kreise dieser Partei an sozialen Reformen in keiner Weise interessiert sind, sondern nur taktische Zugeständnisse machen. Die im DGB vereinten vielen Millionen Arbeitnehmer aber erheben mit vollem Recht Forderungen, die den eindeutigen Führungsanspruch des Arbeitsmenschen in der neuen Gesellschaft zum Ausdruck bringen. Das ist es ja, was den neuen Geist der Gewerkschaften ausmacht: daß hier nicht mehr nur eine Tarifpartei steht, sondern eine gewandelte wirkliche Bewegung, die in einer Veröffentlichung der KAB selbst sehr richtig als Kulturbewegung gekennzeichnet wird. Dr. Herbert Reichel, der das Buch über „Die Einheitsgewerkschaft und ihren geistigen Standort" geschrieben hat, sagt auf Seite 90 dieses Werkes:

„So erhellt, daß die Gewerkschaftsbewegung ihren letzten Sinn darin hat, daß sie Kulturbewegung ist, insofern sie den Menschen als Person inmitten der Gesellschaft und Wirtschaft zur Anerkennung und Geltung bringen will ... Alle gewerkschaftlichen Bestrebungen, die auf den Menschen inmitten der Gesellschaft abzielen, sind echte Entfaltung der ursprünglichen Gewerkschaftsbewegung zum wahren Anfang einer neuen Gesellschafts- und Wirtschaftsbewegung."

Dies wird bei den kichlichen Stellungnahmen zum Problem viel zu wenig oder gar nicht berücksichtigt. Man geht stillschweigend von dem Bestehenden (der Profitgesellschaft) aus und redet einer „Eingliederung" oder „Teilhabe" der Arbeiter und Arbeitnehmer das Wort. Daß diese ganze Gesellschaft von Grund auf reformiert werden muß, das wird verschwiegen. Es ist aber eben so, daß der Bürger das Leitbild einer neuen Gesellschaft nicht mehr sein kann, sondern durch das des arbeitenden Werkmannes ersetzt, abgelöst werden muß. Darin gründet mit Recht der „Führungsanspruch" der Gewerkschaften, soweit sie diesem Träger der neuen Gesellschaft zur Macht und Geltung verhelfen wollen. Daß die Gefahr eines „Managertums", einer „Verfunktionärung" droht, sehen auch wir: das kann uns aber nicht abhalten, die liberale Wirtschaftsgesellschaft Bonner Prägung in Grund und Boden zu verwünschen, wenn sie es auch vermocht hat, gewisse Fassaden aufzurichten, hinter denen sich gewisse Geister so gut zu verstecken verstehen.

Statt auch diese liberale Gesellschaft gebührend anzuprangern, fallen nun auch die Autoritäten (mit der restaurativen Bourgeoisie) über die Gewerkschaften her und sehen in ihnen allein die große Gefahr, die es abzuwehren gilt. Gegen diese Einseitigkeit wenden wir uns hier, keinen Augenblick leugnend, daß unsere Sympathien uneingeschränkt auf seiten der Gewerkschaften sind, die sich eben zur Kulturbewegung entfalten müssen, wenn sie ihrer Aufgabe hier und jetzt gerecht werden wollen. Wenn bei diesem Prozeß die KAB (eingestandenermaßen) bisher fortlaufend nur ihre Unfähigkeit bewiesen hat, formend und schöpferisch Wege zu weisen, so sollte sie nun mehr zurückhalten mit ihrer Kritik am Einheits-DGB, dem der gute Wille keineswegs abzusprechen ist, seinen Mitgliedern zu dienen. Schließlich ist ein Matthias Föcher lange genug an der Spitze der Gewerkschaftsbewegung, um zu wissen, wo sein Gewissen nein sagen muß. Wenn dieser Mann, denn wir sehr hoch schätzen in seinem positiven Beitrag zur Gestalt des DGB; wenn seine nicht wenigen christlichen und katholischen Kollegen in den führenden Positionen des DGB keinen Anlaß gefunden haben, sich in ernstesten Bedenken zu ergehen, so brauchen unseres Erachtens die westdeutschen Bischöfe auch nicht unbedingt den Kräften Hilfestellung zu geben, die an einer Spaltung der Einheit der Arbeiter vor allem anderen interessiert sind. Matthias Föcher hat erst kürzlich bei einer bayerischen DGB-Kundgebung den DGB das „soziale Gewissen Deutschlands" genannt. Das ist wahres Wort, auch wo dieses Gewissen nicht immer so informiert ist, daß man als Katholik in jeder Hinsicht damit zufrieden sein könnte. Es darf aber wohl gesagt werden, daß dies soziale Gewissen in jedem Fall immer besser informiert ist als das derer, die nun die Deutschen wieder in die Abenteuer der Gewalt hineinzuführen trachten. Wenn Föcher ankündigt, daß der DGB ein neues 1933 zu verhindern wüßte, so sind er und der DGB damit wahrhaft als die Kraft legitimiert, die eines Tages gegen die Abgrundkräfte wird eingesetzt werden müssen, die sich „christlich" tarnen, um desto intensiver faschistische Rüstungspolitik zu machen.

Dies mußte gesagt werden zur Verteidigung des DGB und seiner katholischen Mitstreiter, die immer noch ein recht gutes Gewissen in dieser Einheitsgewerkschaft haben dürfen, die wahrscheinlich als der solideste Wächter der Demokratie zu gelten hat.

T: *Heidingsfelder*, Georg: Westdeutsche Bischöfe mahnen den DGB. In: Deutsche Woche, 2. Jg., Weihnachtsausgabe 1952.

F. BEITRÄGE FÜR DIE MONATSZEITSCHRIFT „FRIEDENSRUNDSCHAU" (1951-1961)

[F.1]
Dummköpfe und Verräter
[Brief an den US-Hochkommissar in Deutschland]
1951

Von Georg Heidingsfelder

Georg Heidingsfelder richtete folgenden Brief an das Büro des amerikanischen Hochkommissars in Deutschland:

Sehr geehrte Herren!
Am 21. September 1945 war mir in einem amerikanischen Sonderlager für Kriegsgefangene, in dem sich amerikanische Lehrkräfte sehr um die Umerziehung der Deutschen bemühten, das anliegende Zeugnis ausgehändigt worden, daß ich den Lehrgang mit Erfolg besucht hatte. Dieses Lehrgangs Kern war die Einsicht in die Notwendigkeit der geistigen Befreiung der Deutschen vom Nazismus und Militarismus und ihrer Erziehung zu wahren Demokraten.

Nun, fast sechs Jahre später, muß ich erleben, daß das deutsche Volk von den Amerikanern, im Verein mit ihrer eigenen „demokratischen" Regierung, wieder zu den Waffen gerufen wird. Wenn ich nicht annehmen will, daß das deutsche Volk auf diesem Wege zynisch ausgerottet werden soll, bleibt nur die Annahme, daß es auf altgewohnten Bahnen sein „soldatisches Potential" in den dritten Weltkrieg einbringen muß.

Ich bin nicht auf die kommunistische Seite getreten, um dieser verhängnisvollen Entwicklung wirksam zu begegnen; ich habe mich aber, angesichts der grausamen amerikanischen Forderung, auf die Situation meines Volke besonnen und gewissenhaft meine Aufgabe als Deutscher und Christ in dieser Stunde erwogen. Dabei bin ich zu folgenden Ergebnissen gelangt:

Nachdem unser Vaterland auseinandergerissen ist, können wir Deutschen dem Ruf zu den Waffen schon deshalb nicht folgen, weil wir uns dann im Bruderkrieg umbringen würden. Wir können es auch darum nicht, weil wir Deutschen die unwiderrufliche Aufgabe haben, zwischen Ost und West Brücken des Friedens zu bauen, so utopisch sich auch eine solche Formel anhören mag. Wir sind aber als Christen des Glaubens, daß „bei Gott kein Ding unmöglich" ist (Luk. 1, 37), wenn wir, statt einem Bündnis mit den Besatzungsmächten unser Heil anzuvertrauen, uns IHM allein gläubig nahen in unserer ausweglosen Not. Wir Deutschen werden von unserer „demokratischen" Regierung nicht gefragt, ob wir einen brudermörderischen „Verteidigungsbeitrag" leisten wollen; es werden vielmehr vom Haupt dieser Regierung alle die Deutschen als „Dummköpfe oder Verräter" bezeichnet, die seiner verderblichen Eingleisigkeit nicht folgen wollen. Das kann mich indessen nicht beirren, unverrückbar an dem festzuhalten, was meine amerikanischen Lehrer 1945 für richtig erkannten: die Deutschen dürfen nie wieder bewaffnet werden. Ich würde ja die ganze „Moral" der preußischen samt der amerikanischen Geschichte preisgeben, wenn ich anders dächte!

Weil aber die Amerikaner ihre richtige Einsicht von damals offiziell über Bord geworfen haben und die Deutschen in eine gefährlich-unberechenbare Remilitarisierung hineintreiben, deshalb hat das Zeugnis von Cherbourg für mich seinen Wert verloren; es stimmt nicht mehr mit der Wirklichkeit überein. Als Aufrüstern meines Volkes, als seinen Remilitarisierern, vermag ich mit Amerikanern so wenig ein Bündnis einzugehen wie mit preußischen Generalen oder Nazis.

Zum Zeichen dafür, daß ich als Deutscher wie als Christ den Besatzungsmächten gegenüber meine volle Handlungsfreiheit bewahren muß, wo mir und meinem Volk Verderbliches zugemutet wird, gebe ich das Zeugnis von Cherbourg zurück, mit tiefem Bedauern, daß aus dieser deutsch-amerikanischen Zusammenarbeit keine guten Früchte erwachsen.

Ich bleibe mit allen Amerikanern eng verbunden, die bei der richtigen Einsicht von 1945 beharren, daß die Deutschen waffenlos bleiben müssen, um den Sinn ihrer Niederlage wie den ihres volklichen Daseins hier und heute erfüllen zu können; ich kann aber niemals eine amerikanische Politik gutheißen, die mein Volk für den Bruderkrieg bewaffnet und ihm seine Aufgabe, zwischen Ost und West Träger göttlicher Friedenskräfte zu sein, unmöglich macht.

Um meiner Volksbrüder willen habe ich diesen Brief auch der Öffentlichkeit übergeben.
In größter Hochachtung!

T: *Heidingsfelder*, Georg: Dummköpfe und Verräter [Brief an den US-Hochkommissar in Deutschland]. In: Friedensrundschau [Monatszeitschrift für Frieden, Versöhnung, Völkerverständigung], 5. Jg., November 1951, S. 6.

[F.2]
Die Spaltung der deutschen Seele
(1953)

Von Georg Heidingsfelder

I.

Wenn der Goethesche Faust von den zwei Seelen spricht, die in seiner Brust wohnen, so gibt er selbst die Erläuterungen dazu, daß es sich um die beiden widersprüchlichen Urmächte im Menschen handelt, die ihn hinauf- und hinabzuziehen suchen, ein Bild eines wesentlich unharmonischen Zustandes, seines gestörten Innern.

Der Faust ist nicht in erster Linie „Menschheitsdrama"; er ist vor allem „den Deutschen auf den Leib zugeschnitten", wie Theodor Haecker sagte. Das faustische Wesen ist weithin deutsches Wesen, dieses Taumeln zwischen Mensch und Unmensch, diese Zerrissenheit zwischen Herz und Vernunft. Es soll hier nicht das faustische Wesen des Deutschen abgehandelt werden; wir wollen nur kurz auch auf diesen seelischen Untergrund hinweisen, in dem vielleicht die Wurzeln dessen liegen, was hier sichtbar gemacht werden soll: die Zerspaltung der deutschen Seele, die die Grenze der geistigen Erkrankung erreicht zu haben scheint.

Wir erinnern uns, daß kurz nach dem Kriege ein Arzt die Frage aufgeworfen hatte, ob die Deutschen schuldig oder krank seien; wir wissen seine Antwort nicht mehr; aber es war schon in der Frage ausgedrückt, daß auch der Geist eines Volkes erkranken kann, das der Wahrheit und der Wirklichkeit beharrlich ausweicht. Und dies zeigt sich dann am Einzelnen wie im politischen Ganzen.

II.
Fest steht, daß die „demoskopischen" Umfragen noch im Sommer 1953 mehr als die Hälfte der Deutschen als gegen jede Remilitarisierung gerichtet auswiesen. Dennoch ergab die Wahl vom 6.9.1953 eine Zweidrittelmehrheit für die Aufrüster. Hier liegt natürlich keine Spaltung der Wählerseele vor, sondern die Abwendung von der Hauptsache (nämlich der Remilitarisierung) hin zu einer Nebensache (vielleicht der billigen Zigarette). Aber eben darin, daß diesen Wählerseelen ihre schwere Verantwortung nicht klar war, zeigt sich der Wille, die Hauptsache „dahingestellt" sein zu lassen, ein ethischer Defekt, den die Propaganda stärkstens auswertete. Man wählte einen Lebensstandard, weil er zur Zeit den Bauch füllt, und fördert eben dadurch einen (bis jetzt noch verborgenen) Todesstandard der Aufrüstung, der ja mit dem Lebensstandard unlöslich gekoppelt war. Man wollte das aber nicht sehen, man wich der Klarheit aus, man stellte sich nicht der ganzen Wahrheit, die man sehr wohl ahnte.

Dieser eben beschriebene Defekt ist vielleicht eine Vorstufe der eigentlichen Seelenspaltung, wie sie mir zuletzt bei Wahlversammlungen entgegentrat: Junge „christliche" Politiker fochten da mit Fanatismus für die Europäische Verteidigungsgemeinschaft (EVG), gleichzeitig aber brachten sie zum Ausdruck, daß sie nicht Soldat werden wollten! Sie nahmen diesen Widerspruch hin; auch nachdem ich sie darauf aufmerksam gemacht hatte, revidierten sie sich nicht, sondern beharrten eigensinnig in ihm.

Es zeigte sich, daß sie ihren „Anti-Kommunisten-Komplex" fanatisiert festhielten; den konnten sie nicht loslassen, ohne daß ihre ganze politische Haltung zusammengestürzt wäre; er war ihr Korsett, denn einen wirklichen Halt (also persönlich errungene tiefe Überzeugung) hatten sie nicht; sie waren „christliche" Kollektivisten. Andererseits grauste ihnen vorm Barras; vielleicht dachten sie, ihm „irgendwie" zu entrinnen, vielleicht lag ihnen diese Sache noch weit ab, sodaß man sie jetzt noch nicht mit letztem Ernst erwägen mußte. Aber ihr geistiger Zustand zeigte eine schreckliche Zerrissenheit im Innern, wie die des Vaterlandes sie draußen offenbarte. Der Anblick dieser jungen Menschen hatte etwas Erschütterndes; ich dachte daran, was aus solchem „Wahnsinn" werden müßte ...

III.
Ende September 1953 hatte man in Nürnberg, mitten in einer Neubau-Siedlung, eine schwere Bombe gefunden; sie war seit dem Kriege verschüttet, verborgen gewesen. Die Leute lebten auf diesem Untergrund ahnungslos dahin; sie dachten wohl nie mehr an Bomben, die ja eine völlig vergangene, gänzlich versunkene Sache waren. Aber plötzlich wars am Tage, daß da unter ihrem gegenwärtigen Leben die schwere Todesdrohung weiterbestand, in alter Schärfe, mit vernichtender Möglichkeit. Ob die Leute in Nürnberg und an-

derswo das Symbolische des Vorgangs erkannten? Ob sie „das Zeichen" sahen? Ob ihre Geistlichen es ihnen deuteten? Nun, vielleicht haben sie es, wo sie es taten, ins Individuelle gewendet und gesagt: Grabe jeder seine verborgenen Sünden auf und entschärfe sie in Reue und Buße! So aber wird man weder diesem Zeichen gerecht, noch vermag man dem kranken Volksgeist zu Hilfe zu kommen, in dessen Untergrund die schwere Mine der Schuld liegt. Denn diese nicht aufgearbeitete Schuld im Untergrund ist es, die den Volksgeist spaltet; man müßte also auf die Frage jenes Arztes „Schuldig oder krank?" antworten: Krank durch Schuld.

Es ist die innere Spaltung des deutschen Geistes aufs innigste gekoppelt mit der Spaltung des Landes; diese ist die Außenseite jener. Wird die zweifache Krankheit der Spaltung des deutschen Geistes und Landes nicht geheilt, so wird sie in mörderischem Wahnsinn enden.

Ist sie noch heilbar? Müßte erst das Äußere, dann das Innere zu heilen versucht werden?

Es müßte wohl beides gleichzeitig in Angriff genommen werden: die äußere politische Heilung der Spaltung durch die Bereitschaft zur Verständigung mit dem Osten und die innere Heilung durch Aufarbeitung der Schuldfrage, durch die Bereitschaft zum Kreuz.

Sind wir Deutschen noch heilbar? Wir möchten es, wider alle Hoffnung, hoffen. Auch Faust ist ja schließlich gerettet worden, aber ach! freilich erst nach seinem Tode.

T: *Heidingsfelder*, Georg: Die Spaltung der deutschen Seele. In: Friedensrundschau [Monatszeitschrift für Frieden, Versöhnung, Völkerverständigung], 7. Jg., Dezember 1953, S. 2.

[F.3]
Die höchste Instanz
(1956)

Von Georg Heidingsfelder

Drei wichtige Sätze seien dieser Betrachtung vorangestellt:
„Mit seinem Gewissen steht der Mensch unmittelbar vor Gott und darum jedweder Gemeinschaft mit absoluter Souveränität gegenüber." (Prof. von Nell-Breuning SJ in „Christliche Gesellschaftslehre")
„Niemand, keine Macht auf Erden, kann den einzelnen Christen entbinden von der Pflicht seines Gewissens, sich und seine Zeit zu verantworten." (Friedrich Heer in „Sprechen wir von der Wirklichkeit!")
„Das große Verhängnis unseres Volkes war es, daß es an Menschen fehlte, die aufrecht und unbekümmert um alle Folgen den Weg ihres Gewissens gingen." (Wehrmachtspfarrer Kreutzberg in „Franz Reinisch, ein Märtyrer unserer Zeit")

Es handelt sich hier und heute darum, das Gewissen gegen die sogenannte „Staatsraison" zu verteidigen und es so zu informieren, daß es seinen Widerstand gegen die Remilitarisierung begründen kann.

Die „Staatsraison", die das erstmalig 1793 glaubte tun zu dürfen, fordert heute von uns wieder den Kriegsdienst und nennt ihn den Ehrendienst der „Allgemeinen Wehrpflicht". Sie fordert ihn heute wieder unter dem christlichen Namen: Der Christ sei verpflichtet, ihn zu leisten. Denn der Staat habe das Recht, ihn zu fordern.

Da erhebt sich die Frage: Muß hier gehorcht werden oder gibt es Möglichkeiten, dieser „gesetzlichen Verpflichtung" zu widerstehen. Leider sind die Gewissen in Deutschland durch entsprechende religiöse Unterweisung auch nach 1945 in keiner Weise informiert worden, so daß sie ratlos sind, wenn die „Staatsraison" wiederum an sie herantritt mit der Forderung des Kriegsdienstes. Dies ist die schwerste, geradezu unverantwortliche Unterlassung der Diener der Religion, die immer nur an der Forderung eines autoritären Gehorsams interessiert sind. So steht der Staatsbürger hilflos da, wenn die Befehle der Obrigkeit auf ihn herunterprasseln: „An die Gewehre! Jeder hat die Pflicht, den Staat zu verteidigen."

Man hat zwar im Grundgesetz die Möglichkeit der Kriegsdienstverweigerung aus Gewissensgründen offen gelassen, aber man schränkt dieses Grundrecht bereits von allen Seiten her ein und sucht es so auszuhöhlen. Außerdem wird mit Einschüchterung gearbeitet und anderen Druckmitteln, um den Bürger beim kurzschlüssigen Gehorsam zu halten und sein Gewissen einzuschläfern.

*

Da tut es wahrhaft wohl, in der Verlautbarung einer Partei den Satz zu lesen: „Die Gesamtdeutsche Volkspartei lehnt eine Wiederaufrüstung der Bundesrepublik als unsittlich ab, weil sie die Wiedervereinigung unseres Volkes verhindert, Deutsche gegen Deutsche bewaffnet und damit die Gefahr eines Bürgerkrieges heraufbeschwört."

Hier wird die Wiederbewaffnung direkt auf das Gewissen bezogen, denn über das, was sittlich und unsittlich ist, entscheidet das Gewissen. Hier wird gesagt, daß diese Wiederbewaffnung nicht „eine politische Ermessensfrage" ist oder gar nur eine der „militärischen Sicherheit", sondern eine Gewissensfrage erster Ordnung, weil sie unter allen Umständen im Gewissen auf die Wirklichkeit und die Notwendigkeiten der jeweiligen Gemeinschaft bezogen werden muß. Das heißt:

Hier und jetzt ist die Stunde der Epikie. Was ist Epikie? Sie ist die Lehre vom Handeln aus begrenzter Interpretation des Gesetzes, dem Willen zur Wirklichkeit, dem Willen zur richtig verstandenen Gemeinschaft. Das ist die Definition des Jesuitenpaters Josef Fuchs in seinem Buch: „Situation und Entscheidung" (Knechtverlag, Frankfurt).

„Der Normalkatholik weiß heute kaum mehr etwas von der Epikie", schreibt der Wiener Historiker Friedrich Heer, „von jener Lehre des Aristoteles und des heiligen Thomas von Aquin, der zufolge immer und in jedem Fall das eigene Gewissen die letzte Instanz für Urteil und Handeln sein muß. Thomas definiert die Epikie als die Tugend der Billigkeit, als jene, die, wie er wörtlich sagt, ‚den Wortlaut des Gesetzes außer acht läßt, um zu folgern, was der Sinn der Gerechtigkeit und der allgemeine Nutzen erfordern!'

Es gibt keine schärfere Ablehnung des so häufig heute vorfindlichen Kadavergehorsams als diese Lehre des Thomas, der die Epikie, das Handeln aus dem eigenen Gewissen, für höher und wertvoller hält als jeden buchstäblichen Gehorsam. Thomas nennt sie ‚sozusagen die höhere Richtschnur der menschlichen Handlungen', den ‚vorzüglicheren Bestandteil der legalen Gerechtigkeit', ja, mit Aristoteles, ‚in gewissem Sinn die Gerechtigkeit selber'."

Angesichts unserer Realität sagt Heer: „Wohin sind diese Freiheiten entschwunden? Wohin sind sie entschwunden in unserem Zeitalter der Gleichschaltungen und Konformismen? Wenn wir uns aber fragen, warum sie entschwunden sind, dann treffen wir im politischen Raum auf den Türkenschreck, im kirchlichen auf die Angst vor den Protestanten."

Die Angst der Autoritäten hat uns um unsere Freiheiten gebracht! Die Freiheit der Epikie, du lieber Gott, in welchem Katechismus steht davon ein Sterbenswörtchen?

*

Die Tugend der Epikie ist also eine Tugend der Freiheit. Der Freiheit gegenüber dem positiven Gesetz, das die „Staatsraison" zum A und O des Staatsbürgers machen möchte. Das Gesetz wird also letztlich vom Gewissen interpretiert. Wenn dieses Gewissen etwa erkennen muß, daß hier und jetzt ein zerrissenes Volk in seinen Teilen gegeneinander bewaffnet wird, nicht, um sich als Ganzes zu schützen oder zu verteidigen, sondern um in den Teilen Lanzenspitze von Machtblöcken zu sein, dann ist ihm, wenn es nicht vom Willen zur „Staatsraison" verblendet ist, völlig klar, daß die Forderung des Waffendienstes in solcher Situation unsittlich ist, wie jene Partei richtig ausspricht. Hier wird das „Soldaten-Gesetz" der Wirklichkeit dieses Volkes in keiner Weise gerecht, im Gegenteil, es schadet ihr, richtet sie zugrunde. Die Notwendigkeit erfordert eine Vereinigung dieses Volkes kraft Naturrechts, nicht die Bewaffnung seiner Teile zum Bürgerbruderkrieg!

„Der Untergebene hat nicht nur Gesetz und Befehl zu sehen, sondern die Wirklichkeit selbst und ihre Notwendigkeiten. Nicht die Treue zum Gesetz ist das Höhere, sondern die Treue zur vollen Wirklichkeit. Im gesamten Rechtsbereich hat die Tugend der Epikie die Führung."

„Wer den Untergebenen die begrenzte Beurteilung des Gesetzes nicht zugestehen will, liefert sie hilflos der möglichen Unzulänglichkeit oder Willkür der Autorität aus, läuft Gefahr, sie irgendwie zu unpersonalen Gliedern der Gemeinschaft herabzuwürdigen."

Das sind Darlegungen von Pater Fuchs zur Frage der Epikie. Wir leben im totalitären Zeitalter, nicht nur im „Atomzeitalter". Da ist es unbedingt geboten, daß das Gewissen wieder und endlich zu Ehren kommt. Wenn selbst die „Demokratie" aber zur „Staatsraison" hinneigt und sich deren Maximen zu eigen macht, wie es die Schrift des Verteidigungsministeriums („Vom künftigen Soldaten") und nicht wenige Äußerungen „christlicher Politiker" und Ministerialbürokraten immer wieder erkennen lassen, dann muß nach einer Forderung des Oberpfarrers Kreutzberg die „Erziehung zum Ungehorsam" einsetzen, das heißt nichts anderes als die Lehre von der hohen Tugend des Gewissens, der Epikie.

„Nachdem wir in der vergangenen Zeitepoche so viel und so nachdrücklich von der Autorität des Staates gehört haben, haben wir heute das Recht und die Pflicht, mit allem Nachdruck auch von den Grenzen der Staatgewalt zu sprechen" (Pfarrer Kreutzberg). Schon die sogenannte „Wehrpflicht" ist eine

Grenzüberschreitung der Staatsgewalt, geschweige denn die Wehrpflicht von Angehörigen eines Volkes gegeneinander! Und die strategische Situation unseres Vaterlandes, die wieder durch die letzten Manöver offenbar geworden ist, zeigt eine andere Wirklichkeit, die gebieterisch fordert, das Gewissen gegen eine „Staatsraison" zu setzen, die auf alle Wirklichkeit pfeift und kurzschlüssig Gehorsam fordert. Ihr setze man die Tugend der Epikie entgegen!

* * *

Wer regiert, hat genauso die Pflicht, den Krieg zu vermeiden, wie ein Schiffskapitän die Pflicht hat, den Schiffbruch zu vermeiden. Guy de Maupassant

T: *Heidingsfelder*, Georg: Die höchste Instanz. In: Friedensrundschau [Monatszeitschrift für Frieden, Versöhnung, Völkerverständigung], 10. Jg., Nr. 1, 1956, S. 4-5.

[G.4]
Das Gewissen, die Wurzel der Humanität
(1956)

Von Georg Heidingsfelder

Der englische Lordkanzler Sir Thomas More ist am 6. Juli 1535 hingerichtet worden, weil er sich unter Berufung auf sein Gewissen weigerte, einen von seinem König geforderten Eid zu leisten. Die katholische Kirche hat diesen Mann vierhundert Jahre später, 1935, als „Märtyrer des Gewissens" kanonisiert.

Die komplizierte Sache, um die es ging, interessiert hier nicht; wichtig allein ist zu erkennen, daß hier ein Mann seinem Gewissen gehorchte, das der Forderung der legitimen Staatsmacht entgegenstand, und daß dieser Mann gerade darum zur Ehre eines Heiligen kam. Damit hat die katholische Kirche in einem konkreten Fall bezeugt, daß das persönliche Gewissen die absolut höchste und letzte sittliche Instanz ist, die über dem Gehorsam gegenüber der Staatsmacht rangiert. Das ist immer die Lehre der Kirche gewesen, die hier und heute freilich von sogenannten christlichen Politikern verfälscht und vernebelt wird. Ob einer einen Staatseid verweigert oder den Waffendienst, ist völlig gleichgültig – dem Gewissen kommt absolute Souveränität zu gegenüber jeder Forderung anderer Instanzen.

Gewisse christliche Politiker sind so weit gegangen zu sagen: es mag einer unter Berufung auf sein Gewissen den Dienst verweigern, aber er muß die Folgen tragen; der Staat sei also berechtigt, einen solchen Verweigerer „einen Kopf kürzer zu machen". Dies heißt nichts anderes als:
1. das Gewissen mit Todesdrohung zu fesseln versuchen;
2. das Staatsbeil über den Gewissensträger triumphieren lassen.
Die Schamlosigkeit eines restaurierten Mammonismus schreckt heute auch davor nicht zurück; sie führt freilich gleichzeitig heuchlerische Klage über Staatssysteme, die der persönlichen Freiheit keinen Raum lassen; aber diese „christlichen" Staatsanwälte meinen vor allem die Freiheit, sich zu bereichern, nicht die des Gewissens.

Andere „christliche" Politiker meinen, das Recht des Gewissens sei „ein Ausnahmefall", die Regel sei der Gehorsam. Auch das ist eine Argumentation der Schande. Es gibt keinen Gehorsam, der gewissenlos geleistet werden könnte. Das Gewissen ist immer engagiert, gleichgültig, ob es sich um Gehorsam oder um Widerstand handelt. Ein bloß legaler Gehorsam in Gewissenlosigkeit wäre untermenschlich. Aber das Untertanentum, das der souveräne Staat sich in Jahrhunderten herangezüchtet hat, hat die einfachsten christlichen Wahrheiten vergessen. Und die Lehrer des Christentums sehen keinen Anlaß, sie hier und heute wieder aufzufrischen: es geht ja um den „christlichen Staat", der verteidigt werden muß. So wird die Wahrheit verschwiegen zugunsten „der .christlichen Politik".

Auf dem Parteitag der SPD ist das Gewissen überhaupt nicht aufgetreten. Vermögen die Sozialisten nur politisch zu denken? Es scheint so. Das wäre ein schwerer Mangel, der sie in nächste Nähe derer brächte, die das Kollektiv über alles stellen. Gerade Sozialisten sollten sich aber des Gewissens annehmen, um so ihre Humanität zu bezeugen. Das wäre christlicher als alles Gerede gewisser Leute von christlicher Politik. Wenn die Parteien nur vom Untertanentum leben können, dann sind sie wert, zugrunde zu gehen. Dann sollen sie dem totalen Staat das Feld räumen, der absolut gewissenlosen Machtmaschinerie.

Man schließt heute Männer und Frauen aus Parteien aus, wenn sie ihrem Gewissen folgen. Das ist ein böses Zeichen des Geistes, der in diesen Apparaturen herrscht. Es bezeugt auch, daß das Gewissen nicht im Bewußtsein als der höchste Personwert steht, der es in einer sittlichen Gesellschaftsordnung sein muß.

Die Verweigerung des Waffendienstes kann als Politikum mißbraucht werden, gewiß. Vom Osten her wird sie bei uns allein als solches propagiert. Das ist ein abscheulicher Mißbrauch des Gewissensbegriffs. Aber der Mißbrauch schließt den rechten Gebrauch nicht aus. Die sozialistische und noch mehr die christliche Politik sollten den rechten Gebrauch mit allem möglichen Einsatz schützen und rechtfertigen. Denn darin gründet alle Humanität.

T: *Heidingsfelder*, Georg: Das Gewissen – die Wurzel der Humanität. In: Friedensrundschau [Monatszeitschrift für Frieden, Versöhnung, Völkerverständigung], 10. Jg., Nr. 8, 1956, S. 14.

[F.5]
Der letzte Prüfstein Gottes
(1957)

Georg D. Heidingsfelder

1.

Der Geist der Angst und der Gewissenlosigkeit hat Gelehrte dazu geführt, Atombomben zu bauen, Instrumente des Massenmords.

Politiker und Strategen bedienen sich dieser Instrumente und nennen sie abgründig: „fortentwickelte Artillerie".

Kleriker (Moraltheologen und politisierende Geistliche) sanktionieren diese Instrumente.

Der raffinierteste Abergeist gibt der Meinung Ausdruck, daß diese Instrumente nichts als wertneutrale Technica seien, die sowohl in den Dienst des Bösen wie des Guten gestellt werden könnten.

In Wahrheit ist die Atombombe: *der letzte Prüfstein Gottes zur Unterscheidung der Geister.*

An ihr scheiden sich und sollen sich *scheiden die Geister.*

Jeder, der an der Atombombe auf irgendeine Weise der Bejahung (sei es auch die „Thielickesche" der „bedingt politischen" Bejahung) Teil hat, gehört zum Reich des Widergeistes, das ist das Reich des „Menschenmörders von Anbeginn" (Joh. 8,44). Jeder, der zur Atombombe das gebotene absolute Nein sagt, gehört insoweit zum Reiche des gekreuzigten Siegers über den Menschenmörder.

2.

Im ersten Weltkrieg feierte nicht nur die „Kanonentechnik" Triumphe, es kamen hier Waffen zum Einsatz, die nicht nur „vollendet unritterlich" waren, sondern insbesondere die Massentötung Unschuldiger in ungeahnte Höhen trieben.

Da war zunächst die Gas-Waffe, erfunden vom deutschen Chemiker *Professor Haber*, eingesetzt von der Obersten Heeresleitung der Deutschen vor Ypern im Jahre 1915. Mit Chlorgas wurden die ahnungslosen gegnerischen Krieger vergiftet. Der Dichter-Rittmeister *Rudolf G. Binding* schrieb unter dem 24. April 1915 in sein Kriegstagebuch:

„Die Wirkungen des geglückten (!) Gasangriffs sind grauenhaft. Die Toten liegen alle mit geballten Fäusten auf dem Rücken. Das ganze Feld ist gelb, Menschen zu vergiften – ich weiß nicht ..."

Besser als dieser armselige Nichtwisser wußte der katholische Kulturphilosoph *Theodor Haecker*, was hier geschah. Er nannte die Gaskrieger kurzerhand treffend „*Ritter vom Grünkreuz*" und schrieb:

„Sie malen auf Gasgranaten grüne und rote Kreuze! Aber hier ist die Grenze, denn siehe: *Dieses Symbol ihrer Christlichkeit* sehen sie nicht einmal! Sie kennen und wenden nur an die Sprengstoffe, welche die Leiber zerreißen; in ihrem Geist wird nie etwas explodieren. Hier ist die Grenze, und *Welten trennen uns von ihnen*."

Der Mann wußte die Geister zu unterscheiden und konnte darum auch das furchtbare, wahre Wort schreiben:

„Der Automat, der vorne Granaten dreht und hinten Prothesen und der ein Greuel vor Gott ist: Das ist *der ‚christliche' Staat.*"

Die andere niederträchtige Waffe war das U-Boot, das mit seinen mörderischen Torpedos den ahnungslosen Gegner aus dem Untergrund bei „Nacht und Nebel" in die Tiefe schickte.

In der dritten „Waffe", der Fliegerbombe, hatte der Massenmord endlich den Weg gefunden, die Bevölkerung ganzer Städte „auszuradieren".

Skrupellos bedienten sich Politiker und Militärs aller Völker dieses satanischen Instrumentariums, das ihnen die Gelehrten und die Techniker gewissenlos zur Verfügung stellten. Denn sie handelten ja alle nach der Maxime des Professors Pascual Jordan: „Wir sind nicht gewillt, in der Verknüpfung der Wissenschaft mit der militärischen Macht einen Mißbrauch zu sehen." – Diesen Satz schrieb der Mann 1941, als der Verbrecher Europas den Krieg entfesselt hatte. Er ist heute der Experte, der die Atombombe mit der „christlichen Politik" zu verknüpfen sucht – der richtige Geist fürwahr für diese Kopulation!

3.
Am Ende des zweiten Weltkrieges tauchte dann das perfektionierte Instrument des Massenmords auf: *die Atombombe*. Sie war nicht von atheistischen Bolschewisten gebaut und geworfen worden, sondern von betont christlichen Puritanern, deren Geistliche für den gelungenen (Binding würde sagen: geglückten!) Einsatz mit Dankgebeten „vor Gott den Gerechten" zu treten sich nicht entblödeten – eine *Gipfelleistung der Gotteslästerung* fürwahr! Die Geistlichen und die Geistigen demonstrierten so, daß sie der Gabe der Unterscheidung der Geister verlustig und dem Menschenmassenmörder ins Garn gegangen waren. Heute ist der Punkt erreicht, an dem die Mächtigen dieser Welt alle gleicherweise ihre „Zuversicht" auf die thermonukleare Bombe setzen, sei es, um „den Frieden zu erhalten", sei es, um einen Krieg zu gewinnen.

Die kleineren Nichtbesitzer der H-Bombe aber hoffen, von deren Besitzern mit ihr ausgestattet zu werden oder selbst doch noch eines Tages zur Produktion zu kommen.

In dieser Situation ist der *Domherr Collins* von der Kathedrale des Apostels Paulus in London einer der wenigen weißen Raben unter zahllosen schwarzen, der den Christen klarzumachen versuchte, um was es denn hier geht. Er sagte am 5. Mai 1957 von der Kanzel herunter:
„In dieser Lage ist die Pflicht christlicher Menschen eindeutig und klar: Leben oder Tod! *Christus oder die Bombe!*" Er hätte auch sagen können: Christus oder *Satan*!, denn die Bombe entstammt dem Arsenal des Widersachers und Menschenmörders, der als gerissener „Dialektiker" den *Verstand* vor die kurzschlüssige Alternative stellt: Atombombe oder Kommunismus! Der dem Glauben vorzutäuschen weiß, daß die Massenausrottung der „Feinde Christi" ein kreuzzüglerisch-gottgefälliges Werk sei. Der die *Gewissen* einschläfert, sodaß sie die Atombombe der „Eigengesetzlichkeit" der Politik und der Strategie überlassen. Der endlich die *Herzen* mit Angst erfüllt und sie in hysterische Panik treibt.

4.

Es geht im Anblick der Atombombe in keinem Fall nur um politische und strategische Fragen. Sie so sehen, heißt: sie in ihrer eigentlichen geistig-geistlichen Bedeutung nicht erkennen. Es geht angesichts dieser Waffen um die menschliche Urfrage, ob der Mensch seine Werke im Dienste Gottes oder im Dienste des Widersachers Gottes schafft. Wer den Bolschewismus im tiefsten nur versteht, wer ihn mit Professor *Wilhelm Kütemeyer* als „das Ultimatum Gottes an Europa" erkannt hat, der wird der Atombombe nur gerecht, wer sie erkennt als den letzten Prüfstein Gottes (Gottes!), an dem sich die Geister scheiden müssen.

Hier werden die Europäer *zum letzten Male* erprobt, ob sie dem Schöpfer Himmels und der Erde oder dem „Fürsten dieser Welt" gehorchen wollen. Leben oder Tod Europas stehen auf *dieser* Antwort, auf *dieser* Entscheidung! Es wäre unabweisbare Pflicht der „Hirten" Europas, ihren Völkern und deren Machthabern diese Entscheidung ins Gewissen zu rücken und sie – in absolutem Gottvertrauen – zum absoluten Nein zur letzten teuflischen Machtversuchung zu bewegen. Aber welcher von diesen Hirten spricht schon so, wie es der ev. Theologieprofessor *Heinrich Vogel* getan hat, als er im Juli 1957 in Mainz zum Militärvertrag der ev. Kirche Stellung nahm? Er sagte da:
„Der Abwurf der Atombombe ist *ein nihilistischer Akt*. Mögen zweckbestimmte Politiker und Militärs die Sache, vor der ihnen selber graut, zu rechtfertigen versuchen. Als Christen sollten wir bei dem eindeutigen, einfältigen Nein bleiben und uns hüten, Hintertüren zu öffnen, durch die jener Dämon des praktizierenden Nihilismus nur zu gern hindurchschlüpfen möchte. Es handelt sich keineswegs bloß um die Angst vor physischer Vernichtung, sondern, wenn es denn schon eine Furcht gibt, um die Furcht, der *Lästerung des gütigen*

Gottes und des Verrats an seinem Menschen schuldig zu werden. In der Offenbarung lesen wir zwar, daß ein Drittel der Menschen hinweggerafft werden wird; wir lesen dort aber nicht, daß sich die christliche Gemeinde oder auch nur ein einziger Christ aktiv daran zu beteiligen hätte!"

Es ist hier jeder einzelne zur Entscheidung aufgerufen, die er (bei Wahlen seiner Obrigkeit, bei Einberufung zum „Wehrdienst", bei dieser und jener „Herausforderung") immer wieder zu bewähren hat.

Ja oder Nein – es gibt hier kein Drittes! Man kann nicht Gott dienen und der Atombombe. Dies Instrument des Massenmords kann *immer nur* im Dienste des Widersachers stehen; Gott bedient sich solcher Mittel nicht. Der „Geist der Wahrheit" hat mit ihnen *absolut* nichts zu schaffen.

T: *Heidingsfelder*, Georg D.: Der letzte Prüfstein Gottes. In: Friedensrundschau [Monatszeitschrift für Frieden, Versöhnung, Völkerverständigung], 11. Jg., Nr. 9, 1957, S. 10-11.

[F.6]
Ist Gewaltlosigkeit „indisches Gewächs"?
(1957)

Georg D. Heidingsfelder

Der Begriff der Gewaltlosigkeit wird – von vielen seiner Anhänger wie von deren Gegnern – mit Gandhi, dem großen Inder identifiziert: Gewaltlosigkeit, das ist „ganz einfach" „Gandhismus", also Hinduismus, mithin indisches Gewächs.

Der bekannte „Rabiate Merkur" (der als „Rheinischer Merkur" firmiert) hatte schon in seinen ersten Aufsätzen zugunsten der teildeutschen Wiederaufrüstung, im November 1948 (!), jeden, der „Frauen und Kinder dem Iwan ausliefert", als „Hindu" diffamiert, also als „Heiden", als „Nichtabendländer", als Antichristen. So einfach ist das im „christlichen Lager"!

Es ist wahr, Gandhi, der Mahatma, hat ein Beispiel gegeben, wie ein zur Gewaltlosigkeit entschlossenes Volk einen imperialistischen Gegner „ausmanövrieren" kann; aber er hat weder die Gewaltlosigkeit „erfunden" noch hat er von ihr behauptet, daß sie nur aus dem Hinduismus erwachsen kann. Er hat aus ihr auch weder ein „oberstes Gesetz" gemacht noch gar ein „Evangelium" (wie manche seiner 150prozentigen Anhänger). Er hat zum Beispiel gesagt, daß er die Gewaltanwendung jederzeit der Feigheit vorziehen würde.

Ich bin der letzte, der Gandhi „abwerten" möchte; seine Persönlichkeit und seine Leistung sind so großartig, daß sie in der Geschichte der Menschheit unsterblichen Ruhm beanspruchen dürfen. Dennoch meine ich, daß sie nicht „kurzschlüssig" auf Europa übertragen werden können. Gerade dadurch ginge ihr bestes Teil verloren, das m.E. darin besteht, daß sie

1. Europa, das „christliche", *tief beschämt*,
2. Europa *zur Besinnung gerufen* hat.

Für uns Europäer ist Gandhis Beispiel vor allem beschämend. Hier hat ein „Hindu" die „Nachfolge Christi" bezeugt vor einem Erdteil, der „christlich" firmiert, in praxi aber seit Jahrhunderten der niedersten Gewalttätigkeit, dem baren Machiavellismus und Satanismus verfallen ist, also Christum und seinen Weg verlassen, ja schmählich verraten hat. Dieser Erdteil nennt dies „Realpolitik", heute „Politik der Stärke", ohne offenbar noch eine Ahnung davon zu haben, worin die Stärke des Christen denn eigentlich besteht. Das aber ist von

Gandhi „demonstriert" worden: Im Leiden, im gewaltlosen *passiven* Widerstand, in der Kraft des Geistes, im Opferwillen.

Gerade darin aber ist seine Botschaft und sein Beispiel *erweckend* geworden; Europa könnte, ja müßte daran zur Selbstbesinnung erwachen. Der geistliche Professor an der Münchener Universität, *Josef Sellmair* (gestorben 1954), hat in seinem nicht genug zu rühmenden Buch: „Bildung in der Zeitenwende" (Echterverlag, Würzburg) dazu geschrieben:

„Einer der wenigen ‚Christen', der zwar selber kein Christ war, Mahatma Gandhi, der Mann aus dem Osten, könnte dem Westen ein Wesentliches des Christentums neu künden, auf das es eben jetzt ankäme: das Böse durch das Gute, die Gewalt durch die Gewaltlosigkeit, durch Leiden zu überwinden. Die westliche Welt wird zugrunde gehen, wenn sie weiterhin Ideen mit Macht und Gewalt verbreitet, wenn sie einen Kampf der Elemente wider die Elemente entfesseln wird um die Weltherrschaft. Gandhi hat *eine Botschaft an den Westen*: er kann eine wesentliche Lehre *des Christentums* so zum Bewußtsein bringen, daß wir ebenso erwachen könnten wie seine Landsleute in Indien."

Europa steuert in dieser letzten Stunde im „unbußfertigen" Gewaltwillen dem Abgrund zu, aus dem es kein Wirtschaftswunder mehr heraufholen wird; der dritte (atomare) „Selbstmordversuch" wird der letzte sein. Darum hat Gandhis Botschaft und Beispiel *„ultimativen"* Charakter für das Abendland. Umkehr oder Untergang?, *das* ist die Frage der letzten Stunde. Die Banalitäten des politischen Geschwätzes in Westdeutschland sind *dagegen* unwesentlich, wesenlos, nichts als Lärm, mit dem Tote ihr Begräbnis in unvorstellbaren Greueln vorbereiten.

Wird man Gandhis Ultimatum noch verstehen, bevor es zu spät ist? Es verstehen, das hieße für Europas Christenheit erkennen, daß der Hindu Gandhi ihr „Prophet" geworden ist; er hat den „Heilsweg" aufs neue gezeigt, der in Lehre und Beispiel Jesu Christi längst gegeben worden ist. Aber ein „jahrhundertelanger Verrat am Geiste" (Sellmair) hat *diesen* Weg verschüttet und den der Gewalt als den Weg des Heils gewiesen. Dieser Verrat dauert an, obwohl in der Atombombe die „apokalyptische Waffe" erschienen ist, die selbst einem Blinden sichtbar machen könnte, daß dieser Weg für Christen völlig „ungangbar" geworden ist.

Christi Evangelium besteht gewiß nicht im Prinzip der Gewaltlosigkeit, aber die Gewaltlosigkeit ist, wie Sellmair richtig sagt, ein wesentlicher Bestandteil dieser „Frohen Botschaft"; sie ergibt sich notwendig aus der „Gesinnung" Christi, die mit Atombomberei radikal unvereinbar ist; sie ist vielmehr eindeutig auf Überwindung des Bösen durch das Gute auf dem Wege der Leidensbereitschaft gerichtet. Sellmair sagt dazu:

„Es sind zwei verschiedene Arten, die Welt zu befreien und zu befrieden: Der Weg der Römer oder jener Gandhis, der sein Volk von der Fremdherrschaft befreite nicht mit Waffen und Gewalt, sondern mit der Gewaltlosigkeit. *Zweifellos ist die Methode Gandhis die der Evangelien*, in denen der Herr zu Petrus sagte: ‚Stecke dein Schert in die Scheide!', in denen nicht dem ‚Willen zur Macht', sondern den Sanftmütigen und Friedfertigen das Land verheißen ist. Zweifellos liegt dem westlichen Denken das evangelische Ideal fern. Unser Menschentyp ließ sich nach außen kehren zum Ergreifen, zum Erobern, zum Beherrschen bereit. Aber die Fortschritte des technischen und organisierten Menschen beginnen diesen selbst zu bedrohen, vielen dämmert schon die Einsicht: so geht es nicht weiter ..."

Diese Dämmerung, die sich in tiefsitzender Angst bezeugt, wird entweder zum vollen Licht führen – oder sie wird mit der totalen Nacht Europas enden. Der Ruf aus dem Osten, aus dem Munde des Hindu Gandhi, muß das Ohr der Christen treffen und ihre Herzen erwecken und zur Umkehr bereiten – oder verstockt von ihnen abgewiesen werden. Die Christen Europas brauchen keine „Gandhisten" zu werden, sie haben seit zwei Jahrtausenden Botschaft und Beispiel *ihres* wahren Heilbringers, nach dem sie sich *Christen* nennen. Soll diese Bezeichnung nicht leerer Nominalismus sein oder gar nur Tarnung für praktizierte Gewalt im Dienste von „Kattun" bleiben, so muß Gandhi als „Ultimatum Gottes" verstanden werden, das den Abweg des Verrats zu beenden berufen ist.

Die „Magna Charta" der Bergpredigt und das Zeichen des Kreuzes sind Mittel- und Herzpunkt des Christlichen. *Darauf* hat Gandhi Europa hingewiesen und dem gilt es im „christlichen Abendland" den Blick zu öffnen. Wir brauchen keine Inder zu werden, aber wir müssen auf den großen Inder hören, um *zu uns selbst zurückzufinden*, zu *unserem* besten Teil: der Botschaft Jesu Christi, die heute schmählich parteipolitisch mißbraucht wird, um dem Gewaltwillen zum dritten (und letzten!) Mal den Weg zu bereiten.

T: *Heidingsfelder*, Georg D.: Ist Gewaltlosigkeit „indisches Gewächs"? In: Friedensrundschau [Monatszeitschrift für Frieden, Versöhnung, Völkerverständigung], 11. Jg., Nr. 11, 1957, S. 8-9.

[F.7]
Die Atomdebatten von Loccum
(1957)

Georg D. Heidingsfelder

I.

In der Evangelischen Akademie zu Loccum hatten sich im November 1957 mehr als einhundert „Prominente", zum größten Teil „aus der Wirtschaft" (!) versammelt, um die Atombombe in den Blick zu nehmen. Der Chefreporter der „Welt", Dr. *Joachim Besser*, berichtete darüber (in der „Welt" vom 2.11.1957), daß sich die Versammlung „in zwei Lager spaltete", repräsentiert durch zwei Theologen: Die Professoren *Gollwitzer* und *Thielicke*.

Gollwitzer will – mit Recht – „die ethischen Forderungen allen andern voranstellen"; Thielicke „tritt scharf, aber sehr klar dagegen auf" (Besser). Thielicke sagt (nach Dr. Besser) dies:

> „Wir täuschen uns über die Kraft des Bösen in der Welt. Der Machtwille und der Vorsatz, den Menschen zu zerbrechen, sind so groß, daß wir – einmal waffenlos – der völligen seelischen und geistigen Versklavung verfallen müssen. Dies aber auf uns zu nehmen ist Hybris. Wer das Absolute will, treibt Götzendienst, er sieht die Wirklichkeit falsch. Der einzelne – so wird gesagt – dürfe die Entscheidung des Martyriums auf sich nehmen. Aber kann er sie schon für seine Familie verantworten? Und wenn dies zu bezweifeln ist, wie erst kann ein Politiker sie für ein ganzes Volk übernehmen?"

Wenn *das* „christliche" Theologie ist, dann muß ich leider sagen, daß ich kein Christ mehr sein möchte. Aber: das mag christliche „Theologie" sein – das Evangelium Jesu Christi ist *das* gewiß nicht; es ist das „Evangelium" eines Theologieprofessors.

Jesus Christus ist „in die Welt gekommen, um die Werke des Teufels (des Bösen) zu zerstören" (1. Joh. 3,8). Uns ist als „Gliedern Christi" aufgegeben, diese Zerstörung „existenziell mitzuvollziehen", denn dies und nichts anderes ist der Inhalt des Begriffs *„Nachfolge"*. Gegen die Kraft des Bösen in der Welt steht heute Christus im nachfolgenden Christen, damit der als *„Mitsieger"* Christi offenbar werde (Apostelgeschichte 3, 21). Diese „Mitsieger" überwinden den Bösen als *„Kinder des Lichts"* mit den *„Waffen des Lichts"*, nicht aber mit den Waffen „dieser Welt" (den Atomwaffen). Das ist die ganz klare eindeutige Frohe Botschaft des Siegers über den Teufel.

Ich frage: Wo steht im Evangelium, daß für den Familienvater und den Politiker eine *andere* Botschaft Gültigkeit habe als für den privaten Einzelnen? Nirgendwo steht so etwas. Weder ist das Evangelium gespalten noch ist es die Person des Christen. Der Christ ist zur Herrschaft berufen *nur* durch die Liebe. „Wenn ihr die Herrschaft sucht und nicht die Liebe, verliert ihr beides, die Herrschaft und die Liebe, die Liebe sogleich, die Herrschaft bald" (so Heinrich Spaemann in seiner großartigen Schrift: „Macht und Überwindung des Bösen"). Die Atombombe ist kein Mittel der Liebe; sie ist das Mittel *des eindeutigen Verrats an Jesus Christus* und kann *niemals* in *christliche* Erwägungen über die Überwindung des Bösen einbezogen werden. Es gibt *keinen*, nicht einen einzigen Zweck, der dieses Mittel heiligen könnte.

Man lasse sich doch nicht verblüffen von Sätzen wie diesem: „Wer das Absolute will, treibt Götzendienst!" In diesem Satz ist das Absolute zweideutig gebraucht! Ja, wer als Christ an ein absolutes irdisches Paradies in dieser Zeit glaubte, der triebe Götzendienst; wer den Frieden Christi mit Mitteln menschlichen Strebens zu erringen hoffte, der triebe Götzendienst. Nicht aber treibt Götzendienst, wer „vollkommen zu werden" strebt wie der Vater im Himmel; nicht treibt Götzendienst, wer kompromißlos (absolut!) den Werken des Bösen widersagt; nimmermehr treibt Götzendienst, wer getreu ist bis in den Tod in seiner absoluten Verweigerung des Atomkriegsdienstes! Das ist sehr wohl zu *unterscheiden*!

Der Bericht aus Loccum sagt weiter: „Immer wieder fragte die Versammlung, ob denn nun nicht die Kirche diese beiden Standpunkte (des absoluten Nein und des bedingten Ja zur Atombombe) versöhnen (!) könne". Dieser Versammlung ist wohl nicht bewußt gewesen, was das heißt: *„Versöhnen!"* In dem Verbum verbirgt sich *das* Verbum, das Mensch geworden ist: eben „der Sohn", der Versöhner! IHN aber kann man nicht mit der Atomstrategie versöhnen wollen! Das ist absurd, das ist hirn- und herzverbrannt, ist theologische Hybris, ist Zwei-Herren-Götzendienst!

„Mancher (der Teilnehmer) mag enttäuscht sein, der aus ihren (der Kirche) Mauern das unbeirrbare (!) Licht in die Finsternis hinausdringen sehen möchte" (sagt Dr. Besser). Mit vollem Recht ist solcher enttäuscht! Eine Kirche Christi, die sich in einer zentralen christologischen, nein evangelischen Frage so schizophren demonstriert wie die in Loccum, kann als Kirche ja kein Licht in dieser Bomben-Finsternis sein. Wie aber steht es mit der „Catholica", der ich selbst angehöre? Nun, sie ist hierzulande in der Frage, um die es geht, noch finsterer als ihre evangelische Schwester. Von der Christenheit geht also kein Licht aus, und das ist jawohl das größte Elend dieser finsteren Stunde!

Ja, es ist der Gipfel ihrer Schmach, daß sie auch nach der Katastrophe von *Hiroshima*, bei der mit einem Schlag Abertausende verbrannt, verstümmelt, vergiftet, in ihrer Erbsubstanz unheilbar versehrt wurden, sich nicht dazu verstehen kann, solchem *massenmörderischen Satanismus* ihre *absolute* Absage entgegenzusetzen, in dem *unbeirrbaren* Glauben, daß der allmächtige Gott die *absolute* Befolgung seines in Christo geoffenbarten Willens nicht ohne Belohnung lassen werde. *Das allein* wäre der wahrhaft entscheidende Widerstand gegen die Kraft des Bösen, des „Menschenmörders von Anbeginn". Ach! Was will es da besagen, wenn Dr. Besser „das hohe Niveau" der Diskussion rühmt! Das ist ein Formalismus, der nichts wiegt gegenüber der Tatsache, daß sie versagten vor der Frage, „die in der Kirche Jesu Christi doch die erste und drängendste sein müßte ... und *nicht vom Verhalten der Gegenseite abhängig gemacht werden kann"* (Gollwitzer).

II.
Beim zweiten „Atomgespräch" in der Ev. Akademie zu Loccum stand der Physiker und Philosoph Prof. *von Weizsäcker*, einer der „Göttinger Achtzehn" (die der wahre Ruhm Deutschlands sind) *allein* einer Phalanx von Politikern gegenüber: dem Staatssekretär des Auswärtigen Hallstein, dem Bundesminister Lemmer, dem Legationsrat Grafen Baudissin, dem französischen Botschafter in Bonn, Couve de Murville, und zwei Sprechern der englischen und amerikanischen Botschaft in Bonn. Es zeigte sich die ganze Unzulänglichkeit des Denkens heutiger Politiker vor der anstehenden Problematik alsbald in Nacktheit: Der Berichterstatter der „Welt", Dr. Joachim Besser, muß daher zur Argumentation Hallsteins sagen:

„Wenn man betrachtete, was man nach seinem Vortrag in der Hand behielt, so war es *weniger* als nichts: Weiterarbeiten auf der bisherigen Linie der Politik, stark sein und hoffen, daß es nicht schiefgehen möge. Gegen seine Argumente, gegen die Schilderung realer Machtverhältnisse, die er gab, war nichts einzuwenden, wenn nicht dies: daß diese Tatbestände weltbekannt sind und daß die Welt auf diesem Wege immer näher an den Rand des Abgrunds treibt."

Die Politiker haben nicht begriffen, daß die neue Situation, der „Kairos" dieser Stunde, ein *neues Denken* gebieterisch fordert, ein Denken, das die hergebrachten politischen Kategorien überschreiten muß, soll es fruchtbar sein.
Prof. von *Weizsäcker* hatte das offenbar erfaßt: er brachte die *Ethik* ins verderbliche Spiel der bloßen Bombenstärke. In ihm bezeugte sich die Kraft neuen Geistes aus erwecktem Gewissen. Er sagte sehr treffend:

„Das ethische Argument müßte für uns Deutsche gerade nach unserer jüngsten Vergangenheit am schwersten zählen. Hier könnte die Aufgabe liegen, uns zwischen die Blöcke zu schieben und geistiger Mittler zu sein."

Wir haben ja unsere Vergangenheit in keiner Weise bereinigt. *Aus ihr* kommt das Unheil des festgefahrenen politischen Denkens in den alten Gewaltkategorien. Wir erkennen darum auch *unsere Verantwortung* nicht, die nie und nimmer in einem Beitrag zur atomaren Stärke der NATO-Politik bestehen kann. Aber Dr. Besser muß leider eingestehen:

1. „Die Thesen (Weizsäckers) wurden durch die vielen folgenden Referate der Politiker überspielt und in den Hintergrund gedrängt."
2. „Zu einer echten Diskussion über die deutsche Lebensfrage kam es nicht."
3. „Der Eindruck blieb, daß die Festlegung der Politik der Bundesrepublik auf den Westen nicht nur in der praktischen Politik, sondern auch im Gefühl der Menschen so weit fortgeschritten ist, daß Wille und Kraft zu einem revolutionären geistigen deutschen Beitrag nicht mehr ausreichend vorhanden sind."

Man hat seit Jahren jede *Regung eines Geistes* totpolitisiert, totmilitarisiert, um ihn so totzuschlagen. Das *Totschlagen* ist ja schließlich die letzte Weisheit der alten Politik immer gewesen. Der Name „christlich" wird in der ausführlichen Berichterstattung der „Welt" (vom 14.11.1957) nur ein einziges Mal genannt:

„Weizsäcker ließ für seine Person keinen Zweifel daran, daß sich eine christliche Welt im Angesicht der Atomtechnik zur Gewaltlosigkeit bekennen müsse."

Diese Politiker legen aber doch alle größten Wert darauf, „christliche Politik" zu treiben, oder nicht? Warum kommt bei ihnen der Name Christi nicht vor? Nun, sie haben wohl das richtige Gespür dafür, daß man diesen Namen nicht mit der Atombomberei koppeln kann. So lassen sie ihn einfach ganz aus! Das ist zwar immer noch besser als die Tarnung solcher Politik der Atomgewalt als „christlich", aber es bezeugt auch, daß diese „christlichen Politiker" das christliche Denken „ausschalten", wo es das atomare Konzept stören könnte.

Solches Denken ist hier und heute (im gespaltenen Deutschland, im zerrissenen Europa) objektiv als *verbrecherischer Wahnsinn* offenbar; aber das hindert nicht, daß gewisse Leute stumpfsinnig daran festhalten.

Das Grotekeste bei dieser akademischen Diskussion aber ist dies: Obgleich *Hallstein* und *Baudissin*

„*nicht* an aktuelle *militärische* Angriffsabsichten der Sowjetunion glauben, wohl aber an ihrem unveränderten Willen, den Westen *von innen zu unterhöhlen,* bis er die Beute ihrer Lebensauffassung wird" –
obwohl also die Gefahr im Geistigen gesehen wird, wähnen die gleichen Herren, „die Bombe als einzige Sicherheit, Hoffnung der Hoffnungslosigkeit" (Dr. Besser) präsentieren zu sollen.

[Rezension]
HELMUT GOLLWITZER
Die Christen und die Atomwaffen
Chr. Kaiser Verlag, München, 50 Seiten, 2,- DM

Der bekannte ev. Theologe nimmt in dieser Schrift zu der „überraschenden und beschämenden Situation" Stellung, „daß erst zwölf Jahre nach dem Abwurf der ersten Atombombe die offizielle Kirche zu der Frage der Beteiligung der Christen an der „atomaren Rüstung und damit dem sittlichen Charakter der Atomwaffen sich zu äußern beginnt." Gollwitzer bezeichnet die Frage des Verhältnisses der Christen zu den Atomwaffen mit vollem Recht als „die christliche Zentralfrage" dieser Stunde. Er wirft der offiziellen Theologie vor, daß sie „den Kopf in den Sand überkommener Formeln steckt" und so dem Problem nicht gerecht zu werden vermag. Ausgezeichnet ist insbesondere seine Auseinandersetzung mit Bundestagspräsident Oberkirchenrat Gerstenmaier und dem Hamburger Theologen Thielicke, die zur Verwirrung der christlichen Gewissen erheblich beigetragen haben. Er stellt auch fest, daß „die neuen Waffen das Ende eines soldatischen Ethos sind" und „jede Militärseelsorge in eine vollkommen neue Lage bringen". In der „Angst vor dem Kommunismus" habe die Kirche „ihre Pflicht sträflich versäumt, die Frage der zulässigen Kriegsmittel zu prüfen und sich statt dessen darauf konzentriert, die Regierungen zur Förderung der Sonntagsruhe und zum Verbot des Tanzens in der Passionszeit zu mahnen". Gollwitzer stellt fest, daß es zuletzt nichts als Mangel an Glauben (Gottvertrauen) sei, was die Kirche nicht zu radikaler Entscheidung in der Ablehnung der scheußlichen, satanischen Waffen kommen lasse.
G.D.H.

T: *Heidingsfelder,* Georg D.: Die Atomdebatten von Loccum. In: Friedensrundschau [Monatszeitschrift für Frieden, Versöhnung, Völkerverständigung], 11. Jg., Nr. 12, 1957, S. 20-22. [S. 23: Rezension zu „Gollwitzer, Die Christen und die Atomwaffen"]

[F.8]
Kampf mit „allen Mitteln"?
(1958)

Von Georg Heidingsfelder

Die Volksbewegung „Kampf dem Atomtod" ist ohne Zweifel „eine gerechte Sache". Wir wissen, daß Atombomben keine „Waffen", sondern mörderische Massenvernichtungsmittel sind. Wir wissen auch, daß eine atomare Bewaffnung der Bundesrepublik eine gleiche in der Ostzone nach sich ziehen und zur atomaren Ausrottung des deutschen Volkes führen müßte. Wir wissen drittens, daß uns der Weg der Gewalt schon wegen unserer schuldhaften Belastung in der Vergangenheit versperrt sein muß.

Jedoch: jeder gerechte Kampf muß unbedingt auf gerechte Weise und mit gerechten Mitteln geführt werden. Wie steht es damit? Die Gegner der atomaren Bewaffnung sind *nicht zur Revolution* angetreten; sie wissen, daß sie in einer parlamentarischen Demokratie ihren Kampf nicht in einer Weise führen dürfen, der diese Demokratie aushöhlen müßte. Selbst wenn die Gegner der Volksbewegung zu undemokratischen Mitteln greifen, muß die Volksbewegung selbst *streng demokratisch* bleiben. Man darf sich die Wege und die Mittel nicht vom Gegner vorschreiben lassen, niemals. Anders wird der Kampf verfälscht und entartet in einen „Machtkampf".

Wichtigst scheinen mir folgende drei Punkte der Kampfführung:

1. Wir führen *keinen ideologischen Kampf*, das heißt: unsere Volksbewegung darf sich auf keine Weise von der ostwestlichen Ideologie nähren oder sich deren propagandistischen Schlagworte zu eigen machen. Der gerechte Kampf der Atomgegner hat seine tiefste und letzte Wurzel in Menschen, die sich *im Gewissen an absolute ethische oder religiöse Werte gebunden wissen*. Demgemäß kann es sich

2. nicht um einen *parteipolitischen* Kampf handeln. Es ist jedem demokratischen Parteipolitiker natürlich freizustellen, an diesem Kampf teilzunehmen. Er stehe in ihm jedoch nicht „als Parteipolitiker", der einen Vorteil für seine Partei sucht, sondern eben als der Gewissensmensch. Vom ideologischen Kampf bis zum reinen Machtkampf ist es nur ein Schritt.

3. Nichts könnte der Volksbewegung gegen den Atomtod mehr schaden, als wenn sie *Mittel in einem Machtkampf* der beiden Giganten und ihrer Trabanten würde.

Die beiden wesentlichen *Grundsätze* der Volksbewegung gegen den Atomtod (demokratisch-verfassungsmäßiger und gewissensgebundener Kampf) stehen in Gefahr, *durch Taktik ausgehöhlt* zu werden. Manche argumentieren: „Not kennt kein Gebot", und andere meinen: Wo es um Leben und Tod geht, da sind „alle Mittel" erlaubt, da ist *jedes Bündnis* geboten. Nichts mache stärker als *„die Einheitsfront"*, die daher eifrig propagiert wird.

Solche Taktik ist verführerische Versuchung, der unbedingt widerstanden werden muß. Die Bewegung darf keinerlei ideologische, finanzielle oder politische Hilfe bei „West" oder „Ost" suchen! Sie darf sich keiner „Einheitsfront" eingliedern, an der Menschen beteiligt sind, die die Demokratie verachten, ja sie zum Teufel wünschen, und die die politischen Gesichtspunkte über alle andern, also über jeden ethischen und religiösen Wert stellen.

Nichts ist stärker als ein klares Gewissen, das sich unerschütterlich an höchste Werte gebunden weiß und *von daher* zum Widerstand entschlossen ist. Und nichts kann einen gerechten Kampf so verfälschen als das Schielen nach dem politischen Erfolg. Da liegt der „Kurzschluß" immer in nächster Nähe: daß man auch mal als „Realpolitiker" Abstriche machen müsse an der „Reinheit" der Kampfführung, zumal sich ja die Gegner auch nicht an die „Regeln" halten, sondern skrupellos mit allen Mitteln kämpfen. Im Kampf gegen den Teufel ist *der Kompromiß mit Beelzebub* die furchtbarste aller Verirrungen.

Wir sind Kämpfer für die Selbstbestimmung aus dem Gewissen und Kämpfer für den Frieden, nichts anderes. Hüten wir uns vor den „Einheitstaktikern" als unseren gefährlichsten Feinden, die uns *von innen* aushöhlen! Sie sagen „Atomfront" und meinen *„Volksfront"*, weil sie gar nicht anders als in politischen Machtkategorien denken können und wollen. Ihre Hilfe ist ein *„Bärendienst"*, der abgewiesen werden muß. Nur wenn die Volksbewegung in ihren Mitteln und auf ihren Wegen sich vor jedem Kompromiß mit diesen Einheitsfrontlern hütet, kann sie bestehen. Anders wird sie *an sich selbst* zugrunde gehen und der gerechten Sache einen nicht wiedergutzumachenden Schaden zufügen.

T: *Heidingsfelder*, Georg: Kampf mit „allen Mitteln"? In: Friedensrundschau [Monatszeitschrift für Frieden, Versöhnung, Völkerverständigung], 12. Jg., Nr. 7, Juli 1958, S. 4-5.

[F.9]
Im Angesicht der Wirklichkeit
(1958)

Von Georg Heidingsfelder

Die Wirklichkeit ist: daß da zwei Machtkolosse den Kampf um die „All-Macht" auszutragen begonnen haben – mit allen Mitteln: mit Lüge, Trug, Rufmord, Verteufelung.
 Und hinter diesen Mitteln des „Kalten Krieges" stehen die Mittel des Massenmords, des Völkermords, des Volksselbstmords bereit.
 Die Wirklichkeit ist: daß da gewissenlose Geldmenschen, profitgierige Rüstungsherren, machtgeile Politiker, besessene Ideologen den Krieg mit allen Mitteln schüren, auf daß ihr Koloß die All-Macht ersiege.
 Die Wirklichkeit ist: daß der Wahnsinn nicht mehr auf die Narrenhäuser beschränkt ist, nein, öffentlich umgeht, insbesondere in der satellisierten „Alten Welt", deren Schlachtenväter – seit 1914 im Todeszirkel umgetrieben – die Atomschlachthäuser in ihr strategisches Kalkül aufgenommen haben und sich jetzt mit deren Instrumenten ausstatten.
 Die Wirklichkeit ist: daß da eine ungeahnte Zahl Menschen mit banalstem politischem Geschwätz oder ruchlosestem weltanschaulichem Optimismus über die Wirklichkeit hinweggetäuscht wird und sich hinwegtäuschen läßt: als ob auch das Kommende – die Katastrophe ohnegleichen – „so oder so" bestanden werden könnte.
 Die Wirklichkeit ist: daß da eine Bürger-Christlichkeit (wieder) katastrophal versagt, die berufen sein sollte, Lug und Trug, Mord und Teufelei zu widersagen und zu widerstehen; daß diese Christlichkeit vielmehr wähnt, hinter Behemoth und Leviathan ihren Schutz zu finden; ja, daß sie – in unfaßbarer Verblendung – glaubt, die „Waffen" der Saurier [sic] des All-Macht-Wahns rechtfertigen, sogar „naturrechtlich" sanktionieren zu sollen.

*

Wer hier und heute, angesichts dieser Wirklichkeit, nicht verzweifeln will, der kann flüchten, in dies und das: in den Rausch, in die Arbeit, ins Geschwätz, ins Private ...
 Wer hier und heute nicht verzweifelt, der kann seine Hoffnung gesetzt haben auf den „Sieg der Vernunft" (was ich für eine unheilvolle Illusion halte) oder auf die „Stabilisierung des Friedens durch beiderseitige Angst" (was eine

närrische Einbildung sein dürfte) oder auf den „heroischen Nihilismus" (der nichts ist als getarnte Verzweiflung). Er kann seine Hoffnung auch auf Gott gesetzt haben, der dann gewiß ein „Ganz Anderer" wäre als der „Gott der Atomchristen".

*

Gewiß ist: wer hier und heute, angesichts dieser Wirklichkeit verzweifelt, der ist ein ehrenwerterer und Gott wohlgefälligerer Mensch als der Bürger, der sich im Wohlstand wohlsein läßt und glaubt, sich aller Verantwortlichkeit (wieder einmal) entschlagen zu dürfen durch kurzschlüssige Delegation der Macht auf gewisse Politiker.

*

Der im Vertrauen Schwankende sollte, angesichts dieser Wirklichkeit, im Sinne der „Wette" Pascals, erwägen, ob es nicht doch das Beste wäre, dem Besten zu glauben, den die Geschichte der Menschheit bisher gekannt hat.

Am 1. August 1958, dem 44. Jahrestag des Beginns des ersten Weltkriegs.

T: *Heidingsfelder*, Georg: Im Angesicht der Wirklichkeit. In: Friedensrundschau [Monatszeitschrift für Frieden, Versöhnung, Völkerverständigung], 12. Jg., Nr. 9, September 1958, S. 9.

[F.10]
Die „Psychologie der Verteidigung"
(1958)

Von Georg Heidingsfelder

Bundesminister Franz-Josef *Strauss* hat in einem Interview mit der „Politisch-Sozialen Korrespondenz" der CDU am 15. August 1958 den Auf- und Ausbau einer sogenannten „Psychologischen Verteidigung" angekündigt.

„Sie geht *jeden* Staatsbürger an, der sich für seinen Staat verantwortlich fühlt", weshalb sie nicht etwa auf die Bundeswehr beschränkt bleiben, sondern auf das ganze Volk ausgedehnt wird. Sie ist „Aufgabe aller demokratischen Kräfte", sagte Dr. h. c. Strauss, und sie wird *zentralistisch* geleitet werden, im Rahmen der *NATO*.

Die „Psychologische Verteidigung" richtet sich gegen den aggressiven Weltkommunismus", der ja ebenfalls zentral gelenkt werde, und soll zu einer „wirkungsvollen geistigen Auseinandersetzung mit dem Weltkommunismus führen".

*

Man erkennt leicht, daß es sich um eine ausgesprochene „*Anti*"-Institution handelt, auf ideologisch-propagandistischer Basis, die zwar Verteidigung heißt, aber natürlich keinesfalls auf Verteidigung beschränkt werden kann noch soll. Es handelt sich um die *totale Aktivierung des „Kalten Krieges"* zwischen den beiden Weltgegnern Amerika und Rußland, den Machtblöcken, denen es um die Beherrschung des Planeten und darüber hinaus des Weltenraums geht. In diesem Kampf soll jedes Volk psychologisch gezwungen werden, auf eine der beiden Seiten zu treten und in der andern Seite den zum letzten entschlossenen unerbittlichen Gegner zu sehen. Es ist die „moralische" Kriegführung, die hier praktiziert wird, deren Ziel es immer gewesen ist, die eigene Front zu fanatischem Widerwillen gegen den potentiellen Feind aufzupeitschen, die Front des Gegners aber zu zersetzen. Hinter allem steht als letzter Wille die Raison der Macht.

*

Der Kalte Krieg ist keinen Augenblick ein Beitrag zum Frieden gewesen, und so ist es natürlich auch nicht die „Psychologische Verteidigung", die, wie Minister *Strauss* sagte, *„zur Sicherung des Friedens beiträgt"*. Diese Formulierung ist selbst schon „psychologische Verteidigungsmaßnahme", die das große Wort *„Frieden"*, nach dem alle Völker sich sehnen, verheißend als Ziel der geplanten Mobilmachung aller Staatsbürger hinstellt. Vom Frieden redet ja auch der Weltkommunismus jahraus, jahrein, weil auch er genau weiß, daß kein Krieg ohne dieses Wort geführt werden kann, sei es ein kalter oder heißer! So wird also *im Namen des Friedens hüben und drüben* die „Psychologische Verteidigung" geführt, und dahinter verbirgt sich hüben und drüben *der Machtwille, die ganze Welt zu gewinnen.*

*

Der Kommunismus ist eine große Gefahr für die Welt. Und er kennt nichts als Machtpolitik (samt Psychologie und Ideologie), um sein Ziel zu erreichen. Das „Vorzimmer des Kommunismus" aber ist, wie Leo XIII. formuliert hatte, *der Kapitalismus*, den, soweit wir wissen, der „Westen" erfunden hat und zum wirtschaftlichen Fundament seiner Welt zu machen wünscht. Auch er stellte und stellt skrupellos Psychologie und Ideologie in seine Dienste.

In dieser unserer Welt steht also nicht auf der einen (westlichen) Seite: Wahrheit, Gerechtigkeit, Freiheit, Gottesglaube, und auf der andern: Lüge, Sklaverei, Verbrechen und Gotteshaß. Nicht „Licht und Finsternis" kämpfen da gegeneinander, nicht Engelgeschwader und Dämonenhaufen – es kämpft *der „Behemoth" gegen den „Leviathan"* mit den Waffen dieser Welt um die Beherrschung dieser Welt.

Dies ist die notwendige „realistische" Sicht auf den Kampf der beiden Kolosse, von der her erst alles andere gerecht beurteilt werden kann. Man wird wahrscheinlich im „Westen", sobald die totale „Psychologische Verteidigung" in Gang sein wird, mit der Verbreitung solcher Erkenntnisse schon als „Defaitist", wenn nicht als „Verräter" gelten. Aber das kann den Willen zur Wahrheit nicht hindern, sie auszusprechen, bevor es zu spät ist.

*

Wir mißtrauen jeder „Psychologie von Staats wegen". Denn dem Staat kann es auftragsgemäß niemals um *das Heil der Seelen* gehen. Jede Psychologie aber greift notwendig in dies geheiligte Gebiet ein, in dem *das Gewissen* der oberste, *absolut souveräne* Regent ist und ewig bleibt – nach göttlicher Bestimmung.

„Staatspsychologie" ist „Propaganda" auf ideologischer Basis. Ihr Kern ist nicht die Wahrheitsfrage. Wie die Dinge sich in den letzten Jahrhunderten entwickelt haben, ist Staatspsychologie Psychologie der *Staatsraison*, also der *Macht*. Und im Namen dieser Raison wird bekanntlich jedes Mittel geheiligt seit Jahrhunderten.

Wahre Psychologie ist Sache der Wissenschaft und der Seelensorge. Sie muß auch in Freiheit von der Staatsmacht betrieben werden können. Anders wird sie zum Knecht – wie die Physik, die sich dem Militär unterstellt.

Die wahre Freiheit des Westens wird sich gerade daran erweisen müssen, daß auch im heraufkommenden „Zeitalter der psychologischen Verteidigung" *die Freiheit der Seele und des Gewissens aufs höchste geachtet wird.*

Anders wird diese „Psychologische Verteidigung" mit dem „*Kreuzzug*" enden, der in Ewigkeit *eine Lüge* bleiben wird, die der *Fanatismus* gebiert.

T: *Heidingsfelder*, Georg: Die „Psychologie der Verteidigung". In: Friedensrundschau [Monatszeitschrift für Frieden, Versöhnung, Völkerverständigung], 12. Jg., Nr. 10, Oktober, 1958, S. 2-3.

[F.11]
„There is not to reason why!"
(1958)

Von Georg Heidingsfelder

Da saßen sie vor mir, die Honoratioren des fränkischen Städtchens, in den ersten Stuhlreihen der festlich geschmückten Turnhalle. Ich stand auf einem Podium, vor einem Wald von Lorbeerbäumen. Das Orchester, das eben den „Kadettenmarsch" von Herrn Sousa (USA) beendet hatte, war im Hintergrund verschwunden. Erwartungsvoll waren alle Blicke auf mich gerichtet, als ich begann:
„The Charge of the Light Brigade, by Alfred Tennyson."
Es war die Schlußfeier der höheren Schule, bei der ich ein englisches Gedicht vorzutragen hatte. Und es war, zeitgemäß, ein kriegerisches:
„Der Angriff der Leichten Brigade, von Alfred Tennyson."
Von dem Heldenepos, das ich im Jahre 1916 vorgetragen habe, sind mir zwei Verse in Erinnerung geblieben:

„There is not to reason why,
There is but to do and die."

auf deutsch:

„Mußt nichts nach den Gründen fragen,
Schlage tot und werde totgeschlagen!"

Das war die Schlachtenphilosophie der feierlichen Stunde, die nun vor Verdun Tausende in die Tat umzusetzen hatten. Der Kaplan schmunzelte behaglich, und der evangelische Stadtpfarrer nickte mir beifällig zu. „Immer feste druff!" – diese Devise unseres Kronprinzen war auch die ihre. Der Endsieg stand ja längst fest, und die Ansprache des Schuldirektors unterstrich diese Überzeugung: Gott ist ja immer für den Sieg der gerechten Sache. Der Soldat hat nichts mehr zu fragen, nachdem die geistige, geistliche und politische Führung die Gerechtigkeit ihrer Sache proklamiert hat.

*

Ein Jahr später mußte ich, noch nicht achtzehnjährig, in die Kaserne einziehen. Da wurde ich zuerst, unter Gelächter, meiner Jünglingswürde beraubt: wie Simson wurden mir die Locken abgesäbelt.

There is not to reason why!

Der Kasernenhof-Drill zertrat nachher meine Menschenwürde, und auch dabei gab es nichts zu fragen. Nur dieser Stil hatte Deutschland groß gemacht und nur er würde es jetzt „über alles" erheben. Die weisen Schlachtenväter der Nation hatten es so beschlossen ...

Und dann kamen die „Materialschlachten": Trommelfeuer und Gas und Flammenwerfer am Chemin des Dames und bei Reims.

Unter unserm Geschütz hing ein Eimer halbreifer Kartoffeln, die wir aus Frankreichs Äckern ausgebuddelt hatten. Ohne sie wäre der Hunger unerträglich gewesen. Auf die Fahrzeuge aufsitzen durfte in den langen Nachtmärschen keiner: die Pferde waren zu schwach. Aber der Endsieg war gewiß. Der Abteilungschef wußte es ganz sicher. Und der Divisionspfarrer auch.

There is not to reason why!

*

Damals, ach, hat die „gerechte" Sache nicht gesiegt. Sie war „von hinten erdolcht" worden. General Ludendorff wußte es ganz genau. Gegen den Willen Gottes geschah dieser Frevel.

So wurde die gerechte Sache 1939 zum zweiten Mal gestartet. Und jeder wußte: „Wir kapitulieren nie!" So zog ich abermals hinaus, „to do and" – gegebenenfalls – „to die". Wir standen nun gegen den leibhaftigen Gottseibeiuns, den Bolschewismus, und Gott würde niemals zulassen, daß ...

Das wußte der Führer, das wußten die Generale und das wußten, last not least, die Divisionspfarrer. Alle Fragerei war überflüssig. „To die" – das praktizierten die Weiber und die Kinder in den Bombenkellern. „To do" gab es für sie ja nichts. Aber auch für sie galt: There is not to reason why! Der Führer will es.

Endgesiegt haben wir nicht, aber total, bedingungslos kapituliert.

*

In diesen Tagen wurden meine Söhne von der „Erfassungsbehörde" „erfaßt". Bald werden sie „gemustert". Der alte Schlachtengott lebt noch. Er hat die

Seinen, die gerechten Krieger, nun mit A- und H-Bomben bestückt. Nun kann nichts mehr schief gehen.

„To do" – das ist künftig ein paar Druckknopf-Technikern überlassen. Aber „to die" – das werden mehr Millionen als je zu praktizieren haben. Aber ewig währt die These: There is not to reason why! Auf kleistisch:

> Schlagt sie tot, das Weltgericht
> Fragt euch nach den Gründen nicht!

Vielleicht fragt es aber doch, wenn nicht in der Zeit, dann in der Ewigkeit?

Ich weiß nicht, ob Alfred Tennysons „Charge of the Light Brigade" auch heute noch auf der höheren Schule gelernt und vorgetragen wird. Überholt ist er gewiß dichterisch, aber in der Sache wird er gültig bleiben, bis alle Bibliotheken atomisiert und alle Englischbeflissenen ausgestorben sind.

T: *Heidingsfelder*, Georg: „There is not to reason why!" In: Friedensrundschau [Monatszeitschrift für Frieden, Versöhnung, Völkerverständigung], 12. Jg., Nr. 11, 1958, S. 10f.

[F.12]
Reinhold Schneider:
„Werke des Teufels"
(1958)

Auswahl von Georg Heidingsfelder

Im Mai dieses Jahres starb Reinhold Schneider, der katholische Dichter und Historiker, wohl der tiefstgründige christliche Gegner des Krieges und insbesondere der deutschen Rüstung und gar der Atomrüstung. Man tut „in gewissen Kreisen" heute so, als ob der Dichter, von seiner „pazifistischen Schwärmermarotte" abgesehen, im Grunde „auch so ein christlicher Abendländer" gewesen wäre wie die, die Krieg und Atomkrieg in ihre Politik „einkalkulieren". Das aber ist Lüge und Fälschung. Seine Worte, die er nie widerrufen hat noch widerrufen wollte, beweisen es:

„Wer heute *Schwert* sagt, meint den Tod der Völker in unaussprechlichem Grauen; er meint ein Nein an Jesus Christus, das sich nicht überbieten läßt. Die Wiederherstellung der Gerechtigkeit durch die Waffe dieser Zeit ist ein Greuel in Ewigkeit."

*

„Suchen wir uns vorzustellen, was in diesem Augenblick gedacht, versucht, getan wird, so müßte uns das Herz zerspringen vor Grauen und Scham, und wir dürften keine Ruhe mehr finden, in keiner Nacht. Es ist einfach unfaßbar, daß wir das geschehen lassen! Die Werke des Teufels geschehen vor unsern Augen, und wir sehen zu!"

*

„Es geht nicht darum, ob die Waffen *angewendet* wenden oder nicht; das Erfinden, das Denken, das Herstellen der Waffen ist Sünde."

*

„Den Kriegsdienst halte ich für unvereinbar mit dem Gebot Jesu Christi."

*

„Die *allgemeine Wehrpflicht*, die dem Menschen einen Eid von unübersehbaren Folgen aufzwingt, halte ich für ein widerchristliches und unmenschliches Gesetz."

*

„Sobald ich irgend etwas von der modernen Waffe erhoffe – selbst von der Drohung mit ihr – stimme ich ihr zu, bin ich mindestens geneigt, ihrer Anwendung unter bestimmten Gegebenheiten zuzustimmen; ich trage also die Mitschuld an allem, was die Waffe anrichtet, an noch nicht vorstellbarer Sünde."

*

„Die Zeit will offenbar, daß wir uns dem Kriege gegenüber zur Rede stellen über die Wahrhaftigkeit unseres Glaubens und Tuns. Darum wird die Bedrängnis immer größer. Sie kann sich nicht lichten, ehe es nicht in einem jeden Einzelnen Licht wird, ehe nicht ein jeder Einzelner gegenüber den Versuchungen der modernen Macht und Waffe sich den *Mut* erringt zu der *Freiheit*."

*

„Das Unrecht, das *im Namen Christi* geschieht und in Ordnungen, die sich christlich nennen, muß der Christ rücksichtslos anklagen."

*

„*Mehrheitsbeschlüsse* können nicht verbindlich sein in Gewissensfragen. Es ist eine der ersten Fragen an den Menschen, ob er zu töten bereit ist oder nicht. Diese Frage kann nicht vom Staate entschieden werden; das Gewissen muß sie beantworten!"

*

„Der *Zwang* zum Soldatenstande ist durchaus unvereinbar mit dem Bilde des seinem Gewissen in Wahrhaftigkeit unterworfenen Menschen, von dem allein zu erwarten ist, daß er der Menschheit eine menschenwürdige Zukunft zu erkämpfen vermag."

*

„Unsere Öffentlichkeit, unser Staat mögen jeden Namen beanspruchen, der ihnen begehrenswert erscheint. Nur: sich christlich zu nennen, haben sie kein Recht. Und niemand hat ein Recht dazu, der das Bestehende hinnimmt."

T: [*Heidingsfelder*, Georg]: Reinhold Schneider. Werke des Teufels. Auswahl von Georg Heidingsfelder. In: Friedensrundschau [Monatszeitschrift für Frieden, Versöhnung, Völkerverständigung], 12. Jg., Nr. 12, Dezember 1958, S. 11.

[F.13]
Der Ruf zum neuen Denken
(1959)

Georg D. Heidingsfelder

Im Anblick der Atombombe ist die Frage nach der *Verantwortung* vermutlich zum letzten Male an die Verantwortlichen gestellt. Es wird Antwort gefordert auf die Frage: Könnt, wollt ihr es verantworten, daß auch diese „Waffe" angewendet wird?

Es gehört zum Wesen der Bombe, daß sie weder zur Verteidigung dienen kann noch überhaupt durch den Begriff der „Waffe" gedeckt wird. Die Bombe ist *ein Monstrum von apokalyptischem Charakter*, das von menschlichen Begriffen nicht adäquat zu erfassen ist. Es verbirgt sich hinter Worten wie „Verteidigung" und „Waffe", um es so Menschen möglich zu machen, es zu verantworten. Es scheint, daß sie als technische Konstruktion rational durchsichtig sei; aber der, seinem Inhalt nach niemals scharf definierte Begriff der „Kontrollierbarkeit" weist darauf hin, daß da „ein Element" der Bombe sich möglicherweise dem Menschen zu entziehen vermag, daß der Mensch sie nicht bis ins letzte „beherrscht".

Selbst wenn die Techniker anzugeben vermöchten, daß eine Thermobombe insofern „kontrollierbar" sei, als sie gewiß die Stadt Dortmund, nicht aber auch die Stadt Bochum vernichten würde, so wäre noch nichts gewonnen, denn die Wirkung der radioaktiven Ausschüttung dieser Bombe auf das Erbgut der Generationen wäre gewiß keinesfalls „kontrollierbar".

Man hat, angesichts dieses Faktors, sich in den Begriff der „sauberen Bombe" geflüchtet; aber auch bei ihr bleibt ein unauflöslicher Rest der Unkontrollierbarkeit bestehen, ganz abgesehen davon, daß man den riesigen Vorrat absolut unsauberer Bomben, den man bereitgestellt hat, gewiß nicht vernichten wird.

*

Die Bombe ist, im Verlauf von noch nicht fünfzig Jahren, *die dritte – und letzte Provokation der Verantwortung*, die immer eine Verantwortung vor dem menschlichen *Gewissen* ist. Im ersten Weltkrieg waren die Verantwortlichen, angesichts der Leichen von 5000 an Chlorgas erstickten Engländern vor Ypern, gefragt: Wollt ihr dies verantworten? Die Verantwortlichen haben damals, auf allen Seiten, ja gesagt und das „ehrlose Gemetzel", wie der Papst solche Kriegführung nannte, fortgesetzt.

In der zweiten Katastrophe waren die Verantwortlichen, angesichts der durch Bombenteppiche verbrannten und erstickten Leichen von Frauen und Kindern, abermals gefragt: Wollt ihr, könnt ihr auch das verantworten? Die Verantwortlichen haben, auf allen Seiten, ja gesagt, und die amerikanischen Verantwortlichen bekräftigten dieses Ja mit dem Schlußpunkt von Hiroshima.

Ist es nicht naheliegend, daß die Verantwortlichen auch die Wasserstoffbombe verantworten werden? Für sie scheint es keine Grenze der Verantwortung zu geben; sie glauben alles, was dem Siege dient, verantworten zu können.

*

Wie ist dieses schreckliche Phänomen zu erklären?

Es scheint einmal, subjektiv, in der *Spaltung des Bewußtseins vom Gewissen* seinen Grund zu haben, die mit Beginn der neuzeitlichen „Geistesgeschichte["] eingesetzt hat und nun ihren schizophrenen Gipfel erreichte. Es scheint zum andern, objektiv, in dem Umsturz der Hierarchie der Werte zu gründen, durch den Glaube und Moral schließlich zu „ideologischen" Werten des obersten Wertes: *Selbstbehauptung* degradiert wurden.

Was die subjektive Schizophrenie anbelangt, so hatte *Theodor Haecker* im ersten Weltkriege schon von jener „absolut antichristlichen, seit Jahrhunderten reif gewordenen Anschauung", geschrieben, „daß für die Völker und weiterhin für die Staaten Gewalt vor Recht gehe und die Vorschriften und Gebote des Evangeliums überhaupt nicht gelten *können*". Und eben diese Anschauung, diese Weltanschauung habe „jene schreckliche Doppelnatur des Staatsmann und Beamten geschaffen, die am häufigsten in Deutschland zu finden ist. Das vornehmste Beispiel ist ja Bismarck, der als Privatmann dezidierter gläubiger Christ war, als Exponent seines Volkes und Staates aber ohne Skrupel und Scham fälschte, log und gewalttätige Kriege führte, kurz: *Realpolitiker* war".

Politik (Strategie) und Moral (Glaube) klaffen subjektiv und objektiv weit auseinander, und so kann die Moral die Kraft nicht gewinnen, den Knoten aufzulösen, den, wie man sieht, die Politik nicht mehr aufzulösen vermag.

*

Wer immer in diesem „alten schizophrenen" Denken verharrt, der wird auch im Anblick der Atombombe versagen, da er sie verantworten zu können wähnt. Nur der, der das *Risiko eines „neuen Denkens"* eingeht, kann das Feld gewinnen, auf dem die Atombombe siegreich bestritten werden kann.

Es ist das grandiose Beispiel des „Hauptmanns Renaud" von Alfred de Vigny, an dem ein großer Dichter vor einhundertfünfzig Jahren schon das „neue Denken" sichtbar gemacht hat, das die Macht der Schizophrenie zu brechen vermag: „Je vis clairement que les événements ne sont rien, que l'homme interieur est tout, et je me plaçait au-dessus de mes juges." [„]Er entdeckte sein Gewissen und beschloß ihm zu gehorchen ... Er hat allen Schein überwunden, die tönenden Verheißungen, an denen sich die Menschen berauschen, die unechten Worte erreichen ihn nicht (mehr); er hat gelernt, *die Frage nach dem inneren Sein* zu stellen." (Reinhold Schneider.)

Diese Frage zu stellen, muß einer Moral(theologie) schwerfallen, wenn nicht unmöglich sein, von der ein katholischer Geistlicher schrieb (in „Neue Seelsorge" 5/1958), daß sie sei ein „Gemisch aus Naturrecht, Kasuistik und Kanonistik, in dem nur noch Spuren einer Offenbarungstheologie zu finden" seien. Und eine Christenheit, die, wie *Oskar Hammelsbeck* in der „Frankfurter Allgemeinen" (vom 14.11.1958) dargelegt hat, in ihrem Denken und Glauben zum „sekundären System" abgesunken ist, vermag nicht die Waffen des Geistes bereitzustellen, die die Zeichen eines „neuen Denkens sind".

Großartig hat die katholische Dichterin dieses „neue Denken" in einem ihrer jüngsten Worte wieder offenbar gemacht. *Gertrud von Le Fort* schrieb:

„Ich glaube angesichts der heutigen Waffen nicht an ein Reich des humanen Menschen, das erst jenseits der Vernichtung seiner Gegner aufgerichtet werden soll – einer solchen Vernichtung kann nur die Verzweiflung des Gewissens und das Bewußtsein eines zutiefst ungesegneten und vergeblichen Sieges folgen – wenn überhaupt von einem Siege die Rede sein soll. Diese Meinung scheint mir durchaus nicht unrealistisch, wie ihre Gegner glauben, denn es gäbe kein Erbarmen auf Erden, wenn ihm nicht eine metaphysische Realität entspräche – wie wäre der Gedanke des Erbarmens sonst in unsere Vorstellung gekommen? Realistisch handeln heißt, sich der letzten, der höchsten, der göttlichen Realität bewußt sein, die uns zur Barmherzigkeit verpflichtet."

Das sind die Rufe jener einsamen Nachfolger Alfred de Vignys, von denen Reinhold Schneider schrieb, daß „ihr verborgener Orden ... besteht und wächst in reiner Unabhängigkeit von den Verheißungen zerstörender Mächte, und daß diesem Orden eine Herrschaft zufallen könnte, ist unsere Hoffnung".

*

In einem Manöverbericht der Bundeswehr stand am 14.11.1958 in der Wochenzeitung „Die Zeit" zu lesen:

„Kanonenschläge, von eifrigen Schiedsrichtern geworfen, machten großen Lärm. Die Soldaten ließen sich nicht stören und sprachen vom Manöverball, und einmal auch von der Atombombe, die an diesem Tag im Tal des Regens gefallen war und *eine Division vernichtet* hatte. Sie fanden das *alle höchst amüsant.*"

Der *Leichtsinn*, „der mit Kranz im Haar an eines Abgrunds Rande tanzt" (Ipsen, Brand), nimmt keine Kenntnis von den Drohungen der Wirklichkeit, die über ihm hängen. Der *Stumpfsinn* haust sich in den „Lebensstandard" ein und trachtet allein, ihn zu erhöhen. Der *Wahnsinn* träumt von „unterirdischen Städten", in denen die Menschheit ein paar Jahre gesund und munter verbringen könnte, „bis der Atomgestank draußen abgeklungen ist".

Das „alte Denken" baut auf diesem dreifachen Fundament auf. Kann das je ein anderer Aufbau werden als einer, der den grauenvollsten Tod in sich trägt und uns alle erschlagen wird?

T: *Heidingsfelder*, Georg D.: Der Ruf zum neuen Denken. In: Friedensrundschau. Monatszeitschrift für Frieden, Versöhnung, Völkerverständigung, 13. Jg., Nr. 5, Mai 1959, S. 10-11.

[F.14]
Es gibt auch andere Christen
(1959)

Georg D. Heidingsfelder

Es ist bekannt, daß der Jesuitenprofessor *Johannes Hirschmann* aus Frankfurt der geistliche Vater jenes Dokuments ist, das sieben katholische Moraltheologen im Jahre 1958 als „Wort der Kirche" zur Frage der Erlaubtheit des Gebrauchs von Atombomben ausgaben. Die Theologen haben die Frage mit Ja beantwortet. In einem kommentierenden Aufsatz zu diesem seinen Dokument ging der christliche Geistliche Pater Hirschmann so weit, zu behaupten, daß diese Bejahung des teuflischen Vernichtungsmittels „der Haltung des heiligen Franziskus (von Assisi) innerlich näher (stehe) und mehr Geist vom Geist des Kreuzes (atme) als ein Denken, das naturrechtliche Prinzipien vorschnell einem undurchdachten Theologumenon opfert."

Der schlichte Christ, der ich bin, konnte über solche theologische Gelehrsamkeit nur erschrecken. Hier war kein Hauch vom Geiste Christi mehr spürbar, eine verirrte Gelehrsamkeit hatte ihn ausgetrieben.

Indessen: der Gipfel der Verirrung war das nicht. Ihn erklomm erst ein römischer Gelehrter der christlichen Moral: der Jesuitenprofessor Gustav Gundlach von der päpstlich-gregorianischen Universität. Er war im Februar 1959 nach Würzburg gekommen, um da zu lehren, was denn nun letzte Wahrheit über die Atombombe sei. Dabei berief er sich – durchaus nicht immer korrekt – auf Pius XII. und kam endlich zu dem Schluß:

„Sogar für den möglichen Fall, wo nur noch eine Manifestation der Majestät Gottes und seiner Ordnung, die wir ihm als Menschen schulden, als Erfolg bliebe, ist Pflicht und Recht zur Verteidigung allerhöchster Güter denkbar. Ja, *wenn die Welt untergehen sollte dabei*, dann wäre das auch kein Argument gegen unsere Argumentation. Denn wir haben erstens sichere Gewißheit, daß die Welt nicht ewig dauert, und zweitens haben wir nicht die Verantwortung für das Ende der Welt. Wir können dann sagen, daß Gott der Herr, der uns durch seine Vorsehung in eine solche Situation hineingeführt hat oder hineinkommenließ, wo wir dieses Treuebekenntnis zu seiner Ordnung ablegen müssen, dann auch die Verantwortung übernimmt."

Um aber die jesuitische Dreieinigkeit in dieser Frage zu komplettieren, sei schließlich (aus dem Maiheft der „Herderkorrespondenz") ein dritter Jesuitenprofessor zitiert, diesmal ein [us-]amerikanischer: Der Pater Murray doziert da ausgezeichnet, daß „der Krieg menschlicher Unvernunft und Bosheit entspringt". Nachdem er dies gesagt hat, fährt er fort: „Aber da es ihn nun einmal gibt, kann man das ethische Problem, inwieweit der Mensch sich dieser Gegebenheit anpassen müsse oder dürfe, nicht einfach mit der Berufung auf das Liebes- und Friedensideal christlicher Ethik abweisen."

Dies ist ein gelungener theologischer Salto mortale der „Realpolitik". Er sagt ja nichts anderes als: Ist die „Gegebenheit" Krieg auch wesentlich boshaft, so muß (oder darf) der Christenmensch sich ihr dennoch „anpassen". Keinesfalls kann er sich dieser Anpassung unter Berufung auf Christi Lehre und Beispiel entziehen.

Zum Glück gibt es auch andere Christenmenschen und Würdenträger der katholischen Kirche, die sich weigern, Wortführer und Träger des Hasses und des Todes zu sein und für die die Liebe Christi noch immer als das höchste Gebot gilt. Zu ihnen gehört u.a. der päpstliche Staatssekretär *Kardinal Tardini*, der kürzlich sagte:

„Das Evangelium befiehlt uns, unsere Feinde zu lieben, und zwar nicht nur die persönlichen und privaten, sondern ebenso die sozialen und die internationalen. Die ruhmreichen und friedlichen Siege der Märtyrer lehren, daß einer nur siegt, wenn er sein eigenes Blut vergießt, aber nicht das anderer. Hier und heute müssen wir diese Zeugen zu unseren Vorbildern machen, wenn wir der Liebe und nicht dem Haß dienen wollen."

* * *

GEMEINDE-ORDNUNG DES HIPPOLYT
ca. 200 Jahre nach Christi Geburt:
„Wenn ein Schüler des Taufunterrichtes oder ein Getaufter Soldat werden will, so soll er weggewiesen werden, denn er hat Gott verachtet!"

T: *Heidingsfelder*, Georg D.: Es gibt auch andere Christen. In: Friedensrundschau [Monatszeitschrift für Frieden, Versöhnung, Völkerverständigung], 13. Jg., Nr. 9, September 1959, S. 11.

[F.15]
Die Bombe Satans

Von Georg D. Heidingsfelder

„Das wahre Problem, das das Kriegsproblem beherrscht und darüber hinausgeht, ist die des Widerstandes gegen das Böse, der Nichtzusammenarbeit mit dem Satan."
Jean Laserre

I. DIE BOMBE SATANS

Der Physiker Oppenheimer, der sich den höllischen Titel eines „Vaters der Atombombe" gefallen lassen muß, hatte nach vollbrachtem Werk gesagt: „Wir haben die Arbeit des Teufels getan."

*

Jeder Atombombenwerfer ist, als solcher, ein Sohn des Satans.

*

Nicht unterläßt es der Teufel, dem, der ihm dient, in den Mantel barmherziger Lügen zu hüllen: Wen er Atombomben werfen heißt, den läßt er sich nennen: „Verteidiger des Christlichen Abendlandes, Retter der höchsten Güter, Kreuzfahrer wider den Atheismus ..."

*

Ein christlicher Richter argumentierte gegen mich: „Gewiß, Christus würde keine Atombombe werfen; aber er würde den Wurf wahrscheinlich billigen." – Dies ist eine teuflische Argumentation, die die geforderte „Nachfolge" „juristisch" auszuhöhlen sucht.

*

Die Teufeleien Eichmanns werden von der „Freien Christlichen Welt" hart verurteilt – in einer Stunde, da sie selbst sich bereit macht, noch größere Teufeleien „atomar" zu inszenieren.

*

Ich bin der Meinung, daß Hiroshima als Teufelei durchaus neben Auschwitz bestehen kann.

*

„Die Werke des Teufels geschehen vor unseren Augen und wir sehen zu" – hat Reinhold Schneider erschüttert ausgerufen. Die offizielle abendländische Christenheit hat im ersten Weltkrieg dem Teufelswerk des Gaskrieges nicht nur zugesehen; sie hat Hitlers teuflische V2 nach London begleitet (nie ist ein Protest hörbar geworden). Auf diesen Spuren vollendet sie nun ihren Weg durch „Billigung" der atomaren Bomberei.

*

Als ein Regimentskommandeur seine Bundeswehr-Zwangsrekruten nach dem „Sinn ihres Dienstes" fragte, „schwiegen sie" (lt. „Welt" vom 26.7.1961). Nur einer meinte, daß es um „die Verteidigung der wirtschaftlichen Erfolge ginge". Es geht wirklich um nichts anderes. Für diesen heiligsten Zweck stehen die Satansbomben bereit.

*

Zwei Ärzte, Dr. Hachiya aus Hiroshima, und Dr. Nagai aus Nagasaki, die die Atomexplosion miterlebten, haben dieses Erlebnis in die Worte gefaßt: *„Es war die Hölle – die Hölle auf Erden."*

*

„Angefangen von dem Knüppel Kains bis zur Wasserstoffbombe, ist alles, was der menschliche Geist erfunden hat, um zu töten, diabolische Erfindung, Teufelswerk". So steht es im Buch eines katholischen Geistlichen, das mit kirchlicher Druckerlaubnis im Jahre 1957 im Pattlochverlag, Aschaffenburg, erschienen ist. Man fragt sich erstaunt, warum die offiziellen kirchlichen Stellen dennoch ihren Gläubigen weder die Herstellung der Teufelswerkzeuge noch ihren diabolischen Gebrauch verbieten, sondern im Gegenteil immer wieder Knechte bereitstellen, die das Teufelswerk vollbringen. Wenn der Knüppel schon vom Teufel ist, was soll man dann von der Atombombe halten, die in einem Augenblick abertausend Unschuldige verbrennt? Sie kann wohl nur „in Dreiteufelsnamen" gebraucht werden!

II. DER ALLGEMEINE WEHRZWANG ...

Der allgemeine Wehrzwang, diese französische Krankheit, ist die große Schande der europäischen Menschheit, durch die ihre Freiheit der Selbstbestimmung der Sklaverei durch das Militär ausgeliefert und die Freiheit des Gewissens im Terror des Befehlswesens erstickt wurde.

*

Der allgemeine Wehrzwang hat die hohen Leitbilder des sozialen Lebens zerstört: das Bild des Arztes, des Richters, des Priesters – indem er sie verpflichtete, ihr Berufsethos der Raison der Generale zu unterwerfen.

*

Der allgemeine Wehrzwang ist die Vorstufe und Vorschule des totalitären Kollektivismus: durch ihn wird die strategische Ideologie zu dem Götzen gemacht, der jedes Opfer fordern darf und seine Funktionäre als die allmächtigen Tempeldiener installiert.

*

Der allgemeine Wehrzwang ist die antichristliche Institution, die die Nachfolge Christi radikal verfälscht, indem sie die Lüge propagiert, daß der Tod am Maschinengewehr die Wiederholung der Passion Christi sei.

*

Der allgemeine Wehrzwang ist antichristlich, weil er über die Einheit der Christenheit als dem mystischen Leib das Gebot setzt, daß dieser Leib zerrissen und zerstört werden müsse, wenn die Raison der gewaltsamen Selbstbehauptung staatlicher Gebilde es erfordere.

T: *Heidingsfelder*, Georg D.: Die Bombe Satans. In: Friedensrundschau [Monatsschrift für Frieden, Versöhnung, Völkerverständigung], 15. Jg., Nr. 9, 1961, S. 23f.

G. BEITRÄGE FÜR DIE „STIMME DER GEMEINDE" (1951-1961)

[G.1]
Die „andere Seite".
Übersicht über katholische Friedensbestrebungen
(1951)

Georg D. Heidingsfelder

I.

D. Dr. Schrey-Tübingen hat vor kurzem vom Ende der konstantinischen Ära des Christentums geschrieben, das in dem Beschluß der EKiD-Synode sich ausdrücke, die Möglichkeit der Kriegsdienstverweigerung freizugeben. Von einer amtlichen *katholischen* Stelle ist ein solcher Beschluß bis heute nicht bekannt geworden, woraus man wohl schließen darf, daß bei uns das konstantinische Zeitalter nicht so leicht zu überwinden ist. Aber es sind auch bei uns Geister wach, die dem Einzelgewissen das Recht zubilligen, sich gegen die Forderung des Staates auf Waffendienst zu stellen. Es wird insbesondere von dem Buche des französischen Jesuiten *Lorson* über diesen Gegenstand starke Wirkung erwartet, wenn es erst in deutscher Sprache vorliegt.

In der Catholica wird die Gegnerschaft gegen den „Verteidigungsbeitrag", wie man die Remilitarisierung tarnend genannt wissen will, also fast ausschließlich von Laien getragen, die demgemäß einen schweren Stand haben. Diese Laien begrüßen es, wenn sie mit den evangelischen Brüdern in der deutschen und christlichen Schicksalsfrage zusammenarbeiten können.

II.
Der stärkste Vorkämpfer eines waffenlosen katholischen Christentums ist wohl *Reinhold Schneider*, der Freiburger Dichter. Dieser hervorragende Mann, dessen Geist schon immer der Problematik von Macht und Gnade zugewandt war, hat sich in mehreren bahnbrechenden Aufsätzen für ein waffenloses Christentum ausgesprochen, am konzentriertesten wohl in der Zeitschrift „Die Besinnung" (Verlag Glock und Lutz, Nürnberg). Hier stellt er dem kriegführenden, bombenden Christen die Frage nach der Glaubwürdigkeit seiner Botschaft und fordert das Zeugnis der „Nachfolge".

Nicht erst mit dieser radikalen Stellungnahme sahen sich kirchliche Kreise, die einseitig und ausschließlich die Legitimität der Aufrüstungspflicht und der Wehr- und Kriegsdienstpflicht nachzuweisen sich bemühen, herausgefordert. Da der Dichter zwei Aufsätze (rein christlichen Inhalts, ohne jede Konzession) auch im kommunistischen Osten veröffentlicht hatte, war das Signal gegeben zum Sturm auf ihn – als einem „kommunistischen Kollaborateur". Nicht nur offizielle Kirchenblätter rückten von ihm ab, es kam zu massiven Drohungen seitens einer Seelsorgerkonferenz gegen ihn. (Auch „Christ und Welt" beteiligte sich an dem Kesseltreiben.) Der Dichter sollte vernichtet werden. Das mißlang freilich nicht nur, es wurden durch diesen Sturm erst weiteste Kreise auf den Streitgegenstand aufmerksam und begannen, sich eingehender mit den Gedanken Reinhold Schneiders zu beschäftigen. Heute ist die Schar derer ständig im Wachsen, die sich der Haltung des Dichters zuwenden.

III.
Nächst Reinhold Schneider war auch der „Siedlervater" *Nikolaus Ehlen* (Velbert) vom Organ des Männerwerks offiziell diffamiert worden, der in seinen „*Lotsenrufen*" seit langem gegen die neue militaristische Strömung Front gemacht hatte. Dr. Ehlen ist mutiger Warner, auf den viele hören.

Im Süden haben sich insbesondere die *Gebrüder Fleischer* einen Namen gemacht als ebenso geistvolle wie mutige Bekämpfer des waffenfreudigen Christentums. Dr. *Josef* Fleischer-Freiburg (B) hat eine gute wissenschaftliche Studie über die Kriegsdienstverweigerung herausgebracht; und ein Bruder *Johannes* (Donaueschingen) hat soeben ein „Katholisches Friedensmanifest" fertiggestellt, das als eine ganz außerordentliche Leistung bezeichnet werden muß; leider liegt es noch nicht im Druck vor.

Wichtig zu wissen ist es, daß von *Österreich* her starke Impulse katholischer Friedensarbeit kommen. In Wien gibt *Kaspar Mayr* seine vorzügliche Zeitschrift „Der Christ in der Welt" heraus, die sich ausschließlich mit dem Problem des christlichen Kriegsdienstes beschäftigt; die Zeitschrift hat bereits einen kräftigen deutschen Leserstamm. In Wien lehrt aber insbesondere der

Historiker *Friedrich Heer*, der als großer Bahnbrecher in unserer Sache bezeichnet werden muß. Heer ist erst durch einige Aufsatzpublikationen in jüngster Zeit in Deutschland bekannt geworden (In „Frankfurter Hefte" und „Stimmen der Zeit"). Wer aber sein Buch „*Gespräch der Feinde*" (Europa-Verlag Wien und Zürich) kennt, der weiß, daß hier eine starke Kraft publizistisch wirksam wird, die zu einer Beendigung des konstantinischen Zeitalters auch in der katholischen Kirche sehr viel beizutragen hat. Gerade nach dem Wesen des heutigen *Staates* geht seine Fragestellung, und er kommt dabei zu Feststellungen wie dieser: „Hegels Staatsgottglaube ist nur als innerchristliches theologisches Phänomen verständlich, ideologisch letzte Fassung vielhundertjähriger Staatsdienerschaft von beamteten Bischöfen, Theologen; letzte Folge des staufischen, ebenfalls des schwäbischen Eigenkirchenwesens, in dem der Kaiser seine Imperialkirche, die Leiber und Seelen seiner treugläubigen Untertanen, seiner fideles, lenkte."

IV.
Dieser Handvoll Laien, zu denen freilich auch wohl die große Dichterin *Gertrud von le Fort* gezählt werden muß, die ihr geistesgewaltiges Wort dem Frieden Christi erst vor kurzem in öffentlicher Vorlesung in Salzburg geliehen hat, – dieser Handvoll Laien, unter denen der mutige Nürnberger *Verleger Karl B. Glock* keineswegs der letzte an Bedeutung und Einsatzbereitschaft ist, stehen freilich Millionen von Glaubensgenossen gegenüber, die im bürgerlichen Traditionschristentum dahintrotten, ohne ihr Gewissen zu strapazieren oder als Parteigänger der Rüstungsfront eifrig die Trommel für den „Verteidigungsbeitrag" rühren.

Die *Moraltheologie* ist ja auch noch nicht über das konstantinische Zeitalter hinausgelangt, so daß durch einen ihrer namhaftesten Vertreter (Prof. *Egenter* in München) dem westdeutschen Staat öffentlich empfohlen wurde, den Artikel IV, Absatz 3 des Grundgesetzes (also den, der die Kriegsdienstverweigerung aus Gewissensgründen gestattet) „aus Gründen des Naturrechts und der Klugheit" abzuschaffen. Glücklicherweise gibt es freilich doch auch einen anderen kath. Moraltheologen Prof. *Fleckenstein* in Regensburg, der im Bistumsblatt seiner Diözese ausdrücklich den gesetzlichen Schutz des Kriegsdienstverweigerers forderte mit der höchst erfreulichen Begründung: „Die Verteidigung lebenswichtiger Rechtsgüter des Staates würde sinnlos, wenn sie durch bewußte Verletzung unabdingbarer Persönlichkeitsrechte des einzelnen erkauft würde."

V.
Schließlich ist zu gedenken der Weihnachtsansprache des *Papstes Pius XII.* vom Jahre 1948, die in manchen Sätzen den rüstungsfreudigen Katholiken Gründe an die Hand zu geben scheint. Es heißt da u.a., daß unter den Menschheitsgütern, die der Staat zu schützen hat, manche „so wichtig (sind) für das menschliche Zusammenleben, daß ihre Verteidigung zweifellos vollkommen gerechtfertigt ist. Zu dieser Verteidigung ist auch die Solidarität der Völker gehalten; sie hat die Pflicht, den Angegriffenen nicht im Stich zu lassen. Die Gewißheit, daß diese Pflicht erfüllt wird, wird dazu dienen, den Angreifer zu entmutigen, den Krieg zu vermeiden oder im schlimmsten Falle seine Leiden zu verkürzen." *Kardinal Frings* Thesen zur bewaffneten Verteidigung fußen auf diesen Sätzen (und alten moraltheologischen). *Reinhold Schneider* hat sich gegenüber dieser Papstansprache ebenso auf sein Gewissen berufen wie der berühmte französische Autor *Robert Morel,* das es ihnen unmöglich mache, wegen dieser Sätze zu Waffen und Krieg Ja zu sagen. Hier ist ein schöner Beweis gegeben, daß auch für den Katholiken die letzte Position der Religion das *Gewissen* ist, dem er unbedingt zu folgen hat. Das Gewissen ist die Grenze der Autorität, der staatlichen wie der kirchlichen, gemäß dem Wort des Kardinals *Newman:* „Wenn ich in einem Trinkspruch der Religion zu gedenken hätte, so würde ich mein Glas erheben auf das Wohl des Papstes, gewiß, aber zuerst auf das Gewissen und dann auf den Papst."

In der Frage der Kriegsdienstverweigerung finden sich evangelische Bruder mit katholischen zusammen, beide beseelt von dem Willen, ihrem Herrn und Meister nachzufolgen. Möge Gott diese brüderliche Einheit segnen, zum Wohle des deutschen Volkes.

T: *Heidingsfelder,* Georg D.: Die „andere Seite". Übersicht über katholische Friedensbestrebungen. In: Stimme der Gemeinde zum kirchlichen Leben, zur Politik, Wirtschaft und Kultur. Eine Halbmonatsschrift der Bekennenden Kirche, 3. Jg., Nr. 10 vom 10.10.1951, S. 6. [Chefredakteur Herbert Mochalski; Mitherausgeber Gustav Heinemann; Tradition der Bekennenden Kirche]

[G.2]
Das diffamierte Gewissen
Reinhold Schneiders Schicksal als Denker des Friedens
(1953)

Von Georg Heidingsfelder

In einer seiner ersten Schriften nach dem Zusammenbruch des Gewaltregimes, dem geistgewaltigen Aufsatz: „Der Mensch vor dem Gericht der Geschichte", hatte der Freiburger Dichter-Historiker Reinhold Schneider das Wort in seine Zeit hineingerufen: „Unsere Gedanken müssen aus dem Zirkel des Todes, aus dem Kreislauf der Gottlosen. Wir müssen lernen, den Frieden zu denken statt des Krieges." Aber schon wenige Jahre nach diesem Bußruf mußte dieser Mann erkennen: der Zirkel des Todes schließt sich erneut um dieses Volk, das Denken einer gewaltsamen Revision des Verhängten will abermals die Macht über die Seelen erringen. Das forderte den katholischen Dichter zum Protest heraus, er erhob seine Stimme gegen die Mächte, die dem Denken des Krieges die Bahn bereiteten. Seine geistige Position war dabei *allein das Gewissen*, dem er den höchsten Rang in der christlichen Existenz auch des katholischen Christen eingeräumt wissen wollte. In dem vor Christus stehenden Gewissen sei der Christ ganz frei, so sagte Reinhold Schneider, und verpflichtet, gegen die aufzutreten, die ein gespaltenes Volk zu bewaffnen bereit waren.

„Keine Mehrheit", so rief der Denker des Friedens aus, „kann ein Gewissen verpflichten. Der Einzelne, der von allen Machtgruppen Gelöste, kann es nur sein, der die Freiheit verkörpert und sei es nur für einen Augenblick." Die für Reinhold Schneider erschütterndste Erkenntnis war es, das *Versagen der Christenheit* in dieser letzten Entscheidung gewahren zu müssen. Insbesondere im katholischen Bereich war auch nach 1945 das Gewissen ganz und gar nicht erweckt worden, sondern nach wie vor alles auf Gehorsam gestellt: was die Autoritäten oben befehlen, das wird unten ausgeführt. Der noch im Jahre 1945 hingerichtete Jesuit *Alfred Delp*, ein tiefblickender Mann, hatte wohl auf Grund solcher im Katholizismus lange geübten Sozialpraxis in seinem Vermächtnis „Im Angesicht des Todes" die zentnerschweren Worte geschrieben: „Eine kommende ehrliche Kultur- und Geistesgeschichte wird bittere Kapitel zu schreiben haben über die Beiträge der Kirche zur Entstehung des Massenmenschen, des Kollektivismus und der diktatorischen Herrschaftsformen." Die katholischen Autoritäten, geistliche wie weltliche, hatten sich also, wenige Jahre nach den entsetzlichen Erfahrungen, wieder dem „Denken des Krieges" zugewendet, indem sie die Gewalt der Waffen in ihre politischen Planungen „einkalkulierten" und einer westdeutschen Remilitarisierung und Integrierung das Wort redeten. Nicht vermochten sie, die alten Geleise erstarrter Moraltheologie zu verlassen, obwohl sich die Wirklichkeit grundstürzend geändert hatte, noch wollten sie ihre Privilegien aufgeben, die sie nur durch die fortdauernde Verbindung von Kirche und Staat, von Bürgertum und Kirche garantiert sahen. Reinhold Schneider scheute nicht davor zurück, diesen Bürgersleuten zu sagen, daß sie, als Klasse, „gestern das zweite oder dritte Reich dem Gottesreich gleichgesetzt hatten und heute das Interimsgebilde des Bundesstaates ihm gleichsetzten."

Aber schon lange *bevor* er so harte Worte gesprochen hatte, war der Gegenangriff der „kriegsdenkenden Kirche" auf den großen katholischen Dichter erfolgt. Und er war nicht erfolgt aus der geistigen Position eines anders informierten Gewissens, sondern allein aus der Machtposition des Willens, einen Mann zu *diffamieren*, der sich der von oben befohlenen *„Generallinie"* einzugliedern nicht bereit war. Nach dem Zeugnis des Schweizer Jesuiten *Hans Urs von Balthasar* wurden diese Angriffe nicht nur „systematisch" von der katholischen, monopolisierten Presse vorgetragen, sondern in einer „subalternen" Art, die jeder Geistigkeit zur Schande gereichte. „Niemals", so sagt der aufrichtige Mann, „hätte eine innerhalb der Kirche vertretbare und nicht verbotene Meinung *mit so gemeinen Waffen* bekämpft werden dürfen."

„Man" log, daß der bis in die Wurzelspitzen christliche Dichter Reinhold Schneider *Kommunist* geworden sei; man drohte, im Berliner „Petrusblatt", mit der *Exkommunikation*; man scheute sich nicht, einen Mann solchen Formats als *räudiges Schaf* in bischöflich sanktionierten Blättern Hunderttausenden vorzustellen; Jugendseelsorger-Konferenzen drohten mit dem Boykott der Werke des Dichters; ja, vor niederträchtigster persönlicher Beleidigung des schwer kranken Mannes durch das Telefon schreckte ein „militanter Katholizismus der Generallinie" nicht zurück, Dieses Kesseltreiben gegen einen höchst verdienten Mann, der allein in der Zeit der Tyrannei Tausende mit seinen Schriften und Briefen aufgerichtet und gestärkt hatte; gegen einen Mann, der dem deutschen und dem christlichen Schrifttum zur höchsten Zierde gereicht, wird für immer zum Erbärmlichsten gehören, was ein untergehendes Bürgerchristentum an Geistfeindschaft demonstriert hat. Für den Dichter aber bedeutet es Ruhm, gerade in den Jahren, da er sich, nach einem Urteil des tiefblickenden Jesuiten *Erich Przywara* als „der ebenso große Dichter wie Historiker des Mythos vom Heiligen Reich erwiesen" hat, von diesen den Untergang bereitenden Geistern verachtet und geschmäht worden zu sein.

An Reinhold Schneiders Person hat sich gezeigt, daß die Mächte des Kriegsdenkens dem Gewissen nicht Raum zu geben bereit sind; sie haben sich damit demaskiert als die, die der „Freiheit" nicht in einem christlichen Sinn und Geist verpflichtet sind. Wahre Freiheit kann ja nur Wurzel haben in einem freien Gewissen, das von der Macht geachtet wird. Die Vorgänge um den Friedensdenker Reinhold Schneider machten zudem das „christliche" Abendland offenbar als den Ort der sich im Kreise drehenden Restauration, die dazu verdammt ist, die blutige Geschichte der entfesselten Kriegsgewalt zu wiederholen.

Der in schwerem Leiden Leibes und der Seele gereifte Dichter Reinhold Schneider, der mir in einer autobiographischen Notiz als das Ende seines Weges als Künstler wie als Historiker die Erkenntnis mitteilte, daß „das radikale christliche Ethos hier und heute mit der weltlichen Macht zusammenstoßen wird", fordert gleichwohl vom Christen, daß er diesem Zusammenstoß nicht ausweicht, sondern das „totale Zeugnis", die „Übereinstimmung von Auftrag und Dasein" erbringt. „Damit", so sagt der Dichter, „verwirklicht sich aufs neue die Tragik, die schon die ersten Zeugen umschattete: die Tragik der Heiligkeit. Der bezeugende Christ wird vor allem dann aufgerufen, Zeugnis abzulegen, wenn das Zeugnis nicht als wahr wirken kann. Nötig ist das Zeugnis ja nur vor den Sündern. Das Licht ist umlagert von Finsternis: irdisches Widerspiel des großen Geheimnisses, daß der Geist in der Todesstunde Christi teilgenommen hat an der Finsternis, am Kreuze, an der Erlösung."

Es gehört wohl zur christlichen Brüderlichkeit, daß wir unserem Bruder Reinhold Schneider unsere Verbundenheit bezeugen in einer Stunde der Finsternis, die ihn der Diffamierung aussetzte, und – Geheimnis des Leidens – dennoch auch unserer Freude Ausdruck geben, daß er solcher Zeugenschaft gewürdigt wurde.

SONETT
von Reinhold Schneider

Gewohnte Pfade gehe ich nicht mehr.
Ich fliehe was ich war; der Anfang nur,
Verjährter Schmerzen dicht verwachsene Spur,
Bedrückt mich nachts zu scheuer Wiederkehr.

Die Worte langer Jahre schallen leer,
Ertaubte Saat auf steinbedeckter Flur,
Leicht wie der Treue oft erneuter Schwur,
Und flüchtig wie der Freunde Schattenheer.

Der Erde letztes Bild ist offenbar:
Ein ausgebrannter Stern; ihn anzuschauen
Mußt' ich den Winter meiner Zeit erleiden.

Das Kreuz allein ist unbesieglich wahr,
Vor dem der Reue heiße Tränen tauen
Und Liebe hofft, die nichts vermag zu scheiden.

T: *Heidingsfelder*, Georg: Das diffamierte Gewissen. Reinhold Schneiders Schicksal als Denker des Friedens. Zu seinem 50. Geburtstage am 13. Mai. In: Die Stimme der Gemeinde, 5. Jg., Nr. 5, Mai 1953, S. 133f.

[G.3]
Der letzte Ernst
(1953)

Von Georg Heidingsfelder

1.
Der Faschismus ist die bürgerliche Angstreaktion auf den Bolschewismus.
„Die ganze Geschichte des Westens zwischen den beiden Kriegen war durch die Angst vor dem Kommunismus bestimmt", sagt Nikolai Berdjajew.
Die bürgerliche Welt hat auch nach dem zweiten Krieg keine andere Einstellung zum Bolschewismus gefunden als die der Angst. Darum wächst notwendig der Faschismus auch diesmal wieder auf. Er hat auch Amerika erfaßt. McCarthysmus ist nichts als Faschismus.

2.
Die Hitlersche SS erscheint der amerikanischen Demokratie plötzlich in einem neuen Licht: sie ist (ja) wirklich „antibolschewistische" Truppe gewesen, deren man sich mit Vorteil wieder bedienen könnte. Besonders wenn sie, wie letzthin der SS-General Gille, sich zur „Demokratie" bekennt.
Auch die Blanksche Rekrutierung wird von der Diffamierung der Waffen-SS abrücken und sich ihrer bedienen.
Durch diese Entwicklung des Westens wird der gesamte Osten (einschließlich Asiens) darin bestärkt werden, daß westliche Politik faschistisch-imperialistische Gewaltpolitik ist. Das wird zu einer Stärkung des Bolschewismus führen, dem genauen Gegenteil dessen also, was die „Politik der Stärke" bezwecken wollte.

3.
Diese Entwicklung ist dadurch möglich, daß das „dritte Geschlecht", die *Christenheit*, die durch Europa repräsentiert werden sollte, versagt.
Diese Christenheit Europas ist *Bürgerchristenheit*, und als solche völlig unfähig, Kräfte zwischen Ost und West, zwischen Bolschewismus und Faschismus zu mobilisieren. Sie ist vielmehr restaurativ, an verfaulende Strukturen historischer und soziologischer Art gebunden.
„Der Kommunismus ist das Memento der nicht eingehaltenen christlichen Verpflichtungen", sagt *Nikolai Berdjajew*, der große Ostchrist.

4.

Politische Lösungen der sich verstärkenden Spannungen sind notwendig und möglich. Aber es muß auch gesehen werden, daß sie nicht hinreichen, um das Gefecht des Unheils aufzulösen.

Die *sittlich-religiöse* Erneuerung Europas nur könnte das Unheil wenden.

Hier aber liegen die schweren „Blockierungen" der Christenheit: in eben dem Glauben an die Gewaltlösungen, der aus der Angst geboren ist. So dreht sich die Welt in einem Zirkel des Todes.

5.

Der Aufstand der Ostzone (bei dem der Westen so freudig assistierte) ist Anzeichen, daß das Zeitalter des *Barrabas* im Kommen ist. Er scheint der Führer der Christenheit in Europa werden zu sollen.

Auch diese Entwicklung ist notwendig, da man das Kreuz abgelehnt hat (in einer westdeutschen Stadt ist schon 1947 ein „Sühnekreuz" geschändet worden).

Europa wird sich im Kreuze retten oder – es wird vom Kreuze erschlagen werden. Die (faschistische) „Politik der Stärke" wird es nicht retten.

6.

Kierkegaard hat vor hundert Jahren das Thema abgehandelt: „Darf man sich für die Wahrheit totschlagen lassen?"

Dies ist das Thema der nächsten Stunde. Auch das politische. Der Christ, der diese Frage bejaht, wird von den („christlichen") Faschisten totgeschlagen werden, die damit Gott einen Dienst zu tun meinen.

Es ist alles angekündigt. Es wird sich alles erfüllen.

T: *Heidingsfelder*, Georg: Der letzte Ernst. In: Stimme der Gemeinde, August 1953, S. 242.

[G.4]
Da steht der Verstand still
(1959)

Von Georg D. Heidingsfelder

Friedrich Nietzsche hat vorausgesagt, daß eine Stunde kommen würde, in der die Nonkonformisten sich „freiwillig ins Irrenhaus" begeben. Diese Stunde ist nun da. Was sollte denn (außer dem Selbstmord) einem Nonkonformisten auch anderes übrig bleiben, als sich freiwillig im Irrenhaus internieren zu lassen, nachdem er den Vortrag des Jesuitenpaters Gustav Gundlach, Professors der Moraltheologie in Rom, in der Aprilnummer der „Stimmen der Zeit" gelesen hat? Da wird unter dem Thema: „Die Lehre Pius XII. vom modernen Krieg" dies dargelegt:

„Worauf beruht denn eigentlich die Vorstellung, daß der atomare Krieg nicht absolut unsittlich sei? Die Waffe ist nicht in sich unsittlich. Das kann man von keiner sagen. Aber es fragt sich, ob das menschliche Tun, nämlich die Anwendung der Waffe, unsittlich ist. Hier ist wenigstens in der Moraltheologie auf sehr allgemeine Grundsätze zurückzugehen, nämlich auf jene über das sittliche Handeln. Wann ist eine Handlung nach der Lehre der Moraltheologen innerlich unsittlich? Die Handlung ist innerlich unsittlich, wenn sie Elemente enthält, die in sich schon der sittlichen Ordnung widersprechen. Das kann man von der Anwendung einer Waffe – auch der Atomwaffe – nicht behaupten. Ihre Elemente, die uns die Physik und die Chemie entwickeln, sind auch in ihrer Zusammensetzung in sich indifferent. Es ist nichts an dieser Handlung, was an sich schon aus den Elementen des Geschehens heraus die Handlung in Widerspruch zur Sittenordnung stellte. Wenn das der Fall wäre, dann könnte selbst Gott der Herr nicht von der Atombombe, auch seinem Geschöpf, Gebrauch machen. Das wird wohl keiner behaupten. Also bleibt nur ein anderes übrig, was eine sittliche Handlung innerlich unsittlich macht, nämlich wenn das Recht zum Handeln fehlt. Und jeder Handlung und Auswirkung der Person stellt sich die Frage, ob die Person die rechtliche Befugnis zu diesem Handeln hat. Das gehört zum inneren Umstand jeglichen Handelns. Die Befugnis kann nach der Lehre des Heiligen Vaters da sein; es ist absolut nicht ausgeschlossen, daß irgend ein Fall eintritt, wo die atomare Waffe einzusetzen ist, um das Recht zu verteidigen ...

Sogar für den möglichen Fall, wo nur noch eine Manifestation der Majestät Gottes und seiner Ordnung, die wir als Menschen ihm schulden, als Erfolg bliebe, ist Pflicht und Recht zur Verteidigung allerhöchster Güter denkbar. Ja, wenn die Welt untergehen sollte dabei, dann wäre das auch kein Argument gegen unsere Argumentation. Denn wir haben erstens sichere Gewißheit, daß die Welt nicht ewig dauert, und zweitens haben wir nicht die Verantwortung für das Ende der Welt. Wir können dann sagen, daß Gott der Herr, der uns durch seine Vorsehung in eine solche Situation hineingeführt hat oder hineinkommen ließ, wo wir dieses Treuebekenntnis zu seiner Ordnung ablegen müssen, dann auch die Verantwortung übernimmt."

Soweit der hochw. Jesuitenpater Gustav Gundlach, Professor der Moraltheologie an der Gregoriana in Rom.

Das Erste, was ich nach dieser Lesung an mir feststellte, war das Stillstehen des Verstandes. Es ging das, was er gelesen hatte, über seine Fassungskraft. Er stand stiller als ein preußischer Grenadier, den das Kommando „Stillgestanden!" chloroformiert hat. Nachdem er so eine Weile stillgestanden hatte, servierte ihm das Gedächtnis Nietzsches Voraussage. Und er folgerte: Du gehörst eben ins Irrenhaus, da dich die Argumentation eines berühmten Professors lahmlegt. Einer muß ja schließlich verrückt sein: Du oder der Professor. Und da ein Moralprofessor der berühmtesten Universität des Christlichen Abendlandes unmöglich verrückt sein kann, so ist doch unabweisbar: Laß dich freiwillig ins Irrenhaus sperren, bevor sie dich holen! Das ist das letzte Verständige, was dein Verstand produzieren kann.

In dieser verzweifelten Situation kam mir vor Augen, was die Professoren Dr. *Seidelmayer* und Dr. *Rauhut* (jener in der „Welt ohne Krieg", dieser in der „Stimme der Gemeinde" vom 1. Mai) zu des römischen Professors Vortrag geschrieben haben. Siehe da, da waren ja zwei katholische Universitätsgelehrte, die dem römischen Professor auch nicht zu folgen vermochten. Und sie sind nicht ins Irrenhaus gegangen! Daraus vermeinte ich armseliger Durchschnittsverstand die Folgerung ziehen zu dürfen, daß vielleicht die Stunde für den Nietzscheschritt doch noch nicht gekommen sei. Aber fest blieb nichtsdestoweniger in meinem armen Verstand stehen: Einer von beiden, die da gegeneinanderstehen, muß verrückt, das heißt der Wahrheit entrückt, in Verwirrung geraten sein.

So las ich noch ein paar Mal, was da zu lesen stand. Erstens: daß die Welt ohnehin untergeht, es also eine ganz untergeordnete Frage ist, wie sie untergeht; zweitens: daß wir keinerlei Verantwortung für den Untergang haben, auch wenn wir selbst ihn herbeiführen. Denn siehe: Gott selbst hat uns in diese Situation hineinmanöveriert, damit wir so seine Zeugen seien. ER könnte ja doch wohl jederzeit von der Atombombe Gebrauch machen, zumal er sie ja doch mitgeschaffen hat. Also muß auch der Mensch, der vollkommen sein will wie ER (und so ist es doch geboten!), die Möglichkeit haben, Atombomben zu schmeißen, wenn zum Beispiel das allerhöchste Gut des Glaubens selber zu verteidigen ist.

Und wenn ich dies noch tausendmal lese, „verkraften" werde ich es nie. Denn wenn selbst der Verstand dazu ausreichen würde (was bei mir offenbar nicht der Fall ist), so wäre da immer noch eine Instanz, über die ich nicht hinwegkäme: das Gewissen – das gewiß weiß, daß das, was da steht, nie und nimmer die Wahrheit sein und zur Seligkeit, zum Heile, führen kann. Dummer Verstand *und* irrendes Gewissen – das wird die Diagnose sein, die mir vom römischen Professor gestellt werden müßte.

Wie dumm muß auch ein Verstand sein, der nicht einmal dies einzusehen vermag: daß es unsittliche Waffen überhaupt nicht gibt! Er muß so dumm sein, wie der der Gattin des Geheimrats Dr. *Haber*, des Erfinders des Giftgaskrieges, die sich das Leben nahm, als sie erkannte, was da ihr hochgelehrter Herr Gemahl zusammenbraute. Ein solcher Verstand kann ja nicht einmal dies einsehen: daß „die Chemie" und „die Physik" als indifferente Kräfte Chlorgasflaschen bauen oder auch H-Bomben! Als ob das Element Chlor oder Uran in sich unsittlich wären! Wenn sie sich zur Chlorgasgranate oder zur A-Bombe zusammenfügen, so ist das doch ein völlig neutraler, sittlich indifferenter Vorgang, der mit Chemikern und Physikern aber auch gar nichts zu tun hat! Man nennt diese Zusammenfügungen „Waffen", aber das ist doch sittlich, moraltheologisch betrachtet, ein wertindifferenter Name für elementare Zusammenfügungen, weiter nichts – gar nichts. Die Sittlichkeit kommt erst ins Spiel, wenn diese Zusammenfügungen der Physik und der Chemie angewendet werden, wenn damit „gehandelt" wird. Und auch dann ist allein die Unterscheidung entscheidend: ob der Zweck (z. B. die Glaubensverteidigung) *diese Mittel heiligt oder nicht*. Wer den Glauben verteidigt, der hat aber allemal das Recht des Handelns (mit Chlor oder Uran) für sich. Also sei er ganz getrost, auch wenn die Welt, die ohnehin nicht ewig ist, untergeht: er hat recht gehandelt.

Der wahre Christ höre doch um Gotteswillen nicht auf solche unzuständige Leute ohne Verstand, wie etwa den verstorbenen Reinhold Schneider, der da zu schreiben wagte: „Es geht nicht darum, ob die Waffen angewendet werden oder nicht; das Erfinden, das Herstellen, das Denken der Waffen ist Sünde."

Darüber, was Sünde ist, befindet die Moraltheologie, nicht irgendwer. Und erster Repräsentant dieser Theologie ist Pater Professor Dr. Gundlach von der Gregoriana in Rom. Roma locuta, causa finita! – Rom hat gesprochen, die Sache ist entschieden – gilt auch hier, umsomehr als der Pater Professor nichts anderes darlegt, als was der Papst selbst dargelegt hat! Wer's nicht fassen kann, der gehe nun ins Irrenhaus, denn anders verwirrt er nur die Christenheit! Wir brauchen klare Linien, klare „Fronten" gegenüber der Satansfront des Bolschewismus. Solche Fronten vermag allein der jesuitische Generalstab (Chef: Pater Gundlach, Ia: Pater Hirschmann in Frankfurt) aufzurichten. Das katholische Volk weiß das ebensogut wie die deutschen Bischöfe. Der wahr-

haft gehorsame katholische Christ weiß es seit 1933, daß der Jesuitenpater Dr. Stonner in Würzburg damals die allein seligmachende Parole ausgegeben hatte, als er sagte: „Der Katholik steht immer da, wo seine Führer stehen."
Ich werde vielleicht doch Friedrich Nietzsches Rat befolgen.

T: *Heidingsfelder*, Georg D.: Da steht der Verstand still. In: Stimme der Gemeinde, 01.06.1959, S. 346.

[G.5]
In letzter Stunde
(1961)

Von Georg D. Heidingsfelder

„Man muß sich nichts vormachen" –, das ist der Kernsatz eines nüchternen Realismus. Wenn man ihn befolgt, liegt die Erkenntnis klar am Tage: daß auch nach der zweiten Katastrophe *Umkehr und Erneuerung ausgeblieben* sind, die allein das Unheil hätten wenden, den Todeszirkel hätten aufbrechen können.

Es ist wahrscheinlich noch die Anzahl der Gerechten in diesem Volke da, die die Katastrophe aufhalten. Von ihnen aber werden weitere abberufen werden, wie schon in den Jahren zuvor, und eines Tages, den niemand kennt, werden es „zu wenige" sein: Sodom und Gomorrha wird dann untergehen.

Sodom und Gomorrha? Ja. Wir sehen nur das Äußere, die Fassaden der Selbstgerechtigkeit. Es ist aber zu vermuten, daß sich hinter ihnen mehr Greuel verbirgt, als wir zu ahnen vermögen. Unser Blick wird ja seit langem bewußt allein auf den „greulichen Feind da draußen" hingelenkt, und so bleibt unsere eigene Schande verborgen. Ihre Wurzel ist die verweigerte Umkehr, aus der nur giftige Früchte erwachsen konnten: die Teufelswunderfrüchte unermeßlichen materiellen Gewinns und neuer irdischer Geltung.

Hatte es an Bußpredigern gefehlt in jenen Jahren? Es hat ein paar gegeben. – „Tut Buße, betet, schweigt! Ehrt eure Toten, die eure Schuld gefällt ..." dichtete Reinhold Schneider. – Aber sie sind aus vielen Gründen nicht zur Wirkung gekommen. Insbesondere hat sich in der katholischen Kirche nicht die Elite bilden können, die der „Bekennenden Kirche" an die Seite getreten wäre: hier war alles auf Restauration und politischen Machtgewinn abgestellt, und als gar die bolschewistische Gefahr den Blick erneut bannte, da stand *Hitlers Geist* wieder auf, nicht mehr unter dem Zeichen des rotierenden Galgenkreuzes, sondern unter dem des Christuskreuzes der *Kreuzzügler*. Man war nicht mehr bis zu den Edelmenschen Wotans zurückgegangen, sondern hatte im Geist der Lechfeldschlacht gefunden, was man jetzt brauchte: die antibolschewistische Front des „Christlichen Abendlandes".

*

Hatte nach der ersten Katastrophe die Lüge vom Dolchstoß die Umkehr schließlich zu verhindern vermocht, so war es nun die Lüge vom Christlichen Abendland, das es zu verteidigen gelte, die wieder in den Todeszirkel einscheren ließ.

Im Dom zu Mainz hatte der deutsch-römische Mönch im Jahre 1948 gerufen: Deutschland ist *Missionsland* geworden! und den Katholiken ins *Gewissen* zu reden versucht: daß man sich selbst missionieren müsse, bevor man andere zu bekehren (oder bekehrend zu vernichten) unternimmt; aber das war bald vergessen und zugeschüttet – durch die Kreuzzügler-Gerechtigkeit eines „Christlichen Abendlandes", dem die Vorsehung selbst mit amerikanischen Atombomben den Rücken gewaltig gestärkt hatte.

Nun endlich war's kein „Zweifrontenkrieg" mehr, dem die Deutschen entgegenbangen mußten: sie brauchten nur über ihre Volksbrüder auf der anderen Seite hinwegzusehen, dann stand die eine Front des Feindes klar vor dem Auge: die Gottlosen, die Antichristen, die bösen Nachbarn, mit denen „der Frömmste" nicht in Frieden leben kann. „Volk ans Gewehr?", fragte nun ein katholischer Trommler rhetorisch, und es konnte keinen Zweifel mehr geben: bei *dieser* Konstellation gab es nichts anderes als *„Volk ans Gewehr!"*

*

Der zweite Krieg hatte den preußischen Staat liquidiert, und nicht wenige rheinische und süddeutsche Katholiken sahen darin den Willen Gottes, zum *„Reich Karls des Großen"* als dem wahren deutschen zurückzukehren. Der Kardinal von Köln sprach diese Sicht sehr früh schon vor der katholischen Jugend offen aus.

Es kam darin eine tief widergeschichtliche Geisteshaltung zum Ausdruck, eine reichsmythologische, die die gebotene christliche Nüchternheit einnebelte und ein Trugbild im Unterbewußtsein verankerte. Man mag über Borussia denken wie man will, meinetwegen mit Donoso Cortes annehmen, daß „Preußen von Geburt an dem Dämon geweiht war" –, sicher ist aber dies: daß kein Dämon je durch einen Mythos gebannt worden ist; hier steht dann nur Dämon gegen Dämon. Für den, der Augen hat zu sehen, liegt es denn längst klar am Tage, daß im gespaltenen Deutschland *zwei Dämonien gegeneinanderstehen*: der sich als Erbe Borussias ausgebende Kommunismus und der als Erbe Karls des Großen sich etablierende „christliche Staat".

*

Deutschland, dem unausweichlich die Stellung der Brücke zwischen Ost und West zugewiesen ist (und zwar als Kreuz), war nun aufgespalten zwischen Ost und West und stellte seine Söhne den neuen Machtkolossen als satellitische „Reisläufer" zur Verfügung. Der *Volksselbstmord* steht so vor der Tür, mit ihm der Untergang des europäischen Abendlandes.

Es hat nicht an politischen Versuchen gefehlt, diese verhängnisvolle Konstellation zu ändern, aber sie alle *mußten* scheitern an der in der Tiefe längst vollzogenen geistigen Entscheidung der verweigerten Umkehr (in Reue und Buße), die den Zustand der *Verstockung* herbeigezogen hat: „Augen haben sie und sehen doch nicht, Ohren und hören dennoch nicht."

Wer kann es wenden? Nur *der*, der die Verstockung wieder aufheben kann: Gott allein. Wieder ist wahr, was jener prophetische Mensch, der inzwischen heimberufen wurde, schon im Jahre des Unheils 1936 geschrieben hatte: „Allein den Betern kann es noch gelingen, das Schwert ob unsern Häuptern aufzuhalten".

Nicht die, die für den Sieg des „Christlichen Abendlandes" beten, sind die hier gerufenen Beter, sondern allein die, die „sich nichts vormachen", daß es jetzt der Opferbereiten bedarf, die, als Unschuldige oder bußbereit, für die Schuld aller vor Gott stehen.

T: *Heidingsfelder*, Georg D.: In letzter Stunde. In: Die Stimme der Gemeinde, 01.10.1961, S. 601f.

H. BEITRÄGE FÜR DIE „KATHOLISCHE FREIHEIT" (1952-1953)

[H.1.]
Einleitung von Martin Stankowski: „Katholische Freiheit 1952-1953. Eine Monatszeitschrift für mündiges Christentum"

Dieses Einleitungskapitel ist mit freundlicher Genehmigung des Verfassers folgender Arbeit entnommen: *Stankowski*, Martin: Linkskatholizismus nach 1945. Die Presse oppositioneller Katholiken in der Auseinandersetzung für eine demokratische und sozialistische Gesellschaft [= Dissertation Berlin 1974]. Köln: Pahl Rugenstein 1976, S. 261-271 und 346-348.

QUELLEN: Im Nachlaß von Georg Heidingsfelder sind alle erschienen Ausgaben mit einer handschriftlichen Erklärung, einige Briefe u.a. von Johannes Ude und Martin Niemöller, sowie verschiedene Pressestimmen zur KF gesammelt. In der publizistikwissenschaftlichen oder zeitgeschichtlichen Literatur konnte eine Erwähnung der Zeitschrift nicht ermittelt werden. [*Anmerkung P.B.: Der von M. Stankowski benutzte Nachlassbestand, auf den diese Angaben sich beziehen, scheint – auch gemäß ‚Findbuch' – nicht identisch zu sein mit dem „Splitternachlass Heidingsfelder / Sammlung Stankowski" im Archiv der F. Ebert-Stiftung Bonn. Die in der nachfolgenden Abteilung dargebotenen Texte aus der Zeitschrift „Katholische Freiheit" sind über Fernleihe, zumeist aus dem Institut für Zeitungsforschung der Stadt Dortmund, besorgt worden.]*

1. EDITORISCHE UND DRUCKTECHNISCHE ANGABEN

Die KF [Katholische Freiheit], im Untertitel als „eine Monatsschrift für mündiges Christentum" bezeichnet, erschien in den Jahren 1952 und 1953. Der erste Jahrgang zählte 3 Nummern von Oktober bis Dezember 1952 und der zweite Jahrgang 9 Nummern von Januar bis Oktober 1953 mit 7 Ausgaben; zwei waren Doppelnummern. Sie kam monatlich heraus in einem Umfang von 24-32 Seiten; alle Ausgaben zusammen hatten 264 Seiten ohne die Umschlagseiten. Die Jahrgänge sind nicht durchgehend paginiert. Das Format ist DIN A 5.

Verlegt wurde das Blatt im See-Verlag in Kastenseeon in Oberbayern; aber das war nur der Wohnort des Finanziers Karl August Weber. Herausgeber und Redakteur war Georg Heidingsfelder aus Meschede in Westfalen. Lediglich für die letzte Ausgabe zeichnete Hans Georg Schäfer aus München verantwortlich. Das Blatt wurde in München gedruckt.

Die KF ist glatt umbrochen, ein- oder zweispaltig, der Text häufig durch Kästen oder Linien unterbrochen; die Grundschrift ist eine klassische Antiqua. Der Umschlag ist grau-grün aus etwas stärkerem Papier; auf der Titelseite ein paar Angaben „aus dem Inhalt". Nur den Umschlag der letzten Ausgabe illustriert das ganzseitige Foto eines Kreuzganges; sonst gibt es keinerlei Illustrationen.

Außer Annoncen für die im selben Verlag erscheinende „Deutsche Film Korrespondenz" gab es auch 3,5 Seiten Anzeigen für Kruzifixe („100 Stück DM 20 frei Haus"); das waren wenig mehr als 2 % des Gesamtumfangs. Der Preis des Einzelheftes ist mit DM 0,50, der des Jahrgangs mit DM 5 angegeben.

Die KF wurde wahrscheinlich von Karl August Weber finanziert und soweit sich das verschiedenen ablehnenden Warnungen der Kirchenzeitungen entnehmen läßt, nicht durch Abonnement verkauft, sondern an katholische Pfarrer kostenlos verteilt.[1]

---

[1] „An das ‚Kath. Pfarramt Pulheim Kreis Köln, Kirchstr. 1' ging von München aus als Werbeexemplar eine ‚Monatszeitschrift für mündiges Christentum' ..." *Bayerisches „Klerusblatt"*, 33. Jhg. Nr. 7, 1.IV.1953; oder „Seit einiger Zeit werden die katholischen Pfarrer des westdeutschen Raumes, insbesondere des Ruhrreviers mit Freiexemplaren einer Zeitschrift versorgt..." *„Dom", Sonntagsblatt für das Erzbistum Paderborn* Nr. 7 vom 15.2.1953; ähnlich auch die *Bamberger Kirchenzeitung „Heinrichsblatt"* am 22.3.1953 und die *„Politisch-Soziale Korrespondenz"*, Bonn, 2. Jhg. Nr. 3, vom 1.2.1953.

2. QUANTITATIVE ANALYSEN

Themen

Insgesamt wurden 256 Einzelbeiträge gezählt, hinzu kommen mehr als 60 mehr oder minder umfangreiche Zitate, die thematisch nicht aufgeschlüsselt wurden. Nach Themengruppen verteilt ergaben sich folgende Häufigkeiten:

Politik	54,0 %
Kirche/ Religion	30,0 %
Geschichte	2,7 %
Kultur/Kunst	2,3 %
Sozialismus	1,3 %
Ideologie	4,0 %
Sonstiges	5,7 %

Gesamtnennungen einschließlich Mehrfachcodierung 298 = 100 %

Die Konzentration der Inhalte der KF ist hiernach schon deutlich. Schlüsselt man die Bereiche weiter auf, präzisiert sich das Bild. Im Bereich „Politik" nehmen das Thema „Militärpolitik/Aufrüstung" mit 75 Nennungen und das Thema „Atombewaffnung" mit 4 Nennungen, das sind zusammen mehr als 40 % des politischen Teils und fast ein Viertel des Gesamtumfanges (22,3 %), die dominierende Stellung ein. Es folgt der Bereich „Außenpolitik/Andere Länder" mit 40 Nennungen oder 13,1 Prozent aller Artikel der KF. Dabei muß man allerdings berücksichtigen, daß hiervon allein 60 % über die USA und 10 % über den Koreakrieg handeln. Dann folgen mit 17 Nennungen oder 5,7 % des Gesamtumfanges die Themen „CDU/Adenauer", 3,7 % der Bereich „Parteien/Parlament/Wahlen" und mit nur 2 % „Arbeiterbewegung / Gewerkschaften".

Beim Themenkomplex „Kirche" befassen sich die Hälfte aller Beiträge in dieser Gruppe mit „Institution/Vatikan/Hierarchie" und nur ein Sechstel mit kirchlichen „Organisationen/Verbänden/Personen"; dann folgen „Kirchenopposition", „Kirchenpresse" und „Protestantismus".

Von den 8 Nennungen des Themenkomplexes „Geschichte" handeln allein 5 über den „Zweiten Weltkrieg". Das Thema „Literatur/Schriftsteller" im Themenkomplex „Kultur/Kunst" hat 3 Beiträge, die alle den Schriftsteller Reinhold Schneider betreffen, der selbst zu den Autoren der KF gehörte. Die anderen Themengruppen lassen keine Schwerpunkte erkennen.

Korreliert man die beiden Themen, die am häufigsten angesprochen sind (in % aller Beiträge)
Aufrüstung 22,3 %
kirchliche Institutionen 15,0 %,
wird deutlich, was das publizistische und politische Interesse der Zeitschrift KF war. Gerade die Kombination der beiden Themen ist immer wieder festzustellen: Es geht um das Verhalten der Organisation Kirche in der Frage der Wiederaufrüstung der Bundesrepublik. In der redaktionellen Einleitung der ersten Nummer heißt es: „In der versuchten Fesselung des Christenmenschen an kriegerische Waffen und an eine sich ihrer bedienende christliche Politik, bricht das Problem der katholischen Freiheit / hier und heute / auf. Es gilt die katholische Freiheit im Angesichte eines kurzschlüssig politischen, kirchenpolitischen und moraltheologischen Zwangs autoritärer Gestalten zu gewinnen und zu behaupten. Hier und Jetzt wird die geistige Entscheidungsschlacht der Freiheit geschlagen, angesichts eines Waffenzwanges, der von ‚souveräner' Staatlichkeit, die auch über das Gewissen bestimmen will, und von restaurativem Katholizismus, der die Kirche mit Atombomben zu verteidigen sich anschickt, auszuüben abermals versucht wird." (52/1/3)

Genres

Die Aufteilung nach journalistischen Genres ergibt folgendes Bild:

Nachricht	44,0 %
Analyse	13,5 %
Kommentar	12,0 %
Essay/theologische Reflexion	10,0 %
Dokument	7,0 %
Leserbrief	4,0 %
Rezension	3,5 %
Glosse	3,0 %
Reportage/Bericht	1,5 %
redaktionelle Mitteilung	1,5 %
Gesamtnennungen 256 =	100,00 %

Abgesehen von der Schwierigkeit, bei der KF die einzelnen Genres – wie Analyse, Essay und Kommentar vor allem – immer klar trennen zu können, ist der überaus hohe Anteil der Nachrichten bemerkenswert. Darin unterscheidet sie sich deutlich von den anderen linkskatholischen Publikationen (mit Ausnahme der ersten „innerkirchlichen" Jahrgänge der WH [Werk-Hefte]); darin wird auch ihr Bestreben deutlich, eine publizistische Alternative zur üblichen kirchlichen Agitation zu bieten. Typisch für den Stil der KF ist vielleicht auch noch, daß die „Glosse", die auf ein distanziertes Verhältnis zum Gegenstand schließen läßt und die „Reportage", die eher recherchierend-analytische als essayistisch-kommentierende Arbeit verlangt, so gut wie nicht vorkommen.

Zitate

Auch bei der Aufteilung nach journalistischen Genres sind die Zitate ausgenommen. Das war nicht immer konsequent durchführbar, weil viele Beiträge immer wieder mit Hilfe von Zitaten argumentieren und häufig zitierte Personen kommentiert werden. Die starke Anhäufung von Zitaten – die hier gezählten 62 sind nur die, die jeweils noch typografisch hervorgehoben sind, durch Kästen, Linien, Kursiv- oder Fettdruck – läßt darauf schließen, daß die KF einem starken Legitimationszwang unterworfen waren, der es angeraten sein ließ, die Argumentation mit analogen „Stimmen der Meister" oder dem „Wort der Theologen" – so die entsprechenden Rubriken jeder Ausgabe – zu rechtfertigen, oder zumindest zu stützen. Nun ist das kaum verwunderlich, wenn man weiß, in welch starkem Maße nonkonformistische Katholiken jener Jahre Diffamierungen innerhalb des Katholizismus ausgesetzt waren.

Die angeführten Meister reichen denn auch von den Kirchenvätern über Päpste und Heilige wie Thomas Morus bis zu den Kardinälen Innitzer und Ottaviani, von den Schriftstellern Miguel de Cervantes über Bernanos, Leo Weismantel und Reinhold Schneider bis zu Hans Zehrer und Ernst Jünger, über Theologen und Philosophen bis zu pazifistischen Zeitgenossen wie Franziskus Stratmann, Pierre Lorson und Martin Niemöller. Darin kommt allerdings auch eine Eigenart derjenigen Katholiken zum Ausdruck, die, wie Heidingsfelder, politisch oppositionelle Positionen in den 50er Jahren vertraten und die Kirche nur insofern in die Kritik einbezogen, als sie diese Politik unterstützte. Religionskritik war ihnen fremd und dementsprechend auch eine adäquate Ideologiekritik an den viel zitierten „Zeugen". Die Hauptsache war, daß sie auch nur in einem einzigen Punkt mit den Positionen dieser linken Katholiken übereinstimmten.[2]

---

[2] Eine solche kirchlich-politische „Mischung" kann man beispielsweise sehr deutlich feststellen bei Reinhold Schneider, den Heidingsfelder sehr „heftig" verehrte und in publizistischen Beiträgen in der KF [Katholische Freiheit] und anderenorts ständig zitierte. In einer sehr spezifischen Situation kam Schneider zur Ablehnung der westdeutschen Remilitarisierung, die ihm die einhellige Diffamierung des politischen Katholizismus einbrachte; z.T.

Herkunft des Materials und Autoren

Für die größeren Beiträge, also ohne Zitate, Nachrichten etc., kann man folgende Aufschlüsselung, entsprechend ihrer „Herkunft" anstellen:

Originalbeiträge 42 %
übernommene Beiträge 45 %
gemischte Beiträge 12 %
nicht feststellbar 1 %
Gesamtnennungen 164 = 100 %

Im Zweifelsfall wurde angenommen, die Beiträge seien für die KF verfaßt und dort zuerst publiziert worden. Trotzdem ist immer noch mehr als die Hälfte des gesamten Materials nicht für die KF geschrieben worden oder besteht doch zu einem größeren Teil aus referierenden Passagen.

Von den größeren gezeichneten Beiträgen stammen von Reinhold Schneider 6, von Johannes Fleischer 4, von Dechant Joseph Emonds, Ludwig Zimmerer und Klara Maria Faßbinder je 1 Beitrag. Dies sind Autoren, die auf der Seite der katholischen Opposition nicht unbekannt sind. Alle übrigen gezeichneten Beiträge sind kaum mehr als ein Dutzend. Allein aber von Heidingsfelder selbst stammen 32 Beiträge. Davon sind 21 namentlich, oder mit Initialen gezeichnet. Bei anderen bediente er sich so feinsinniger Pseudonyms wie

---

unter entwürdigenden Begleiterscheinungen: so wurde er von verschiedenen Kanzeln öffentlich als aus der Kirche ausgetreten diffamiert und eine Theologische Fakultät entfernte seine Bücher aus ihrer Bibliothek. Und das alles, nachdem er während des Krieges und in den ersten Nachkriegsjahren als „der" Dichter des katholischen Deutschland apostrophiert worden war. (vgl. Pieter van Hatten, *Der Fall Reinhold Schneider*, in: Die Besinnung, Nürnberg 1951, Heft 4-5, S. 232ff; FH [Frankfurter Hefte] 51/668 und DW [Deutsche Woche] 1 (1951), Nr. 6 vom 16.7.51, S. 11). Zugleich war Schneider ein konservativer Denker mit starken monarchischen Zügen, der entscheidend zur Theologisierung der „Reichs"-Ideologie im deutschen Katholizismus beigetragen hat. (vgl. das Kapitel „Reinhold Schneider oder die Aporie des christlichen Pazifismus" in der unveröff. Diss. von Richard Faber, *Die Verkündigung Vergils*, Berlin 1973, 533ff). – Von 1950 bis 1954, in der Zeit der Diffamierung des Schriftstellers, hat er eine ausgedehnte Korrespondenz mit Heidingsfelder geführt, die dieser 1961 im Verlag Leo Weismantels, dem Weltkreis-Verlag, veröffentlichen wollte. Die Briefe waren schon gesetzt, als die Erbin Schneiders, der nach dem Bürgerlichen Gesetz-Buch die „Urheber-Rechte" zustehen, dagegen Einspruch erhob. Heidingsfelder schenkte die Originalbriefe Leo Weismantel; ein Fahnenabzug befindet sich im Besitz des Verf. Einige der Briefe, mit scharfen Passagen gegen den politischen Katholizismus und seine herrschende Moraltheologie, hatte Heidingsfelder 1961 in der Zeitschrift *„Labyrinth"* (2. Jhg. Heft 3/4, Juni 1961, 124-133) veröffentlicht; dadurch waren offenbar diese Briefe erst bekannt geworden.

Georg von Franken (3 Beiträge), Pacificus (3 Beiträge), Gregor Sauerländer, Bruder Georg und Thomas Abendländer (je 1 Beitrag).[3] Auch wenn es im einzelnen nicht immer feststellbar ist, kann man davon ausgehen, daß der verantwortliche Redakteur und Herausgeber weit mehr als die Hälfte des authentischen Materials selbst schrieb und wenn man sich erinnert, daß dies nicht einmal die Hälfte des Gesamtumfangs ausmachte, kann man ohne Übertreibung feststellen, daß die Zeitschrift KF das Werk eines einzigen Mannes war.

3. QUALITATIVE ANALYSE

Kritik des Katholizismus

Die Grundthesen der Heidingsfelderschen Argumentation kehren in fast allen Beiträgen wieder. Nach den historischen Erfahrungen, zuletzt nach denen des 3. Reiches, ist das Christentum in seiner bürgerlichen Denomination am Ende. Er zitiert häufig den Kölner Prälaten Grosche: „Das Christentum ist in den Untergang des Bürgertums hineingezogen, und es ist sicher, daß aus dieser Schicht eine Rettung nicht mehr kommen kann."[4] Für Heidingsfelder heißt dieses Christentum konkret „Katholizismus", was er streng von der „Kirche" trennt. In „Sieben Thesen über den ‚Katholizismus'" schreibt er:

„I. Der Katholizismus ist / die ideologische Überlagerung der heiligen katholischen Kirche. / Er ist die ungemäße, verderbliche Antwort auf die ‚Ismen' der Neuzeit, in deren Zeichen das Leben vergewaltigt wurde. Der Katholizismus hat sich auf die Ebene dieser Ismen begeben und ist ‚einer der ihren' geworden.
II. Der Katholizismus ist / die bürgerliche Elefantiasis der katholischen Religion; / er hat die Taubenfüße des Heiligen Geistes in stampfende Säulen verwandelt: ein Wallfahrtsaufmarsch, etwa der ‚Männersäule', ist heute eine eindeutige ‚katholische' Demonstration, auch wenn der führende Monsignore nicht ausdrücklich von der Wallfahrtskirchentreppe herunterschreit: ‚Wir sind eine Macht!' " (53/3/1f)

---

[3] Auch anderswo gebrauchte Heidingsfelder diese und ähnliche Pseudonyme: zur Verifizierung kann angeführt werden, daß Heidingsfelder in Franken geboren ist und zur Zeit der Redaktion der KF im Sauerland lebte. Seine drei Söhne heißen Georg, Thomas und Gregor.
[4] z.B. KF 52/1/15 und 52/3/1. Das Zitat stammt aus dem Referat *„Der deutsche Katholizismus im Hl. Jahr 1950"* aus der Werktagung in Altötting zum 74. Deutschen Katholikentag am 29.8.50 und wurde auch von den WH aufmerksam registriert vgl. WH [Werk-Hefte katholischer Laien] 50/25.

Heidingsfelders persönliche Religiosität, oder – wie die Theologen sagen – sein „Glaube" stehen dabei nicht infrage, denn er unterscheidet „streng zwischen unserer heiligen katholischen Kirche, die wir aus ganzem Herzen lieben, und denjenigen Gliedern, hießen sie Kanzler oder Kardinal, die ihre verderblichen politischen und kirchenpolitischen Konzeptionen und Aktionen zum verpflichtenden Evangelium für alle Katholiken machen wollen" (53/1/12). In einem Brief an das Staatssekretariat des Vatikans bekennt er sich gar als „Herausgeber einer katholischen Zeitschrift, die im Glaubensgehorsam zu stehen wünscht" (53/1/5). Nun wird diese Trennung in Kirche und Katholizismus in der KF immer nur erklärt an ihren politischen Symptomen und nicht näher bestimmt, etwa mit Hilfe religionssoziologischer und -psychologischer Kriterien.

Die Kritik am politischen Katholizismus geht einher mit einer negativen Geschichtsphilosophie, die sich zuweilen in eschatologische Dimensionen ausläßt: „Dies alles ereignet sich in der letzten Stunde der Gnade, die dem schuldbeladenen Deutschland und dem schmachbedeckten Europa heute gewährt ist." (53/1/12) So unterschieden sich manche allgemeinere Deutungen des Blattes und seine Kritiken der Zeitzustände häufig nicht von denen reaktionärer Zeitgenossen, wurzeln sie doch in einem ähnlichen Kulturpessimismus, der alle geistesgeschichtlichen und politischen Bewegungen und Strömungen der Neuzeit als Übel des Rationalismus abtun will. Darauf deutet auch die häufige Zitation gern genannter „Zeugen" wie Theodor Haecker, Hans Urs von Balthasar, Wilhelm Röpke, Ernst Jünger, Karl Adam oder Hans Sedlmayr hin.

Heidingsfelder unterscheidet sich von den meisten von ihnen aber ganz sicherlich in der Konkretion dieser allgemeinen Zustandskritik, in der Anwendung auf die „christliche" Politik der ersten Jahre der Bundesrepublik; für die anderen war die kapitalistische Organisation der Wirtschaft und Gesellschaft, die militärische Aufrüstung oder die Entdemokratisierung der politischen Institutionen ja keine Frage.

Das Gewissen des mündigen Laien

Eine Änderung erwartet er jedoch nur von dem selbständigen Einzelnen, durch das „individuelle Gewissen". „Im restaurativen Katholizismus ist das Gewissen in den Winkel gestellt. Lehrmäßig ist es immer auch in der katholischen Kirche die oberste sittliche Position gewesen; aber die Praxis hat es fast außer Kraft gesetzt." (52/3/15) Und: „Im Katholizismus ist die Flucht vor dem Gewissen organisiert." (53/3/2) Zum Jahreswechsel 1952/53 schrieb er, „daß hier und Jetzt von diesem Volk, insbesondere seinem christlichen Teil, / drei Kardinalfragen / zu beantworten seien: erstens die Schuldfrage, zweitens die Gewissensfrage, drittens die soziale Frage. Als Herz- und Kernfrage hat sich mir die Gewissensfrage dargestellt." (53/1/1).[5] Träger des verantwortlichen Gewissens und Motor der politischen-und kirchenpolitischen Neuerungen ist „der mündige Laie", worauf auch der Untertitel anspielt. Nicht zufällig nennt die KF eine Rubrik jeder Ausgabe „Der Laie hat das Wort", was auf die nach dem zweiten Weltkrieg in Deutschland stark verbreitete Laien-Emanzipation rekurriert, die zu diesem Zeitpunkt 1952/53 allerdings schon im großen und ganzen im politischen Katholizismus liquidiert war und aus deren ursprünglicher Intention zum Teil ja auch das Entstehen eines Linkskatholizismus, wie etwa bei den WH [Werk-Heften], überhaupt erklärt werden muß.

Daß Heidingsfelder „Herz-, Kern- und Gewissensfrage" nach dem mündigen Laien im Katholizismus ohne Antwort blieb, diagnostiziert er als Verrat an der Sache des Christentums. „Drahtzieher" (so sein beliebtester Ausdruck, den er in jedem Beitrag mindestens einmal verwendet und der auf die von ihm wiedergegebene Äußerung des Monsignore Konermann in Fulda 1948, der Geistliche betätige sich heute als „Drahtzieher hinter den Kulissen" zurückgeht[6],) ist für ihn allemal der „politische Kleriker", der Agent einer angeblich „christlichen" Politik. „Im Katholizismus erscheint der Priester als / der politisierende Geistliche / ..., in dem er ‚die katholische Einheit' als politischen Machtfaktor einzusetzen strebt. Der politisierende Priester ist hier und heute ein schlimmerer Schädling der Kirche als / jeder/ äußere Feind ... Der Katholizismus endet, folgerichtig wie alle Ismen, im Totalitarismus: als / ‚christlicher Faschismus' /. Der ist die vollendete Karikatur des Reiches Gottes. Es ist bezeichnend, daß der Faschismus überhaupt in katholischen Ländern seine Heimat hatte: hier war der Boden durch den Katholizismus für den Einbruch der letzten gesellschaftlichen Entartung vorbereitet." (53/3/1)

Soweit in groben Zügen die Grundgedanken der häufig in Variationen wiederholten politischen und kirchenpolitischen Analyse der KF. Indes vermißt man eine adäquate politische Strategie, die die Zeitschrift ihren Lesern als Weg aus dem diagnostizierten Dilemma vorstellt. Es bleibt bei Appellen an die Kirche, die „Freiheit des Christenmenschen" zu akzeptieren, und an den einzelnen christlichen Laien, sich seiner Mündigkeit bewußt zu werden und sie wahrzunehmen. Von Organisation zur Realisierung berechtigter Interessen, von solidarischen Aktionen, gemeinsamen Kampf, von Strategie und Taktik ist nie die Rede. Die einzige, soziologisch annähernd bestimmbare Gruppe, die hin und wieder konkret angesprochen wird, ist „die Jugend". (52/1/3f) Ein

---

[5] Wie sehr Heidingsfelder diese Problematik beschäftigte, belegt auch ein unveröffentlichtes Buchmanuskript „Metanoetik – Die Wissenschaft vom neuen Denken" aus dem Jahre 1957 – Nachlaß Heidingsfelder.
[6] vgl. KF 53/3/1, aber auch WH 50/48.

Kommentar ist überschrieben: „Der Aufstand der Söhne unabweisbar – Notwendigkeit der Aktion angesichts neuer Kriegsvorbereitungen der Väter" (52/1/5). Nur ein einziges Mal macht Heidingsfelder die Subjekte seiner Empörung dingfest, wenn er wünscht, daß die Empörung „hier und heute in allen deutschen Studenten (und Arbeitern) lebendig werde! Sie wäre fürwahr eine rettende Kraft ersten Ranges!" (53/4-5/2)

Die vom Grundgesetz vorgesehenen hauptsächlichen Willensträger des Volkes, die politischen Parteien, kommen in der KF allesamt schlecht weg. Die 17 Beiträge, das sind fast 6 % aller Artikel, die sich mit der CDU, bzw. mit ihrem damaligen Vorsitzenden und Kanzler der Bundesrepublik, Adenauer, befassen, lehnen ausschließlich deren Politik und Ideologie ab. SPD, FDP und KPD werden jeweils nur in einem Artikel behandelt. Heidingsfelder selbst scheint der „Notgemeinschaft für den Frieden Europas", der Vorläuferin der „Gesamtdeutschen Volkspartei" [GVP], nahegestanden zu haben. Darauf deutet eine „Erklärung" hin, die er auf einer von der Notgemeinschaft veranstalteten „Kundgebung der Professoren" am 3.11.1952 in Bonn abgegeben und zusammen mit einer Stellungnahme des Dechanten Emonds „Der Geistliche und der Laie in der Politik" in der KF veröffentlicht hat (52/2/1-6).[7] Sicherlich hatte er auch engere Verbindungen mit dem „Bund der Deutschen" und dessen Vorläufer, der „Deutschen Sammlung".[8] Gegenüber seinen rigiden Forderungen muß allerdings jeder parteipolitisch-parlamentarischen Strategie zur Veränderung der gesellschaftlichen Verhältnisse der Erfolg versagt bleiben. So formuliert Heidingsfelder denn auch in der letzten von ihm verantworteten Ausgabe der KF, die im Juli 1953, kurz vor der zweiten Bundestagswahl erschien, seine Überzeugung, „daß von einem bloßen politischen Wandel auf den Parlamentssitzen nichts erhofft werden kann. Ob die SPD die Mehrheit hat, oder die ‚Gesamtdeutsche' das Zünglein an der Waage ist, – sie führen alle in den Untergang, wenn das sittliche Fundament nicht erneuert werden kann", und er fährt fort, im Hinblick auf die anstehenden Wahlen: „Bleibt Adenauer am Ruder, so ist alles in kurzer Zeit verloren; er ist sichtlich der Liquidator der europäischen Bürgerchristenheit, die nichts lernte aus den göttlichen Heimsuchungen. Gewinnt die FDP und die DP-Rechte, so wird das Untergangstempo zur Raserei sich steigern. Kommt die SPD obenauf, so ist dadurch nichts ge-

---

[7] Zur GVP vergleiche das obige Kap. über GuV [*Stankowski*, Martin: Linkskatholizismus nach 1945. Köln 1976, S. 230-252]. Zu der Veranstaltung vgl. DW [Deutsche Woche] vom 12.11.52. Um diesen Beitrag Heidingsfelders hat es offensichtlich auch innerlinkskatholische Querelen gegeben, da der Text nicht von ihm selbst stammte. Vgl. GuV 4/12.

[8] Vgl. den Exkurs im Schlußkapitel „Über eine andere, nicht kirchenkritische Variante des Linkskatholizismus" [*Stankowski*, Martin: Linkskatholizismus nach 1945. Köln 1976, S. 275ff].

wonnen; sie war nie eine echte, wirksame Opposition; sie ist restaurativ, wie nur je die Bürgerparteien." (53/7/1)

Beziehungen mit den Kommunisten

Von den Kommunisten oder ihrer Partei ist überhaupt nicht die Rede in der KF; als politische Kraft schienen sie nicht zu existieren. Das ist um so erstaunlicher, als Heidingsfelder sich ständig mit dem „Vorwurf", Kommunist zu sein oder zumindest als „nützlicher Idiot" zu figurieren, herumschlagen mußte[9] und die Paderborner Kirchenzeitung „*Dom*" deshalb sogar unverhohlen ein Verbot der KF forderte. Als „Fakten" werden dabei immer wieder angeführt, daß der Leiter des See-Verlages, Karl August Weber, „Hauptschriftleiter der kommunistisch getarnten Wochenzeitung ,die Deutsche Woche'" sei[10], daß die Druckerei der KF „schon Broschüren und Druckschriften verschiedener verfassungsfeindlicher Tarnorganisationen angefertigt" habe[11], daß die KF „auf feinem Papier gedruckt ist, das man ansonsten nur bei sowjetischen Werbeschriften in deutscher Sprache findet"[12] oder daß die Friedensaufforderung der KF in

---

[9] Vgl. das Bayerische „*Klerusblatt*", die Kirchenzeitungen „*Dom*" und „*St. Heinrichsblatt*" und die „*Politisch-Soziale Korrespondenz*" (alle: s. Anmerkung 1), sowie die „*Westdeutsche Allgemeine Zeitung*" vom 11.2.1955.

[10] *Klerusblatt* (s. Anmerkung 2). Die hier erwähnte „*Deutsche Woche*" [DW] war eine von Weber im Sommer 1951 in München gegründete Wochenzeitung, die politisch der „Deutschen Sammlung" nahestand. Sie erschien bis Ende der 50er Jahre und wurde in den jährlichen Berichten des Innenministers immer wieder als „kommunistische Tarnschrift" apostrophiert. Schon in der Nr. 2 (vom 18.6.51) der DW gab es eine ganze Seite unter dem Titel „Geist und Glaube", die von nun an in unregelmäßiger Folge erschien. Darin drückte sich das Interesse aus, Kirchen- und Religionskritik in die allgemeine Gesellschaftskritik mit einzubeziehen und zugleich mit linken Katholiken politische Bündnisse einzugehen. Eine Sondernummer der DW beispielsweise vom Juli 1952 brachte u.a. Beiträge von Wilhelm Elfes, Josef Wirth, Helene Wessel, Christa Thomas und einer CSU-Kreisvorsitzenden Charlotte Fleischmann; außerdem von Heidingsfelder, der einige Jahre lang regelmäßig in der DW schrieb, vor allem über die katholische Arbeiterbewegung (z.B. 1951: Nr. 6, 12, 16; 1952: Nr. 1, 23, 24, 37). Verantwortlich für die Seite „Geist und Glaube" war Johann Ludwig Döderlein, der Ende der [19]40er Jahre zur Gruppe EuA [Zeitschrift „Ende und Anfang"] gehört hatte. Ab 1955/56 änderte sich der Charakter ein wenig und es ging jetzt mehr um religionswissenschaftliche und -philosophische Probleme. Ab 1957 hieß die Seite auch „Kirche und Hochschule". Verantwortlicher Redakteur für Außenpolitik der DW war ab 1957 Franz Josef Bautz, der vormalige Herausgeber von EuA. (Der im Impressum der letzten, nicht unten Heidingsfelders Verantwortung erschienenen, KF genannte Schäfer, war innenpolitischer Redakteur der DW.)

[11] *Klerusblatt* (Anmerkung 1).

[12] *Dom* (Anmerkung 1).

einem Ton gehalten sei, „den man auf jedem kommunistischen Flugblatt findet"[13].

Diese „Argumente" sprechen für sich. Heidingsfelder selbst hat in einem persönlichen Brief dazu Stellung genommen: „C.A. Weber war mit mir in der Kriegsgefangenschaft in Cherbourg; wir saßen dort in einem amerikanischen Sonderlager, da wir Antinazis waren; beide glaubten wir in den Amis die ‚Retter' sehen zu sollen. Aber wie grausam wurden wir später enttäuscht, als die Lumpen sich um 180 Grad drehten und das genaue Gegenteil von dem forderten, was sie uns in Cherbourg gepredigt hatten[14]. Ich selbst war nie Kommunist und werde es auch (Gott helfe mir!) niemals werden; ich bin praktizierender (betender und kommunizierender) Katholik; auch Weber ist kein Kommunist, wenn er auch, in Ermangelung christlichen Halts, nun aus tiefer Enttäuschung sehr weit auf die andere Seite getrieben worden ist. Er hält die Zusammenarbeit mit den Kommunisten für richtig (wie die Katholiken Dr. Wirth und Elfes ja übrigens auch!). Er hat mir die Möglichkeit der Zeitschrift geboten und ich habe sie akzeptiert. Sie wird ganz allein, souverän von mir gestaltet, von vorn bis hinten, und /von meinem Gewissen verantwortet /. Wenn ich diese Verantwortung nicht mehr tragen könnte (sei es durch ‚Einmischung' oder aus anderen Gründen), würde ich die Zeitschrift sofort aufgeben. So aber scheint sie mir ein wichtiges Instrument zur Verbreitung der Wahrheit zu sein."[15]

Dazu scheint es allerdings kaum zwei Monate darauf gekommen zu sein. Heidingsfelder schrieb später: „Als im Juli 1953 sich Druck auf Umorientierung geltend machte, habe ich die Redaktion sofort niedergelegt."[16] Worin dieser Druck bestand, ist heute nicht mehr zu ermitteln. Möglicherweise waren die Finanziers, wer immer es auch genau gewesen sein mag, mit der rigiden Ablehnung jeder parteipolitischen Strategie zur „Vorbereitung" der Bundestagswahl nicht einverstanden, da sie offensichtlich einiges Gewicht auf parteipolitische und parlamentarische Positionen legten. Drei Jahre später formulierte Heidingsfelder in einem Brief noch deutlicher, worin eigentlich seine Interessen bei der Herausgabe und Redaktion der KF bestanden hatten: „Den Kommunisten habe ich völlig abgesagt. Ich will nichts mehr mit ihnen zu tun haben. Ich habe sie eine Zeit lang als Tribüne benutzt, um / mein / Anliegen

---

[13] *Westdeutsche Allgemeine Zeitung* (Anmerkung 9).
[14] Heidingsfelder hat diese politische Entwicklung, die ihn Ende der 50er Jahre zwang, als Fabrikarbeiter seine Familie zu ernähren, in einer biografischen Skizze beschrieben: *Vom „selected citizen" zum Fabrikarbeiter*, in: Zeitschrift „*Labyrinth*" (2. Jhg. Heft 3/4, Juni 1961, S. 105-124).
[15] Brief vom 14.5.1955 an Erich Viktor Beyer, Würzburg – Durchschrift im Nachlaß Heidingsfelder.
[16] Handschriftliche Vorbemerkung vom 25.11.61 zur Sammlung der Ausgaben der KF [Katholischen Freiheit] im Nachlaß Heidingsfelders.

publizieren zu können. Aber jetzt will ich auch das nicht mehr. Sie können mir gestohlen bleiben mit ihrem verlogenen ‚Friedenskampf'. Zugunsten des Marxismus habe ich ohnehin nie ein Wort geschrieben; er ist mir so verhaßt wie der Nazismus."[17]

Heidingsfelder macht hier selber keinen Hehl daraus, daß er ein Antikommunist war, was die marxistische Theorie angeht, wenngleich er um gemeinsamer politischer Ziele willen mit Kommunisten zusammengearbeitet hat. Es bleibt allerdings das Dilemma dieser Kommunisten, den Widerspruch aufzulösen, der darin liegt, solchermaßen Theorie und Praxis – bzw. Ideologie und Politik – zu trennen, wo doch gerade sie deren Dialektik kennen müßten. Aber das ist vielleicht ein Dilemma jeder Art von Bündnisbewegung mit fortschrittlichen Christen, denen die Kommunisten selbst die Ergebnisse der marxistischen Religions- und Ideologiekritik vorzuenthalten bemüht sind, wenn man nicht annehmen will, sie selbst hätten diese längst aufgegeben.

Wenn man nach den politischen Motiven der finanziellen Unterstützung der KF aus diesen Kreisen fragt, wird man sicherlich annehmen können, daß damit ein spezielles Organ geschaffen werden sollte, für Katholiken und katholische Priester, die mit einem linken Organ wie der „Deutschen Woche" sicherlich nicht erreicht werden konnten. Dafür ist es für die historische politische Beurteilung beliebig, in welcher Nähe diese „Kreise" zu den Kommunisten gestanden haben oder mit ihnen identisch waren. Seinerzeit war das allerdings ein erheblicher Diffamierungsgrund und führte nicht selten auch zu polizeilicher und juristischer Verfolgung der Beschuldigten. Das hat seine Relevanz in Situationen und Gesellschaften, in denen die Kritik der bestehenden reaktionären und kapitalistischen Verhältnisse auf der Basis sozialistischer Zielvorstellungen argumentiert, während sich diese Verhältnisse politisch und ideologisch eben gegen eine bestimmte Sozialismusrealisation, die osteuropäischen Volksdemokraten und vor allem die Sowjet-Union, richteten. Da fallen dann außenpolitischer Feind, ideologischer Gegner, Widersacher des Christentums und innenpolitischer Kritiker nahtlos ineins. Und der Vorwurf der finanziellen Unterstützung aus dem „Osten" hatte genau diese unterschiedslose Pauschalisierung zum Ziel. Damit aber wird er zur Diffamie.

Nach Heidingsfelders Ausscheiden erschien noch die letzte Nummer 8/9, wahrscheinlich im Oktober 1953. Abgesehen von den schon genannten „äußerlichen" Änderungen legte man jetzt auch mehr Wert auf eigene Beiträge (von acht Artikeln ist nur einer übernommen und die vormals extensiv geübte Praxis der Zitation entfällt völlig) und Seriösität. Die Artikel dieser Ausgabe haben

---

[17] Brief vom 6.8.1956 an Albert Stankowski, Meschede – Original im Besitz des Verfassers. Zu Heidingsfelders Kommunismus-Verständnis und zu seiner Ablehnung vgl. seine Schrift: *Der Kampf zwischen Christentum und Kommunismus*, Göttingen 1956.

mehr einen analytisch-berichtenden Charakter, enthalten sich jeglicher moralischen Verurteilungen und aller Appelle.
Nach dieser Ausgabe stellte die KF ihr Erscheinen ein.

Katholische Freiheit

Eine Monatszeitschrift für mündiges Christentum

Aus dem Inhalt:

Der Geistliche und der Laie in der Politik
von Dechant Emonds

Was haben wir Christen für den Frieden zu tun
von Georg Heidingsfelder

Das Wort der letzten Freiheit
von Reinhold Schneider

Katholische Priester gegen Katastrophenpolitik

Bonn und die katholischen Arbeiter

Die „Vatikanische Depesche"
von Johannes Fleischer

Nr. 2 - November 1952

[H.2]
Wider die „Generallinie"

Von Georg Heidingsfelder

Diese Zeitschrift [„Katholische Freiheit"] wird sich, scharf gegen die offizielle *„Generallinie"* wenden, die die Gewissen vergewaltigt, indem sie eine politische Ideologie als „christliche Politik" ausgibt. In der Wiener Zeitschrift *„Der Christ in der Welt"* finden wir hierzu diese höchst bemerkenswerten Ausführungen. [:„???] Es ist mir mehr und mehr Gewißheit geworden, daß der Westdeutsche Katholizismus mehrheitlich geistig noch immer – oder schon wieder? – allzu eng an Partei und Staatschristentum gebunden ist, daß weltlichpolitische Belange weit über Gebühr in den Mittelpunkt gerückt sind, ja, daß manche von den Ungeist-Ideen der Zeit in dem Gewande kirchlicher Machtkombinate und zentralistischer Leitungsbüros ihr geisttötendes Unwesen treiben. Spätere Geschichtsschreiber werden feststellen, daß der westdeutsche Katholizismus in der Epoche faschistischer Staatsvergötzung äußerlich wenig Verluste erlitten, aber trotz des äußeren Sieges – wie übrigens der ganze abendländische Westen – vom Ungeist und den gewaltlüsternen Wirkformen jener Epoche angesteckt, also doch innerlich schwer angeschlagen worden ist! Ich meine dabei vor allem jene im tiefsten Wesen undeutsche Art der Menschenführung, die Gehirne und Gewissen mit obrigkeitlicher Gewalt auf eine offizielle „Generallinie" festlegen will und jeden, der davon abweicht, wenn nicht gerade aus der Gemeinschaft ausstößt, so doch mehr oder minder offen der moralischen Achtung preisgibt. Auch der übermächtige Druck der westlichen Propaganda, die mit den ausgesuchtesten Mitteln massenverführerischer Technik arbeitet, begegnet im innerkirchlichen Raum kaum einem Widerstand. Was der scheinbürgerlichen Restauration und der gewaltsamen Verteidigung des Abendlandes zu dienen scheint, wird weithin nicht nur kritiklos angenommen, sondern im Gefolge politischer Schlagworte so sehr in den Mittelpunkt alles Denkens und Handelns gerückt, daß andere, wesentlichere Aufgaben der Erneuerung der Kirche und der sozialen Zustände aus letzten Ursprüngen daneben nur zu sehr verblassen! Man kann sich des Eindrucks nicht erwehren, daß die Dinge weit eher an den weltlich-politischen Maßstäben der „Generallinie" gemessen werden als an den Vollkommenheitszielen der Bergpredigt.

Das wiederauflebende restaurationsfreudige Partei- und Staatschristentum, dessen Auswirkungen nun mit deutscher Gründlichkeit bis in alle Verästelungen des öffentlich-kirchlichen Wirkens vorgetrieben erscheinen, hat zur Folge, daß die Meinung einzelner Führer auf politischem Gebiet geradezu dogmatischen Charakter anzunehmen droht. Jede gegenteilige Meinung gilt nicht selten als unchristlich oder als Bruch der Disziplin. Wer von der „Generallinie" abweicht, verfällt leicht dem „Wortbann", er wird nicht nur aus christlichen Parteizeitungen, die nach verläßlichen Angaben sich längst in- und ausländischen Meinungsdiktaturen fügen müssen, ausgeschlossen; auch zu den meisten kirchlichen Blättern findet er keinen Zugang mehr. Der „Fall" Reinhold Schneider, der längst über die deutschen Grenzen hinaus bedrückend wirkt, ist nicht etwa nur eine vereinzelte Erscheinung.

Flucht vor der Wirklichkeit und Furcht vor der Heimsuchung, die im Plan der Vorsehung zu unserer Läuterung und Besserung über uns kommen mögen, bestimmen so weithin das Denken und Handeln eines in alte Bürgerlichkeit zurücksinkenden Christentums. Flucht vor der geistigen Auseinandersetzung mit den Wirklichkeiten des Ostens, die nicht mehr aus dem Weltgeschehen zu streichen sind; Flucht in eine auf trügerische Machtideologie gestützte Geruhsamkeit, wo doch nur radikal-soziale Erneuerung, Neuverteilung von Boden, Besitz und Einkommen, eine bis in die Wurzel des Volkslebens greifende Buß- und Sühnehaltung unangreifbare sittliche Wälle in den Herzen der Gläubigen aufrichten könnten.

Der Versuch, gestützt auf eine höchst gesteigerte Machtzusammenballung, eine „Generallinie" zu halten, die nur zu leicht zu einer „mittleren Linie" ständiger Kompromisse mit der politischen Umwelt einerseits und den aufbrechenden Forderungen nach radikaler Erneuerung wird, vermag auf die Dauer niemand zu befriedigen und keine Probleme zu lösen.

Deutschlands wahre Sendung ist es, *die Brücke* zu sein *zwischen Ost und West*, hinweg über die Kluft, die heute die Menschheit in feindliche Lager spaltet. Weit dringender als deutsche Soldaten braucht das Abendland von der Gnade erweckte, in der Glut des Bußleidens geläuterte, mystisch erleuchtete, prophetisch kühne Christen: Theologen und Laien!

Im Geiste dieses „Wiener Programms" wird die Zeitschrift „*Katholische Freiheit*" neue Bahnen zu brechen versuchen.

So viele gutwillige katholische Kräfte sind in den vergangenen Jahren von der Restauration (insbesondere deren geistlichen Führern!) „kalt gestellt", „ausgebootet", ja diffamiert worden; andere haben sich selbst von aller Arbeit zurückgezogen, in gerechtem Zorn oder in bitterer Enttäuschung. Sie alle, diese wertvollsten Kräfte, rufen wir, mit uns zusammenzuarbeiten in dieser zweifachen Absicht: der verhängnisvollen Aufrüstungspolitik der Restauration jeden erdenklichen *Widerstand* zu leisten und einer neuen christlichen Haltung zum *Durchbruch* zu verhelfen. Den theologischen Gewaltdenkern und unbelehrbaren Altpolitikern soll es nicht gelingen, die deutsche Jugend zum dritten

Male zur Schlachtbank zu führen; es soll ihnen nicht gelingen, die junge Generation zum dritten Mal um die Früchte ihrer ungeheuren Opfer zu betrügen.

T: *Heidingsfelder*, Georg: Wider die „Generallinie". In: Katholische Freiheit, 1. Jg., Nr. 1, Oktober 1952, S. 4-7.

[H.3]
Der Aufstand der Söhne unabweisbar
Notwendigkeit der Aktion angesichts neuer Kriegsvorbereitungen der Väter

[*Kastentext ohne Autorenangabe*]
[Georg Heidingsfelder]

Die Syngman Rhees [*Rhee Syng-man, 1948-1960 erster Präsident Südkoreas; P.B.*] der ganzen Welt haben sich aufgemacht, das dritte Weltgemetzel in Gang zu bringen. Mit der Erzeugung panischer Angst vor dem Bolschewismus treiben sie die nichtkommunistische Welt in ihre verteufelten Netze: in die Netze der Rüstung, des Gewaltgeistes, des Hasses.

Der Geist dieser alten Bürgerväter, dessen eigentliche Heimat, die Welt vor 1914, im „ehrlosen Gemetzel" des ersten Weltkrieges zerbarst, hat leider diese und die folgende Katastrophe überlebt. Und er verstand es, wieder an die Macht zu kommen, und seine alten Praktiken fortzuführen: den Krieg als Mittel der Politik „einzukalkulieren", ihn also abermals zu rufen.

Wir Söhne haben uns den schweren Vorwurf zu machen, daß wir *zweimal katastrophal versagt* haben: 1913 hatten wir uns als Bürgerjugend auf dem Hohen Meißner gegen die Bürgerwelt der Väter gewandt; aber 1914 marschierten wir begeistert ins Gemetzel der verkommenen Bürgerwelt hinein. 1913 hatten wir als Sozialisten auf die Internationale gesetzt; aber ein Jahr später waren wir „ärmsten Söhne die getreuesten" Mitschlächter, wie einer glaubte rühmen zu müssen. Das war ein furchtbares Versagen, das wir teuer genug bezahlt haben sollten.

Nach dem ersten Weltkrieg hatten wir die Macht nicht ergriffen, um sie zu humanisieren; wir hatten abermals versagt. Wir trachteten nach allem möglichen, nicht aber danach, die Dämonen, die die Sozietät verteufelt hatten, zu überwinden. Aus unserem „Fronterlebnis" erwuchs nichts als neuer Kriegsgeist, vom rabiaten Kleinbürger entfacht zum zweiten Weltbrand. Die Väter waren in jenen Tagen am Werk in der Gestalt des alten Militaristen Hindenburg, der den Verderber ans Steuer des Reiches heranließ, und all denen, die als Mächtige vor dem Verbrecher kapitulierten, indem sie ihn „ermächtigten", oder schon vor seiner Machtergreifung ihre Feigheit bezeugt hatten, wie jene Sozialisten, die am 20. Juli 1932 [*Staatsstreich in Preußen, P.B.*] beiseite geschlichen waren.

Wollen wir betrogenen Söhne uns abermals zur Schlachtbank führen lassen von den Vätern, die durch Rüstung neuen Krieg vorbereiten? Wollen wir die Herrschaft der Syngman Rhees ertragen mit allen Konsequenzen? Oder wollen wir uns endlich ermannen zu einem *Nein* mit *allen Konsequenzen*?

Aus der Herrschaft der Syngman Rhees erwächst nur *koreanisches Schicksal*. Aus einer Herrschaft der Söhne könnte Heil erwachsen, wenn diese Söhne entschlossen wären, zu einem neuen Anfang, in dem das Kriegsdenken keinerlei Raum mehr hat. Erheben wir uns in letzter Stunde oder lassen wir uns, aus unmündigem Geist, aus Feigheit, Faulheit und Angst von den Vätern in die letzte Schlacht peitschen?

Das ist die Frage auf Leben und Tod, nicht nur für uns, für unser ganzes Volk, für alle Zukunft.

T: [*Heidingsfelder*, Georg]: Der Aufstand der Söhne unabweisbar. Notwendigkeit der Aktion angesichts neuer Kriegsvorbereitungen der Väter [*Kastentext ohne Autorenangabe*]. In: Katholische Freiheit, 1. Jg., Nr. 1, Oktober 1952, S. 5.

[H.4]
Was haben wir Christen in Westdeutschland heute für die Erhaltung des Friedens zu tun?

[Von Georg Heidingsfelder]

Bei der Bonner „Kundgebung der Professoren" am 3. November 1952 im Studentenhaus gab nach der Rede des Dechanten Emonds der katholische Publizist Georg Heidingsfelder folgende Erklärung ab:

Es können hier lediglich die Ausgangspunkte angegeben werden, von denen aus der Christ in eigener Verantwortung Stellung zu nehmen hat:
Vor allem ist von jedem Christen zu verlangen, daß er sich gemäß seinem Gewissen entscheidet. Jeder Einzelne ist vor Gott und dem Mitmenschen für das politische Geschehen verantwortlich. Niemand kann ihm diese Verantwortung abnehmen. Nachdrücklich haben wir alles abzulehnen, was die Freiheit der Gewissensentscheidung durch eine gesteuerte Diffamierung der Gegner der Regierungspolitik und durch Einschüchterung behindert (wie weit diese Einschüchterung bereits gediehen ist, zeigte sich z.B. bei der Unterschriftensammlung, die durch die „Notgemeinschaft für den Frieden Europas" durchgeführt wurde. Viele der Befragten erklärten, daß sie mit dem Inhalt der Petition durchaus einverstanden seien, aber aus Rücksicht auf ihre Stellung oder auf ihre Familie eine Unterschrift nicht riskieren könnten). Wir wissen sehr wohl, daß der Staat nicht unparteiisch sein kann, weil in ihm nie alle Schichten der Bevölkerung ein gleiches Maß Macht haben; wir wissen auch, daß der Staat nicht ohne Propaganda auskommen kann und daß jede Propaganda parteiisch ist. Deswegen sprechen wir auch jedem Staat das Recht ab, sich christlich zu nennen. Wenn er jedoch jede ernsthafte Opposition zu unterdrücken sucht, dann müssen wir ihm sogar das Recht absprechen, sich als Verteidiger der Demokratie und der Freiheit auszugeben; denn dann befindet er sich auf dem Wege zur Diktatur. Die Kirche dagegen ist ihrem Wesen nach unparteiisch, weil sie nicht von dieser Welt ist. Deshalb kann sie die Christen auffordern, alles zu prüfen und das, was gut ist, zu behalten. Der Christ begeht Sünde, wenn er sich gegen seine Überzeugung verhält. Die Kriegsgefahr wäre auf jeden Fall viel geringer, wenn alle Christen die nötigen Prüfungen ernsthaft vollzögen ...

DER CHRIST KEIN FANATIKER

Viele Christen wollen heute das deutsche Volk zum Hüter der abendländischen Kultur ernennen, nachdem noch vor kurzem unser Volk – wenn wir schon bei dieser Terminologie bleiben wollen – wie kein anderes Volk des Westens dieses Abendland verraten hat. Das Schuldbewußtsein im Hinblick auf das, was wir in den zwölf Jahren des Hitlerreiches angerichtet haben, ist auch unter den Christen kein Gemeingut geworden. Zu dieser Buße hat sich der Christ zu bekennen, auch wenn den Mächten unserer Welt die Buße als ausgesprochen inopportun erscheint.

Der Christ ist Glied der Kirche, die vor Gott die gesamte Menschheit vertritt; er kann deshalb nicht ausschließlich einem Volk oder einer Klasse angehören; er kann nicht in bestimmten Gruppeninteressen aufgehen. Bei einer kriegerischen Auseinandersetzung kann er den dem Gegner zugefügten Schaden nicht ausschließlich als seinen eigenen Vorteil sehen, sondern hat in ihm auch eine Verwundung der Menschheit, ja eine Wunde am Leibe Christi, nämlich eine Wunde an der Kirche zu sehen. Würden die Christen z.B. den ausweglosen Koreakrieg unter diesem Aspekt betrachten, so müßten sie verlangen, daß dieser schon längst ungerechte Krieg beendet wird. Wenn die Christen an die Beurteilung der modernen Waffen von diesem Gesichtspunkt aus herangehen, so werden sie in ihnen sicherlich nicht mehr Mittel zur gerechten Verteidigung erblicken können. Dementsprechend haben wir zu fordern, daß unsere Staatsmänner alles versuchen, um den Ausbruch des Konfliktes durch Verhandlungen mit dem Gegner zu verhindern.

Im Bewußtsein, daß alle irdischen Auseinandersetzungen durch Christus in den Bereich dieser Welt verwiesen sind, muß der Christ wissen, daß es an Blasphemie grenzt, wenn der drohende Krieg als Kreuzzug bezeichnet und die Teilnahme an ihm als Christenpflicht dargestellt wird. Mag der Christ auch Parteigänger dieser oder jener politischen Gruppierung sein, so wird er seine Sache mit Ernst, aber doch nie mit Fanatismus oder Angst, nie als ein Hassender und Überheblicher vertreten. Er mag an einer bestimmten Form der Zivilisation noch so sehr hängen, sie mit allen gerechten Mitteln noch so eifrig verfechten, er muß trotzdem wissen, daß die Kirche Gottes mit keiner Zivilisation untergeht. Er wird die Politik des Hasses, die heute betrieben wird, nicht in eine Politik der Liebe verwandeln können, aber er hat politisch tätig zu sein als einer, der seinen Nächsten liebt. Einer Politik, die systematisch den Haß sät, hat der Christ Gefolgschaft und Kriegsdienst zu verweigern. Das bedeutet keineswegs, daß er den Dingen ihren Lauf lassen soll. Ein Volk kann heute nur dann in den Krieg geführt werden, wenn es durch eine Propaganda der Überheblichkeit und des Hasses hysterisiert ist. Wer sich nicht hysterisieren läßt, und dieser Propaganda entgegen arbeitet, ist ein Faktor des Friedens. Wer sich durch keine Mythen und Träume die Vernunft verdunkeln läßt, hat den Herrschenden sehr klare Fragen vorzulegen:

FRAGEN GEGENÜBER DER HERRSCHENDEN POLITIK

Die Exponenten der heute im Westen vorherrschenden Politik haben bisher immer beteuert, daß die von ihnen propagierte Aufrüstung kein anderes Ziel habe, als den Frieden durch eine Sicherung und Stärkung des Westens zu erhalten. Seit vielen Monaten schon deuten immer neue Anzeichen darauf hin, daß die Sowjetunion zu einem Kompromiß, aber nicht zu einer bedingungslosen Kapitulation bereit ist, um den drohenden Krieg zu verhindern. Es ist unverantwortlich, wenn die heute führenden Politiker des Westens auf die sowjetischen Vorschläge zu Verhandlungen nicht eingehen, bzw. diese Verhandlungen nur mit einer kapitulationsbereiten Sowjetunion führen wollen. Im Hinblick auf diese ablehnende Haltung der westlichen Politiker müssen wir feststellen, daß der Christ in dieser Situation verpflichtet ist, jede Möglichkeit für ein Verhandeln wahrzunehmen. Wenn durch unsere Schuld die Verhandlungen, durch die vielleicht der drohende Krieg beseitigt werden könnte, nicht zustande kommen, dann wird niemand das Recht haben, den dritten Weltkrieg als einen vom Westen aus gesehen gerechten Krieg zu bezeichnen. Da wir dann vielleicht nicht mehr die Möglichkeit haben werden, weisen wir heute schon alle Christen mit Nachdruck darauf hin: Die Teilnahme an einem ungerechten Krieg ist Sünde. Daran werden auch jene Pseudotheologen nichts ändern, die dann – wie 1939 – erklären werden, daß jetzt nicht die Zeit sei, den Fragen des gerechten Krieges nachzusinnen, sondern die Zeit zum Handeln und zur treuen Pflichterfüllung gegenüber der Obrigkeit, über deren Rechtmäßigkeit nachzudenken jetzt ebenfalls nicht die Zeit sei.

FRIEDENSWILLE DER REGIERUNG FRAGWÜRDIG

Wir haben die führenden Politiker des Westens zu fragen, warum sie nicht verhandeln wollen, obwohl sie wissen müssen, daß Friedensbeteuerungen die Kriegsgefahr nicht beseitigen können und daß durch ein Nichtzustandekommen der Verhandlungen das Risiko des Krieges ungeheuer vergrößert wird. Wer alles tut, um den kalten Krieg zu verschärfen, der darf sich nicht wundern, wenn der kalte Krieg auf diese Weise immer mehr erwärmt wird, so daß der Ausbruch des heißen Krieges gar nicht mehr als etwas gänzlich Neues, sondern vielmehr als letzte Etappe eines in Gang befindlichen Prozesses in Erscheinung antreten würde. Der Krieg, wäre dann wirklich eine Fortführung dieser Politik mit andern Mitteln. Von diesem Aspekt aus wird uns der Friedenswille einer Regierung, die nichts tut, um eine solche Entwicklung zu verhindern, ja im Gegenteil alles tut, um den Haß zu vergrößern, zumindest fragwürdig.

Wir halten es nicht für einen Zufall, daß dem deutschen Volk zweimal die Waffen aus der Hand geschlagen wurden. In der durch den zweiten Weltkrieg verursachten Zertrümmerung und Spaltung Deutschlands haben wir nicht nur eine Strafe, sondern auch eine Aufgabe zu sehen, die wir nur als Büßende und Friedliebende erfüllen können. Das Gebot, mit allen Frieden zu halten, soviel an uns liegt, bedeutet hier und heute auch, auf ein friedliches Zusammenleben mit allen Deutschen und damit auf eine friedliche Wiedervereinigung Deutschlands hinzuarbeiten. Wir Deutschen haben die anderen Völker häufig durch unser hochmütiges „Sendungsbewußtsein" erschreckt und geärgert. Wir haben unser Selbstgefühl nicht mehr an einer erfundenen Sendung zu entzünden; wir haben uns vielmehr ganz bescheiden an unsere Aufgabe zu machen, aus dem zerteilten Volk wieder eine Einheit zu bilden. Damit intendieren wir nicht eine weltgeschichtliche Mission aber die Erfüllung unserer Aufgabe könnte für alle Völker große Bedeutung gewinnen, weil ein wiedervereinigtes, weder in den Ostblock noch in den Westblock integriertes Deutschland entschärfend auf den gegebenen Weltkonflikt wirken würde. Nachdem wir Deutschen die ganze Welt in einen Krieg gezerrt haben, können wir sie vielleicht dadurch, daß wir uns friedfertig und nüchtern verhalten, vor einem neuen Weltkrieg bewahren.

Unsere maßgeblichen Politiker geben vor, den Frieden erhalten und die Einheit Deutschlands wiederherstellen zu wollen, schüren aber gleichzeitig den kalten Krieg und halten es für unter ihrer Würde, mit den Vertretern des gegenwärtigen ostdeutschen Staates zu sprechen. Unter den Politikern, die es sich etwas kosten ließen, damit die Delegation der Volkskammer in Bonn mit organisiertem Haß und Abscheu empfangen wurde, und die so versuchten, das Zustandekommen eines Gesprächs zwischen Ost- und Westdeutschland zu verhindern, sind gläubige Christen. Wir haben das Recht, sie zu fragen, wie sie ein solches Verhalten mit ihrem Gewissen vereinbaren können.

Wir sind berechtigt, die christlichen Bundestagsabgeordneten darauf hinzuweisen, daß sie eine Friedensaufgabe haben, und sich davor hüten müssen, den gegebenen Konflikt zu verschärfen. Wir bitten sie daher eindringlich, gewissenhaft zu prüfen, ob nicht durch eine Ratifizierung der Deutschlandverträge eine solche Verschärfung einträte und die Kriegsgefahr durch unsere eigene Schuld vergrößert würde.

Niemand kann dafür garantieren, daß wir dann, wenn wir Frieden zu stiften suchen, Erfolg haben werden. Diese Ungewißheit ändert jedoch nichts daran, daß wir friedfertig zu sein haben, weil Christus unser Friede ist. Der Friede aber läßt sich nicht dadurch herstellen, daß wir, wie dies heute geschieht, materiell und ideologisch zum Kriege rüsten.

T: [*Heidingsfelder*, Georg]: Was haben wir Christen in Westdeutschland heute für die Erhaltung des Friedens zu tun? In: Katholische Freiheit, 1. Jg., Nr. 2, November 1952, S. 3-6.

[H.5]
Weihnachtsfeste der Bürgerchristenheit

Von Georg Heidingsfelder

1.
„Wir stehen heute", schrieb vor ein paar Wochen die große katholische Dichterin Gertrud von Le Fort, „dem vollen Zusammenbruch der sogenannten bürgerlichen Moral gegenüber, und es erweist sich, daß man diese weithin für die christliche gehalten hat."

Dieser Zusammenbruch hatte mit dem Jahre 1914 seinen Anfang genommen und dauert bis heute an; wir stehen unmittelbar vor dem letzten Akt. Seit jenem ersten Kriegsausbruch vermochte die Bürgerchristenheit nicht mehr aus der ungeheuern Schmach herauszufinden, die kriegerischen Massenschlächtereien nicht nur „mitgemacht", sondern stets auch „sanktioniert" zu haben.

„Das Christentum", sagte der *Prälat Grosche* auf dem Passauer Katholikentag 1950, „ist in den Untergang des Bürgertums hineingezogen und es ist sicher, daß aus dieser Schicht eine Rettung nicht mehr kommen kann." In dieser unseligen Verquickung der Bürgerklasse mit dem Christentum ist die Schmach daheim, daß die Botschaft des Friedenskönigs fort und fort mit mörderischem Waffenwerk verkettet und dadurch nahezu völlig unglaubwürdig geworden ist. Auch in dieser Stunde versucht ein restauratives Bürgertum, sich als „Verteidiger des Christentums" kreuzzüglerisch in Positur zu setzen, in einer Heuchelei, die ihren furchtbaren Lohn erhalten wird. Schauen wir in dieser Stunde kurz zurück auf das, was geschehen ist!

2.
Dem Papste Pius X., dem Sohn eines kinderreichen Briefträgers, brach das Herz, als er im Jahre 1914 die Katastrophe heraufziehen sah. Sein Nachfolger, Benedikt XV., rief verzweifelt in die sich abschlachtende Bürgerchristenheit hinein: „Dieser Krieg ist ein ehrloses Gemetzel!" Aber die christlichen Metzler hörten nicht auf ihren Vater; sie hatten ihre eigenen Ehren: die Offiziereehre und die Divisionspfarrerehre, welche beide identisch waren mit der Giftgas- und Bombenehre. Sie mordeten vier Jahre lang, über vier Weihnachtsfeste hinweg, bei denen sie unterm Tannenbaum vorübergehend sentimental wurden, und glaubten, sich weiter als Christen betrachten und ausgeben zu dürfen. Der Hindu *Gandhi* hatte ihnen zwar gesagt: „Der Krieg hat die satanische Natur Europas offenbar gemacht"; und der prophetische Mensch *Theodor Haecker* hatte geschrieben: „Wer sagt, daß man das Evangelium wirklich leben und diesen Krieg mitmachen könne, der ist der infamste und gotteslästerlichste Lügner, der die Sonne beleidigt, wer immer er sein mag." All dies floß am Fell der Bürgerchristen ab wie Wasser an einer Ente. Sie metzelten unter stetigem Dröhnen der Siegesglocken und nie aufhörendem „Wir-treten-zum-Beten"-Siegesgesang, bis Europa ausgeblutet und von seiner stolzen Höhe als Weltbeherrscherin herabgestürzt war.

Und in den Zeiten danach kehrten sie nicht um mit heißen Tränen zu ehemaligen Altären, sondern trachteten nach dem „Aus- und Davonkommen", wie *Rilke* sagte, und nach neuem Aufstieg zur Macht.

3.
Und sie stiegen auf. Geführt von einem rabiaten Kleinbürger, der längst Krippe und Kreuz hinter sich geworfen hatte, traten die „Christen" Deutschlands 1939 abermals zum ehrlosen „Gemetzel" an, gesegnet von ihren Feldbischöfen, die vorgaben, die Bischöfe des Friedenskönigs zu sein, der als hilfloses Kind in die Welt gekommen und als geschändeter Mann aus ihr hinausgemordet ward. Sie aber, diese geistlichen Führer, gaben den Geist des Friedensfürsten hin für den Geist des neuen Staates, welcher der Geist Satans war. Die „Staatschristen" marschierten nun im Dienste eines Verbrechers in einen ausgesprochen ungerechten Krieg hinein und metzelten faschistisch, Schulter an Schulter mit der SS, bis zum „Endsieg", der ihnen von ihrem Feldbischof Rarkowski noch 1944 in sichere Aussicht gestellt worden war.

Es wurden auch in diesem Krieg Weihnachtsfeste gefeiert; sie waren so sentimental wie die des ersten, so sie nicht halbe oder ganze „*Julfeste*" geworden waren, durch die die altheidnischen Schicksalsgötter zogen. Wir haben beim Kommiss mehrere solche „schulchristliche" Weihnachten anstaunen und gebührend glossieren können. Die Bürgerchristen aber schluckten willig alles hinunter, damit bloß der „Endsieg" (des Banditismus!) nicht gefährdet werde.

4.
Jetzt, nach diesen beiden Weltkatastrophen, hat die allerchristlichste Bürgermehrheit eines westlichen Staatsprovisoriums es für richtig und verantwortbar gehalten, den bürgerkriegerischen Selbstmord ihres Volkes zu „ratifizieren". Sie hat, kurz vor dem hohen Feste des Friedenskönigs, damit abermals an die Gewalt der Waffen appelliert, also eben diesen König der Gewaltlosigkeit *zum dritten Male verraten.*

Die Dichterin sagt der Bürgerchristenheit ihre große Schande ins Gesicht: „Was fehlt dieser Zeit und welcher Mangel unterscheidet sie von allen andern Zeiten? Ist es nicht ganz einfach der, daß das Herz gestorben ist, und zwar bis tief in die Reihen derer hinein, die für die christlich Frommen gelten? Ja, vielleicht liegt gerade bei diesen der eigentümlich tote Punkt der heutigen Welt, denn so weit unsere Augen reichen, ist Liebe das einzige schöpferische Prinzip, das wir kennen. Und von wem, wenn nicht von den Christen, sollte die Neuerschaffung unsrer alt gewordenen Welt ausgehen?"

Von den aufrüstenden Bürgerchristen des Westens wird eine Neuerschaffung der alten Welt nicht mehr ausgehen; Prälat Grosches Wort steht unverrückbar. Von ihr kann nur die Liquidierung dieser Welt durchgeführt werden, in blutigen Weihnachten, die alles bisher dagewesene übertreffen werden. Sagte ja schon der Prophet der ersten Weltkriegszeit, *Theodor Haecker*: „Alles, was von einem ehrlos schlachtenden Europa übrig bleiben wird, werden ein paar Missionare sein, die das Wort Gottes weitertragen." Vielleicht werden es chinesische Missionare oder afrikanische sein, die den wenigen Rest-Europäern sagen, was denn der Friedensfürst gemeint hat, da er an Weihnachten als ohnmächtiges Kind in die Welt gekommen war.

* * *

„Das Heil des Volkes ist dem Frieden jeder beliebigen Einzelmenschen vorzuziehen. Wenn daher Menschen in ihrer Verkehrtheit das Heil des Volkes hindern, soll man sich nicht davor fürchten, wenn sie sich verletzt fühlen in dem, womit ein Prediger oder Lehrer für das Heil des Volkes eintritt."
St. Thomas von Aquin

T: *Heidingsfelder*, Georg: Weihnachtsfeste der Bürgerchristenheit. In: Katholische Freiheit, 1. Jg., Nr. 3, Dezember 1952, S. 1-2.

[H.6]
Amerikas „Sendungsbewußtsein"

Von Georg Heidingsfelder

Es ist noch nicht sehr lange her, daß der katholische Weihbischof von New York, *Monsignore Fulton J. Sheen*, ein Buch erscheinen ließ mit dem Titel „Der Kommunismus und das Gewissen der westlichen Welt". In diesem Buch war sehr viel Kluges zu der Ost-West-Problematik gesagt; es war der westlichen Gesellschaft der Spiegel vorgehalten; und es war von einer gewaltsamen Überwindung des Kommunismus (mittels Atombomben) nichts erhofft worden. Aber dieses im ganzen gute Buch hatte ein Schlußkapitel, das „Unserer Lieben Frau von Fatima" gewidmet war. Hier wurde die Muttergottes für die amerikanische Politik in Anspruch genommen und zu beweisen versucht, daß die wichtigsten Etappen des amerikanischen Imperialismus unter dem sichtlichen Segen der Königin des Himmels standen. Da liest man zum Beispiel:
„Wir Amerikaner können nicht gedankenlos an der Beziehung dieses Landes zu der Frau vorübergehen, welcher Gott die Macht verliehen hat, der Schlange den Kopf zu zertreten. Das Konzil von Baltimore weihte am 8. Dezember 1846 die Vereinigten Staaten der Unbefleckten Empfängnis unserer gebenedeiten Mutter. Nur acht Jahre [1854] später definierte die Kirche ihre Unbefleckte Empfängnis. Es war der 8. Dezember 1941, das Fest der Unbefleckten Empfängnis, als die Vereinigten Staaten in den Krieg gegen Japan eintraten. Es war der 13. Mai 1945, der Muttertag, der Tag, an dem die ganze Kirche die Sodalitäten Unserer Lieben Frau feierte, als die Regierung der Vereinigten Staaten einen nationalen Danksagungstag für den Sieg in Europa proklamierte. Es war der 15. August 1945, das Fest Mariä Himmelfahrt, als unser Sieg im Kriege gegen Japan entschieden wurde. Es war der 19. August 1945, den die Regierung der Vereinigten Staaten zum offiziellen Tag des Sieges über Japan erklärte, und dieser Tag war gerade der Jahrestag einer der Erscheinungen Unserer Lieben Frau von Fatima. Am 1. September 1945, dem ersten Sonnabend des Monats, der nach dem Wunsche Unserer Lieben Frau von Fatima ihr geweiht sein sollte, nahm General Mac Arthur die Übergabe Japans an Bord der ‚Missouri' entgegen ..."
Nun, das ist ein Zeugnis pragmatischer Gläubigkeit, das in seiner Naivität fast erschütternd wirkt. Aber kann man so etwas wirklich einfach auf das Konto der Naivität setzen? Hier wird mehr sichtbar, nämlich der Wille, den Himmel selbst mit der amerikanischen Politik in eins zu setzen, seine Zeichen als Zustimmung zu dieser Politik auszudeuten, ja, das Gottesreich und das ameri-

kanische Reich schließlich zu identifizieren als die zwei Seiten ein und desselben göttlichen Willens. Es ist das ein gefährlicher Messianismus, der die Atombombe als Instrument Gottes mit dem Kreuz gleichrangieren läßt. „Wir müssen beten und gleichzeitig Atombomben herstellen", sagte Ex-Außenminister *Byrnes* vor Jahren schon. Hier ist eine Vermischung am Werk, wie wir Deutsche sie schon aus unseren „tausend Jahren" kennen.

Wo die *Theologie* so den Weg bereitet, da kann es nicht wundernehmen, wenn die Politik schließlich zum „Kreuzzug" schlechthin wird. Hatte schon Präsident Truman ausgesprochen, daß die amerikanische Politik nichts als die Bergpredigt verwirklichte, so hat General Eisenhower in seiner Rede an den amerikanischen Konvent der Republikaner einem geradezu apokalyptischen Sendungsbewußtsein Ausdruck gegeben.

Alle Politik Amerikas, die innere wie die äußere, wird danach nichts anderes mehr als ein „Kreuzzug" sein. Alle Taten werden von nun an durch den „Kreuzzug", in dessen Dienst sie stehen, geheiligt werden.

Der General sagte wörtlich: „Wir befinden uns gegenwärtig in einem Stadium der Geschichte, in dem unsere Nation mit Gott zur größten Macht geworden ist und die größte geistige Kraft in der Welt darstellt. Das Schicksal der Menschheit hängt davon ab, was wir in den kommenden Tagen sagen und erreichen werden." [„]Im Namen von Millionen amerikanischer Mitbürger haben Sie mich aufgefordert, einen großen Kreuzzug zu führen – einen Kreuzzug für die Freiheit in den Vereinigten Staaten und für die Freiheit in der Welt. Ich nehme ihren Auftrag an, ich werde diesen Kreuzzug führen ... Das amerikanische Volk erwartet von uns, die Macht unserer Nation für diese Ziele einzusetzen ... Diese edle Aufgabe gilt nicht allein für einen Wahlfeldzug; wir rufen alle Amerikaner auf, sich dieser Aufgabe für das ganze Leben zu verschreiben ..."

Das ist ein planetarisches Sendungsbewußtsein, das durch die Ohnmacht Europas möglich wurde, das wahrlich auch geistig abgedankt hat, seit seine führenden Geister und Geistlichen sich „atlantisch" orientiert haben. Diese Geister haben das Erbe des Geistes in den Ozean geworfen, über den nun das Heil herbeikommen soll. Eisenhower schloß seine Rede mit den Worten: „Ich nehme heute mehr als nur eine Nominierung an. Es ist eine Berufung, es ist Hingabe an die strahlenden Aussichten der Zukunft!"

Eine „Pax Americana" glänzt am Horizont auf, die den „Kreuzzug" beenden soll, gezeichnet von demselben Eisenhower, für den schon der zweite Weltkrieg ein „Kreuzzug" war.

Ein politisch viel kleinerer, als Geistlicher aber nicht weniger bedeutsamer Mann als der General, der Pastor *Charles Lowry*, hatte ein paar Wochen zuvor beim christlichen (!) Friedenskongreß in Florenz ausgesprochen, daß die Vereinigten Staaten zum bedingungslosen Kampf gegen den Kommunismus antreten müßten, da sie „*die messianische Nation unserer Zeit*" seien.

*

Es ist gewiß, daß die christliche Kirchenpolitik Europas gegen einen neuen Kreuzzug keinerlei Bedenken haben wird; im schlimmsten Fall ist er „das kleinere Übel". Zwar wird er mit dem Kreuze Christi nichts, aber auch gar nichts zu tun haben, aber es ist immer von Nutzen, große Worte zu gebrauchen, wenn die Völker mobilisiert werden sollen.

Wenn die Muttergottes selbst, wie Bischof Sheen seiner Zeit wohl beweisen wird, die Fahne voranträgt, dann kann die ganze Christenheit getrost nachfolgen, insbesondere die europäische, die ja so trefflich verlernt hat, zwischen christlichem Glauben und politischem Sendungsbewußtsein zu unterscheiden.

T: *Heidingsfelder*, Georg: Amerikas „Sendungsbewußtsein". In: Katholische Freiheit, 2. Jg., Nr. 2, Februar 1953, S. 7-8.

[H.7]

Sieben Thesen
über den „Katholizismus"

H.G. [Von Georg Heidingsfelder]

Im Januarheft [1953] war von den „drei Kardinalfragen" gesprochen worden, die auch nach der zweiten Katastrophe keine Antwort gefunden haben. Als deren Herz- und Kernfrage war dort die *Gewissensfrage* angegeben. Wir sagten, daß aus einer Erweckung und Bildung der Gewissen die Überwindung der dämonischen Einbrüche hätte *geleistet* werden müssen.

Wenn wir nun prüfen, welches großes Hemmnis die Aktualisierung des „Sakramentes des Gewissens", wie *Guardini* die Firmung nennt (die übrigens bezeichnenderweise auch das Sakrament der Mündigkeit ist!), verhindert hat, so stoßen wir auf den *„Katholizismus"* als den Komplex, der die Entwicklung blockierte, indem er sich als restaurativer zur Geltung brachte. Den „Katholizismus" überwinden, heißt also der gebieterisch geforderten Beantwortung der Gewissensfrage Bahn zu brechen. Wir haben im folgenden sieben scharfprofilierte Thesen formuliert, die zeigen, um was es geht.

I.
Der Katholizismus ist *die ideologische Überlagerung der heiligen katholischen Kirche*. Er ist die ungemäße, verderbliche Antwort auf die „Ismen" der Neuzeit, in deren Zeichen das Leben vergewaltigt wird. Der Katholizismus hat sich auf die Ebene dieser Ismen begeben und ist „einer der ihren" geworden.

II.
Der Katholizismus ist *die bürgerliche Elefantiasis der katholischen Religion*; er hat die Taubenfüße des Heiligen Geistes in stampfende Säulen verwandelt: ein Wallfahrtsaufmarsch, etwa der „Männersäule", ist heute eine eindeutig „katholizistische" Demonstration, auch wenn der führende Monsignore nicht ausdrücklich von der Wallfahrtskirchentreppe herunterschreit: „Wir sind eine Macht!"

III.
Der Katholizismus endet, folgerichtig wie alle Ismen, im Totalismus: als *„christlicher Faschismus"*. Der ist die vollendete Karikatur des Reiches Gottes. – Es ist bezeichnend, daß der Faschismus überhaupt in katholischen Län-

dern seine Heimat hatte: hier war der Boden durch den Katholizismus für den Einbruch der letzten gesellschaftlichen Entartung vorbereitet.

IV.
Im Katholizismus erscheint der Priester als der *politisierende Geistliche*. Er besetzt, in der Zentrumszeit, die Staatsämter, kurzschlüssig wähnend, daß er so die Welt in den „christlichen Griff" bekäme. Und er betätigt sich heute als politischer „Drahtzieher hinter den Kulissen" (so wörtlich Monsignore Konermann in Fulda 1948!), indem er „die katholische Einheit" als politischen Machtfaktor einzusetzen strebt. Der politisierende Priester ist hier und heute ein schlimmerer Schädling der Kirche als *jeder* äußere Feind.

V.
Der Katholizismus verhindert das Erwachen der Instanz, die die entscheidende katholische Macht hier und heute sein müßte: *des Gewissens*. Im Katholizismus ist die Flucht vor dem Gewissen organisiert. Der Katholizismus ist das totalistische Kollektiv-„Gewissen" der Katholizisten, das, in verhängnisvoller Selbsttäuschung, auf einen *äußeren* Feind gelenkt wird, der „an allem schuld" ist. Das wahre Gewissen würde den katholischen Christen vor sich selber als den wahren Schuldigen führen und ihn zur Buße leiten.

VI.
Der Katholizismus ist die *restaurative Barrière*, die den Strom der Geschichte in die christliche Versumpfung abgeleitet hat. In diesem stagnierenden Gewässer wachsen die hohlen Binsenrohre in solcher Menge, daß man es, aus der statistischen Perspektive, für eine fette, grüne Weide halten möchte. Aber die Statistik („98 Prozent aller Deutschen sind noch Christen") ist nur eine katholizistische Kategorie, die über Umfang und Tiefe der Zerstörung des Glaubens hinwegtäuscht.

VII.
Der Katholizismus ist hier und heute unzweifelhaft *eine dämonisierte Größe*. Wahrscheinlich ist er auf dem Wege zum „Mythos"; ein gewisser „Führer"-Kult (um Adenauer) deutet darauf hin, daß der bourgeoise Typ zum „katholisch-abendländischen" hinauf- (besser: hinunter-) mythisiert werden soll. Am „Weihrauch" der geistlichen „Drahtzieher", der den mythischen Nebel erzeugt, fehlt es wahrlich nicht. Die vollendete Unbußfertigkeit heutiger Katholizisten macht solche grauenhafte Erscheinung möglich, die den Untergang der Kirche in Europa in nächste Nähe rückt. Wolle Gott das verderbliche Gebild des Katholizismus zerstören, damit seine Kirche gereinigt und gerettet werde!

* * *

[Nachfolgender Kasten
mit Zitaten]

„Die Politik ist Sache des Laien; sie ist nicht Sache des Geistlichen."
Kardinal Gerlier, Primas von Frankreich

*

„Die Bildung des Gewissens hat nicht Schritt gehalten mit der seit Jahren systematisch und intensiv betriebenen dogmatischen, apologetischen und kirchengeschichtlichen Sendung."
Prof. Dr. K. Algermissen

*

„Die Geistlichen müssen sich jeder Politik enthalten, und sich ausschließlich ihrer religiösen Aufgabe gegenüber den Gläubigen widmen."
Kardinal Innitzer an die Nazimachthaber im Jahre 1938

T: [*Heidingsfelder*, Georg] G.H.: Sieben Thesen über den „Katholizismus". In: Katholische Freiheit, 2. Jg., Nr. 3, März 1953, S. 1-2.

[H.8]
Die Botschaften des Thomas Morus

Von Georg Heidingsfelder

I.
Es ist gewiß von größter Bedeutung gewesen, daß der im Jahre 1535 von seinem König hingerichtete Lordkanzler a.D. Sir Thomas More (der sich latinisiert Morus nannte) im Jahre 1935, der Zeit der tiefsten Verfinsterung des Herzens Europas, zur Ehre der Altäre erhoben wurde. Er wurde es ausdrücklich als „Märtyrer des Gewissens", denn er hatte sich seinem König gegenüber, der sich auch zum kirchlichen Oberhaupt gemacht hatte, auf sein Gewissen berufen, als er ihm den Unterwerfungseid verweigerte. Dieser Morus war ein großes leuchtendes Bild für die katholische Christenheit Deutschlands in den Jahren der faschistischen Staatsomnipotenz; aber nicht einmal die Bischöfe gedachten sich an ihm aus- und aufzurichten; sie folgten als getreue Staatschristen lieber dem Verbrecher in seinen ungerechten Krieg.

Nun ist die Bedeutung des heiligen Thomas Morus mit jenem Datum seiner Kanonisierung keineswegs vorübergegangen, o nein, *dieser* Mann strahlt heute erst in seinem ganzen Reichtum auf und zeigt den Christen Europas, was not tut in dieser Stunde. Wir wollen nur auf einige Punkte hinweisen, die, die Aktualität der Moreschen Gedanken und der Moreschen Praxis beweisen.

II.
In seinem Staatsroman „*Utopia*", der eine Satire auf die Christenheit ist, schreibt Morus, daß es in diesem Idealstaat „nur sehr wenige Priester" gebe, weil die Utopier es für schwierig halten, so gute Menschen in großer Zahl zu finden, die einer Würde entsprechen, die zu bekleiden ein Mittelmaß von Tugenden nicht ausreicht. Und diese wenigen sind nichtsdestoweniger keine politisierenden Priester! Sie haben auch keinerlei weltliche Macht. Damit hat Morus deutlich genug ausgedrückt, was er von den in alle Welt- und Kuhhändel verstrickten Geistlichen hielt. More ist also der, der schon vor vierhundert Jahren auf die Unhaltbarkeit einer politisierenden Geistlichkeit hingewiesen hatte; er mußte ja auch Zeuge sein, wie die höchsten Würdenträger vor der Staatsgewalt sogleich in die Knie gingen, „in grenzenloser Schwachmütigkeit", wie Ludwig von Pastor sagt, denn sie hatten ja gar nicht die entfernte Möglichkeit eines Widerstandes gegen den König ins Auge gefaßt; sie waren „hundertprozentige" Staatschristen gewesen, die endlich auch den Cäsarpapist akzeptierten. Eine Wiederholung dieser traurigen Szenerie brachte die Hitler-

zeit in Deutschland, als die Bischöfe diesem Verbrecher Gehorsam leisteten, in seinen Staatsrat, ja sogar (als zahlende Mitglieder) in seine SS eintraten, und endlich seinen Schandkrieg guthießen und unterstützten! Das war nicht der Geist des Thomas More, der sie erfüllte; dies große Beispiel hatte nicht gezündet. So ist der große More auch heute unter den katholischen Laien Deutschlands nicht die Gestalt, die strahlend vor allen Herzen stehen müßte, da es sich ja wahrlich darum handelt, das Verhältnis der Christen zum Staat zu überprüfen und völlig neu zu begründen.

III.

In der *„Utopia"* stehen die Worte: „Als es den Menschen so schwer fiel, ihr Verhalten den Forderungen Christi entsprechend einzurichten, paßten die schlauen Füchse von Predigern seine Lehre wie ein dehnbares bleiernes Richtmaß den verkehrten menschlichen Sitten an, damit sie wenigstens auf *eine* Art beide unter einen Hut brächten."

Die Utopier sind keine Christen, sondern Heiden; sie haben es also nicht nötig, solche Praktiken wie die gezeichnete zu üben. Freilich sind sie, eben als Heiden, auch keine Pazifisten; aber sie haben dennoch sehr gesunde Ansichten über den Krieg. Man höre etwa:

„Den Krieg verabscheuen sie aufs äußerste als etwas schlechthin Bestialisches, das trotzdem bei keiner Sorte von wilden Tieren so gang und gäbe ist wie bei den Menschen. Im Gegensatz zu der Sitte fast aller Völker halten sie nichts für so unrühmlich wie den Ruhm, den man im Kriege sucht."

Unter *„fast allen Völkern"* sind eben hier die *christlichen Völker* verstanden, denen Thomas More mit seiner Utopia den Spiegel vorhalten wollte! *Hubert Schiel*, ein sehr guter Kenner und Übersetzer der „Utopia", sagt sehr treffend: „Was anderes kann More mit der „Utopia" sagen wollen als dieses: Anderthalb Jahrtausend nennt ihr euch nun bereits ein christliches Europa und was ist dabei herausgekommen? Eine traurige Welt, die im argen liegt; die von Brudermord und Blutvergießen trieft, von der noch immer das vergossene Blut des Bruders zum Himmel schreit; auf der ihr stets von neuem die Kriege entfesselt. Schon längst wäre das Angesicht der Erde erneuert, hättet ihr nur Ernst gemacht mit der christlichen Lehre. Aber ihr seid schlimmer als die Heiden."

Der restaurative Mief liegt bei uns auf allen Fluren und verhindert jedes neue gesunde Wachstum Moreschen Geistes. Diesmal werden die Katholiken Westdeutschlands von einem alten katholischen Bourgeois, der sich an Amerika verschacherte, ins Feuer geschickt werden, abermals dem Wahn erliegend, daß man gegenüber der Staatsgewalt (zumal der „christlichen"!) sich seines Gewissens begeben müsse. Welch eine traurige Groteske, nachdem ein Morus dagewesen und heiliggesprochen worden ist.

IV.
Es dürfte interessant genug sein zu erfahren, wie Morus sich verhielt angesichts der *Türkengefahr*, die zu seiner Zeit Europa zu verschlingen drohte. Darüber gibt es ein feines, unseres Wissens leider noch nicht ins Deutsche übersetztes Zeugnis: das „Trostgespräch" (Dialogue of Comfort), das der Lordkanzler im Gefängnis geschrieben hat. Ein alter ungarischer Edelmann unterhält sich darin mit seinem Neffen über die Türkengefahr und wie sich der Christ zu ihr zu verhalten habe. Dieser großartige Mann im Gefängnis zögert keinen Augenblick, auch den Türken gegenüber die Lehren der Bergpredigt anzuwenden! Denn sie und nichts anderes sei das Lebensgesetz des nach Vollkommenheit strebenden Christen.

Aus dem Verlust irdischer Gütern, ja auch aus der Vertreibung macht Morus sich recht wenig: „Wenn der Teufel uns mit Ausweisung und Flüchtlingsschicksal schrecken will", so sagt er, „laßt uns bedenken, daß die ganze Welt unser Geburtsland ist und daß wir nicht wie die Bäume an einem Platz stehen bleiben müssen. Und bedenkt, wohin immer wir gehen, Gott wird mit uns ziehen".

Als der Neffe das hohe Gut der *Freiheit* (!) in Gefahr sieht und ihre *„Verteidigung"* fordert, bleibt More ganz gelassen und erwidert sehr nüchtern, daß für den Christen ja die „Freiheit von der Sünde" doch wohl die wesentlichste Freiheit sei. In den meisten Dingen bleibe der Mensch ja ohnehin gebunden. Er sieht, daß die Türken das Christentum *nur von außen* bedrohen können; seine entscheidende Bedrohung erwachse ihm aber von innen, eben von Sünde und Teufel. Darum hält er von blutigen Kreuzzügen nichts. Wohl kennt er den Weg der Selbstverteidigung; aber er *geht ihn nicht*: weil er einen vollkommeneren für den Christen weiß, „den „Pacific Way", den Weg Christi, der dem schwertkämpferischen vorzuziehen ist, „bei dem der Gläubige den Ungläubigen doch nur halb in die Furcht, halb ins Unrecht hineintreibt".

Das ganze „Trostgespräch" atmet den Geist, in dem Sankt Thomas More mit seinem Busenfreund Erasmus von Rotterdam und seinem Beichtvater John Colet verbunden war: den Geist der Bergpredigt. Dekan John Colet scheute sich nicht, von seiner Kanzel zu sagen: *„Sogar die Leiden eines ungerechten Friedens sind dem gerechtesten Krieg vorzuziehen."* Thomas Morus war ganz dieses Geistes, wie sein „Trostgespräch" auf jeder Seite beweist. Aber obwohl es schon vierhundert Jahre her ist, daß diese Männer gelebt haben, hat die europäische Christenheit von ihrem Geist nichts angenommen, sondern ist an allen ungerechten, ehrlosen Metzeleien hervorragend beteiligt gewesen; und hält auch jetzt noch dafür, daß die Bolschewisten mit ungerechten Waffen, schauerlichen Massentötungsmitteln „überwunden" werden, müssen. Für wahr, das „Salz" ist total verdummt und wird darum hinausgefegt werden, trotz aller Atombomben.

Vielleicht aber finden sich einige Katholiken, die, wie Pater Reinisch oder der tapfere Bauer Jägerstätter, aus der kriegerischen Christenheit ausscheren und lieber *sich* aufopfern als Weiber und Kinder anderer Völker in Massen zu töten.

EIN WORT DES THOMAS MORUS

" Wir wollen keinen Haß gegen irgend jemand hegen, denn entweder ist er gut oder er ist böse. Ist er gut, so machen wir uns schuldig, wenn wir einen tugendhaften und von Gott gesegneten Menschen hassen; ist er aber böse, so würden wir uns wie Barbaren aufführen, wenn wir einen Menschen haßten, der im anderen Leben leiden muß. Wenn aber jemand behaupten wollte, daß wir in aller Gewissensruhe einem schlechten Menschen Böses wünschen dürften, damit er den guten Menschen keinen Schaden zufügen könne, so würde ich ihn beschwören, nicht in einem solchen offenkundigen Irrtum zu verharren, sondern es der göttlichen Gerechtigkeit zu überlassen, den Unschuldigen gegen den Verbrecher zu beschützen. Wir armen Sünder aber wollen unaufhörlich für unsere schuldigen Brüder eintreten, denn unser Gewissen sagt uns zu jeder Stunde, wie sehr wir gleicherweise der Nachsicht wie der Vergebung bedürfen."

[Buchhinweis]
THOMAS MORE – DAS VORBILD

Wir weisen auf ein kleines Büchlein hin, das im Verlag Glock und Lutz (Nürnberg) erschienen ist: Thomas More. Leben und Werk, von Georg Heidingsfelder. Das Werkchen bringt Auszüge aus den wichtigsten Schriften des heiligen Thomas More und macht mit seinem Leben hinreichend bekannt. Der englische Lordkanzler ist ja für unsere Tage von höchster Aktualität; war er doch der Märtyrer des Gewissens, der besser als die meisten hohen Kleriker seiner Zeit wußte, was Gottes ist und was des Kaisers nicht ist. An diesem Manne möge sich der Laie heute orientieren, damit er seiner Aufgabe gerecht zu werden vermag. Das Büchlein kostet nur 1,50 DM.

T: *Heidingsfelder*, Georg: Die Botschaften des Thomas Morus. In: Katholische Freiheit, 2. Jg., Nr. 3, März 1953, S. 3-5.

[H.9]
Werkzeuge satanischen Machtwillens

Von Georg Heidingsfelder

„Je eingehender das Studium des modernen Kriegs betrieben wird, desto stärker wächst die Überzeugung seiner Sinnlosigkeit".
Militärsachverständiger Cpt. Lidell Hart.

1.

Der geniale Spanier Miguel de *Cervantes* (1547-1616) läßt seinen „Don Quichote" sagen:
„Gesegnet seien die glücklichen Zeitalter, die noch nicht die furchtbare Wut jener verruchten Maschinen der Artillerie kannten, der Kanonen, deren Erfinder gewiß in der Hölle die Belohnung für seine teuflische Erfindung erhält, wodurch er Ursache geworden, daß ein nichtswürdiger und feiger Arm einem tapferen Ritter das Leben rauben kann; daß ohne zu wissen wie und woher, im vollen Mut und Feuer, die die tapferen Seelen entzünden und begeistern, eine zufällige Kugel daherkommt, von einem abgeschossen, der vielleicht floh und sich beim Abschießen des verfluchten Instruments vor dem Feuerblitz entsetzte und so in einem Augenblick Gedanken und Leben desjenigen beendet, der es verdient hätte, ein langes Lebensalter zu genießen."

Wenn ein *Cervantes* gesprochen hat, hat natürlich ein *Dessauer* zu schweigen; denn es gibt „ewige" Rangunterschiede, die durch keinerlei „Fortschritt der Erkenntnis" eingeebnet werden können. Was aber jene christlichen Moraltheologen anbelangt, die zu Gunsten ihrer blutleeren Abstraktionen den Geist ihres Herrn und Meisters dreimal täglich zu verraten bereit sind, wie jene amerikanischen vom „Erlöserorden", von denen noch zu reden sein wird, so könnten sie schon hier, vor dem Wort eines der größten Dichter, erröten, wenn nicht auch ihre natürliche Scham längst vom theologischen Hochmut verschlungen wäre.

Es sieht aber *Josef Sellmair* ganz richtig, wenn er zu diesem Wort des großen Dichters sagt: „Hier spricht Cervantes das Problem aus, das zur Schicksalsfrage des abendländischen Menschen geworden ist: Ist nicht die Entdeckung der Spaltung des Atomkerns – um von der Kanone des Cervantes den Schritt zu vollenden – eine solche sui generis, indifferent an sich, oder unterliegt eine Entdeckung auch moralischen Gesetzen?" Sellmair kommt zu dem Schluß, daß die Wissenschaftler schuldhaft zu Verrätern des Geistes und der göttlichen Ordnung geworden seien und führt als typisches Beispiel den *Pascual Jordan* an, „der sich beeilt, den Abfall auch noch ausdrücklich zu bezeugen: Wir sind nicht gewillt, in der Verknüpfung der Wissenschaft mit der militärischen Macht einen Mißbrauch zu sehen". Nun, dieser Pasqual, der hier die Wissenschaft zur ancilla barbarorum macht, ist der Moraltheologen würdig, die solchermaßen „angewandter Wissenschaft" ihren Segen geben.

2.

Ein erleuchteter evangelischer Geist wie *Hans Zehrer* hat mit strahlender Klarheit aufgezeigt, wie es um das Teufelswerk der Waffentechnik heute steht („Der Mensch und diese Welt", bei Rowohlt):

Hinter der Welt der technischen Zivilisation steht der machtbesessene Mensch; das „mana" und „immunu", das sie durchflutet, ist *Macht*. Unzählige Menschen haben Jahrhunderte hindurch in kollektiver Zusammenarbeit und gewaltiger Askese ihre ganze Kraft hingegeben, um Macht zu schaffen und nichts als Macht. Aus den Elementen dieser Macht wurde die Welt der Zivilisation errichtet. Unzählige Menschen in der ganzen Welt sind damit beschäftigt, die Quellen dieser Macht Tag und Nacht zu steigern. Man hat gesagt, die Technik sei neutral, weil sie jedem dient und selber keine eigenen Eigenschaften besäße. Das ist falsch. Ein geladenes Gewehr, das nur auf den leichten Druck des Fingers wartet, um Unheil zu verbreiten, ein elektrischer Schalter, der einer leichten Drehung bedarf, um riesige Kräfte in Freiheit zu setzen, sie sind nicht mehr neutral, denn sie haben den menschlichen Aufwand, der nötig ist, um sie in Tätigkeit zu setzen und zur Auswirkung zu bringen, so herabgesetzt, daß es nur eines Minimums bedarf, einer ganz geringen Aufwallung eigenen Machtwillens, um die größten Wirkungen zu erzielen. Es ist ein großer Aufwand, den andern Menschen mit der Keule totzuschlagen; es gehört etwas dazu und ich weiß nach der Tat ganz genau, was sie „für mich" bedeutet. Es gehört nichts dazu, ihn auf hundert Meter Entfernung und darüber hinaus durch einen leichten Druck meines Zeigefingers „umzulegen" und liegen zu lassen. Es gehört überhaupt nichts dazu auf ein „Objekt", das ich nur als Steinhaufen unter mir sehe, das ich möglicherweise überhaupt nicht sehe, sondern dessen Existenz mir nur von meinen Apparaten nachgewiesen wird, durch den Druck meines Fingers kosmische Kräfte abzuwerfen, durch die Millionen Menschen vernichtet werden. Das bedeutet gar nichts mehr „für mich"; ich nehme den späteren Bericht interessiert zur Kenntnis, erfahre daraus, daß der Druck meines Fingers 1,2 Millionen Menschen beseitigt hat, sehe nach, ob ich damit einen Rekord aufgestellt habe und gehe befriedigt frühstücken. Unsere Sittengesetze besitzen Gültigkeit nur für das „Keulenstadium", des Menschen, dem sie entstammen; sie müssen aber notwendig in der apparativen Welt des heutigen Menschen versagen.

Die Macht, die den Menschen heute umgibt und die ihm zur Verfügung steht, ist so bis aufs letzte auf ihn zugeschnitten; sie ist ihm so angepaßt und auf den geringsten Aufwand hin berechnet, sie wartet gleichsam so ungeduldig auf den kleinen Druck seines Zeigefingers, daß sie die leiseste Regung der Macht in ihm sofort zur größten Wirkung bringt und daß sie diese Regung nach Macht ihm permanent nahe legt, weckt und aus ihm herauslockt! Es ist Wortklauberei, wenn man heute, der Sache nach zu Recht, erklärt: die Technik sei neutral. Daß die technische Zivilisation, die die Menschheit errichtet hat, tot ist, daß das einzelne Werkzeug ein unlebendiges Ding ist, das von sich aus keine Macht besitzt, ist selbstverständlich; wie tot diese Welt in der Tat ist, das begreift der Mensch erst, wenn sie durch irgendwelche Zwischenfälle nicht mehr funktioniert. Und trotzdem wimmelt es in ihr von eingeschlummerten Dämonen in einer Zahl und Macht, wie sie bisher noch nie in der Welt waren. Diese Welt ist nichts anderes als die permanente Spekulation auf den Machtwillen jeden [jedes] einzelnen Menschen; sie stellt die teuflischste Versuchung dar, deren der Mensch im Verlauf seiner jahrtausendealten Entwicklung jemals ausgesetzt worden ist und der gegenüber er ein Gott sein müßte, um ihr nicht zu erliegen. *Es ist keine Frage, daß es der Satan selber war, der dem Menschen diese Macht in die Hand gespielt und ihn damit sturmreif gemacht hat,* denn er zeigt ihm in jeder Minute, daß Brot aus Steinen wird, daß er auf Händen durch die Luft getragen wird und daß ihm alle Reiche der Welt und ihre Herrlichkeit gegeben werden ... Die künstliche Welt der Zivilisation ist nicht von Gott geschaffen worden, sondern von einem der Menschen, der, von Machtgier zerfressen, der Natur riesige Kräfte entrissen und sie in seine Dienste gestellt hat. Dieser Mensch steht hinter der Zivilisation ...

Gelingt es dem Menschen nicht, sich aus der Zone des Magischen, in die er geraten ist, zu befreien, so sind es nur die ersten Gewitter gewesen, die über die Welt und den Menschen dahingebraust sind, und der Mensch wird blind in die kosmischen Katastrophen kommender Weltgewitter hineinlaufen, in denen er sich seine Sintflut selber inszenieren wird.

Soweit Zehrers Phänomenologie der Technik im heutigen Stadium. Im Licht dieser Schau seien nun einige moralische Betrachtungen angestellt.

3.
1848 erfolgte die Einführung des Zündnadelgewehrs; 1857 wurde aus dem ersten Stahlgeschütz gefeuert (der mit Soldateninstinkt begabte General Hahn verbat sich den Grabsalut aus solchen Geschützen!); von 1888 ab schoß man mit Mehrladegewehren; und das neue Jahrhundert sah endlich die Gewehrmaschine fertig: 1900 schoß mit dem MG.

Nach dieser Mechanisierung führte der erste Weltkrieg sogleich die völlig *unritterlichen Waffen* herauf: *Gas, U-Boot, Bombe*. Sie wurden in Benutzung genommen, weil, wie Theodor Haecker sagte, *„die Ritter ausgestorben waren"*. So konnte denn der Papst Benedikt XV. den ersten Welkrieg schon mit Fug und Recht *„ein ehrloses Gemetzel"* nennen. Die „christlichen" Nationen focht das aber nicht an; sie metzelten weiter.

Der zweite Weltkrieg setzte die Linie der Entwicklung fort und endete folgerichtig beim offenbaren *Satanismus* der Bombenteppiche und der Atombombe, die beide rücksichtslos gegen Unschuldige, Weiber, Kinder, Greise eingesetzt wurden. Es fanden sich indessen zu allen Zeiten *theologische Anwälte*, die auch die schändlichsten Kriegsmittel in das Mäntelchen der „Gottgefälligkeit" einzuhüllen wußten. So wird neuerdings sogar die Wasserstoffbombe*) theologisch gerechtfertigt, von katholischen Moraltheologen Amerikas.

> *) In ihrer heute herstellbaren maximalen Größe kann die H-Bombe ein Gebiet von schätzungsweise 3000 qkm durch Brand und ein Gebiet von 800 qkm durch Explosionswirkung völlig verwüsten.
> Ihre Wirkung wird aber in dem Augenblick vernichtend, wenn sie etwa mit einem Mantel aus Kobalt umkleidet wird. Bei der Explosion wird das Kobalt radioaktiv, und diese Radioaktivität reicht aus, auf weiten Gebieten alles Leben zu vernichten und diese Gebiete auf Jahre hinaus in Einöden zu verwandeln.
> Günter Bertrand in „Frankfurter Hefte" Januar 1933.

Dazu schreibt *Reinhold Schneider*, der Vorkämpfer eines radikalen christlichen Widerstandes gegen Waffen und Krieg:

VERRAT AN CHRISTUS
„Der Londoner ‚Catholic Herald' vom 17. März berichtet von den Gutachten dreier amerikanischer Theologen über die Anwendung der Wasserstoffbombe:
1. Fr. Francis *Connell* C.S.S.R. von der Catholic University of America: Darf die Wasserstoffbombe auf ein militärisches Ziel in der Nähe einer großen Stadt geworfen werden? Nein, wofern das Ziel nicht von entscheidender Bedeutung ist – etwa als Atombombenfabrik oder Generalstabsquartier –; *in diesem Falle müßte das Leiden der Zivilbevölkerung hingenommen werden.*

Abgesehen von solchen Ausnahmen sei es schwer zu beurteilen, ob ein militärisches Ziel überhaupt mit der H-Bombe angegriffen werden dürfe, wenn viele Nichtsoldaten davon betroffen würden.

2. Dr. Georg *Schulte* vom Loras College: Die Anwendung der H-Bombe kann als *moralisch berechtigt angesehen* werden, wenn sie mit vernunftgemäßer Genauigkeit Kämpfende und Kriegspotential trifft; wenn aber, der Voraussicht nach, der Schaden, der Unschuldige trifft, im Mißverhältnis zum militärischen Vorteil steht, so ist die Anwendung der Bombe nicht erlaubt.

3. Fr. Richard *Ginder*, Verleger des ‚The Priest Magazine': Gottes Gesetz verbietet den totalen Krieg: ‚Unter keinen Umständen haben wir – oder der Staat – das Recht, einen Unschuldigen zu töten.'

Fr. Connell und Fr. Schulte stimme[n] darin überein, daß die Anwendung der H-Bombe denselben Prinzipien unterliegen müsse wie der Gebrauch des Gewehrs oder des Geschützes, wenn sie auch durchaus anderer Art sei. Die Bombe sei ‚*ihrem Wesen nach nicht [!] wider die Moral*'. Die Frage ist nur, wie kann die Wirkung kontrolliert werden. Fr. Connel meint, die Bombe dürfe auf eine große Stadt erst geworfen werden, nachdem diese ausdrücklich gewarnt worden sei. Fr. Schulte lehnt einen Präventivkrieg gegen die Kommunisten ab: Der Angriff sei erst erlaubt, wenn alle Mittel, den Frieden zu bewahren, versagt hätten. Selbst unter Anerkennung des Wertes der wiederherzustellenden zivilen und religiösen Freiheiten von Millionen sei es schwer, den Atomkrieg zu rechtfertigen.

Wir haben nur einen Auszug vorliegen; die Bemühungen, Einschränkungen zu machen, sind deutlich; am klarsten scheint sich Fr. Richard Ginder geäußert zu haben. – Über den *absurden Widerspruch zwischen theoretischer Moral und Wirklichkeit* brauchen wir wohl kaum ein Wort zu sagen. Ein jeder Kanonenschuß in eine offene Stadt trifft Unbewaffnete. Eine Bombe – und gar dieser Art – etwa nicht? Und wenn eine einzige genügt, Städte wie London, New York, Paris zu vernichten, was verspricht man sich dann von der besonderen Warnung an die in Panik geratenden Millionen? Waren etwa die Städte, in denen im letzten Kriege Hunderttausende Unbewaffneter starben, nicht gewarnt?

Wenn die hier vorgetragenen Lehren folgerichtig aus einem geltenden Moralsystem entwickelt sein sollten, so wäre es offenbar Zeit, dieses bis auf seine Fundamente zu prüfen. Das Christentum läßt sich mit einem solchen System nicht verteidigen. Was auch kommen, was auch über uns beschlossen sein mag: woher sollen wir den Mut nehmen, uns Christen zu nennen, woher nehmen wir unser höheres Recht, wenn wir allen Ernstes der Meinung sind, daß die H-Bombe ihrem Wesen nach der Moral nicht widerspreche?

Die modernen Waffen sind Teufelswerk. Glaubt man, durch Teufelswerk Kirche, Kultur und Geist zu verteidigen, das Naturrecht ausüben zu können?

Dieses Teufelswerk hat alle Aussicht, die Natur aufzuheben, von der das Recht auf seine Anwendung hergeleitet wird. – Gewiß, es ist keine Aussicht, daß die Erklärung einzelner etwas bewirken, daß man sie anders beantworten wird als mit Hohn oder Erbitterung. Was liegt daran? Ich möchte diese Stunde nicht erlebt haben – ohne protestiert zu haben, einzig *meines Gewissens wegen*. Ich bin überzeugt, daß man morgen ganz anders denken wird in diesen Fragen; daß auch die Theologen, sofern sie, wie ich ihnen wünsche, zu den Überlebenden gehören, ihr Gutachten über die H-Bombe begreifen als das, was es ist: *eine ungeheure geistige Schuld und ein Verrat an dem Herrn*, dem sie dienen wollen. Aber ich wünsche inständig, die Erfahrungen, die diesen Wandel des Denken bewirken müssen, würden der Welt erspart."

Diesen Worten *Reinhold Schneiders* kann der Christ nur aus ganzem Herzen zustimmen.

4.

Zur Ehre der amerikanischen Nation sei gesagt, daß diese skandalösen katholischen Theologenstimmen aufgewogen werden von nicht wenigen Stimmen anderer Gottesgelehrter, von denen dreißig in New York verlautbarten:

„Die Hiroshima- und Nagasaki-Atombomben versetzten dem moralischen Ansehen der USA einen harten Schlag. Die Wasserstoffbombe würde dieses Ansehen völlig zunichte machen. Die Frage für einen Christen besteht nicht darin, ob sich die Amerikaner leisten können, das Risiko eines Atomkrieges auf sich zu nehmen, sondern darin, ob sie sich leisten können, ihre Seele zu verlieren, in der angeblichen Hoffnung, eventuell ihre Haut zu retten."

Sogar ein bloß weltliches Institut, die *Physikalische Gesellschaft der USA*, erklärte:

„Keine Nation hat das Recht, Wasserstoffbomben zu verwenden, so gerecht auch ihre Sache sein mag. Die Wasserstoffbombe kann nicht mehr als Kriegswaffe angesehen werden. Sie ist ein Mittel zur Vertilgung ganzer Völker. Ihre Anwendung würde ein Verrat an allen moralischen Grundsätzen und an der christlichen Zivilisation sein".

Das ist eine tiefe Beschämung für die katholischen Moraltheologen, die mit ihren Bombengutachten *Verrat an Christus* begingen. Haben denn diese Herren niemals einen Bericht aus Japan gelesen? Wir wollen ihnen hier einen kurzen aus den „Schweizer Monatsheften" vorsetzen, den ein Schulkind geschrieben hat:

[„]Grell blitzte es auf. Ein gewaltiger Windstoß schleuderte mich gegen die Kellerwand. Nach einiger Zeit blickte ich aus dem Keller nach draußen. Überall lagen Menschen so dicht beieinander, daß ich kein Fleckchen Bodens mehr sehen konnte. (Die vielen Menschen hatten sich auf einem Sportplatz zusammengefunden.) Sie lagen wie tot da, nur hier und da bewegte einer die Beine, hob ein anderer die Arme empor. Diejenigen, die sich noch bewegen konnten, krochen auf allen vieren zu uns in den Keller hinein, der sich mehr und mehr mit Verwundeten füllte.

Mein Bruder und meine kleinen Schwestern waren zu spät in den Keller gekommen. Sie waren sehr verbrannt. Sie saßen neben mir und weinten. Großmutter zog den Rosenkranz aus ihrem Kimono und betete.

Ich setzte mich an den Eingang des Kellers und schaute sehnsüchtig nach Vater und Mutter aus. Dreißig Minuten später kam meine Mutter. Sie blutete am ganzen Körper. Mutter war während der Vorbereitungen zum Mittagessen vom Angriff überrascht worden. Niemals werde ich die Freude vergessen, die ich empfand, als ich mich an meine Mutter klammerte. Voller Bangen warteten wir auf den Vater. Er war am Morgen zum Luftschutz fortgegangen ...

Die Leute, die noch am Leben waren, starben einer nach dem anderen. Sie stöhnten vor Schmerzen. Am nächsten Tag starben meine jüngeren Schwestern, starb auch meine Mutter; unsere geliebte Mutter. Danach mein Bruder. Ich glaubte, daß auch ich sterben würde. Alle, die mit uns im Keller waren, starben ... Großmutter und ich hatten ganz hinten im Keller gesessen. Die Strahlen hatten uns dort nicht getroffen. Deshalb blieben wir allein am Leben.

Tag für Tag suchten wir vergeblich unter den vielen Toten unseren Vater ...

Nur wenige überlebten. Diese trugen auf dem Sportplatz Holz zusammen und verbrannten die Leichen. Mein Bruder wurde dort auch verbrannt. Vor meinen Augen wurde meine Mutter zu Asche. Vom prasselnden Scheiterhaufen fielen glühende Holzstücke krachend zur Erde. Mit Tränen in den Augen starrte ich in die Glut.["]

5.
Die Christenheit hat aber noch Hirten, die ihr sagen, was von den modernen Waffen zu halten ist. Leider sucht man diese Hirten vergebens in Deutschland, wo sie schon immer eine besondere Vorliebe für den Kommiß und die Orden (die „Auszeichnungen" sind's hier) hatten, weshalb sie auch heute noch offiziös ihre Gläubigen mit besonderer Inbrunst *„ans Gewehr"* treiben. Aber in *Frankreich*, da gibts noch Hirten von der alten christlichen Art, die *keinen Kompromiß mit Atombomben machen*, sondern Hirtenbriefe erlassen wie diesen, der dem französischen Episkopat im Himmel und auf Erden zur höchsten Ehre gereicht:

[„]Die Furcht vor den Vernichtungswaffen, welche die Wissenschaft der Gegenwart den Kriegführenden zur Verfügung stellt, Atombomben, Raketen, radioaktive Gase und biologische Gifte, schwebt über allen Völkern als schwere Bedrohung. Es ist verständlich, daß unter diesem Alpdruck der Stockholmer Appell gegen die Anwendung der Atomwaffen viele edle Geister verführt hat.

Euch selbst, Eure Priester, Eure Bischöfe fragt man heute eindringlich, ob wir die Anwendung dieser Waffen verurteilen. Für Jünger Christi aber bedeutet es ein empörendes Ärgernis, wenn man überhaupt eine solche Frage an sie richtet. Wer immer, wie Pius XII. schon vor zwei Jahren sagte, den wahren Sinn der Menschlichkeit besitzt, *muß den Gebrauch aller modernen Waffen verwerfen*, die unterschiedslos kämpfende Truppen und Zivilbevölkerung treffen und blindlings den Tod verbreiten über Räume hinweg, die immer ausgedehnter werden in dem Maße, wie das wissenschaftliche Vermögen des Menschen wächst. Wir für unseren Teil verurteilen sie mit allen Kräften, wie wir während des letzten Krieges nicht gezögert haben, die Flächenbombardierungen zu verurteilen, die, auf militärische Ziele gerichtet, Greise, Frauen und Kinder trafen. Wir sind überzeugt, daß die Menschheit den ihr von Gott verliehenen Verstand entehrt, wenn sie die Wissenschaft in den Dienst des Bösen stellt, die doch so fruchtbar für das Gute wirken könnte. Wir ersuchen daher die Staatsmänner, denen in der gegenwärtigen Stunde ungeheure Verantwortung aufgegeben ist, nicht der entsetzlichen Versuchung zu erliegen, von diesen Vernichtungswaffen Gebrauch zu machen, und alles ins Werk zu setzen, um zu einem allgemeinen Vertrag zu finden, der ihre Anwendung gänzlich verbietet.["]
(Hirtenbrief der *französischen* Bischöfe)

Solche Hirten weiden wahrhaft ihr Volk. Wer aber „Atomtheologen" wie die vom „Erlöserorden" auf die Menschheit losläßt, der wird das Christentum nur dem berechtigten Hohn und Spott der Welt ausliefern.

Die technischen Waffen waren schon von Cervantes Dichtergenie als der Verderb des Kriegertums erkannt worden; er, der selbst eine Hand durch die Kanonenkugel verloren hatte, meinte, die Kanone entstamme der Hölle. Von den technischen Massenvernichtungsmitteln unserer Tage aber anzunehmen, daß mit ihnen das Gute (der Frieden) irgendwie gefördert werden könnte, heißt: ihren Vater, den Teufel, für einen Engel des Lichts ausgeben. Wenn Theologen solchem Trug zum Opfer fallen, so bezeugt das wieder einmal, daß Gelehrsamkeit kein Schutz dagegen ist, am Ende so dumm zu sein wie – der Teufel.

T: *Heidingsfelder*, Georg: Werkzeuge satanischen Machtwillens. In: Katholische Freiheit, 2. Jg., Nr. 4/5, April/Mai 1953, S. 5-10.

[H.10]
Christus mit Barabbas?
Die Gestalt des Partisans im künftigen Kriegertum

Von Georg Heidingsfelder

Der zweite Weltkrieg hat eine Gestalt des Kriegerischen hervortreten lassen, die einem dritten Weltkrieg weithin das Gepräge verleihen würde: den mörderischen „Waldgänger" oder Partisan. „Zweifellos wird jeder künftige Krieg Partisanen zeitigen", sagt *Walter Görlitz*. Der Partisan ist der gnadenlose Kämpfer im Weltanschauungskriege; man wird ihn als den verderblichsten Typ des Kriegerischen bejahen *müssen*, wenn man den modernen Weltanschauungskrieg bejaht. Auch hier vermag der Christ wiederum zu erkennen, worauf er sich einläßt, wenn er auch nur zur Möglichkeit des Krieges Ja sagt: er gerät zwangsläufig in „eine unmögliche Position", in der er seinen Herrn verleugnen muß. Es ist also auch aus Gründen der Entartung des Kriegers in den Partisan für den Christen ganz unmöglich, zu den Waffen (die in sich teuflisch sind) zu greifen; denn der Christ kann niemals Partisan sein. Wer das nicht begreift, der ist entweder ein (militaristischer) Dummkopf oder ein (machtwilliger) Verräter (Christi).

Der Partisanenkrieg wäre in der kriegerischen Auseinandersetzung zwischen Ost und West unausweichlich. *Milo Dor* („Tote auf Urlaub") hat seine Weise und seine Wirkung im jugoslawischen Volk geschildert; dort schlachteten sich, unter der deutschen Herrschaft, Millionen Bürger bestialisch ab. Die Schilderung ist furchtbar; es ist die Hölle auf Erden, die hier tobt. Dort wurde der Beweis für die Wahrheit der Worte *Walter Görlitzens* erbracht:

„Partisanenkrieg ist der Krieg der Nacht, des heimtückischen Mordanschlages auf einzelne Soldaten, der plötzlichen Feuerüberfälle auf Nachschub- und Sanitätskolonnen, der steten Unsicherheit der Bahnlinien und Straßen, der grausamen Folterung und Verstümmelung Gefangener oder Verwundeter."

Es sei daran erinnert, daß der bekannte *Lord Vansittard*, der fanatische Deutschenhasser, den Deutschen, uns, die Rolle des Partisanenkriegers in der nächsten Auseinandersetzung ernstlich angeraten hat. Man mag daran erkennen, welche großartige „Gemeinschaft" diese neueuropäische „Verteidigung" geistigerweise ist!

Der Partisan sprengt jede Kriegs-„Ordnung"; er ist völkerrechtlich nicht mehr einzuordnen, sondern macht den Einbruch des *Chaos* in die Beziehungen der Völker offenbar. Es ist auch nicht möglich, eine neue Kriegsordnung zu schaffen, die den Partisanen berücksichtigt; er ist die aller Ordnung widerstrebende anarchische Figur aus dem Abgrund.

Das „Vor-Bild" des Partisans" im biblischen Bereich ist *Barabbas*. Der wollte mit den Gewaltmitteln des Partisanenkrieges sein Volk befreien. Israel stimmte für diese Befreiungsweise und – ging dabei elendig zugrunde. In Westdeutschland sind die Christen, die die Atombomben schon bejahen, auch im Personalen so weit, daß sie den „Freiheitskämpfer" Barabbas bejahen; sie wollen seine Kraft nicht missen. Sie suchen ihn *neben* Christus in ihre Berechnungen einzusetzen. Christus und Barabbas, das ist ihr Ideal! Christus als den Herzensheiland des einzelnen, Barabbas als den „naturrechtlichen Heiland" der Gesellschaft! („Man darf sich als Christ doch verteidigen gegen ungerechte Besatzer!"). Das ist die christliche Schizophrenie, der Wahnsinn des Zwei-Herren-Dienstes, das Zweikammersystem des Gewissens, von dem *Reinhold Schneider* so eindringlich (und vergeblich) geschrieben hat. Diese Schizophrenie, im Christenleben seit langem geübt, muß sich nun in krassester Form auf dem Gebiete des Kriegerischen, der teuflischen Entartung des Gemeinschaftlich-Menschlichen zeigen. Und sie zeigt sich wirklich als Hohn und Spott jeder Christlichkeit: ‚Christus und Barabbas!' ist ihre letzte Formel. Das ist die neuchristliche Parole der Gewalt- und Aufrüstungskatholiken, die, ob sie wollen oder nicht, den Partisan „einkalkulieren" müssen in ihr Adenauerprogramm; denn er gehört unausweichlich zur „Politik der Stärke". Man ist ohne Partisan nicht stark genug im modernen Gewaltverfahren; also muß man mit ihm rechnen, ihn einsetzen in das Verfahren. ‚Christus und Barabbas!' das ist das Ergebnis der Kalkulation.

Der evangelische Berliner *Propst Grüber* hat anläßlich des Oradourprozesses einige Worte gesagt, die dem Katholiken nicht vorenthalten werden dürfen. „Die größte Gefahr eines kommenden Kriegs", so sagt der Probst, „sehen wir nicht in den Vernichtungswaffen, sondern im Partisanenkrieg. Die Vorbereitung dieses Partisanenkrieges läuft ja jetzt in der ganzen Pressepropaganda und Massenhysterie schon mehr auf Hochtouren als die technische Kriegsaufrüstung. Gewiß hat die technische Kriegsrüstung auch ihren Atomatismus [sic!]. Das Gefälle der Lawine kann so stark werden, daß die, die sie ausgelöst haben, ohnmächtig dastehen. Aber alle technische Kriegsrüstung hat ihre Grenzen in den materiellen Möglichkeiten.

Dagegen steht die psychologische Kriegsrüstung vor ungeahnten Möglichkeiten. In normalen Zeiten würden ihr vielleicht Grenzen gesteckt durch das

Gesetz von der seelischen Wechselwirkung, aber in einer Zeit, in der alle psychisch labil und mehr oder weniger monomam geworden sind, sind die Möglichkeiten einer propagandistischen Kriegsvorbereitung und der Schaffung einer *Partisanenpsychose* nicht zu übersehen. Das Problem liegt nicht in den 30 Divisionen Blanks und den Bataillonen der Volkspolizei, sondern es liegt in dem täglich wachsenden Partisanengeist, der hüben und drüben, nicht nur in West- und Ostdeutschland, sondern im Atlantikblock und in den Ostblockstaaten mit allen propagandistischen Mitteln gefördert wird. – Oradour muß uns wieder einmal wachrufen, daß wir die zunehmende Vernebelung der Gemüter und Narkotisierung der Gewissen erkennen, und daß wir wissen, daß wir alle miteinander abrutschen.

Die Phrasen von Freiheit im Westen und von Frieden im Osten müssen abgelöst werden von den primitiven Forderungen nach Nüchternheit, Wahrheit und Klarheit. Oder wollen wir als Deutsche, als Europäer, als gesamte Menschheit wieder einmal auf der Anklagebank sitzen – nicht nur vor irdischen Richtern – und mitschuldig gesprochen werden wie jetzt in Oradour? Wir wiederholen: Wir wollen aus Europa kein Hiroshima machen, aber erst recht kein Oradour. Wir wollen keinen Kontinent als verbrannte Erde sehen, noch wollen wir, falls wir es überleben sollten, als erneut Schuldige im Gericht stehen.

Darum fordern wir, daß die Verantwortlichen in Klarheit und Wahrheit miteinander reden. Wer heute mit Parteitaktiken oder mit vertraulichen Gesprächen unter vier Augen seine Hinterhaltspolitik betreibt, hält die Entwicklung zur großen Schuldkatastrophe nicht auf, sondern befördert sie, und er gehört nicht nur in einigen Jahren, sondern schon heute dahin, wo die Schuldigen von Oradour stehen.

Oradour ist ein Warnzeichen für Franzosen und Deutsche in gleicher Weise, wie für alle Menschen. Die Verhandlungen und ihre Ergebnisse dürfen uns nicht auseinanderführen, sondern müssen uns zusammenbringen. Als Christen haben wir die 5. Bitte des Vaterunser-Gebetes auch im politischen Raum ernst zu nehmen. Wer kein Christ ist, wird andere moralische Bindungen haben, die ihn von sich selbst frei machen und zum ‚anderen' führen werden, auch zum Beleidiger, auch zum Übeltäter, auch zum Schuldigen, dessen Mitschuldiger er bleibt.

Hiroshima steht über Bonn und Berlin, über Moskau und Washington, und über der ganzen Welt steht mahnend und anklagend: Oradour."

Ist Hiroshima das Symbol der teuflischen Waffen, so ist Oradour das Symbol des Partisanenkrieges ohne Gnade. Wenn beide Zeichen noch nicht genügen, dem Christen zu zeigen, daß es für ihn unmöglich ist, die Waffen zu ergreifen und wieder Krieger zu werden, dann gibt es kein Zeichen mehr oder nur das Kainzeichen für ihn. Christ mit Kainzeichen, das ist ein Widerspruch wie Christ und Barabbasjünger. Aber man muß leider befürchten, daß die europäische Christlichkeit auch diese Widersprüche schlucken wird. Und sie wird meinen, Gott damit einen Dienst zu tun.

* * *

DER VERGEBLICHE KARDINAL

„Immer noch gibt es Deutsche, die am liebsten mit Gewalt das Joch abschütteln und die Furie eines dritten Weltkrieges entfesselt sehen möchten. Sie vergessen, daß wir an uns das Wort des Herrn erfahren haben: Wer zum Schwert greift, wird durch das Schwert umkommen."
Also sprach der Primus von Deutschland, Herr Kardinal Frings, zu Sylvester 1947.
Er hat sich's mittlerweile wieder anders überlegt und ist zum geistigen Führer derer geworden, die die Erfahrung von 1939/45 vergessen haben.

T: *Heidingsfelder*, Georg: Christus mit Barabbas? Die Gestalt des Partisans im künftigen Kriegertum. In: Katholische Freiheit, 2. Jg., Nr. 6, Juni 1953, S. 5-7.

[H.11]
Brief an Herrn Kardinal Frings

[Von Georg Heidingsfelder]

Seiner Eminenz,
dem Hochwürdigsten Herrn Erzbischof von Köln,
Herrn Kardinal Josef Frings,
Köln.

Eminenz,
Schon mehrfach haben Sie geäußert, Ihrer Ansicht nach könne die militärische Verteidigung des Vaterlandes auch heute noch Pflicht des Christen sein.

Für den Christen, der den letzten Krieg als Akteur, als Statist oder auch nur als Objekt erlebt hat und der heute die Geschehnisse auf den asiatischen Kriegsschauplätzen und die Entwicklung des kalten Krieges verfolgt, ergeben sich aus solchen Äußerungen wichtige Fragen. Unser Gewissen verpflichtet uns, Ihnen diese Fragen zu stellen und Sie um Veröffentlichung Ihrer Antwort zu bitten.

Glauben Sie, daß in der gegenwärtigen politischen Situation, in der jede, den kalten Krieg verschärfende Maßnahme der einen Seite Gegenmaßnahmen der anderen provoziert, die zu neuen Maßnahmen der ersten Seite führen, noch eindeutig festgestellt werden kann, welche von beiden Seiten diesen Zustand verschuldet hat?

Glauben Sie, daß bei dem Ausbruch eines Krieges die Angehörigen eines der beiden feindlichen Lager ein objektives Urteil geben können, durch wessen Schuld der kalte in einen heißen Krieg verwandelt wurde? (Obwohl 1939 und 1941 die politische Situation in dieser Beziehung sehr viel eindeutiger war, erinnern wir uns nicht, damals von unseren Oberhirten gehört zu haben, daß dieser Krieg ein ungerechter Krieg sei; wohl aber erinnern wir uns, wie wir von manchen unter ihnen auf die Pflicht, das Vaterland zu verteidigen, verwiesen wurden.)

Es entzieht sich sicherlich nicht Ihrer Kenntnis, daß jeder Krieg – ob Angriffs- oder Verteidigungskrieg – heute ein totaler Krieg ist und wäre, der die Anwendung der furchtbarsten Waffen mit einschließt und dementsprechend auch sein neues Oradour oder Dresden, sein Lidice, Hiroshima oder Katyn hat und hätte. Sind Sie der Ansicht, daß der Christ im Kriege auf Befehl Geiseln erschießen, Atombomben, Bakterienbomben oder Napalbomben auf die Zivilbevölkerung abwerfen *muß*? Wir haben diese Fragen zu stellen, da Ihre Äußerungen über die Verpflichtung zur Verteidigung des Vaterlandes von manchen so ausgelegt werden könnten, als hielten Sie es unter Umständen für Christenpflicht, Handlungen zu vollbringen, die selbst von weltlichen Gerichten als Verbrechen verurteilt wurden.

Glauben Sie, daß der Christ solche Handlungen überhaupt vollbringen *darf*? Der Kirche obliegt ja unter anderem auch die Sorge um das Heil der Seelen ihrer Gläubigen, und aus dieser Sorge heraus hat sie schon oft zu konkreten Fragen konkret Stellung genommen. – Wir verweisen nur auf die Schulfrage. Was kann und wird die Kirche tun, um ihre Söhne eindringlich davor zu warnen, zu Kriegsverbrechern, gleichgültig ob zu verurteilten oder zu dekorierten, zu werden? Die Moraltheologie gibt z.B. in der Sexualethik genaue Normen an, nach denen sowohl der Beichtvater als auch das Beichtkind eine bestimmte Handlung beurteilen können. Während in manchen Gebieten der Moraltheologie solche Normen fast allzu starr angegeben werden, fehlen sie in der Kriegsethik praktisch ganz. Was darf der Christ als Soldat tun, was nicht? Welche Befehle muß oder darf er ausführen, welche muß er ablehnen, um Gott mehr zu gehorchen als den Menschen? Wenn es ihm verboten ist, auf Befehl Frauen zu vergewaltigen, warum sollte es dann gestattet sein, sie als Geiseln zu erschießen? Wenn es ihm aber verboten ist, bestimmte Befehle auszuführen, wo beginnt dann dieses Nein, zu dem er verpflichtet ist? Wenn ihm befohlen wird, eine Atombombe abzuwerfen, oder wenn ihm befohlen wird, an ihrer Herstellung zu arbeiten?

Sollten sich auf diese letzte Frage keine präzisen Antworten geben lassen, so müßte die Kirche jedenfalls für denjenigen eintreten und ihn mit den Mitteln, über die sie verfügt, unterstützen, der um Gottes oder seines Gewissens willen alle Befehle dieser Art kategorisch ablehnt und dadurch stellvertretend für die allzu Gehorsamen den Frieden bezeugt, den Christus uns hinterlassen hat. Wir stellen daher die letzte Frage: Haben Sie vor, diese Menschen zu unterstützen oder wollen Sie versuchen, sie durch Hinweise auf eine Pflicht des Christen sein Vaterland zu verteidigen, von dieser Position abzubringen?

In schuldigem Gehorsam
gez. Georg Heidingsfelder.

*

Ein Ekel ergreift mich vor den Uniformen, den Schulterstücken, den Orden, dem Wein, den Waffen, deren Glanz ich so geliebt. Das alte Rittertum ist tot ... die Kriege werden von Technikern geführt. Der Mensch hat also den Stand

erreicht, der sich seit langem angedeutet und den Dostojewsky im Raskolnikoff beschrieben hat. Dann sieht er seinesgleichen als Laus, als Ungeziefer an.
(Ernst Jünger: im Tagebuch „Strahlungen" des zweiten Weltkriegs)

T: *Heidingsfelder*, Georg: Brief an Herrn Kardinal Frings. In: Katholische Freiheit, 2. Jg., Nr. 6, Juni 1953, S. 18-19.

[H.12]
Wir leben in der Lüge

Von Georg Heidingsfelder

I.

Die Regierung sagt uns, daß sie „Wunder", gewirkt habe im Aufbau des durch den Nazismus niedergebrochenen politischen und wirtschaftlichen Lebens. Der Produktionsindex, die vollen Schaufenster, die außenpolitischen Erfolge werden uns vor Augen gestellt: Seht da, das hat die katholisch-liberale-schwarz-weiß-rote Koalition geleistet! Laßt sie weiterarbeiten und ihr werdet noch größere Wunder sehen! Wählt also, Christen, die Union, die der Kern der Regierung ist, die CDU, mit dem Führer Konrad Adenauer. So dient ihr auch Gott und seiner Kirche am wohlgefälligsten auf dem politischen Feld!

II.

Wir leben in der Lüge. Das ist die furchtbare Wahrheit, die solchen Wahlparolen entgegengeschleudert werden muß. Es ist alles auf dem Fundament der Lüge errichtet, was wir an wunderbaren Fassaden sehen. Wir haben uns der ersten Wahrheit zu stellen: daß wir in einem zerrissenen Land und Volk leben, das inmitten der selbstmörderischen Vorbereitung des Bruderkrieges steht. Wir haben uns der zweiten Wahrheit zu beugen: daß der Wurm ungesühnter Schuld im Fundament unseres politischen Baues sitzt und ihn schon ausgehöhlt hat. Und wir haben die dritte, vernichtende Wahrheit zu hören: daß wir den heiligsten Namen schändlich mißbrauchen, um damit eine Gesinnung der Gewalt, des Hasses und der Lüge zu decken, mit der wir unser Schicksal zu wenden hoffen.

Wir täuschen uns selbst, wenn wir wähnen, auf solchem Wege das Heil zu gewinnen; er führt gerade wegen der Erfolge sicher in den Abgrund.

Damit ist ausgesprochen, daß von einem bloß politischen Wandel auf den Parlamentssitzen nichts erhofft werden kann. Ob die SPD die Mehrheit hat, oder die „Gesamtdeutsche" das Zünglein an der Waage ist –, sie führen alle in den Untergang, wenn das sittliche Fundament nicht mehr erneuert werden kann.

III.

Gleichwohl ist ein Unterschied, ob Gewaltgläubige und Aufrüster den Untergang beschleunigen oder ob Geister anderer Art in geduldiger Verhandlungsbereitschaft ein Klima schaffen, in dem eine andere Gesinnung Raum gewinnen kann. Bleibt Adenauer am Ruder, so ist alles in kurzer Zeit verloren; er ist sichtlich der Liquidator der europäischen Bürger-Christenheit, die nichts lernte aus den göttlichen Heimsuchungen. Gewinnt die FDP und DP-Rechte, so wird das Untergangstempo zur Raserei sich steigern. Kommt die SPD obenauf, so ist auch dadurch nichts gewonnen; sie war nie eine echte, wirksame Opposition; sie ist restaurativ wie nur je die Bürgerparteien; sie bewegt sich nur noch kraft des Trägheitsgesetzes, da sie jeden Schwunges durch eine mitreißende Konzeption ermangelt.

Es kann wohl nur von den neu gegründeten Parteien Gutes erhofft werden: Dies sind die Parteien der „Integration"; und sie mißbrauchen den Namen Christi nicht ideologisch. Sie wollen aus nüchterner politischer Notwendigkeit immer und überall der Entspannung im Ost-West-Konflikt durch das Gespräch, durch die Verhandlung dienen, also niemals und keinesfalls durch Gewalt eine „Lösung" herbeiführen. Das ist eine löbliche Aufgabenstellung, zu der man Ja sagen kann und muß, als Deutscher wie als Christenmensch.

IV.

Unser vorliegendes Heft will insbesondere [gegenüber?] der als „allein seligmachend" ausgeschriebenen „Generallinie" der politischen Prälaten und anderer „Drahtzieher" die Freiheit der Kinder Gottes auf dem politischen Felde gewahrt wissen; es will auch die Lügen der Propaganda zerstören helfen, von denen weite Teile der Christenheit verblendet und eingenebelt werden, insbesondere die von der „Einheitsfront".

Das größte aller Übel in dieser Stunde ist die in der Lüge lebende Restauration. Ihr darf politisch niemand dienen, der ins Licht der Wahrheit hinausstrebt; der demütigenden Wahrheit: daß wir ein von Gott geschlagenes, schuldbeladenes Volk sind, das in großer Geduld durch Verhandlung allein wieder einig und lebensfähig werden kann. Jeder andere Weg bringt unser Ende, weil wir in Lüge und Betrug verharren.

* * *

Kleine Erinnerungen:

DAS HERZ SCHLÄGT ETWAS SCHNELLER

In dem katholischen fränkischen Städtchen *Merkendorf* fand eine Weihnachtsfeier statt, über die ein katholisches Blatt berichtete: „Die Kleinsten der Schule marschierten zur Krippe, um dort in Wort und Bild ihre Huldigung darzubringen. Manchem Vater schlug das Herz etwas schneller, als er seinen Jüngsten mit strammem Schritt marschieren sah, eingedenk jener glücklicheren Zeiten, in denen er selbst den Waffenrock getragen."

So geschah's im katholischen Merkendorf laut Bericht des Bamberger Volksblattes zu Weihnachten 1932. Werden wir zu Weihnachten 1953 wohl wieder so weit sein, daß unsere Kleinsten zur Krippe marschieren, den Älteren voran, hinein in glücklichere Zeiten? Der Marsch wird ja mit Ernst und Eifer organisiert, von erfahrenen Katholiken, denen das Herz etwas schneller schlägt beim Gedanken an die alten Waffenröcke und Divisionspfarrerlametta.

WANN KOMMT DER NÄCHSTE KIEFL?

Der stockreaktionäre bayerische Domdekan und Theologieprofessor Franz Xaver *Kiefl* bezeichnete einst den Grafen Arco, als er einen politischen Mord [*an Kurt Eisner*] begangen hatte, in der Presse als „unsern herrlichen bayerischen Nationalhelden". Aus dieser theologischen Begeisterung für Mörder sind dann folgerichtig die herrlichen braunen Nationalhelden erwachsen, die den politischen Mord als höchstes vaterländisches Verdienst glorifizierten. Uns scheint, daß wir wieder an solcher Wende stehen, an der die politischen Mörder bald aus ihren Verstecken hervorspringen werden. Es wird dann gewiß nicht an dem neuen Kiefl fehlen, der sie als „unsere herrlichen abendländischen Helden" patriotisch-theologisch empfangen und ermutigen wird.

T: *Heidingsfelder*, Georg: Wir leben in der Lüge. In: Katholische Freiheit, 2. Jg., Nr. 7, Juli 1953, S. 1-2.

[H.13]
Vom unchristlichen Unsinn der „Einheitsfront"

Von Gregor Sauerländer

Jede Einheit hat Wesen und Sinn nur in dem, *worin* und *wodurch* man einig ist; und eine „Einheitsfront" kann nicht durch eine im Wesen der zusammengeschlossenen Gruppen begründete Ordnung vernünftig sein, wenn sie nicht in einer *über* beiden liegenden, nicht nur im Wesen der einen von ihnen gegebenen Ordnung begründet wird. Zwei Ordnungen ganz verschiedener Seinsgebiete lassen sich nicht zu einer „Einheitsfront" verbinden, etwa eine Vereinigung religiöser Art mit einer industriellen AG oder eine Reisegesellschaft mit einer medizinischen Forschungsgesellschaft. Aber *diese* Gesellschaften haben alle doch wenigstens noch die gemeinsame Ordnung der *Natur* und Ziele des natürlichen Daseins als Wesenszweck; unsere heutige „christliche" oder gar „katholische Einheitsfront" aber verbindet die Kirche mit ihrem Sein und ihrer *übernatürlichen* Wesensordnung mit dem Sinn und der Wesensordnung einer politischen Partei. Zwar ist hier „Kirche" schon selber zweierlei – katholisch und protestantisch – und es ist auch nicht so, daß die „Kirche", die sich hier mit der Partei zusammenschließt zu einer Einheitsfront, in Wirklichkeit „die Kirche" wäre. Diese ist ja vielmehr ihrem Wesen und Ziel nach *übernational* und daher nicht mit einer einzelstaatlichen Partei zur Einheit zu bringen. Und zudem ist die Kirche in Deutschland wiederum nicht „die Kirche", sondern nur *ein Teil* der Kirche, und eine Partei ist nur ein Ausschnitt, eine „secta", ein Bruchstück („Fractio") des Volkes. In der „christlichen Einheitsfront" schließt sich also *ein Teil der Kirche* mit einem *Bruchstück eines einzelnen Volkes* zu einer „Einheit" zusammen, deren Wesen, Sinn und Ordnung nicht die der übernationalen und übernatürlichen Kirche, sondern die einer natürlichen politischen Gruppe sind. Es ist eine *Partei*, von der diese „chr. E.Fr" getragen wird, und für die sie sich einsetzt. Und die konkreten politischen Ziele dieser Partei werden von einem Teile der Kirche, eben dem deutschen, im *Namen* „der Kirche", mit angestrebt, und zwar nicht so, daß nur dieses und jenes, sondern in der Einheit der Front *alle* konkreten Ziele dieser Partei oder ihrer Führer mit angestrebt werden, hingegen alle von der Partei und ihren Führern abgelehnten Ziele, auch wenn sie ebenso „christlich" sind, in dieser „E.Fr" von der „Kirche" *tatsächlich mit abgelehnt* werden. So wird die „Kirche", die gar nicht „*die* Kirche", sondern ein national bestimmter Teil von ihr ist, mitschuldig an der *Unterdrückung von echt „christlichen" Zielen* – etwa Bodenreform, gerechtes Verhältnis von Arbeit und Kapital, Schutz der Schwachen u.a. – und an der *Durchsetzung von politischen Zielen, die nicht christlich sind*, z.b. politische Drohung, Handeln gegen die Verfassung, schrankenloses Streben nach staatlicher Macht und Gewährenlassen grenzenloser Erwerbssucht auf Kosten der Arbeit und der Schwachen, Vorbereitung zum Krieg bei mangelnder Verständigungsbereitschaft, Gefolgschaft gegenüber den Machtzielen fremder Mächte, u.a.m.

„EINHEITSFRONT" WIDER DIE GEWISSENSFREIHEIT

Schon daraus ergibt sich, daß eine solche „Einheitsfront" zwischen „Kirche" und Partei *unmoralisch* ist – wie sie denn auch von „*der* Kirche", der Gesamtkirche, wie gleich noch zu zeigen ist, abgelehnt wird, – denn indem sie unter dem Namen Kirche und Religion und mit der seelischen Wirkung des religiösen Anrufes auf die ihm folgsamen Christen, diese drängt, ihre eigene sittliche Verantwortung im Politischen auszuschalten, zwingt sie die Ängstlichen und minder Einsichtigen tatsächlich, ihre Stimme für eine Partei abzugeben, von deren Zielen sie zwar die einen billigen mögen, die anderen aber aus eigener Einsicht ablehnen würden. So wird durch die religiös-politische Einheitsfront vielen Einzelnen mit der eigenen Verantwortung die von „der Kirche" doch – wie gleich noch zu zeigen – gewollte „*Gewissensfreiheit*" im bürgerlichen *Leben genommen*. Die Wesensordnung und die Ziele der „Kirche" und einer Partei können sich niemals decken: Ein Christ kann aus Gewissenssicht Monarchist oder Republikaner sein – „die Kirche läßt beide gelten –. Er kann für diese oder jene Verfassung oder Regierungsform sein, kann wirtschaftlich einem gemäßigten Liberalismus oder einer gemäßigten Sozialisierung zuneigen, keiner dieser und anderer politischer Gegensätze ist von der Kirche verworfen, deren Aufgabe dort gar nicht liegt. In der heutigen Weltlage mag der eine Christ aus der Sicht seines Gewissens sich für militärische „Stärke" und „Aufrüstung" entscheiden – wer sich aber aus gleicher Gewissenhaftigkeit gegen beides und für selbst weitgehende Verhandlungsbereitschaft oder für Ablehnung jeden Kriegsdienstes entscheidet, wird in seinem Gewissen durch die „Kirche" vergewaltigt, wenn man ihn im Namen „*der* Kirche" und Religion zwingen will, eine Partei zu wählen, die sich für Aufrüstung bereits entschieden hat und sogar das verfassungsmäßige Recht bekämpft, aus Gewissensgründen den Kriegsdienst persönlich zu verweigern. Es kann auch wohl keinem das Recht bestritten werden, aus sittlichen Gründen eine Partei abzulehnen, der etwa der Schutz der Schwachen, die Schaffung naturgemäßer Familienverhältnisse durch größtmögliche Heimbeschaffung, die Versorgung der

Kriegsbeschädigten usw. und der Etat für solche Ausgaben bei weitem nicht so wichtig ist wieder Etat für die *Aufrüstung*.

Und ist nicht beispielsweise ein den kirchlichen Forderungen nicht ganz gerechtes Schulgesetz, das aber, wenn es zustande kommen sollte, vielleicht in ein paar Jahren geändert werden könnte, auch vom Gewissen her *weniger* wichtig als etwa die Vermeidung eines Krieges, dessen Folgen nie geändert und wieder gutgemacht werden können, und nach dessen Ende wahrscheinlich Schulen auf längere Zeit überhaupt nicht mehr nötig sein würden?

Ganz abgesehen davon, daß *„Kulturfragen"* auch ganz anders *gelöst werden können* und anderswo, z.B. in USA und Holland, ganz anders zur Zufriedenheit der christlichen Bürger gelöst sind. In der „Einheitsfront" der Kirche mit einer Partei werden aber die Gläubigen mit kirchlicher Autorität gedrängt, alle diese Gesichtspunkte *nicht* zu beachten.

QUELLE DES UNHEILS DURCH DIE GANZE KIRCHENGESCHICHTE

Das Recht der kirchlichen Führer, auf dogmatisch und moralisch unabdingbare Forderungen in der Politik hinzuweisen und zum Kampfe für sie aufzufordern, auch das Recht, darüber hinaus ihre *persönliche* politische Meinung gleich anderen Staatsbürgern auszusprechen, wird ihnen niemand bestreiten, aber das ist etwas ganz anderes als das, was für unsere „christliche Einheitsfront" wesentlich ist, nämlich, daß man die Gläubigen für eine bestimmte Partei verpflichtet, obwohl diese nicht einmal die einzige war und ist, welche die Forderungen der Kirche vertreten will – und vor allem, daß man die persönliche *politische Stellungnahme gegenüber einer Partei mit der Autorität des kirchlichen Amtes unterdrückt*. Etwas *ganz* anderes. Und daß man das nicht begriff oder begreifen wollte, nämlich, daß die *Waffen der Kirche nicht politisch* sind, sondern in der seelsorglichen Formung des christlichen Gewissens der Bürger zum sittlichen Urteil und zur sittlichen Verantwortlichkeit, letztlich also im „Kreuz" bestehen, das ist eine *Quelle des Unheils durch die ganze Kirchengeschichte* gewesen. Diese sittliche Urteilsfähigkeit und diese bürgerliche Verantwortlichkeit der Gläubigen, d.h. wesentlich der Laien, ist gerade dadurch immer wieder verhindert oder gestört worden, daß man ihnen das Urteil und die Verantwortlichkeit aus der Hand nahm. Oder ist, um nur weniges und aus nicht zu ferner Zeit zu nennen, die Verbindung der Sache des Glaubens mit den politischen Zielen der Großen, mit den Fürstenbünden etwa der „Union" und der „Liga", die das deutsche Volk in den Dreißigjährigen Krieg stürzten, oder das Zusammengehen der „Kirche" des einen Landes mit dieser, der anderen mit jener dynastischen und später nationalistischen Selbstsucht, wobei gerade die „Kirche" in der politischen Einheitsfront ihre religiöse Gespaltenheit erfuhr – ist alles das zum Segen der Völker oder auch der national abgegrenzten „Kirchen" gewesen? Wenn in den Kriegen der jüngeren Vergangenheit die „Kirche" in Deutschland von den Kanzeln die „gerechte Sache" Deutschlands, die „Kirche" Frankreichs die „gerechte Sache" Frankreichs behauptete, wo war da in Wirklichkeit die Kirche? Und war etwa die Weisung der deutschen Bischöfe im Oktober 1933, die so viele Christen in Verwirrung brachte, nämlich die Hitlerpartei zu wählen – vom Religiösen und vom Geschichtlich-Sachlichen ganz abgesehen – auch nur politisch „richtig"? Oder wenn beim Einbruch Hitlers in Holland, Belgien, Dänemark und anderswo deutsche Bischöfe die deutschen Soldaten zur „Pflichterfüllung" und angeblichen Verteidigung des Vaterlandes aufriefen, auf der anderen Seite aber die belgischen, holländischen und anderen kirchlichen Führer die Soldaten der Gegenseite, dann mußten doch beide Gruppen von kirchlichen Führern die „gerechte Sache" in Anspruch nehmen. Und wo war diese? Und wo bliebe „die Kirche"?

Überhaupt: Jede *„Einheitsfront"* zwischen „Kirche und Politik brachte die Vorteile der Einheit nur für die betreffende politische Macht, aber gleichzeitig die Spaltung der „Kirche" durch die Parteien der Macht.

Die Erniedrigung des Papsttums durch die römischen Adelsparteien, der Streit zwischen Papsttum und Kaisertum, die Gegensätze, die Spaltung des Glaubens und durch sie der deutschen Nation müßten doch in ihren Gründen verstanden werden.

ZERSTÖRUNG DER „MÜNDIGKEIT DES LAIEN"

Wer aus der Kirchengeschichte nicht *das* gelernt hat, daß die *„Einheitsfront"* von „Kirche" und politischen Gruppierungen ein dem *Geist* der Kirche widersprechender geschichtlicher Unsinn ist, der hat nicht viel daraus gelernt, und von dem kann man nicht erwarten, daß er den grundsätzlichen Unterschied, ja Gegensatz von Kirche und Politik und die grundsätzliche Nichtkompetenz der Führer der Kirche, eben als solche, zu konkreten, situationsmäßigen politischen Anweisungen an andere begreift. Man kann nicht erwarten, daß er Verständnis hat für die Lawine der Zerstörung an der *„Mündigkeit des Laien"*, die einer solchen „Einheitsfront" mit dem konkret Politischen, mit dem Staate, dem Herrscher, einer Partei usw., ausgelöst wird und niedergeht über die ebenso wenig politisch berufenen, in den weitaus meisten Fällen nicht einmal bürgerlich-politisch genügend unterrichteten, weil beruflich ausgefüllten Geistlichen und die Selbständigkeit des politischen Urteils und Gewissens einer *nicht politisch, sondern religiös folgsam gemachten, aber damit nicht religiös, sondern politisch aktivierten Gefolgschaft* immer wieder plattschlägt. Und doch sollte echte Seelsorgearbeit das soziale, gemeinschaftliche und kulturelle Christenbewußtsein in den Einzelnen nach ihren Einzelsituationen wecken, erziehen und stärken, anders als in den schon politisch ausgerichteten und immer wieder politisch bearbeiteten „Einheitsfront-Teilen" der kirchlichen Verbände.

Das kann ja nach dem *Wesen der Kirche* gar nicht anders sein: Die Kirche ist übernatürlich, das Politische natürlich, menschlich, allzumenschlich. Von diesem Allzumenschlichen verlieren Staat und Politik grundsätzlich auch dadurch nichts, daß in ihnen „christliche Politiker" entscheiden: Muß man die „christlichen Politiker" der Vergangenheit, die politischen Kardinäle, die „apostolischen" und „allerchristlichsten" Könige und andere zu Zeugen anrufen? Ja, im Letzten *können* diese christlichen Politiker sich gar nicht aus dem Bereiche des Allzumenschlichen und daher Unchristlichen entfernen; das liegt in den völkerpsychologischen erbsündigen Quellgebieten des Politischen selber begründet. Sie können wohl als treue Christen um Verwirklichung politischer Verhältnisse sich bemühen, die dem Christen das christliche Dasein nicht erschweren; aber diese Tätigkeit liegt darum doch nicht im religiösen, sondern im naturhaft politischen Raume, sie kann von sich aus keinen Staatsbürger Gott und der Kirche innerlich näherbringen.

„Mein Reich ist nicht von dieser Welt", hat der Herr in der Stunde seines letzten und entscheidenden Selbstbekenntnisses bezeugt. Er hat dieses Wort in der Geschichte seiner Kirche immer wieder eindringlich vor Augen geführt durch das Unheil, das stets aus den „Einheitsfronten" von „Kirche" und politischer Macht folgte.

Und die *Kirche selber lehrt das* in den Aussprüchen ihrer obersten Führer und im Verhalten ihrer Heiligen.

POLITISCHER KLERIKER SIND NICHT „DIE KIRCHE"

Darauf ein kurzer Blick! „Die Kirche" *will* die bürgerliche Gewissensfreiheit. *Leo* XIII. sagt in der Encyclica „Libertas praestantissimum" (über die menschliche Freiheit, lat.-deutsche Herderausgabe S. 46 bzw. 47), nachdem er von der Gewissensfreiheit als Freiheit, Gott nach Belieben zu verehren oder auch nicht, gesprochen und diese abgelehnt hat: „Sie (die Gewissensfreiheit) kann aber auch in dem Sinne aufgefaßt werden, daß es dem Menschen in der *bürgerlichen Gesellschaft* erlaubt ist, nach dem Gebote *seines Gewissens unbehindert* Gottes Willen zu tun und dessen Befehle auszuführen. Das ist wahre Freiheit, wie sie den Söhnen Gottes (– wir würden auch sagen können: den ‚mündigen Christen') zukommt." Diese Freiheit, fährt er fort, sei der Schutz der *menschlichen Würde* und sei *der Kirche erwünscht.* Und er weist hin auf die Freiheit der Apostel und Märtyrer. Wir können aber auch noch auf andere Heilige hinweisen: auf Katharina von Siena, die kirchlichen Großen die Wahrheit sagte und den Papst veranlaßte, seine politische Abhängigkeit von Frankreich zu brechen, auf den hl. Bernhard, der harte Worte für die politisch denkenden Kirchenführer hatte, auf den hl. Bruno den Kartäuser, der seinem Erzbischof von Reims schärfstens entgegentrat, auf die hl. Hildegard, die lieber kirchliche Strafe auf sich nahm als den Befehl ihres Gewissens [zu] mißachte[n], auf die hl. Theresia von Avila, die Große, die das Gleiche tat, zuletzt aber ganz besonders auf die hl. Johanna von Orléans, die ihren geistlichen Richtern, einer politischen „Einheitsfront" von Bischöfen und Prälaten mit der politischen Macht des englischen Königtums, 15 mal auf die Frage: Erkennst Du also an, daß Du uns, den kirchlichen Prälaten und Theologen gehorchen mußt? mit *Nein* antwortete!

Das schlichte ungelehrte Mädchen wußte also, was Prälaten jener, aber auch noch viel späterer Zeit nicht wußten: daß *eine politisch eingestellte Gruppe von Kirchenleuten, und wäre sie noch so zahlreich, nicht „die Kirche" ist.*

Man hat Johanna als Ketzerin und Hexe verbrannt, und nach einem halben Jahrtausend heilig gesprochen. Aber ihr Geist muß heute noch unbefreit vom Ketzerbann umgehen.

Leo XIII. sagt weiter in einer anderen Encyclica („Sapientiae christianae" – von den Pflichten des christlichen Staatsbürgers – Herders lat.-deutsche Ausg. S. 34/35 bzw. 132/133): „Wenn auch in ihren Einrichtungen einem Reiche vergleichbar, ist sie (die Kirche) doch *nach Ursprung, Zweck und Wesen grundverschieden von jedem irdischen Reiche.* Daraus folgt für die Kirche das Recht, mit eigenen, ihrem Wesen entsprechenden Einrichtungen und Gesetzen zu leben und zu bestehen. Da sie überdies eine vollkommene Gesellschaft[18] ist und jede menschliche Gesellschaft weit überragt, so *widerstrebt es ihr in hohem Maße, an Parteibestrebungen teilzunehmen („sectari partium studia") oder ihre Rechtsstellung und „ihren Beruf den Strömungen einer veränderlichen Politik unterzuordnen"*. Und Pius XII. sagt (Weihnachtsansprache 1945 an das Kardinalskollegium, in der Sammlung „Gerechtigkeit schafft Frieden", Reden und Enzykliken des Heiligen Vaters Pius XII. von P. W. Jussen SJ, Verlag Toth, Hamburg, 1946, Nr. 166) mit deutlichster Hervorhebung heutiger politischer, immer mehr nach dem Vorgang der USA geformter und leider auch von kirchlichen Stellen angewandten Wahlmethoden: „Man muß überall darauf verzichten, durch die Macht des Geldes (!) und willkürlicher Zensur (!), durch parteiische Beurteilung (!) und falsche Behauptungen künstlich eine sog. öffentliche Meinung zu schaffen, die Denken und Wollen der Wähler wie vom Wind bewegtes Schilfrohr hin und her treibt."

ES GIBT KEINE „CHRISTLICHE POLITIK"

Daß in der Bekämpfung unchristlicher und geschichtlicher unsinniger „Einheitsfronten" eines Teiles der Kirche, der aber dabei „die „Kirche" zu sein vorgibt, *keine Einschränkung des Rechtes und der Pflicht der kirchlicher Oberhirten* liegt, ihre Angehörigen auf offensichtliches Unrecht und auf die Gewissenspflicht ihm gegenüber hinzuweisen, kann nicht genug betont werden, um dem recht dummen Einwand zu begegnen, daß dadurch den kirchlichen Personen ihr politisches Staatsbürgerrecht genommen werde. Sofern sie Staatsbürger sind, haben sie wie jeder andere einsichtige Bürger das Recht der Kritik und der politischen Aussprache; sie haben aber als kirchliche Führer nicht das Recht, auf ein vielleicht weit geringeres Unrecht hinzuweisen und von anderem, vielleicht weit schlimmerem zu schweigen; und sie haben erst recht nicht das Recht, dabei als kirchliche, religiös begründete Autorität eine bestimmte Partei als einzig in Betracht kommend zu empfehlen, zumal wenn auch andere Parteien da sind, die für sich „christliche Politik" in Anspruch nehmen – die es gar nicht gibt. Es gibt nur natürliche, und schon darum nicht „christliche" d.h. übernatürlich bestimmte Politik, sondern nur eine natürliche Politik des einzelnen Christen aus seiner übernatürlichen, christlichen Sicht und Haltung.

---

[18] [Originalfußnote] Das Wort besagt nicht eine Gesellschaft, die menschlich vollkommen sei, sondern die in sich vollendete, abgeschlossene Gesellschaft, die, wie der Staat bis heute, keinen Überbau hat.

Die Wahl einer Partei und dgl. ist eine *konkrete* Entscheidung, und konkrete Entscheidungen sind im Gegensatz zu prinzipiellen allgemeinen Weisungen niemals Sache der Autorität, sondern des Gewissens und der persönlichen sittlichen Freiheit.

Auch das ist von *Pius XII. herausgehoben*, daß, wenn man im Namen der Kirche für politische (nicht parteipolitische) Forderungen eintritt, aus dem *ganzen* Wesen der christlichen Lehre und Moral fordern muß, nicht wichtigere und lebensnotwendigere Forderungen zurückstellen darf gegenüber weniger daseinsnotwendigen. So stellt er fest (Ansprache zur 50-Jahrfeier der Enzyklika Rerum Novarum. In der gen. Sammlung, Nr. 264): „Die Kirche darf nicht schweigen oder sich blind und uninteressiert stellen gegenüber *sozialen Verhältnissen*, die bewußt oder unbewußt darauf hinauslaufen, einen christlichen Lebensaufbau, überhaupt ein Leben nach den Geboten des allerhöchsten Gesetzgebers zu erschweren oder praktisch unmöglich zu machen!" Aber gerade *diese Forderungen treten in der „Einheitsfront" nicht so hervor wie andere Interessen*; und es kann keinem Staatsbürger verwehrt werden, an dem ausreichend guten Willen der Parteimächtigen der „Einheitsfront" zu zweifeln. Zu diesen grundlegenden Forderungen christlicher Sicht gehören nach Pius XII. (Sammlung Jussen, Nr. 21) ja auch die, daß man dem „ungezügelten Streben nach Macht["] entsage und „sich frei macht von jeder Neigung, gleich zu bewaffneter Auseinandersetzung zu schreiten", daß man [eintrete] (Nr. 44) gegen den „grenzenlosen Erwerbs- und Machttrieb, eine Politik zügelloser Expansion" einer Herrschaft der Konzerne und Riesenvermögen und für ein gleiches Recht auf Rohstoffe (Nr. 54), für die Ächtung jeden Angriffskrieges (Nr. 132 und 135), also auch des Spielens mit ihm, und daß man nicht auf die mit Geld und Zensur gemachte Meinung der Massen hören solle (Nr. 166). Man wird es dem Gewissen der Einzelnen überlassen müssen, ob sie in all diesen Punkten der Partei der „Einheitsfront" Vertrauen schenken können. Schon Leo XIII. hat die Politiker der „stets fortschreitenden und maßlosen Vermehrung der Kriegsrüstungen" beschuldigt (in der ENC „Annum ingressi" Herder a.a.O, S. 20/21 bzw. 38/39) und daß sie „die Kleinen gegen die Macht der Mächtigen zu schützen nicht für ihre Sache halten, sondern, ganz in der maßlosen Erweiterung ihrer Machtmittel befangen, sich beeilen, nur das schleunigst durchzusetzen, wovon sie glauben, daß es ihnen vorteilhaft und nützlich sei, da sie ja überzeugt sind, daß nach erfolgreicher Vollführung des Verbrechens („Facinore patrato") (!!) sich niemand mehr finden werde, der sie zu ihrer Pflicht zurückrufen werde. Mit solchen Urteilsmaßnahmen stellen sie also als oberstes Gesetz der Menschheit die Macht auf, und es ergibt sich da-

raus ein Friede, dessen Schäden dem verderblichsten Kriege gleichkommen."[19]
Diese, ein langes Menschenalter zurückliegende kirchliche Erklärung mutet
uns heute besonders aktuell an.

UNCHRISTLICHER UND WIDERGESCHICHTLICHER UNSINN

Die „Einheitsfronten" der „Kirche" mit politischen Mächten und Gruppen, die
unter die Einheit der Glieder der Kirche ausweislich der Geschichte immer
wieder Spaltung und über die von diesen „Einheitsfronten" betroffenen Völker
Unheil brachten, weil hier eine Einheit von Gliedern einer übernatürlichen und
allumfassenden Gemeinschaft der Kirche mit einer politischen, naturhaften,
menschlich-allzumenschlichen Einheit künstlich und diktatorisch zur Deckung
gebracht werden soll, gehört zur „Versuchung" des Herrn: „Dies alles will ich
dir geben ...", in der das geschichtliche Schicksal der Kirche in ihrer Hauptversuchung und im Kampfe gegen und mit der Macht, vom Herrn vorauserlebt
wurde. „Diese Schwäche duldet ihr göttlicher Stifter auch in den höheren
Gliedern Seines mystischen Leibes" (Pius XII. [Sammlung Jussen, Nr. 276]).
„Die göttliche Sendung der Kirche, die unter Menschen wirkt und durch Menschen wirken muß, mag schmerzlich verdunkelt werden durch das Menschlich-
Allzumenschliche, das zu Zeiten immer und immer wieder als Unkraut unter
dem Weizen des Gottesreiches wuchert" (Sammlung Jussen, Nr. 547), es ist
doch letztlich nur „Kirche", d.h. als „die Kirche" auftretender Teil der wesentlichen Kirche, die davon in ihrer geschichtlichen Gesellschaft beschmutzt
wird, *nicht* „die Kirche", die in ihrem übernatürlichen Wesen, dem Lichte, der
Gnade, der Kraft und der von Christus gewollten Heilsordnung, davon nicht
berührt wird. Aber das entbindet keinen Christen mit genügender Einsicht von
der *Pflicht, sich immer und überall gegen den unchristlichen und widergeschichtlichen Unsinn kirchlich politischer „Einheitsfronten" zu wenden.*

Der vorstehende Aufsatz kann vom Seeverlag, Kastenseeon über München, als
Sonderdruck zum Preise von ?? [sic!] Pfennigen bezogen werden.

T: [*Heidingsfelder*, Georg]: Gregor Sauerländer [Pseudonym]: Vom unchristlichen Unsinn der
„Einheitsfront". In: Katholische Freiheit, 2. Jg., Nr. 7, Juli 1953, S. 3-9.

---

[19] [Originalfußnote:] So Leo XIII., wobei nur zu bemerken ist, daß auch diese Stelle, gleich
vielen anderen schon von Hohoff, Laros und anderen angemerkten, in der deutschen Übersetzung der Herderschen offiziösen Ausgabe sich soweit vom lat. Text entfernt, daß sie wie
Beschönigung wirken. Hier ist sie möglichst wortgetreu nach dem lat. Text gegeben.

[H.14]
Wieder die Drahtzieherei!

Von Georg Heidingsfelder

I.

Das abgründigste Wort, das ich je aus dem Munde eines Geistlichen vernommen habe, war das vom *Prälaten* Dr. *Konermann* (Münster) bei der offiziellen Männerkonferenz 1948 in Fulda, in Gegenwart eines Bischofs, ausgesprochene: „Der Präses (das ist: der geistliche Vorstand katholischer Organisationen) ist der *Drahtzieher hinter den Kulissen.*"

Ich bin über dieses Wort so tief erschrocken, daß ich von da an nicht nur das katholische Organisationswesen in anderem Lichte sah, sondern auch den katholischen Klerus; war nun doch offenbar geworden, daß der freie Christenmensch, das freie „Kind Gottes", mit diesen Worten eines hohen Geistlichen zur *klerikalen Marionette* degradiert wurde. In den folgenden Jahren ist mir immer deutlicher geworden, daß in jenem Wort eines im Dienst ergrauten Präsiden eine furchtbare Fehlentwicklung bezeichnet worden war. Die Kleriker haben, aus übergroßer Besorgnis, aus Anmaßung, aus Machtwillen, oder aus einem Gemenge dieser drei Faktoren, die Laien schließlich zu „denaturierten" Christen, zu bloßen Hampelmännern gemacht. Und sie halten nun „eisern" an dieser Vollkommenheit ihres Marionettentheaters fest.

„Die geistliche und die geistige Leitung", so schrieb ein Arbeiter-Oberpräses im Neujahrswunsch 1950 an die Seinen, „kommt dem Präses zu", womit ein klerikales Führerprinzip in Bereichen bestätigt wurde, die allenfalls eines geistlichen „Beirats" bedürftig wären. Aber das Prinzip der geistlichen Drahtzieherei ist in nahezu alle Lebensbereiche, *besonders aber in den politischen* gedrungen, wo es sich als „politischer Katholizismus" auf das verhängnisvollste durchgesetzt hat.

An der Kirche als der „Säule und Grundfeste der Wahrheit" kann solche Einsicht nicht irre machen; im Gegenteil: sie kann nur richtig sehen lehren, was Kirche und Klerus wesenhaft sind und was geschichtliche *Entartung* und schuldhaftes *Versagen* aus ihnen gemacht haben.

II.

In dem Ausspruch des Prälaten *Konermann* (möge er in Gott ruhen!) haben wir die letzte, völlig faule Frucht der *unbewältigten* „*Reformation*" vor uns. Hatte diese „das Gewissen allein" auf ihre Fahnen geschrieben, so war dieser Prälat nun der Meinung, daß der bessere Christ die klerikal gesteuerte Marionette wäre.

Der Jesuitenpater *Alfred Delp*, ein mit tiefen Einsichten begnadeter Mann, der vom hitlerischen Verbrechertum unters Fallbeil gelegt worden ist, tat den Ausspruch: Eine kommende ehrliche Kultur- und Geistesgeschichte wird bittere Kapitel zu schreiben haben über *die Beiträge der Kirche zur Entstehung des Massenmenschen, des Kollektivismus und der diktatorischen Herrschaftsformen.*" Er sah wohl, wie in dem Marionetten-Prinzip (so müßte das „Präses-Prinzip" genannt werden!) der geistige Boden für den Einbruch des Faschismus bereitet ward, der ja bezeichnenderweise in katholischen Ländern (Italien, Spanien) zuerst das Haupt erhob.

Dem freien Christenmenschen, der schon in der konstantinisch-mittelalterlichen Zeit zum „Staatschristen" gemacht worden war, wurden in der „Gegenreformation" die letzten schwersten Ketten angelegt: die dünnen Drähte, die ihn schließlich zur Gliederpuppe degradierten.

Das System der Drahtzieherei ist im heutigen westdeutschen Katholizismus *das* System politischer Klerikal-Pädagogik geworden: Entweder leiten die Geistlichen die Laien direkt (wie in Bayern), indem sie in die Parlamente hineingehen; oder sie leiten „hinter den Kulissen", in den Organisationen und bei den Massenkundgebungen, etwa Wallfahrten, die heute ausschließlich vom politischen Katholizismus organisiert werden. So ist etwa die KAB, die ‚Katholische Arbeiter Bewegung', der Prototyp eines klerikalistischen Drahtziehersystems, mit totaler „Funktionalisierung" der Laien.

Statt die Laien *im Gewissen mündig* zu machen, so daß sie „in jeder Situation die richtige Entscheidung selbst zu finden vermögen" (so Pius XI.), wählen die Drahtzieher den bequemeren Weg des autoritären „Kurzschlusses": ich, der Geistliche, ziehe dich schon (am Draht) dahin, wohin du gehörst!

III.

Die jahrhundertelang geübte Praxis, im Verein mit dem *völlig fehlenden Bußwillen* (nach solchen Katastrophen!) lassen den Klerus in Westdeutschland an der schmählichen Drahtzieherei in der gegenwärtigen restaurativen Phase des rheinisch-bajuwarischen Seperations-Katholizismus festhalten. Es wird nicht gesehen, daß dieser Weg nur in den Untergang der Kirche führen kann, weil die Stunde gebieterisch *das entgegengesetzte Prinzip* fordert: die völlige Befreiung des Laien zur selbständigen Gewissensentscheidung. Man wähnt im Gegenteil durch die „straffe" Leitung der Laien in den Bahnen der klerikalen Politik des Erfolges (der Erneuerung des Reiches Karls des Großen!!) sicher zu sein.

Der französische Primas, *Kardinal Gerlier*, hat ausgesprochen, daß die Politik nicht Sache des Geistlichen sei. Aber das kümmert die westdeutschen

Geistlichen nicht; sie treiben nicht nur Politik, sondern *allein Partei-Politik*, im Geiste und im Interesse einer bestimmten Klasse. Und sie gängeln und bevormunden die Laien, wenn sie nicht gleich kommandieren und dirigieren, in der „guten, alten" Drahtziehermanier –, rettet jetzt doch der Katholik Adenauer das „christliche" Abendland (durch die CDU und Divisionen und Atombomben). Und die katholische Religion hängt mit am Draht: sie wird ideologisch hin- und hergezerrt, bis eine „Kreuzzugs-*Weltanschauung*" aus ihr geworden ist – ein Greuel, der das Schlimmste befürchten läßt.

IV.
„Le Saint-Esprit ou les Cosaques!" (den Heiligen Geist oder die Kosacken!) prophezeite der große „Pilger des Absoluten", *Léon Bloy*, dem verkommenen Europa vor Jahrzehnten schon. Nun ist die Stunde dieser Entscheidung da. Meinen die Drahtzieher wirklich, ihr System sei das des Heiligen Geistes? Es scheint so. Da Gott der Herr selber uns Adenauer gesandt hat (so stand es doch im „Katholischen Lesebogen"), so wird er doch wohl auch seinen Geistlichen beistehen bei der Drahtzieherei im Dienste dieses Adenauer.

Ich glaube freilich (mit Kardinal Saliege), daß uns die Kosacken von Gott gesandt werden müssen, weil anders gewisse Leute nicht zu heilsamen Erkenntnissen und einer wahrhaft geistlichen Praxis, wie sie befreiten Kindern Gottes geziemt, kommen können.

*

„Die Christen haben ein Gewissen und eine Freiheit. Sie haben sie, um sich ihrer zu bedienen."
Kardinal Feltin, Paris

T: *Heidingsfelder*, Georg: Wieder die Drahtzieherei! In: Katholische Freiheit, 2. Jg., Nr. 7, Juli 1953, S. 12-13.

[H.15]
Letzte Stunde
(1953)

Volk der Deutschen!
Hörst du nicht das Grollen
Untergründ'ger Mächte der Vernichtung,
Die nach deiner Jugend Blute gieren?
Volk der Deutschen!
Siehst du nicht das Zeichen
Mörderischer Spaltung deines Landes,
Das von naher Selbstzerstörung kündet?
Volk der Deutschen!
Bist du taub und blind?
Soll nichts bleiben von der deutschen Erde
Als ein Acker, den die Bomben pflügten?
Sollen deine Kinder dich verfluchen,
Da du sie dem Fremdling ausgeliefert?
Sollen deine Mütter dich verdammen,
Wenn sie wieder durch die Leichenfelder irren?
Volk der Deutschen!
Hör, o hör die Stimme Gottes,
Die dich ruft, nicht auf Gewalt zu setzen
Und auf Waffenwahn, der dich zerstört!
Volk der Deutschen!
Sieh, oh sieh das Zeichen Gottes,
Das dich weckt zu brüderlichem Dienste
Eines Volks, nicht zu kainit'scher Tat!
Volk der Deutschen!
Lasse diese Stunde
Letzter Gnade nicht vorüberziehen,
Öffne Aug und Ohr dem Rufe Gottes!
Rüste deine Seele,
Volk der Deutschen!
Gegen der Verderber wüstes Wähnen
Setze deines Herzens trutziges *Nein*!

Bruder Georg

T: *Bruder Georg* [Pseudonym für Georg. D. Heidingsfelder]: Letzte Stunde [Gedicht]. In: Katholische Freiheit, 2. Jg., Nr. 7, Juli 1953, S. 21.

I. Beiträge für „Das Andere Deutschland" (1952/1954)

[I.1]
Was dem christlichen Arbeiter verschwiegen wird
„Verteidigung" der Bastion des Bürgers
(1952)

Von Georg Heidingsfelder

Um den christlichen (weithin auch sozialistischen) Arbeiter zu bewegen, sich und seine Kraft der westdeutschen „Verteidigung" zu verschreiben, wird mit großen Worten nicht gespart: Es geht um „die *Freiheit*", es geht um „das *Christentum*", es geht um all die herrlichen Errungenschaften des *„Abendlandes"* und der „westlichen *Kultur*". Hinter diesen Wandschirmen der großen Worte verbirgt sich freilich eine Gestalt, die es nötig hat, sich zu verstecken: es ist die Gestalt des *Bürgers als des Bourgeois*, der die Bastionen seiner Klasse unter allen Umständen und mit allen Mitteln zu halten sucht, *koste es, was es wolle.*

Die Arbeiter, insbesondere die christlichen, täten gut daran, sich nicht von großen Worten benebeln zu lassen, sondern diese, die westliche Gesellschaft beherrschende Gestalt ins Auge zu fassen, um an ihrem Bilde zu erkennen, was *Wirklichkeit* und was *Wahrheit* ist.

I.
Auf dem Kontinent hat die neue Gestalt mit der großen Revolution (1789) „die Macht ergriffen". Die bürgerliche Freiheit hat es mit sich gebracht, daß die Arbeiter „proletarisiert", das heißt ins Elend gestoßen wurden.* Arbeiter sein, das hieß: *Untermensch* sein. Der berühmte katholische Schriftsteller *François Mauriac* hat es einmal so formuliert: „Proletariat! Millionen von Sklaven,

denen das große Unternehmertum und *wir selbst, das Bürgertum*, die Augen ausgestochen haben, damit sie für uns in den düsteren Stätten die Mühlsteine drehten."

Über jene Lebensumstände, in denen die Arbeiter bis weit ins zwanzigste Jahrhundert leben mußten, wird freilich heute, wie *Hans Zehrer* treffend bemerkt, „ebenso gern der Mantel christlicher Nächstenliebe gebreitet wie über die Zustände, die zur Zeit der Renaissance beim Heiligen Stuhl herrschten". Aber, fährt Zehrer fort, die Zustände von damals *wirken bis heute nach*, „und *ohne ihre Kenntnis wird die heutige Situation unverständlich*".

Nach dem Willen gewisser politischer (und kirchenpolitischer) Führer des heutigen Westens soll die Situation unverständlich bleiben, insbesondere soll den Arbeitern keinesfalls klar werden, daß die Zeit der Herrschaft des Bürgers als des ausbeuterischen und kriegsgierigen Bourgeois noch andauert. So werden Kulissen vorgeschoben, hinter denen sich der Bürger versteckt: Freiheit! Abendland! Kultur! Christentum! Das ist ein *gigantischer Schwindel*, der da auf der europäischen Bühne gespielt wird, von erfahrenen Bürgerregisseuren inszeniert, und leider von einem breiten Arbeiterpublikum, das durch Presse und Rundfunk eingenebelt wird, nicht durchschaut. Nach zwei Weltkriegen steht das europäische Bürgertum vor dem Bankrott. Nicht nur wirtschaftlich, vor allem geistig und geistlich ist es ganz am Ende. Es flüchtet nun in die *Phrase* – und in die *Gewalt*. Dies ist die letzte Zuflucht. Zehntausend Tintenkulis und Sprechmaschinen sind im Dienste der Phrase tätig; und Millionen Kulis sollen mobilisiert werden, um die bourgeoise Bastion mit der Waffe zu retten. Aber sie ist unrettbar. Ihre Zeit ist um, und keine atlantische Hilfe vermag sie zu retten! Der kluge Kardinal Saliège hat schon vor Jahren gesagt: „Ich glaube an den Sieg der *Welt des Arbeiters*". Aber – *um welchen Preis* wird dieser Sieg in Europa errungen werden, wenn die Arbeiter weiterhin der Bürgerphrase und der Bürgergewalt dienen wollen? Auf einem koreanischen Leichenfeld zu siegen, daran kann dem europäischen Arbeiter nichts gelegen sein; *also muß er verhindern, daß der Bourgeois in Europa ein solches Leichenfeld schafft!*

II.

Die Bürger und ihre Anwälte (die Tintenkulis und Sprechmaschinen) reden heute den Arbeitern vor, daß es doch „*Proletarier*" im Westen gar nicht mehr gäbe; die (Fach-)arbeiter seien sehr gut bezahlt, überdies schütze eine hervorragende Sozialpolitik vor Krankheit und Altersnot, und nicht wenige aus dem arbeitenden Volk hätten heute Besitz, und allen wäre die Möglichkeit des Aufstiegs auf den Bildungswegen gegeben. Ist nicht der Arbeiter *Josef Gockeln* Landtagspräsident? Ist nicht der Arbeiter *Jakob Kaiser* gar Bundesminister? Jeder hat heute also die Präsidentenglocke im Henkelmann und den Ministersessel in der Baracke. Die Gleichheit der Chancen ist realisiert, und alle Freiheiten des Westens sind dem Arbeiter gegeben. Deshalb können es nur „Hetzer" sein, die heute dem Arbeiter des Westens einreden, daß eine Reform der Gesellschaft nottue.

Nun lese ich da freilich gerade die nachdenkliche Feststellung eines katholischen Pfarrers in einer berühmten katholischen Zeitschrift („Stimmen der Zeit"):

„Wenn man in die Lebenswelt unserer Werkleute hineinsteigt, wenn man ernste und reife Männer, die nichts weniger als radikalisierte und protestlüsterne Hetzer sind, einmal belauscht und ihre bitter gefühlte *Ohnmacht gegenüber der Allmacht der gegenwärtigen Wirtschaftsordnung* feststellt, wenn man sieht, wie die ergrauten Arbeiter vielfach in fatalistischer Resignation und sklavischer Hoffnungslosigkeit dahinvegitieren, indes die jüngeren sich innerlich zermartern an den Widersprüchen von Beruf und Leben, sich zerreiben an der Kluft zwischen dem in der Schule und Kirche gelehrten Leben und dem Tag um Tag von der harten Werkfron geforderten wirklichen Leben auf Baustelle und Montage, in Fabrik und Hütte, wenn man sieht, wie diese Jugend leidet an der „Sinnlosigkeit" eines solchen Lebens, an der Aussichtslosigkeit, später einmal höher zu kommen, wie sie als Nummer in den Produktionsprozeß eingefügt ist, ohne ihre menschlichen, vorab ihre seelischen Kräfte einsetzen und entfalten zu können, wie sie mit unverdorbenem natürlichen Blick und mit den Augen des jungen Christen *hinter die Kulissen* des Betriebes schaut und erkennt, *was diese Wirtschaftswelt im Innersten zusammenhält*, dann muß sich der verantwortungsbewußte Volks- und Jugendführer die Frage vorlegen: was kann ich tun, um diesen Prozeß der Mechanisierung, der Entseelung, der Zermürbung durch die Umklammerung der Wirtschaftsmaschine einigermaßen positiv umzuformen?"

Da scheint es also doch nicht so ganz zu stimmen mit der schönen Welt, in der die Proletarier heute im Westen leben. Dabei ist von den *Arbeitslosen* noch gar keine Rede, die ja zur westlichen Wirtschaft gehören wie die Laus zum Zigeuner [sic!]. Es scheint also die Proletarität noch anzudauern, von der die Bürger sagen, daß sie überwunden sei.

III.
Wichtigste Träger des Willens der Arbeiter sind die *Gewerkschaften*. An sie ist hier und heute die Forderung zu stellen, zuerst den Bürger in sich selbst zu überwinden. Das erfordert personell, daß Arbeiterführer sich „existenziell" von den Bourgeois unterscheiden. Wo sie „Positionen" in der untergehenden bür-

gerlichen Restgesellschaft einnehmen, ist weithin die „*Verbürgerlichung*" die Folge; solches Führertum beschränkt sich auf „Sozialpolitik" (Kranken- und Sterbekasse), die den Bürger nimmermehr überwinden wird. Es ist hier und heute von der gewerkschaftlichen Arbeiterführung nichts geringeres gefordert, als daß der Träger der westlichen Gesellschaft, der Bourgeois, *durch einen Arbeitsmenschen ersetzt* wird, dessen Herrschaft Gerechtigkeit verbürgt. Jeder Arbeiterführer, der demgemäß der Bürgerei in ihrem (militaristischen) Gewaltwillen die Kraft des Arbeitertums zur Verfügung stellt, ist entweder ein absetzungsreifer *Dummkopf* oder ein *Verräter* der Arbeiter. Daß diese Machthabenden dabei, wie *Reinhold Schneider* sagt, „heute *das Gebilde des Bundesstaates dem Reich Gottes gleichsetzen,* wie sie gestern das zweite und dritte Reich dem Gottesreich gleichsetzten" –, das gehört zum neoliberalistischen Bürgerstil, dem die Religion selbst nur „Wandschirm" ist, wie *Pius XI.* schon sagte. Beim Katholikentag 1950 wagte es der *Prälat Grosche* zu sagen: „Das Christentum ist in den *Untergang des Bürgertums* hineingezogen"; und diese Feststellung ist nichts anderes, als was die zitierten erleuchteten Geister feststellten und was den christlichen Arbeitern leider weithin noch nicht sichtbar ist.

Auch der berühmte katholische Sozialexperte, Professor Dr. *von Nell-Breuning* hat es einmal deutlich ausgesprochen:

> „Die ‚Produktionsmittelbesitzer' erachten den bestehenden Zustand der Auflösung aller gesellschaftlichen Bindungen mit der Folge, daß der vom Staat gewährte Schutz der Rechtsordnung tatsächlich den wirtschaftlich stärkeren, für den freien Wettbewerb besser gerüsteten Kreisen einseitig zugute kommt – *für durchaus richtig und normal.* Sie kämpfen daher für seine Erhaltung."

„Produktionsmittelbesitzer", das ist nur eine andere engere, aufs bloß Ökonomische bezogene Gestalt. Im Ganzen heißt diese Gestalt Bürger als *Bourgeois,* und sie ist die Gestalt des „Klassenkämpfers von oben", der mit allen Mitteln seinen Untergang hinauszuziehen sucht.

Es ist die Sache der Arbeiter und ihrer Führer hier und heute, zu vermeiden, daß sich das Drama wiederholt, das der untergehende rabiate Kleinbürger von 1939 bis 1945 aufzuführen vermochte. Denn diese Wiederholung wäre wirklich der „Untergang des Abendlandes".

> **[Anmerkung] Die Errungenschaft der bürgerlichen Freiheit war gegenüber dem Zeitalter des Feudalismus zweifellos ein Fortschritt. Nicht die Französische Revolution als Ausgangspunkt hat den Arbeiter proletarisiert und ihn in Bildungslosigkeit hinabgestoßen – dort unten stand*

er ja vor dem auch –, sondern das Unvermögen des freigewordenen Bürgers, ihn mit Beginn der Industrialisierung mit empor zu heben und der selbst erlangten Freiheiten teilhaftig werden zu lassen. D. Red.

T: *Heidingsfelder*, Georg: Was dem christlichen Arbeiter verschwiegen wird. „Verteidigung" der Bastion des Bürgers. In: Das Andere Deutschland, 1952, Nr. 20, S. 3.

[I.2]
Der Barras
[Ein Überblick über die Weltpest des Militarismus]

Georg Heidingsfelder

[Teil] XI

Im Januar 1945 standen wir alten, fast 50jährigen Kerle im „grauen Ehrenkleid" jeden Morgen auf dem eingeschneiten Truppenübungsplatz Groß-Born in Hinterpommern zum Appell angetreten. Die Barraswelt umgab uns: aus den verwanzten Baracken, in denen wir zu 15 Mann in einem Raum hausten (die gemeinsame „Latrinisierung" war hier auch wieder im Schwang), waren wir herausgetreten in die Ödigkeit der Barraslandschaft, in die Geist- und Gottesverlassenheit einer Welt, wie sie nur ein „Truppenübungsplatz" bietet ... Dann erschien der junge, kaum dreißigjährige „Spieß" und verlas die Namen. Wo einer nicht zackig oder laut genug sei „Hirr!" trompetete, befahl der Barrasschuft: „Zwei Runden, marschmarsch!" Und dann trabte so ein alter Familienvater, dessen Frau und Kinder nicht selten unter den Bomben umgekommen waren, schnaufend um die Kompanie herum. Die Barrasverblödung nicht weniger Kameraden war leider so weit fortgeschritten, daß sie zu diesem Trauerspiel grinsten und dem Spiel lachenden Knechtsbeifall spendeten, wenn er hinter den ausgeführten Befehl ein: „Eintreten, Sie Heini!" setzte.

Auf den Spieß folgte der Kompaniechef, ein Studienrat aus Weißenfels. Der trat allmorgendlich mit der „Bibel der Bewegung" vor uns hin. „Achtung! Führerwort!"; und dann las er uns ein paar Sprüche aus des Verbrechers hl. Kampfschrift vor.

Solcher Morgen-Andacht folgte mehrmals wöchentlich eine „Instruktionsstunde", in der ein dreiundzwanzigjähriger Leutnant uns „weltanschaulich ausrichtete". Es war die allerprimitivste Barras-Weltanschauung, die dieser HJ-Jüngling uns Vätern zu bieten hatte; er trug sie vor, von keinem Zweifel angekränkelt, mit der Selbstsicherheit eines gottgesandten Missionars. Wer Augen hatte zu sehen und Ohren zu hören, der mußte spätestens in dieser hinterpommerschen Barraswelt des Januar 1945 gewahr werden, daß er in ein Corpus diabolicum eingespannt war, in eine Satansgemeinde, die Leib und Seele vergewaltigte. Ein kleiner Teil der Kompagnie sträubte sich in innerer Auflehnung gegen den teuflischen Zwang; er sehnte sich längst in eine andere Welt; aber die Teufelsdiener des Nazismus, die im Barras die allgegenwärtige Institution erkannt hatten, die allein ihnen noch die Fortdauer ihrer Herrschaft ermöglichte, wachten Tag und Nacht darüber, daß selbst eine innerliche Befreiung durch gemeinsame Aussprache nicht zweien oder dreien möglich war; überall stand die Angst und das Mißtrauen Posten zwischen den Sympathisierenden ... So war jeder wahre Mensch gerade inmitten des Barrashaufens in großer Vereinsamung. Das Corpus diabolicum des Barraskollektivs, in das er eingespannt war, trieb ihn immer wieder an den Rand der Verzweiflung. Hier fühlte er dann, daß eine Entscheidung von ihm verlangt wurde: die *Entscheidung für den Gehorsam gegen einen „höheren Befehl"*, den ihn sein Gewissen wissen ließ.

Dies ist eine Instanz, von der allein in dieser verzweifelten Situation, da der Barras zum dritten Male seine Netze auszuwerfen sich anschickt, Rettung kommen kann: das Gewissen. Das deutsche Volksgefühl ist von der Angst und der Barraspropaganda (die jetzt einen „demokratischen Barras" ankündigt!) irregeführt. Zwar scheint immer noch in weiten Kreisen ein tiefer Widerwille gegen einen neuen Barras fortzubestehen, ob auch fast die gesamte Intelligenz dem jetzigen Verrat der europäischen Menschheit den Weg bahnt; aber auf diese Möglichkeit sich zu verlassen, hieße, nicht auf unerschütterlichen Boden zu bauen. Der allein unerschütterliche Grund der europäischen Menschheit ist das Gewissen. Der Widerstand gegen den Barras muß auf dem Gewissen gründen.

Es ist in dieser vorgerückten Stunde gar kein Zweifel daran möglich: im Barras ist die kainitische Menschheit organisiert, den mörderischen Welt-Bruderkrieg vorzubereiten! Es ist dies der größte Aufstand gegen die Verfügung Gottes, die ER über den Tod getroffen hat: Der Theologe Heinrich Spaemann hat in einer unübertrefflich klaren und aktuellen Schrift (Macht und Überwindung des Bösen, Regensberg, Münster) dargelegt, daß dem Satan nur ein einziges, ihm widerwärtiges Moment im Tod des Menschen enthalten war, das er nicht zu durchschauen vermochte, das war seine des Todes Erduldung aus Gottes Hand, welches mit der Tatsache korrespondierte, daß der Tod von

Gott verhängt war, während des Widersachers Gier dahin geht, ihn selbst über den Menschen zu verhängen, aus dem Tode den Mord zu machen. „So setzt er denn seit Anbeginn alles daran – da es ihm schon verwehrt ist, das Leben unmittelbar anzutasten – den Menschen, den er in seine Gewalt bekommen hat, selber zum Werkzeug der Tötung des Menschen zu machen, ihn zur Selbstvernichtung zu bringen, ja, ihn schließlich geradezu seinen Ruhm in Leichenfeldern finden und in den Kriegsausgaben seiner Zeitungen triumphieren zu lassen: Hunderttausend Tote ... Millionen!"

Dies muß man sehen, um die letzten Hintergründe des Barras heute recht zu würdigen.

Unsere Schrift ist eine informative Schrift für das Gewissen. Vorletztlich ist sie freilich auch ein Ruf an das Volksgefühl, der unbedingt tödlichen Versuchung zum neuen Barras zu widerstehen. Zentraleuropa ist berufen, die Position zwischen den Barrasgiganten ohne Barras zu halten, aus dem Geist wahrer Freiheit, der vor allem der Geist des Widerstandes gegen Barrasvergewaltigung ist. Der Christ hat hier der Avantgardist zu sein, mit einer Einsatzbereitschaft, die der des Soldaten ebenbürtig ist. Anders ist nichts mehr zu retten.

Ich bitte um Zuschriften von Seelsorgern, Wissenschaftlern, Technikern, Christen und Humanisten zu diesem Schlußteil wie zum Ganzen der Untersuchung über den „Barras".

T: *Heidingsfelder*, Georg D.: Der Barras. [Ein Überblick über die Weltpest des Militarismus, XI]. In: Das Andere Deutschland, 1954, Nr. 5, S. 3.

Bibliographischer Hinweis zum zweiten Band:
Georg D. Heidingsfelder (1899-1967)
Gesammelte Schriften. Band 2.
ISBN: 978-3-7448-2123-0

– Buchhinweise –

Friedenslandschaft Sauerland

Peter Bürger
Friedenslandschaft Sauerland
Antimilitarismus und Pazifismus in einer katholischen Region.
Ein Überblick – Geschichte und Geschichten.
ISBN 978-3-7392-3848-7 (204 Seiten; Paperback; BoD 2016; € 12,00)

Peter Bürger (Hg.)
Irmgard Rode (1911-1989)
Dokumentation über eine Linkskatholikin und Pazifistin des Sauerlandes.
ISBN 978-3-7386-5576-6 (230 Seiten; Paperback; BoD 2016; € 9,90)

Peter Bürger / Jens Hahnwald / Georg D. Heidingsfelder
Sühnekreuz Meschede
Die Massenmorde an sowjetischen und polnischen
Zwangsarbeitern im Sauerland während der Endphase
des 2. Weltkrieges und die Geschichte eines schwierigen Gedenkens.
ISBN: 978-3-7431-0267-5 (440 Seiten; Paperback; BoD 2016 ; € 14,90)

Peter Bürger (Hg.)
Sauerländische Friedensboten
Friedensarbeiter, Antifaschisten und Märtyrer
des kurkölnischen Sauerlandes: Erster Band.
ISBN: 978-3-7431-2852-1 (524 Seiten; Paperback; BoD 2016; € 15,99)

Überall im Buchhandel erhältlich